中国近现代稀见史料丛刊【第三辑】

张剑 徐雁平 彭国忠 主编

嘉业堂藏书日记抄（上）

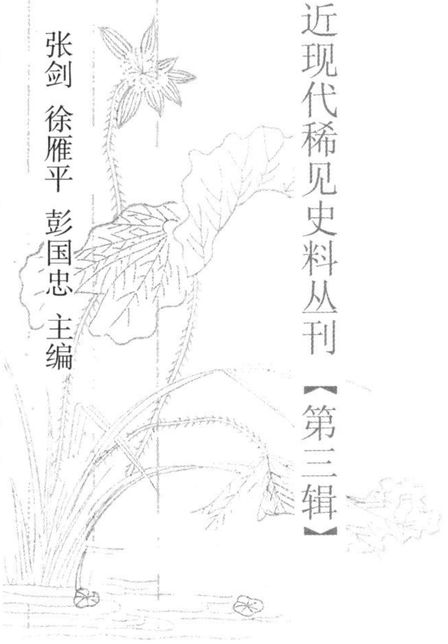

刘承幹 著

陈 谊 整理

凤凰出版社

图书在版编目（CIP）数据

嘉业堂藏书日记抄 / 刘承幹著 ; 陈谊整理. -- 南京 : 凤凰出版社, 2016.9（2020.3重印）
（中国近现代稀见史料丛刊. 第三辑）
ISBN 978-7-5506-2417-7

Ⅰ. ①嘉… Ⅱ. ①刘… ②陈… Ⅲ. ①刘承幹（1882-1963）—日记 Ⅳ. ①K825.41

中国版本图书馆CIP数据核字(2016)第188943号

书　　名	嘉业堂藏书日记抄
著　　者	刘承幹 著　陈　谊 整理
责任编辑	林日波
出版发行	凤凰出版社(原江苏古籍出版社) 发行部电话025-83223462
出版社地址	南京市中央路165号,邮编:210009
出版社网址	http://www.fhcbs.com
照　　排	南京凯建文化发展有限公司
印　　刷	江苏凤凰扬州鑫华印刷有限公司 扬州市江阳工业园蜀岗西路9号,邮编:225008
开　　本	880×1230毫米　1/32
印　　张	21.125
字　　数	549千字
版　　次	2016年9月第1版　2020年3月第2次印刷
标准书号	ISBN 978-7-5506-2417-7
定　　价	106.00元(上、下册)

(本书凡印装错误可向承印厂调换,电话:0514-85868858)

袁行霈先生题辞

「音实难知，知实难逢，逢其知音，千载其一乎！」（《文心雕龙·知音》）今读新编稀见史料丛刊，真有治学知音之感也。

傅璇琮谨书

二〇一二年

傅璇琮先生题辞

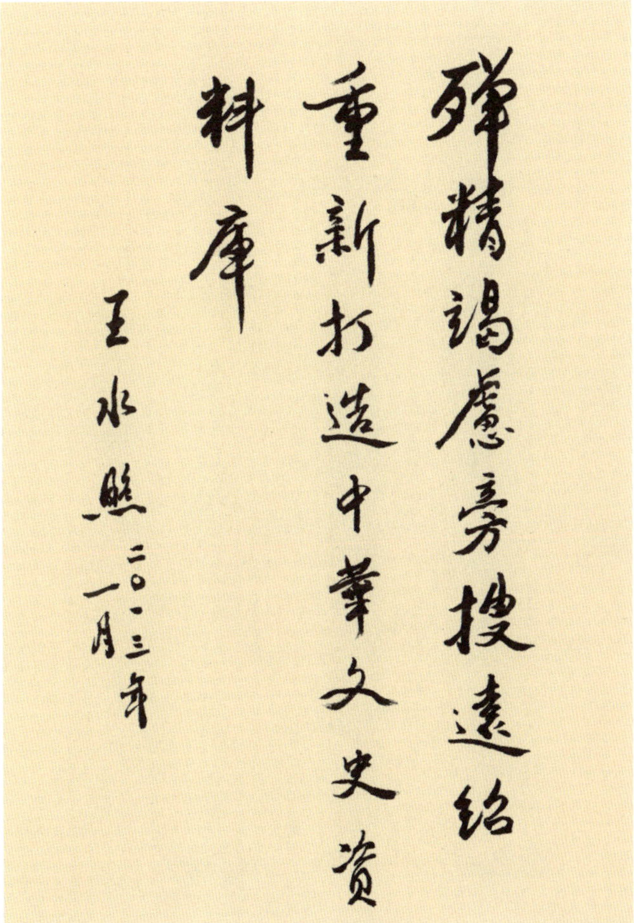

王水照先生题辞

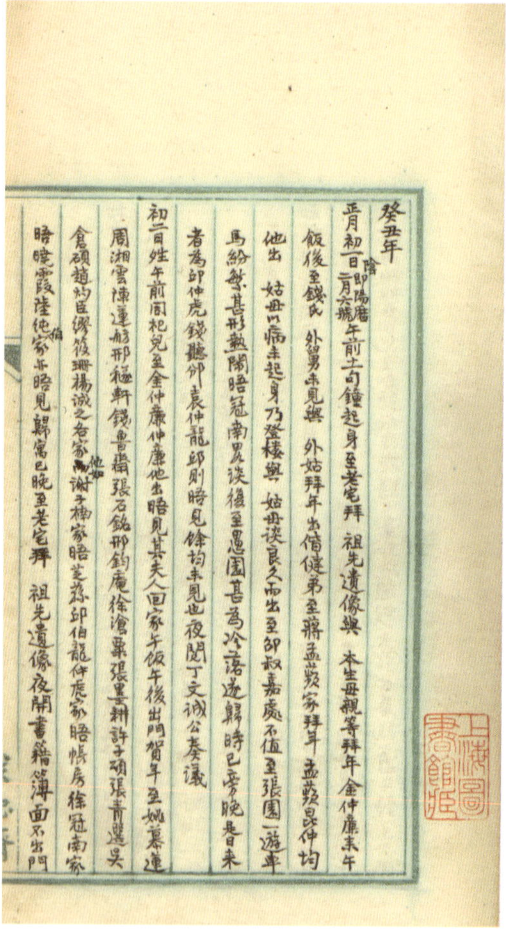
癸丑年
正月初一日陰即陽曆二月六號午前十一句鐘起身至老宅拜 祖先遺像與 本生母親等拜年金仲廉來午
飯後至錢氏 外舅未見與 外姑拜年出偕健弟至蔣孟蘋家拜年 孟蘋昆仲均
他出 姑母以病未起身乃登樓與 姑母談良久而出至邵叔嘉處不值至張園一游車
馬紛繁甚形熱鬧晤冠南略談後至愚園甚爲冷落遂歸時已旁晚是日來
者爲邵仲虎錢聽邠袁仲龍邵則晤見餘均未見也夜閱丁文誠公奏議
初二日晴午前同杞兒至金仲廉仲康他出晤見其夫人回家午飯午後出門賀年至姚慕蓮
周湘雲陳蓮舫邢穟軒錢魯齋張石銘邢鈞庵徐澹秉張杲耕許子頌張青選吳
倉碩趙竹臣繆筱珊楊誠之各家他如謝子楠家晤芝蓀邵伯龍仲虎家晤帳房徐冠南家
晤曉霞伯隆他家亦晤見歸家已晚至老宅拜 祖先遺像夜閱書籍溥面不出門

书影一

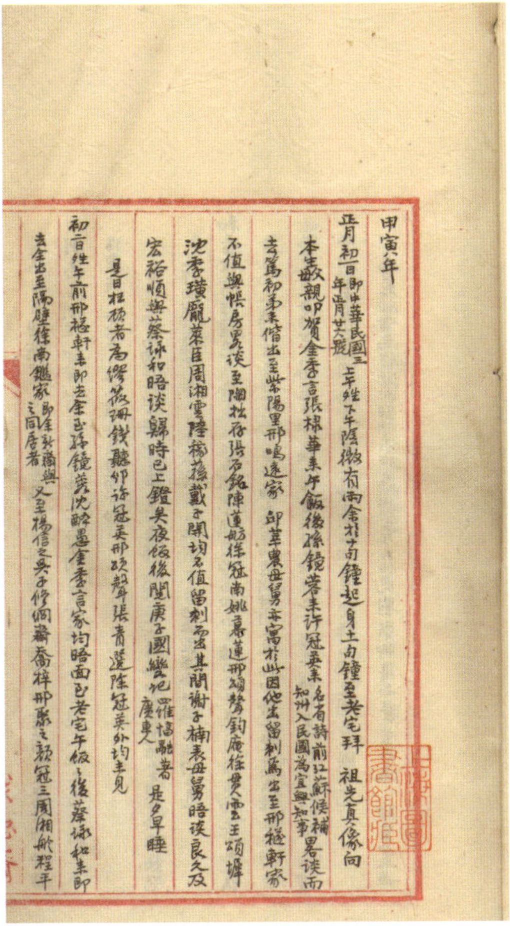

甲寅年

正月初一日（即中華民國三年一月廿六號）上午晴 下午陰微有雨 余於十句鐘起身 十一句鐘至老宅拜 祖先真像 向

本生嚴親叩賀 金季言 張棣華來 午飯後孫鏡蓉來 許冠英來（名有詩 前江蘇候補知州 入民國為宜興知事）略談而

去 篤初弟來偕出至紫陽里邢鳴遠家（即華農母舅亦寓於此）因偕出留刺爲出 至邢樾軒家

不值 與帳房略談 至陶拙存 張石銘 陳蓮舫 徐冠南 姚慕蓮 邢礪芬 鈞庵 徐貫雲 王頌

沈季璜 龐萊臣 周湘雲 陸稼孫 戴子開 均不值 留刺而出 其間謝子楠表母舅略談良久 及

宏裕 順與蔡詠和略談 歸時已上燈矣 夜飯後閱庚子國變紀（羅惇融著 廣東人） 是夕早睡

是日往拜者爲繆筱珊 錢聽邠 許冠英 邢頌聲 張青選 陳冠英 外均未見

初二日 晴 午前邢樾軒來 即去 余出至孫鏡蓉 沈醉愚 金季言家 均略面 至老宅午飯 飯後蔡詠和來 即

去 余出至陽壁徐南鄰家（即余新齋與之同居者）又至楊信之 吳子修 胡壽喬 梓 邢康之 顏冠三 周湘舲 程平

书影二

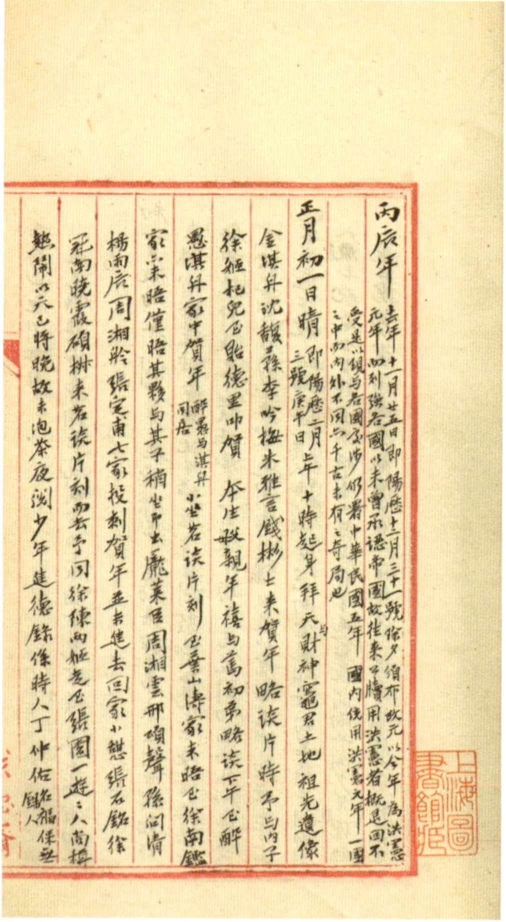

丙辰年 去年十一月廿五日即陽歷十二月三十一號除夕須布改元以今年為洪憲元年 而列強各國以未曾承認帝國故往來公牘用洪憲者概退回不受是以現与各國交涉仍署中華民國五年 國內使用洪憲元年 一國之中而內外不同亦千古未有之奇局也
正月初一日晴 即陽歷二月三號庚申日 上午十時起身拜天与財神竈君土地祖先遺像
金湛廷沈馥蓀李吟梅朱雅言錢彬士來賀年略談片時予与丙子
徐經杞兒至貽德里叩賀 本生母親年禧与舊初弟略談下午至醉
愚湛廷家中賀年 醉愚与湛廷同居 小坐若談片刻 至葉山濤家未晤至徐南鑑
家亦未晤僅晤其嫂与其子稍坐即出 應茉莊周湘雲邢頌聲孫問清
楊雨辰周湘舲張定甫七家投刺賀年並未進去回家小憩張石銘徐
冠南曉霞碩耕來若談片刻而去予同徐倈兩姪走至張園一遊遊人尚擁
擠鬧以六已時晚故未泡茶夜閱少年進德錄係時人丁仲佑 名福保無錫人
上海圖書館藏

书影三

《中国近现代稀见史料丛刊》总序

在世界所有的文明中，中华文明也许可说是“唯一从古代存留至今的文明”（罗素《中国问题》）。她绵延不绝、永葆生机的秘诀何在？袁行霈先生做过很好的总结：“和平、和谐、包容、开明、革新、开放，就是回顾中华文明史所得到的主要启示。凡是大体上处于这种状况的时候，文明就繁荣发展，而当与之背离的时候，文明就会减慢发展的速度甚至停滞不前。”（《中华文明的历史启示》，《北京大学学报》2007 年第 1 期）

但我们也要清醒看到，数千年的中华文明带给我们的并不全是积极遗产，其长时段积累而成的生活方式与价值观具有强大的稳定性，使她在应对挑战时所做的必要革新与转变，相比他者往往显得迟缓和沉重。即使是面对佛教这种柔性的文化进入，也是历经数百年之久才使之彻底完成中国化，成为中华文明的一部分；更不用说遭逢“数千年来未有之变局”、“数千年未有之强敌”（李鸿章《筹议海防折》），“数千年未有之巨劫奇变”（陈寅恪《王观堂先生挽词序》）的中国近现代。晚清至今虽历一百六十余年，但是，足以应对当今世界全方位挑战的新型中华文明还没能最终形成，变动和融合仍在进行。1998 年 6 月 17 日，美国三位前总统（布什、卡特、福特）和二十四位前国务卿、前财政部长、前国防部长、前国家安全顾问致信国会称：“中国注定要在 21 世纪中成为一个伟大的经济和政治强国。”（徐中约著《中国近代史》上册第六版英文版序，香港中文大学 2002 年版）即便如此，我们也不能盲目乐观，认为中华文明已经转型成功，相反，中华文明今天面对的挑战更为复杂和严峻。新型的中华文明到底会怎样呈现，又怎样具体表现或作用于政治、经济、文化等层面，人们还在不断探索。这个问题，我们这一代恐怕无法给出答案。但我们坚信，在历史上曾经灿烂辉煌的中华文明必将凤凰浴火，涅槃重生。这既是数千年已经存在的中华文明发展史告诉我们的经验事实，也是所有为中国文化所化之人应有的信念和责任。

不过，对于近现代这一涉及当代中国合法性的重要历史阶段，我们了解得还过于粗线条。她所遗存下来的史料范围广阔，内容复杂，且有数量庞大且富有价值的稀见史料未被发掘和利用，这不仅会影响到我们对这段历史的全面了解和规律性认识，也会影响到今天中国新型文明和现代化建设对它的科学借鉴。有一则印度谚语如是说："骑在树枝上锯树枝的时候，千万不要锯自己骑着的那一根。"那么，就让我们用自己的专业知识与能力，为承载和养育我们的中华文明做一点有益的事情——这是我们编纂这套《中国近现代稀见史料丛刊》的初衷。

书名中的"近现代"，主要指 1840—1949 年这一时段，但上限并非以一标志性的事件一刀切割，可以适当向前延展，然与所指较为宽泛的包含整个清朝的"近代中国"、"晚期中华帝国"又有所区分。将近现代连为一体，并有意淡化起始的界限，是想表达一种历史的整体观。我们观看社会发展变革的波澜，当然要回看波澜如何生，风从何处来；也要看波澜如何扩散，或为涟漪，或为浪涛。个人的生活记录，与大历史相比，更多地显现出生活的连续。变局中的个体，经历的可能是渐变。《丛刊》期望通过整合多种稀见史料，以个体陈述的方式，从生活、文化、风习、人情等多个层面，重现具有连续性的近现代中国社会。

书名中的"稀见"，只是相对而言。因为随着时代与科技的进步，越来越多的珍本秘籍经影印或数字化方式处理后，真身虽仍"稀见"，化身却成为"可见"。但是，高昂的定价、难辨的字迹、未经标点的文本，仍使其处于专业研究的小众阅读状态。况且尚有大量未被影印或数字化的文献，或流传较少，或未被整合，也造成阅读和利用的不便。因此，《丛刊》侧重选择未被纳入电子数据库的文献，尤欢迎整理那些辨识困难、断句费力、裒合不易或是其他具有难度和挑战性的文献，也欢迎整理那些确有价值但被人们习见思维与眼光所遮蔽的文献，在我们看来，这些文献都可属于“稀见”。

书名中的“史料”，不局限于严格意义上的历史学范畴，举凡日记、书信、奏牍、笔记、诗文集、诗话、词话乃至序跋汇编等，只要是某方面能够反映时代政治、经济、文化特色以及人物生平、思想、性情的文献，都在考虑之列。我们的目的，是想以切实的工作，促进处于秘藏、边缘、零散等状态的史料转化为新型的文献，通过一辑、二辑、三辑……这样的累积性整理，自然地呈现出一种规模与气象，与其他已经整理出版的文献相互关联，形成一个丰茂的文献群，从而揭示在宏大的中国近现代叙事背后，还有很多未被打量过的局部、日常与细节；在主流周边或更远处，还有富于变化的细小溪流；甚至在主流中，还有漩涡，在边缘，还有静止之水。近现代中国是大变革、大痛苦的时代，身处变局中的个体接物处事的伸屈、所思所想的起落，藉纸墨得以留存，这是一个时代的个人记录。此中有文学、文化、生活；也时有动乱、战争、革命。我们整理史料，是提供一种俯首细看的方式，或者一种贴近近现代社会和文化的文本。当然，对这些个人印记明显的史料，也要客观地看待其价值，需要与其他史料联系和比照阅读，减少因个人视角、立场或叙述体裁带来的偏差。

知识皆有其价值和魅力，知识分子也应具有价值关怀和理想追求。清人舒位诗云“名士十年无赖贼”（《金谷园故址》），我们警惕袖手空谈，傲慢指点江山；鲁迅先生诗云“我以我血荐轩辕”（《自题小像》），我们愿意埋头苦干，逐步趋近理想。我们没有奢望这套《丛刊》产生宏大的效果，只是盼望所做的一切，能融合于前贤时彦所做的贡献之中，共同为中华文明的成功转型，适当“缩短和减轻分娩的痛苦”（马克思《资本论》第一卷第一版序言）。

《丛刊》的编纂，得到了诸多前辈、时贤和出版社的大力扶植。袁行霈先生、傅璇琮先生、王水照先生题辞勖勉，周勋初先生来信鼓励，凤凰出版社姜小青总编辑赋予信任，刘跃进先生还慷慨同意将其列入“中华文学史史料学会”重大规划项目，学界其他友好也多有不同形式的帮助……这些，都增添了我们做好这套《丛刊》的信心。必须一提的是，《丛刊》原拟主编四人（张剑、张晖、徐雁平、彭国忠），每位主编负责一辑，周而复始，滚动发展，原计划由张晖负责第四辑，但他尚未正式投入工作即于2013年3月15日赍志而殁，令人抱恨终天，我们将以兢兢业业的工作表达对他的怀念。

《丛刊》的基本整理方式为简体横排和标点（鼓励必要的校释），以期更广泛地传播知识、更好地服务社会。希望我们的工作，得到更多朋友的理解和支持。

2013年4月15日

目　录

凡　例

一、本书是据现代著名藏书家刘承幹《求恕斋日记》点校整理而成。《求恕斋日记》，稿本五十一册，上海图书馆收藏。包括刘承幹从1910（宣统二年）至1960年近五十年的日记，其间1927年、1928年、1958年三年日记缺。

一、本书系专门摘录《求恕斋日记》中刘氏购书、读书、藏书楼建设与管理、刻书、抄书、编书、售书等等活动之史料，因皆属于藏书相关活动，故以“藏书日记”括之。

一、凡日记原稿正文用宋体，行文中多有刘氏双行小注，本书今皆作一行，用比正文小一号宋体，以示区别。

一、刘氏稿本原文为每日之诸事条记，故颇为繁冗。今撮录有关之内容，有需简述本日相关活动者，其文字为编者所作，则以楷体以别之。

一、刘氏稿本原无标点，本书之标点以简洁明了为旨，故仅标出句读及书名号，其它皆省。书名号亦仅标书名之全称者，省称及别称则略焉。原稿中有记述空缺处，今以[　]标识。

一、本书系据日记稿本释读编辑而成，刘氏原稿多用楷书，间有行草。原稿中有空格没有写出处，用□表示，不查补。俗体异体、错字别字，确为笔误者，酌改，其馀仍其旧。

1910年(庚戌,宣统二年)

正月初一日　下午,阅《曾文正公文集》。

初二日　阅《曾文正公文集》一卷完。共四卷,文集三卷,诗集一卷。

初三日　阅袁子才《小仓山房文集》碑铭一卷。夜饭后又阅数篇而睡。

初四日　夜间阅胡稚威《石笥山房文集》数篇。胡名天游,浙江山阴副贡,乾隆时人,为本朝古文词章大家。

十七日　夜饭后偕陈姬登舟赴杭,醉愚附轮而往。在舟阅《濂亭文集》。武昌张裕钊著。

廿二日　午膳后出至务本堂、会文堂两书店,买各种文集、诗集四十元有馀。夜间阅桐城吴挚甫古文一卷。

廿四日　上午,阅上元梅伯言文集名曾亮,道光时人。一卷。

廿七日　夜间阅梅伯言古文一卷,其佳者以朱笔圈之。此公乃桐城派古文家,为姚姬传弟子,故其文渊茂有馀,华贵不足,大约余学问未至,无由辨其优劣为月旦定评耳。

二月朔日　阅杜樊川诗集名牧,唐时人。二卷,《小仓山房骈文》一卷,并以朱笔圈之。袁枚所著,乾隆时人。

初二日　至问经堂买书,洋五十二元。夜间阅《袁文笺正》。即小仓山房。

初三日　夜阅骈文。张濂亭古文一卷。

初四日　夜间阅《湖墅小志》三卷,皆近百年来杭州遗闻轶事也。仁和高鹏年著,同治、光绪两朝时人。

初六日 阅《庚辛泣杭录》，皆发逆陷杭城之事也。

初七日 与从叔同至梅花碑旧书店家，买旧书二十馀元。下午登舟，由日清轮船公司拖带回浔。拖资六元。在舟中阅《甘泉乡人年谱》两卷。其人姓钱名泰吉，号警石，浙江嘉兴人，生在嘉庆，道光、咸丰时，官海宁州训导。

初八日 今日接本生父亲正月廿七手谕，知现蒙洵贝勒奏派崇陵监修，是本月朔开工，半月为一班，住在陵工上，父亲在第二班中，故动身回南，在三月初矣。

十一日 夜阅《求阙斋弟子记》数页，王定安纂。所记皆曾文正一身事迹，他处所已见过者多，惟《志操》两卷所言皆学业及为人之道，阅之令人钦佩无已。

十二日 夜阅《求阙斋弟子记》五页。

十五日 夜阅《求阙斋弟子记》。

十六日 夜阅《求阙斋弟子记》。

十八日 夜阅《求阙斋弟子记》。

十九日 阅《求阙斋弟子记》。

廿八日 舒书客邵伯英来，携有书数部、画数张，观之。夜间检阅近日所买各种集部及小说书。

三十日 邵伯英来，与之买成书洋八十元。《评点渔洋山人精华录》两部、《史西邨集》、《玉函山房丛书》、《思绮堂四六》、《陈其年四六》、《李义山文集》、《善卷堂四六》、《陶靖节诗集》、《李长吉诗集》、《南宋杂事诗》。灯下检阅所买各书。

三月初二日 夜间阅光绪朝《东华录》。

上巳日 下午将近在杭、苏、沪、浔四处所买各书检理一次，收至求恕斋箱中，并邀厚斋、醉愚、彝铭、瞿从叔、韵笙帮同收理，故较易也。

初七日 夜间阅光绪朝《东华录》。

初八日 阅《东华录》。

初九日 夜间阅光绪朝《东华录》。

初十日 夜间阅光绪朝《东华录》。

十一日 夜阅光绪朝《东华录》。

十三日 今日嘱醉愚作函致郭芸樵、齐仲卿两大令,送浔镇地图及《紫藤花馆帖》去,因彼前日面索故也。

二十日 午后与瞿从叔至求恕斋,检理沪上寄来新买之书,及晚而毕。

二十一日 下午阅光绪朝《东华录》,共六十四册,今日看完。

二十二日 下午阅黎编《续古文辞类纂》。

二十三日 灯下圈《续古文辞类纂》三篇。

二十五日 午后圈点《续古文辞类纂》文六篇。

二十六日 午后圈古文四篇。灯下圈古文《续辞类纂》王编四篇,与黎编校对良久,将误字更正焉。

二十七日 午后圈《续古文辞类纂》五篇。

二十九日 午后携徐姬登舟赴沪,在舟中圈《续古文辞类纂》十篇。

四月初一日 阅新《搢绅录》。

初七日 夜圈姚姬传古文四篇。

初八日 上午同醉愚至千顷堂买书。

初九日 出至张氏味莼园中品茗,游客寥寥。待至晚,醉愚仍不至,移车至小华园书画研究所,遇醉愚、从叔及刘光珊,纵观所挂欲售之书画,价则甚大,无一佳者。

初十日 与醉愚、从叔至扫叶山房买书二十七种,洋五十三元。

十四日 午后至西泠印社吴石潜处观书及印谱良久出。

二十日 夜间书房请醉愚小酌,因本生父亲嘱伊权馆故也。

二十三日 灯下圈《续古文辞类纂》五篇。

二十四日 午后查阅光绪朝《东华录》及《会典》，因父亲嘱查翰林院詹事府官制沿革故也。

二十七日 摘录《会典》中天潢宗派及封爵等级。

二十八日 午后录《会典》中天潢宗派及封爵等表。夜间阅《会典》内务府门。

二十九日 午后摘录各国通商年限等事于簿。灯下阅胡文忠公林翼集中年谱及本传。又翻阅《林文忠公则徐政书》。

五月朔日 午后圈《续古文》六篇、《会典》内务府数页。灯下阅国朝人古文。

初二日 午后圈古文五篇。灯下印图章于各书籍。阅薛叔耘副宪福成《庸盦文集》。

初三日 下午圈《续古文》九篇。

初四日 午后圈《续古文》三篇。阅《拙尊园稿》，遵义黎莼斋观察庶昌，光绪朝人所著也。

端阳日 午后圈古文三篇。同醉愚至张氏石铭所筑之适园，遇张棣华及石铭，略谈数句，在园中遍游一周，出至小莲庄一转。夜阅《拙尊园稿》。

初六日 灯下圈《续古文》四篇。

初七日 午后圈《续古文辞类纂》十二篇。夜间阅薛叔耘所著《庸盦笔记》。

今日得孟苹函，知湖州颜氏之旧书已为余买成，计书一百四十部共三千二百四十本，价洋壹千叁百元，另运费及川资十四元。

初八日 午后圈《续古文》十篇。开新装订各书之部面。

初九日 午后圈《续古文》七篇。夜间印图章于各书籍上。

初十日 午后余芳廷取改七芗琦四尺堂轴八仙画一轴，十六元，与之成交，画得甚工，若请时人画此，价钱反不够也。圈古文五篇。灯下检理旧书，有破坏者及虫蛀者取出，嘱连根修补好，重行装订。

十二日 下午去求恕斋取书。灯下在近人各书集中,遍查同光两朝名臣谥法。

十三日 午后阅《显志堂文集》,咸丰、同治时苏州吴县人冯林一宫允桂芬所著也。灯下打印章于各书籍。

十四日 灯下阅《虚受堂文集》,近时长沙王益吾祭酒先谦所著也。

十五日 下午阅《显志堂文集》一卷。灯下阅《不自慊斋文集》,近人归安徐次舟观察赓陛所著也。观察双林人,与乌镇徐氏同族,甫于前年去世者也。

十六日 午后阅王益吾《虚受堂文集》。灯下阅《虚受堂文集》。

十七日 下午阅《虚受堂文集》。今日与余芳亭买四尺绢本屏条四张,其画为贾冒文徵明青绿山水,余以物虽不真,若请时人画,润亦非三十元不可,故二十四元与之成交。

十八日 午后阅薛叔耘《庸盦文编》。

十九日 午后阅《戴南山集》。戴君名世,桐城人,康熙间编修,因文革职伏法。

二十日 午后阅《戴南山集》,中有《与余生书》,为都御史赵恭毅申乔所奏论,摘其语多悖逆,遂奉旨伏法。《南山集》毁板禁销。今读此书,寥寥数语,其所谓悖逆者,殆即终明之世三百年无史之谓欤,然史以传信直笔,所以纪实也。不谓贤如恭毅公而竟出此,岂今所传之书,殆有所删欤,不然,南山之无辜而死,即谓恭毅公杀之可也。灯下与朱雅言题各书籍部面。

二十一日 午后圈《续古文》六篇。灯下阅《止斋遗书》十页,是书为福建南平县黄清美孝廉俊苑所著,皆言性理者也。嘉庆、道光时人。

二十二日 午后圈《续古文辞类纂》七篇。余芳亭来,与买贾蒋南沙麻姑仙一轴,价洋十元。灯下翻阅《古今图书集成》,此书新买,今日运到者也。

二十三日 午后阅《国风报》第十三册。圈《续古文》三篇。灯下阅《两般秋雨盦随笔》，国朝嘉道时钱塘梁应来孝廉绍壬所著也。蒋孟苹表兄经手为余买之，书今日由湖运到。闻卖主是城中颜氏。

二十四日　午后圈《续古文》四篇。灯下与厚斋检理《古今图书集成》，分开归类。

二十五日　午后与厚斋至求恕斋，检点湖州来之书籍。灯下理《古今图书集成》。

二十六日　午后与厚斋至求恕斋理旧书。

二十七日　午后圈《续古文》七篇。灯下阅《积石文编》，乃国朝嘉道时震泽张渊父教谕履所著也。

二十八日　午后与厚斋至求恕斋理《古今图书集成》，及晚而归。

二十九日　午后与厚斋至求恕斋理《古今图书集成》，及晚而毕。是书共分六编，三十二典，壹千六百三十本。午刻罗子蕊自南京来谈劝业会事良久。伊正在江宁陆军中学堂充教习。

三十日　下午阅韩退之诗集。圈《续古文辞类纂》二篇。灯下圈《笃素堂集钞》之《恒产琐言》五页。是书为国朝康熙时名相桐城张文端公英所著，其言皆有益身心者，故曾文忠谓阅之不特可以进德，可以居业，并可以惜福，可以养身却病，洵不虚也。此与《聪训斋语》合刻为一卷。

六月朔日　夜阅《随园文钞》，乾隆朝钱塘袁子才大令枚所著也。

初二日　午后圈《恒产琐言》十叶。灯下阅《随园文钞》。

初三日　午后随本生父亲至金沁舅处，观显微镜，约看三十馀片，多则千倍，少则百馀倍，至各种微生物，皆眼中所从未见过者，故意无物可比，稀奇古怪，亦非楮墨所能描写万一也。

初五日　午后圈《聪训斋语》十叶。夜间阅《戴南山文钞》。

初六日　灯下圈《聪训斋语》。至求恕斋，阅《朱九江年谱》数页。朱名次琦，字稚圭，广东南海人，道光时人。今日接刘光珊函，并黄勖初名山寿，江苏武进人。人物山水屏条，取去已四年，今始交卷，可谓迟矣。

初七日 午后圈《聪训斋语》十馀页。

初八日 午后引大来取单敬三山水立轴三张,五尺一,四元;四尺二,四元。售洋八元而去。余取五尺者赠与厚斋。余芳亭来,与之买卜平斋仕女琴条四张,价洋二元八角。圈《聪训斋语》。灯下圈五页,是书告竣。

初九日 午后复看《恒产琐言》及《聪训斋语》,有圈误者,更正之。

初十日 午后检阅杂书。

十三日 灯下阅《全榭山文集》。名祖望,鄞县人,国初翰林。

十四日 邵伯英取书来售,翻阅久之。

十五日 晚邵伯英来,与之买成书二十四种,计三百廿三本,价洋二百元。其书皆国初板子居多,内有《照旷阁丛书》一百三十本,是大部头,其馀均非大部也。

十六日 午后圈《古文翼》三篇。钞古文数行,因久不作楷书,手僵甚,故思每日写数行,稍稍练熟,庶有时写楷书信等件,不致手不应心,不能自主焉。

十八日 阅《古文约编》数篇。邵伯英来。

十九日 午后阅《国朝名人书札》。灯下以天热蚊多,致不能坐定阅书。

二十日 午后阅《古文翼》。灯下至求恕斋阅《国朝文续编》。

二十一日 上午阅《国朝文续录》。下午钞睿亲王致史可法书数百字。

二十二日 午后阅《古文翼》数篇。灯下阅周孟侯文集。名拱辰,桐乡人,明末遗逸,国朝授其岁贡,不就。

二十四日 灯下阅《圣谕附律易解》。

二十五日 午后阅古文及《圣谕附律易解》。

二十六日 午后钞史可法报摄政王书,约三百字。灯下阅《古文翼》。今日邬镇芳来,与之买梁山舟行书立轴二顶,价洋十元。

二十七日 下午看《古文辞类纂》上之批。夜间阅《国朝文续录》。

二十八日 午后温彝铭来，检阅苏州买来之书，沈杏墅至书局买，约二十馀种。并开部面。灯下看《国朝文续录》。

二十九日 午后看《双节堂庸训》，是书为萧山汪焕曾刺史辉祖所著，其人为乾隆朝循吏，名闻天下者也。

七月朔日 午后阅汪焕曾所著《双节堂庸训》。

初二日 午后阅《双节堂庸训》。灯下翻阅《古逸丛书》，新从苏州书局买来，价十七千文，计四十八本。是书全仿宋刻本，乃黎莼斋观察庶昌任日本公使时在彼所得本而仿刻者也。

初三日 午后阅《郎潜纪闻初笔》一卷。鄞县陈康祺，咸丰、同治朝人。此书其任刑部员外郎所作，故名郎潜。写楷书百馀字。灯下钞《御制诗三集》目录一页。看《郎潜纪闻》。

初四日 阅《郎潜纪闻初笔》。灯下钞高宗《御制诗三集》目录一页。是书晓霞所送，计四十本，因少目录二页，故钞补之。

初五日 午后，邵伯英取书来售，检阅良久。灯下阅《（拙拙）〔咄咄〕吟》，乃吴县贝青乔字子木所著，仿《南宋杂事诗》体例，纪道光朝与英夷开战议和及雅片烟案各事。因其人在扬威将军奕经幕中司文案，故其中情形皆得详悉也。是书亦伯英取来，以抄本未曾刻过，故索价甚大。

初六日 午后阅《郎潜纪闻初笔》三本完。邵伯英来，与之买成书十八种，计洋一百十元。又图章四方，十元。灯下阅《说诗乐趣》。

初七日 下午阅钱牧斋《初学集》，并题开部面。灯下翻阅《玲珑山馆丛书》。

初八日 午后阅《郎潜纪闻二笔》。四句钟时金巩伯表兄来，昨日自都中出来，现将奉差出洋。赠余肃亲王七言纸联一副。

初九日 阅《郎潜纪闻二笔》。

初十日 下午阅《郎潜纪闻二笔》完。灯下阅《郎潜纪闻三笔》。

十二日 阅《郎潜纪闻三笔》完毕。此书共分三笔,计二十一卷十本。观其所记各事,关乎经国者,殊亦不多,而琐琐杂事中亦复烦冗异常,断制既乏谨严,载记亦甚平率,甚无谓也。邵伯英来,与之买成钞本书五种,《枣林杂俎》六本,《(拙拙)〔咄咄〕吟》一本,《叶天寥自定年谱》、《宋王文正公遗事》、《淳村文集拾遗》各一本。计洋五十元。

十三日 午后阅《两般秋雨盦随笔》。

十五日 阅《两般秋雨盦随笔》。

十六日 阅《两般秋雨盦随笔》。

十七日 阅《两般秋雨盦随笔》。

十九日 上午得苏州沈氏信并报条,知二姑母戌时逝后,华表妹又服生烟殉孝,又于亥时逝世。一家之中,未及百日而丧其三,亦罕闻也。午后阅《两般秋雨盦随笔》完。

二十一日 阅《子不语》一卷。《子不语》,钱塘袁子才大令枚所著也。

二十二日 今日余芳亭来,与之买成吴昌硕大令俊卿,安吉人,江苏知县。五尺花卉屏条四张,价洋十四元。

二十四日 午后写各书籍上之票签。

二十五日 午后与醉愚、王雪槎为本生父亲理书画,觉吃力万分,未能理毕,已力不能支,只得嘱彼二人料理矣。

二十七日 赴苏州视沈杏墅疾。灯下阅《黄梨洲年谱》。

二十八日 在苏。阅《黄梨洲年谱》。

八月朔日 自苏乘火车赴沪。

初四日 在苏。三句半钟沈杏墅表弟断气,神志甚清,与沈馥荪拱手作别,告父亲曰:我如此而殁,未免不忠不孝,望亲伯伊呼父亲曰亲伯,盖浔俗寄父之称也。为我作的善举及公益之事,以留微名等云,语毕复呼姑母三声而逝,视之可悲可惨,不禁泪下。自其夫人五月底逝世以来,未及百日,一家四口,尽行完结,亦亘古以来未有之变局也。

初十日 在苏。午后余至邢氏六姑母家,与之谈良久。导余至各处看，见其空房及书籍甚多，惜皆无人收理，致坏烂不堪，深为可惜。因劝其出售，姑母亦深以为然。

二十五日　检阅在苏所买各书籍。

二十六日　灯下阅杨雨苍观察炳堃自订年谱。杨道光己酉拔贡，由知县官至湖南盐法道。因军务遣戍，后释回，终于家。

二十七日　灯下写新买各书票签。阅杨观察炳堃所订年谱。

二十八日　夜阅《西圃集》。吴县潘顺之太史遵祁著。

二十九日　午后，检点此次苏州所买各书，计壹百十八部二千馀本，价洋四百四十四元七角。又殿板《二十四史》一部计六百七十四本，洋三百八十元。写票签。阅李眉生廉访鸿裔《苏邻遗诗》。阅《西圃集》。

九月朔日　午后翻阅新买之书。与厚斋至小莲庄看新做各书箱。灯下阅《实事求是斋文集》，道光时山阳汪文端公廷珍所著。官至协办大学士礼部尚书。

初二日　灯下阅《实是求是斋文集》。

初三日　午后阅《彭尺木文钞》。名绍升，长洲人。灯下阅《彭尺木集》。

初四日　午后阅《河海昆仑录》，是书霍邱裴伯谦大令景福遣戍新疆所记沿途风俗物产与山川形势等事。

初五日　阅《河海昆仑录》。

初六日　阅《河海昆仑录》。

初七日　阅《河海昆仑录》。

十四日　阅《香艳丛书》。

十六日　灯下阅曾文正《求阙斋日记》。

十九日　一句钟偕陈姬赴申。舟中阅陈其年《妇人集》。

二十六日　因沈氏姑母及表弟开吊在苏。沈氏请朱古微侍郎题主，襄题系江霄纬观察、潘继之太守。

二十九日 在苏。随同醉愚至饮马桥钱伯英家看书。伯英名振声,江苏道员,嘉兴人,为怡甫观察之子也。是日傍晚抵沪。

十月初二日 午前陈雪年来,雪年乃燕清之子,向为劝业会招待员,兹拟与之偕行,故特到申也。

初三日 午正乘火车赴宁,道经苏州,问建侯,则已于早车先行矣。傍晚七句钟抵埠,对岸山上设有电火扎成"南洋劝业会"五字,光彩炫目。遂复换车,由下关入城,抵三牌楼,寓于第一旅馆贰拾号。是日偕来者为张祉蕃姑丈、沈醉愚、陈雪年。行装既卸,遂偕诸公饭于海天春,遥望劝业会后门,电灯闪烁,如白玉牌楼然。

初四日 早上建侯来,同寓一处,建侯、醉愚先往观。余于十句起身,时则彼已行矣。少待诸君至,偕饮于三醉楼。饭后同诣劝业会场,先游湖南馆。是馆瓷器居多,绣货次之,余购书九种,计洋三十三元。又购佛联一副,端午桥书,计洋二十元。出馆后继至广东馆,入门花草丛然,肩摩踵接,颇形热闹,其中陈设,备极奢侈,至奇者雕刻象牙,其长三尺,备极工妙。余购茄南香珠一串,计洋九十二元,又玻璃精刻仕女画屏一副,诗联一副,计洋七十二元,又董其昌行书条幅四张,计洋一百元,外加装箱三元。出馆后,夕阳在山,为时已晚,遂由喷水池出正门,门在丁家桥,雇马车归寓,一路树木森密中,遥望会场,电火参差,若火城排列,洵奇观也。

初五日 十一句钟入场观览,先至东三省动物园,虎豹狮鹿具备,徘徊良久乃出。继至博山玻璃公司,其精制之件,均已卖出,只买玻璃料花瓶一对,四面花坛壹只,计洋十一元。抽丝挂屏四条,计洋叁拾伍元。再至绿筠花圃,花木葱蒨,菊蕊烂漫,灿若云霞,中有大水晶一块,供设亭上,亦罕觏之物。遂饭于西饭馆,菜则不堪下箸而价甚昂。饭后复诣广东馆,购潮州白石琴琶仙两尊,计洋六十四元。又玻璃银花台子一只,计洋壹百念元,外加装箱二元。再至湖北馆,陈设不及广东、湖南之富而幽雅则过之,地亦闲旷,入门有池,对岸有亭翼然，亭中峙黄鹤楼，虽属模型，层楹画桷，颜联毕具。再由亭折入，则有黄冈竹楼在焉，其楼椽瓦栏槛，几案器具，靡不以竹为之，四面环以篔筜，殊洒然也。其南为炮台模型，西北为隆中模型，山冈起伏，祠宇参差，以老树根为之，亦奇构也。西北为赤壁，与隆中遥遥相对，徘徊良久乃出。再至东三省馆，其中飞禽走兽，不一而足，视之俨然，即之则伪也。再至山陕馆，器具陈设，无足观览。再至河南馆，甫至则门扃，遂出会场而返。晚间陈莲舫先生招饮于寓楼，同席者李平书、虞洽卿、陈梦兰蘅若，又柯君，杯酒联欢，亦极客中一时之乐。

初六日 至一句钟时，偕同祉蕃姑丈、醉愚、雪年入会场瞻览，径至劝工厂，诸品陈列于场内，其时楼上下陈列品之精者，购福州所产脱胎漆器弥勒小佛一尊、牛一头、图匣一只、精画山水鼻烟壶大小三个、小瓶一个，计洋三十二元。又购荷叶式圆桌一只、三角式架五层者一件、方式架三层者一件，计洋三十元。复购书十二种，计洋三十四元五角。又陶器茶壶一把、茶杯连托一件，计洋一元五角。游览一周，遂出工艺馆，便至江西瓷器出品所，购小磁牛一只，计洋一元。时将二点，人倦腹枵，饭于四时兴，菜尚可口。绕道东南至美术馆，馆中陈设书画为多，器具各次之，中有福州漆器大排子一盆，值至一千有馀。又大漆瓶一，值至二千四百元。余欲略购数件价廉物美者，已为他人购去，且须俟闭会后货物出门，故不购而出。美术馆房屋宏敞，行路亦颇曲折，登楼望远，亦甚相宜。其时已将四句钟，匆遽至京畿馆，馆甚狭隘，仅正屋三间，陈列品宝玉珠翠居上等，绣画次之。中有乾隆御用象牙席，值价一千二百两，又有隆恩殿、祈年殿、圜亭、乾坤殿各模型，以外雕漆器、景泰窑器亦多。余购景泰窑中瓶大小两对，计连水脚费洋九十二元四角。方拟再赴他馆遨游，已值摇铃闭会，遂绕道喷水池，观自来水喷薄入池，仍由旧路从后门归。余所携来银洋已将就尽，恐不敷用，特嘱醉愚写函由火车寄朱雅言，嘱彼由沪上打狗桥仁康庄内汇洋贰千元到宁，以备购物之需。仁康于会场设有银行,故能汇付。昨夜及前数夕阅《庸庵笔记》,系无锡薛叔耘副宪福成所著,《笔记》共六卷,览数夕,已蒇事,盖自到宁后始事也。今夜阅《天岳山馆文钞》,系平江李次青方伯元度所著。

初七日 午刻,罗子蕊来,同入馆。先诣四川馆,其中竹器甚精,若蜀锦绢绸,均系有名无实,向该馆购细篾碗胎碗盏全桌计共一百三十四件,计洋一百四十元;又细篾镀银锡碗十只,计洋十二元,统共先付定洋五十五元。又购刺绣人马图一幅,玻璃装金边架,计洋二百元,先付定洋二十元。游览既周,随即出门,便道至美术馆,其中有买定者,有非卖品者,游览一过,遂出。再至金陵缎业公所,购陀罗经被面一幅,计洋廿四元。时已将晚,急诣福建馆,至中间购脱胎漆花瓶一对,又鼻烟壶一个,计洋十一元。折而至内,雕刻天然木人物,栩栩欲动,磨光如镜。向购田黄图石四方,计洋九十元;木刻小渔翁一个,计洋五元;又渭水河人物全堂,计洋贰百念元;达摩、铁拐两堂,计洋八十元。市时已就晚,会场各馆内欲摇铃闭会,匆促之际,未经讲定者尚有几多,又囊无馀赀,汇洋未至,所讲定之款先付二十元,约日取件再付,随即出场而归。是日致雅言书中,恐购物未彀,又托再汇贰千元。顷闻劝业会银行汇款费甚巨,每千约需十五元,故于致雅言书中,嘱伊改汇他家矣。又补志至四川馆内时购黑漆花瓶一对,计洋六元,顾系描金之物,甚属粗俗,远不如福州漆器之工也。

初八日 午刻偕祉蕃、雪年、醉愚入劝业场,先至劝工厂换书,以《积学斋丛书》换《齐山岩志》,又买《朱子全书》、《庐州府志》、《泰兴县志》,计找洋二十元。由水泥新桥折而东,将至福建馆,则以午饭闭会,遂品茗于挹翠居。茶未半则会已开,先至浙江馆,向事务所题名入馆周览,若吾浙温州锡竹器,杭湖绸缎,均亦佳品甚多,谁谓浙无技艺耶。余购取篾丝帽筒二对,计洋四元八角;又宁产黄杨木刻人物一座,计洋七元。遂出而至直隶馆,备物寥寥,无甚可买,仍回至四时馨午饭,饭后再渡水泥桥,至水族馆一游,均系寻常蚌蛤鲫鲔等物,无足观览。遂至福建馆,再购柯世荣所刻渔翁一个,计洋十二元;达摩一尊，计洋十九元；铁拐一尊，计洋十元；渔家乐一对，计洋二十九元；石人物一个，计洋四元；白石图章三块，又黄石图章三块，共计洋十六元。游览既周，遂倩装匣，托雪年监视，余与祉蕃、醉愚先归。既返寓，则沪上电报已来，该款贰千元改从大清银行汇付，正拟遣人往取，而该银行友高华国来，与谈数语，出汇单见示，嘱签名书押，以为收据，复托旅馆账房盖印作保，亦可谓缜密之至矣。

初九日 午前得朱雅言书，据云仁康庄无处寻觅，故从大清银行划汇，前书所云打狗桥系带钩之误。午前余偕祉蕃、醉愚、雪年同入会场，至各馆。午饭闭会，先至有正书局，买书帖数种，计洋四元五角。即至安徽馆，会门未启，先入事务所小憩，购云雾茶叶一大匣，计洋六元。少时开馆，入览一周，不过笔墨绸布而已，匆匆遂出。再至江西馆，瓷器排列，有五彩者，有墨妙者，精细不一，高高下下，林列两旁，人行其[间]，忘其升降，楼系三层，亦不知其折而高折而低也。出至云贵馆，石器林列，红色灿然，余购雄精一块，计洋一元，又绢绸甚佳，又购一匹，洋九元二角。遂出馆，偶至京畿馆，门前见图石两方，误在馆内，因入访之，不见。将归，见玻璃精画鼻烟壶，洵属佳品，因购二个，计洋十四元。出拟午饭，祉蕃、雪年先行，余与醉愚复诣美术馆寻觅图石，环行二周不见，遂至四时馨，饭毕醉愚先去，约在山东馆相晤。俄醉愚来，是馆不甚佳，殊无美物，惟阿胶向系著名，因购四斤，计洋十一元二角。出至兰锜馆，均系甲兵等物，遂出。又至广东教育馆，银锡器最佳，余购星岩石红色大珠三颗，又葫芦形一颗，计洋三元二角，又小珠一串，计洋两元。出门时见潮阳萧家西园学堂模型，层楼复嶂，穷极工巧，叹观止矣。出门再至武备馆，所见无非枪炮器械兵轮营队甲胄而已，出已闭会，遂赋归欤。归后阅刘中丞昆奏稿。昨购之书籍已送到，又买《元宁两邑志》一部，计洋二元七角。

初十日 正午偕祉蕃、雪年、醉愚入场。未入场时，雪年以换入场券先往，余等先至福建事务所阅视玉器，以价值过贵，止购黄玛瑙鼻烟壶一个、玛瑙孩儿坠一个、白玉小扇坠一个,计洋九十元。遂入场,雪年亦同行,至河南馆,晤庞清臣,立谈数语别去。遂入馆游览,其中彝鼎极多,碑帖称是,余购《汤文正公遗书》一部,计洋八元;宣德大铜垆一只,计洋十六元。出至农业馆,馆宇甚大亦曲折,其中陈设禾稻果实之类甚多,又犁锄车戽之属,在在皆是。中有泥塑农夫模型,棉花扎成织妇模型,亦足解颐。出馆已近三句钟,饭于四时馨。饭毕至英国参考馆、日本参考馆、美国参考馆,各馆所陈列机器居多,未有帖说,玩之了无趣味,均匆匆一览遂出。再至机械馆,亦系各项器用所用之机。又至第二工艺馆、通运馆,出门已晚。接朱雅言书,知再汇龙洋贰千元,已经由大清银行汇宁,而银行亦有人来接洽,适余未返乃归,约余往取。因倩醉愚、雪年前往,彼以付银仍需亲笔签字并旅馆担保,约明日枉顾,沈、陈遂返。

十一日 午前寄朱雅言书。大清银行高华国来,携到收据,嘱为签字并旅馆帐友盖章,遂别去。午刻入会场,先至嬉笑奇馆,馆内镜屏四列,高低凹凸不一,徘徊瞻望,容状忽肥忽瘠忽长忽矮,随其镜之高低凹凸而变其形,洵堪一噱。出至工艺馆,举凡染织器具绣扎等件,亦有佳者,既有占多数之非卖品,而买定之件,又须于闭会后取出,故一物不购而出。饭于四时馨,饭后雪年别去,独至大清银行取洋。余偕祉蕃、醉愚再至教育馆,馆宇甚大,与工艺馆相埒,而内容亦大略相同,不过教科中物稍多而已。出门已四句钟,遂返旅寓。醉愚向浙江馆为余购铁屏四幅,计洋十二元。晚偕祉蕃、醉愚、雪年、惺叔、张沚兰相偕登画舫秦淮小集,庞清臣丈亦至,同坐六人各遣女奴侑酒,笙歌递奏,月色与水光相映,亦客中一乐也。酒半,清臣先去,余偕诸君更坐小船泛月,画舫如云,而所谓丁字帘前杨柳摇风者,已不复觏矣。回忆《板桥杂记》所载,斯时若何其盛,乃发逆残虐,蹂躏金陵而后,元气至今不复,深为可惜,风月场中亦有沧桑之感焉。

十二日 午前醉愚偕雪年作明故陵之游。罗子蕊来,马姓掮客以各件求售，为购皮钞鼻烟壶一个，连批霞盖，计洋贰百元；珊瑚朝珠记念佛头一付，计洋壹百陆拾元；白玉扣带一件，计洋二十元；批霞烟壶盖二个，计洋三十元。午后三句钟，醉愚、雪年至，为余买书数种，计洋一元三角，钱五十文。又《天禄琳琅》一部，计洋三元四角。遂同入会场，复游广东馆，购茄楠香朝珠一串，计洋一百五十四元；又茄楠香手珠一串，计洋八十元。醉愚先至浙江馆定书，遂先返。余与祉蕃、子蕊、雪年登纪念塔，下塔时电火参差，已傍晚矣。

十三日　午后余偕醉愚坐马车至状元境购书，到后书坊林列，然大者寥寥，余共购书十馀种，计洋四十七元。

十四日　午前不出门，书贾麇至，为购数种，计文林阁十五元，东壁园洋壹百十五元，藜照阁七元。又浙江馆送到《武林掌故丛编》，计洋二十六元。午后偕祉蕃、雪年、醉愚作莫愁湖之游，既出水西门，但觉楼阁参差，湖波荡漾，对岸女墙齿列，其葱葱郁郁，高出雉堞上者则清凉山也。其东为钟山，望之俨然在城中，其实则在太平门外也。遂饮茗于胜棋楼下，中悬莫愁小像，外则悬中山王像，英雄儿女，各自千秋，可称胜概。既望楼则中设左恪靖侯长生禄位，从祀者不能记忆。既下楼复循廊西行，入一小亭，望湖中风景。又诣曾公阁，徘徊良久乃返，入城。绕郭折而西北至清凉山，登清凉寺，诣客堂小憩，茶话多时。清凉虽属名胜，然金陵诸山势多散漫，具无乔松翠柏掩映，岩阿一览无馀，殊觉乏味。夕阳欲下，急觅归途，欲登古扫叶楼，匆遽不果，遂回车。车经小仓山下，望见平波一片，水中有红亭翼然高出其上，余心知为随园遗址，盖证以仓山集中诗云“游人知住杭州客，湖上双堤更六桥”，又云“断桥西去有茅庵”，则即准提庵也。其处在准提庵之东，故余决为随园无疑。归寓后书贾纷至，共购书数十种，计洋贰百陆拾壹元六角，为之翻阅，颇形疲苶。夜间又买《知不足斋》、《全唐诗文录》等，计洋一百八十元。

十五日　午前买书数种，计洋八十三元四角。又《全唐文》一部，计洋壹百二十元。是日劝业会奖单揭晓，系奏奖者六十六名，吾浔沈天昌、梅恒裕其昌与焉。超等奖二百零八名,优等奖四百二十六名,金牌奖一千二百十八名,银牌奖三千三百四十五名。

十六日 是日自宁返沪。

十七日 午前马姓自金陵来,携有翡翠珠宝等件求售,余购批霞扣带一块,批霞翡翠挂件各一,翡翠班指一个,批霞尚算鲜明,翡翠实系老绿,共计洋壹千壹百五十元。又文富山房书贾亦自金陵来,约明日午刻携书至此。

十八日 午后马姓客又至,为购翡翠牌一方,月白批霞鼻烟壶一个,又白玉鼻烟壶一个,计洋壹千元。又嘱醉愚购书数种,计文富山房六十四元,又同文书局九十元,内有《粤雅堂丛书》一部,甚精,其价与前买《知不足斋》相等。

十九日 午后书贾又至,为购数种,计洋五十七元。夜文富山房书贾来,因买书乏款,拟以书四十箱暂抵洋四百五十元。

二十一日 午刻与陈姬登舟轮拖返里。阅曾文正所著《求阙斋日记》。接徐沧粟函,并承伊赠余所拓古钟鼎两纸。

二十五日 灯下有书客自扬州至,与之买三部,计洋五十四元。

二十六日 阅曾文正公《求阙斋日记类钞》。

十一月初二日 同内子登舟赴沪。舟中阅《求阙斋日记类钞》。

初三日 上午抵沪后至鸿仁里梯叔处,嘉定徐麟石表弟假宅梯叔处完姻,余此来即贺表弟合卺也。

初十日 在沪。午前,南京文富山房书客朱甸卿往时所抵在余处之书,今已讲定,除去《图书集成》全部、《春在堂全书》一部,均售于余,计找去洋二百五十九元。其书共计大小壹百念部,前在沪时抵洋五百元,兹连找款共计洋七百五十九元,以寻常零购合之,价值尚属便宜。

十一日 午前南京同文书局携书求售,与买五十元。又朱甸卿经手,又买廿四元。

十二日 午后登舟归家。在舟中阅《钱竹汀宫詹大昕年谱》一卷。夜阅《点石斋画报》。

十四日 至求恕斋理书。

十五日 灯下有金陵文林阁书伙携书来售,翻阅数时,与之买成十四种,计洋壹百四十二元。约四百本。

十六日 上午至求恕斋理书。即在沪所买七百五十九元者,是书为前署浙抚孝感余播珊中丞联沅家所藏,中丞殁未十年,已为其媳所卖,良可慨也。

二十日 灯下与金陵文富山房书贾朱甸卿谈,将伊带来之书,细检阅之,共拣七十五种,计书九百九十七本,与之讲定,价洋四百四十元。此书系扬州人家货托朱甸卿代售者也。

二十一日 余芳亭来,与之买钱叔美杜山水堂轴一幅,价洋二十元,物恐未必真也。翻阅昨日所买之书。

二十二日 邵伯英来,与之买书十七部,内有抄本四部二十本,计洋七十元。馀者十三部六十二本,计洋四十元。

二十三日 阅《涵芬楼古今文钞》。

二十四日 下午,邵伯英来。

二十八日 上午阅日报知,本生父亲所著之《皇朝续文献通考》由沈子敦侍郎家本进呈后,蒙恩赏给内阁侍读学士衔,廿六日奉上谕也。午后至求恕斋理书。

二十九日 书客朱甸卿自扬州来,将二十日所买定各书送来也,略为检视。夜细翻新买之书良久。

十二月朔日 今日作函与刘溥时别驾,借去小说书十二种。

初八日 午后阅《汇刻书目》。

十二日 午后携陈姬登舟赴沪。灯下阅《汇刻书目》、《曾文正日记类钞》。

十九日 阅俞荫甫所著《右台仙馆笔记》。

二十一日 阅《右台仙馆笔记》。

二十二日 阅《右台仙馆笔记》。

二十五日 今日余送冠南、晓霞《皇朝续文献通考》,即本生父亲所著者也。

二十六日 阅《右台仙馆笔记》。

1911年(辛亥,宣统三年)

正月初四日　灯下阅《春在堂杂文》。与健弟长谈,赠伊石印《四库全书提要》一部。

初七日　今日发朱古微函。求伊写对两副。

十一日　夜阅《春在堂文集》。

十三日　陈沁梅自苏州来,携到杰斋所赠,计《王右丞诗集》十六本、《庚子消夏记》四本、《日本朝阳问字鉴》十六本、《文选》廿四本、《日知荟说》四本、赵注《孟子》四本、《曝书亭外集》一部二本、古莲池拓帖一包、四川夔州古拓一包、古莲池名流雅集摄影一本、古莲池实景一包、《廖氏三叶蝉吟集》一本、黄毛鹿茸一架并信一封。

二十日　至求恕斋观醉愚、从叔理书。

二十二日　午后阅《春在堂杂文》。至求恕斋理书。

二十三日　午后至求恕斋理书。灯下阅《春在堂杂文》。

二十六日　阅《国朝文汇》。

二十九日　阅《国朝文汇》。

三十日　阅《国朝文汇》。

二月初二日　阅《国朝文汇》。

初四日　午后阅《国朝文汇》及新买之书籍。

初五日　阅《国朝文汇》。

初六日　阅《国朝文汇》。

初七日　午后与韵笙同至求恕斋理书。

初八日　阅《国朝文汇》。

初九日 阅《国朝文汇》。

初十日 阅《国朝文汇》。

十一日 阅《归震川有光全集》。

十三日 阅《汪尧峰文钞》。名琬,字苕文,苏州人,国初顺治、康熙时翰林。

十四日 午后至求恕斋监视醉愚、从叔理书。灯下阅《汪尧峰文钞》。

十五日 阅《汪尧峰文钞》。

十六日 阅《汪尧峰文钞》。

十七日 午后阅梅伯言曾亮文集。

二十一日 在沪。阅《洪北江文钞》。亮吉。

二十二日 阅《洪北江文钞》。

二十三日 阅《香艳丛书》。

二十四日 阅《古今说部丛书》。

二十五日 阅《纪文达公昀遗集》。

二十六日 前岁十一月间,先母病重,其时海州灾赈孔亟,雨伯乃劝余捐助巨款,以活灾黎而延慈寿,余因捐助壹万两。寻先母见背,办赈人欲为余请奖四品卿衔。雨伯又将公堂所助三千两,并伊名下五千两并入奏请,由筹赈公所禀询江督张安帅,初允,此刻奏奖卿衔,须助二万两,然后为之设法。筹赈公所允为再解二千两。适海丰公司闹事案起,官绅不洽,安帅与许久香观察鼎霖大生意见,无可泄气,遂将海洲振案搁起不奏,予所助款项批词中以该款不由大清银行交付即以见驳。予屡询雨伯,总属支吾。又函问经手放赈之萧静斋,亦未得复。今春静斋来浔,出海州牧施燮夫刺史焕公事及藩司详文督院批词,始知颠末,亦无可奈何矣。乃雨伯以为此事无以对予,此刻又属安徽灾振孔亟,特电驻沪制造局总办张弢楼观察士珩,请助银一万两千两,转电盛宫保将前助海州之一万八千两申叙合成三万两,请奖三品卿衔。寻得盛电云海振不能带叙,嘱即汇交一万二千两为之设法奏请，雨伯与予屡次会商并函致弢楼，申明海振虽不报销，究亦有案。嗣得复云，此刻四品卿衔，非比前时报效一万两即可做的者，伊处移补八千两合成二万出奏。嘱即照划，此款今已解交皖振筹办处，计规平一万三千一百五十二两，合库平一万二千两，收有收据，大约即可办理。顾此事合前后计之，为数已三万两，吃亏已极。总之一误于经手，再误于安帅，以至于此。顾振款总属救灾之善举，虽吃亏已甚，姑且听之。而安帅堂堂疆吏，挟小嫌而将人巨款付之无何有之乡，未免胸襟太狭。然际此汹汹之世，弩末功名，何足轻重，故亦不甚觊觎。实既至此，只得从事，夫亦出于勉强而已矣。

二十七日 午刻偕钱彬士至爱文义路看地址，此产系乙巳、丙午之间沈谱琴介俞恒农抵在予家，计规元柒万两。殆分析时，此产归予名下，向来按年解利，后来非但到期不赎，且子息亦不能解楚，积至去年，欠利六千馀两，因将此产汇租过来，并由予家至洋人处过户。年来适值市面清淡，二次减租划息，殊不合算，屡向催赎，则伊又无力，无可奈何。今年正月间孟苹来浔，为伊极力说项，索予再找一万两，两下过割，且述谱琴此刻境遇甚窘，多系推情感篆之谈，谊关姻戚，且又世交，因降抵款七万两及欠息六千馀两，允为再找四千两凑足八万，即与成交。嗣谱琴再四恳情，言者可怜，闻者恻然，孟苹又竭力怂恿，索再加一千两，即行过割，为数无几，乃从其请。但此产中向有胡仲巽观察未出山时曾有地一区抵在谱琴处，旋谱琴将此地造有房屋，房屋亦在抵项之中。该地仲巽拟将五千两为赎，则谱琴已经售于予处，无屋可给，好在胡、沈二氏前情极厚，因一面商之仲巽，一面就商于予，将围垣之外尖角形旷地一区划去，偿还仲巽，该地约计一亩九分光景。今此事将欲过割，今日乃与彬士前往察看，现今工部局又新辟马路，界碑已竖，将草地占去不少，而所栽树木亦多毁损者，地址益形湫隘。此产已经吃亏，计息不过三厘有馀，今至此则吃亏愈不可胜计。顾谱琴向有姻世谊，重以情面，又怜其清窘，只得如是。其地尚有空地，倘略栽花木，组织园景，则到申寓居于此，甚相得也。

二十八日 得浔号附来京都于子昂僚婿来电,下午即倩醉愚写信复寄子昂,附去郎中部照一纸,又捐免保举照一纸,盖予之振款已解,一经出奏,例须向部查原官原衔。前将衔翎实收寄子昂,托为换照。近今得伊电嘱将郎中部照寄去,以便呈验,因从邮局保险寄去,托为赶办,以备行查。

三月初三日 由沪返浔。

初七日 至求恕斋理书。

初八日 午后南京书客朱甸卿来,携有书目数种,翻阅良久。

初九日 灯下阅《盋山文录》。上元顾云字石公,咸丰、同治时人。

初十日 上午阅《盋山文录》。午后雨伯送来张弢楼观察士珩,安徽合肥籍,戊子举人,直隶道员,上海制造局总办,驻沪皖振处归伊办理。电,知余所助之安徽振捐库平壹万二千两,已由盛杏荪尚书宣怀奏请赏给四品卿衔,于初八日奉旨依议。圣恩高厚,洵可感也。是日,甸卿归,共购书[ ]种,计洋壹百八十二元,又与买《宁都三魏集》,先付洋十八元,共合二百元。

十四日 是日阅《汪龙庄遗书》中之《双节堂庸训》。

二十二日 上午阅《艺苑丛话》。访龙华寺。

二十三日 阅《艺苑丛话》。

二十五日 游哈同花园。

二十八日 是日与朱甸卿买书[ ]种,计洋一百三十二元。

四月初一日 自沪返浔。舟中阅《方柏堂文集》。名宗诚,字存之,为道咸间桐城派古文家,官直隶枣强县知县。

初四日 是夕因贺邢鸣远表弟续娶赴苏。

初九日 自苏返浔。

十六日 午后至求恕斋看理书籍,因将书籍之重复者带杭,故嘱醉愚、厚斋、叔云、振声前往董理。是日抵杭。

二十一日 予冒雨走访周湘舲丈于昭庆寺东张氏别墅内，须臾醉愚亦至。湘舲丈出《灵峰探梅图》长卷并《补梅龛诗画册》，卷册中题墨纷纷，首推翁叔平相国同龢所题长歌为杰作，馀则著名者寥寥。又览其所辑《灵峰寺志稿》，伊本寓城中荐桥街，因辑《灵峰寺志》，避嚣著书，假寓于此。二女随侍，亦颇相得。

二十三日 午前张笃生自城中来。午刻周湘舲丈招饮，予偕醉愚、笃生同赴。晤德清许健夫舍人堃及其侄，遂同宴。予偕笃生乘舆至行宫内图书馆，盖健夫现承办建造图书馆工程，湘舲与其均在此待予，遂同赴灵峰。

二十四日 午后陈桂题丈来坐谈片刻，同至周湘舲丈处，李廉波亦在，小坐，遂同往予留馀别业。因湘舲丈稽考志书，谓予所购之屋，在大佛院后冈上，的系明陆伯承倚醉阁故址也。十三间楼约略亦在其间，顾志书在大佛院右，疑在予别业之东，今梅医之洋房也。

五月初四日 自杭返里。

十一日 嘱醉愚作函复朱古微、蒋孟苹、潘雅声。

十二日 午后金沁园母舅遣价来，借去书三部。夜间检点《香艳丛书》十六套，因刘分府要借，特备函拟明日送去。

十三日 午后阅张文虎所著《舒艺堂杂著》，中有《十三间楼记》一篇，谓楼之故址即今之弥勒院也。文虎为道咸时人，江苏南汇诸生，文名甚藉，为曾文正公所赏，辟为幕僚。

十四日 是日阅《施愚山先生年谱》，愚山名闰章，安徽宣城人，官翰林院侍读，为国初诗文大家。

十五日 阅《施愚山先生年谱》。夜阅刘海峰学博大櫆文集。

十六日 是日阅《二十世纪目睹之怪现状》第八卷。

十九日 阅《吴研人笔记》。

二十日 阅《吴研人笔记》。

二十一日 午后阅《檐曝杂记》。

二十二日 午后在葭洲书屋前厅理书,写票签。武林郑长发书客来,携到样本数种,未与购定即去,约廿八日再来。夜间写书签。《檐曝杂记》仍未阅竣,是夜以之遣静。

二十三日 午后在葭洲书屋前厅理书。郑姓书客又来,送来书目一册。夜间写书签。阅《檐曝杂记》。

二十四日 午后阅《檐曝杂记》竣。是书为赵云崧观察翼著,上卷记其在都时事,下卷记其出守镇安及调广州升贵西道时事。夜阅《庸训》。是书汪辉祖著。

闰六月初一日 是日嘱醉愚作函寄徐晓霞,晓霞经手书客陈时帆书籍,与购《明人诗钞》、《国朝松陵诗征》、《二申野录》、《白云集》四种,计洋十四元,即以附去。

初二日 是日嘱醉愚作函寄徐晓霞,又与陈时帆购《赐书堂诗钞》、周长发著。《香树斋续集》、钱陈群著。《碑版广例》三种,共洋十元。因不知价目,洋未寄去。

初四日 阅《曾文正公日记》。

初五日 夜嘱醉愚作函寄金砚君,并赠《皇朝续文献通考》一部,此书系本生父亲所编,计值价洋十八元。

初六日 阅《曾文正公日记》。

初七日 至求恕斋观近日所晒之书。下午阅《曾文正公日记》。夜阅俞樾所著《茶香室丛钞》。作六月病记。

初八日 夜阅《说铃后集》中《冥报录》。国初陆圻字丽京所编者也。

初十日 午后阅海宁许子颂大令濉祥所赠《狷叟诗录》二册,伊自著。新从醉愚诗函中附来,嘱醉愚转交者也。夜阅《狷叟诗录》完。

十二日 下午阅《曾文正公日记》。夜阅俞荫甫《茶香室续钞》。

十三日 午后阅《曾文正公日记》。

十七日 阅《曾文正公日记》。

十八日　是日阅《曾文正公日记》三十四叶。

十九日　嘱醉愚作函寄金砚君，并附去《皇朝续文献通考》一部，彼所买也。予则阅《曾文正公日记》十叶。

二十日　阅《曾文正公日记》三十八叶。

二十一日　阅《曾文正公日记》四十五叶。

二十二日　翻阅各种书籍，中有数册系去岁修补，而今岁亦蛀者，可见卷帙繁重，若非随时校阅，则必为蠹所蚀矣。又查阅《吾学录》，系因沈采芝表妹殉孝请旌事宜，详考故例。表妹名华，吾湖归安县人，侨寓苏州，为家二姑母之女，杏墅之妹，去岁七月十七日二姑母病殁，表妹恸甚，逾时仰药殉，计年十九岁。今拟为呈请旌表，考察故例，为呈词预备也。

二十三日　午后阅《柏堂集》，桐城方存之大令宗诚著，为咸同时人，曾官直隶枣强县知县。后经大吏奏保其著作宏富，学问优长，赏五品卿衔。旧笔贾俞芳亭病，莫能归，求助川资，给与洋二圆。

二十四日　郑姓书客自杭州来，郑于予大病之前，已携书到此求售，后予病因循，遂尔搁起。今与买定《宋文宪公全集》、《叩钵斋行厨集》、《毛西河全集》、《雅雨堂丛书》、袖珍版印《说铃》、《古愚老人消夏录》、《江月松风集》、《西泠五布衣集》、《双节堂赠言》、《赵氏丛书》、《施忠愍集》、《琅嬛天文集》、原刻《泰山志》计十三种，共洋一百三十八元。静坐无事，翻阅各书及陈其年骈文。

二十五日　午后郑姓书客又至，与买《农书》、《香雪斋文钞》、《复初斋文集》、《徐霞客游记》、阮刻《畴人传》，此数种惟《农书》全交，馀则只有样本，洋亦未清。点《吾学录》二十馀叶。

二十六日　是日点《吾学录》约三十馀叶。

二十七日　点《吾学录》二十馀叶。阅《偲进斋丛书》，为吾湖归安姚彦侍方伯觐元所刻。又检阅《文选楼丛书》，意谓此书为仪征阮文达公元所刻，孰知一翻撷间，椠既不精，书本亦小，各种序跋系南海伍崇曜所作，即系刻《粤雅堂丛书》者，大约此书非阮刻，为伍刻耳。

二十八日 午后点《吾学录》二十馀叶。翻阅《汇刻书目》并各种书籍。灯下阅《唐诗三百首》下卷。

二十九日 午后阅《曾文正公日记》十馀叶。又检点《武英殿聚珍板书》,此书系去年十月在沪时适有金陵书客朱甸卿来,伊所购定余晋珊方伯联沅家遗书百馀种,少洋五百元,无以给付,求暂押余处,乃允之。后十一月间重至沪江,甸卿必欲卸售,再三来说,因退出《春在堂全书》并石印《图书集成》二种,计找洋二百五十九元,共计与买一百二十二部。内有《武英殿聚珍板书》,最多残缺,余今日无事,将此书按目点检,全少者共计二十种,不全者共计五种。故买书之事,最好大宗,较零购究属便宜。余家之书,精椠殊少,坊局刻为多,距方伯为上海道时,甫及十年,殁亦不过七八年,乃其子孙已零落若此,富贵浮云,有如梦幻,可胜叹哉。夜阅《双花记》,记系新小说,笔墨尚佳,足资笑噱,此书旧曾阅过,今日晒数见之,取而再阅耳。

七月初二日 至求恕斋理书。

初三日 午后阅《曾文正公日记》十馀叶。至求恕斋理书。夜阅《经德堂文集》,系临桂龙翰臣方伯启瑞所著,龙系道光辛丑状元。点《吾学录》五叶。

初四日 午后阅《嘉树山房集》,系镇泽张鲈江孝廉士元所著,为嘉道时人。夜间点《吾学录》约七八叶。

初五日 阅《嘉树山房文集》。又翻撷各种书籍。夜阅《吾学录》。

初六日 夜阅《香雪文钞》,为天都曹震亭明府学诗著,乾隆时人。其集骈俪多于散文,尚隽丽。又点《吾学录》十馀叶。

初七日 点《吾学录》两卷。

十一日 午后点《吾学录》祭礼一卷。夜间又点《吾学录》典制一卷。

十二日 午后至求恕斋理书。

十三日　午后阅《曾文正公日记》。

十四日　翻阅《国朝名臣言行录》。

十六日　阅《书目汇刻》，并翻阅杭州古欢堂郑姓字长发书客携来各种书籍。

十七日　午后阅《昭代丛书》。

十八日　午后点《吾学录》宾礼一卷、律例十叶。夜翻阅昨日沪号寄来新购各书。是日恭逢皇上典学之期，各衙署停刑讯三日，各学堂各种团体皆举行庆贺礼。恭志于此，以记盛事。

十九日　点《吾学录》律例一卷。夜间点《吾学录》六叶。是日闻许子廉之父霁楼司马逝世，计年七十八矣，名鼒龢，诗画均精妙。

二十日　午后阅《春冰室野乘》，是书为咸阳李孟符所著名岳瑞，所记皆近百年来朝野遗闻轶事，亦足为考证之一助也。夜间点《吾学录》十二叶。

二十一日　午后阅《春冰室野乘》。南京古董客马少臣由金陵来售古董，送来礼物四种。夜间点《吾学录》十叶。

二十二日　午后阅《春冰室野乘》。马少臣来见，携有各种翡翠宝石珠玉，殷殷求售，于是逐件细玩。马君为金陵承恩寺大街耀珍斋古玩珠宝店股东。

二十四日　傍晚题《滂喜斋丛书》眉签。

二十六日　夜间翻阅王文简公士祯《蚕尾集》。

二十七日　复朱古微侍郎函，并寄去刊赀五百元，此款系沈杏墅表弟家珠翠款内拨助刻《苕溪集》者。集系宋刘行简所著，今侍郎重刻于吴下，商之本生父亲以千元为梨枣资，前已备函寄去五百元，今将竣工，即将此款付讫。此集自经宋刊后，几经兵燹，世已无存，吾湖陆存斋观察心源皕宋楼藏有钞本，武林丁松身大令丙从陆氏钞出，珍为秘籍。现丁氏书籍归于江宁图书馆，侍郎以行简湖人，特乞缪筱珊参议荃孙从图书馆钞出授梓，洵珍本也。侍郎之搜罗乡邦文献，亦可谓勤且博矣。夜阅《思益堂日札》，为周应甫阁学寿昌所著，长沙籍，道光、咸丰时人,《国史》有传。

二十九日 阅《思益堂日札》。

八月初一日 阅《思益堂日札》。

初五日 夜题《风雨楼丛书》卷面。

初九日 阅《思益堂日札》。

十一日 夜阅《思益堂日札》。

十四日 张石铭送来《适园丛书初集》十册,系伊自己所辑者,约此后续出再行送至余处,并向余索本生父亲所辑《皇朝续文献通考》,余以此间未备,先行函致约由申寄到送去耳。

二十日 阅《大清会典礼部则例》。

二十一日 夜阅《荆驼逸史》。

二十五日 阅《适园丛书》中之《残明纪事》。国初时滇人罗谦著,字益甫,云南相山人。

九月初一日 阅《皇朝续文献通考》。

初四日 阅《魏叔子日录》。名禧,江西宁都人,国初布衣。

十六日 自浔来沪。

二十四日 阅《支那近三百年史》。

二十六日 阅《泰西新史揽要》六叶。拿颇仑行状。

十月初三日 自沪返浔。

初九日 阅《荆驼逸史》。

十一日 余旧购石印钱牧斋《列朝诗集》出书未全,今已出齐,由沪寄到,兹特并入箱箧,计共五十六本。

十四日 午后至求恕斋阅看书籍,时将书籍编理入箱,所有印存《浔志》,检点剩二十二部,亦以放置橱中。连日报纸所载谓金陵已为民军所占,然亦未敢确信。今日所阅,细玩其词,确于十二日失陷,现民军已经进城，张人骏总督、铁宝臣将军良、张少轩军门勋，江南提督兼统江防各营。此次战事均伊主政，剧战甚烈。已均走避，兵尽降。此次东南各省均属不战而降，独金陵一城抵死孤守，兹虽失守，以一隅之地抵抗各省联军至一月之久，亦可谓硕果晨星，寥寥仅见矣。虽未即死，然欲北走燕京，存困兽犹斗之意，洵属不可多得。溯自武汉起事以来，黄忠浩战死长沙，在籍总兵兼代防营，守城力战而亡。陆钟琦阖门殉节，山西巡抚，或云父子。此外均属暗通汉奸，买成线索，不烦一兵，不折一矢，或弃城而走，或低首乞活，或素称忠义而变志欺君，或夙号名儒而夷然叛国，朝廷养士数百年，如是结果，凌夷末季，可胜叹哉。

十六日　自浔赴沪。舟中阅《荆驼逸史》。

二十四日　阅《荆驼逸史》。

二十七日　阅《世界近世史》中法国大革命一则。

十一月初二日　午后阅节本《泰西新史揽要》。

初三日　阅《二臣传》。

初九日　午后巩伯来谈，有周君乔年者，以丹青为业，苏州人，曾客游北京者六载，巩伯识之，请其绘画，俄因匆促出京，未经完竣，今巩伯处逼仄，无可位置一席之地，俾使从容挥写，特商于予，下榻予处，予以亲情难却，允之。

初十日　阅邹容所著《革命军》，此书看已多日，于今日阅讫，已两遍矣。顾其所说本朝诸事，均非不根，然虐政自古有之，非必满人为帝而如此也。即如种族而论，若金若元均是，当其亡国，亦未闻有指摘排斥至此者。乃邹容倡始于前，今踵其后。养士二百七十馀年，报称如此，良可慨也。

十一日　观任渭长所绘绢本册页，其中人物花卉山水，各极其妙。据乔年云此册系有六帙，计一百二十张，出自顾子山观察家，为近今不可多得之名品，索银三千两，今闻吴蔚若姻伯已还价二千元矣。

十三日 午后与醉愚至张园看光复会。是日公历为元旦,今日会场大书特书为中华民国元年元旦,先前以黄帝纪元,今又改为中华民国元年,宗旨又一变矣。未经早日宣布,遽作元旦,则各店肆帐务款项之损失,又不知凡几矣。

十六日 午后翻阅《濮氏书目》,此书系钱塘濮紫泉方伯家欲出售者,余阅之,无甚珍本,因札出三十馀种,姑问之。夜阅《清秘史》并《哭庙纪略》。

十八日 阅《躬厚堂文集》。平湖张海门侍讲金镛著,道光时人,甚佳。

二十七日 上午,剪发。余发辫未翦,出门殊属不便,亲友均劝早为从事,余因先母制服未满,若一翦发,则服制何从分辨。前二十四日乃先母两周年之期,大祥已过,已在禫服,因涓今翦之。

十二月初九日 翻阅《振绮堂丛书初集》,是书为钱塘汪穰卿舍人康年所编,共六册,登报出售。余闻振绮堂汪氏刻书甚精,校勘亦密,若《厉樊榭集》是矣。余故急欲先睹,乃不意铅字摆印,编稿亦不甚精,计洋三元。闻穰卿已殁,此后恐难续出耳。

初十日 席慎之自扬州来,云及扬郡私盐充斥,官盐无路销售,盗贼横行,军政府全不顾问,凡有新学界中人若学生、若出洋者,均在军政府记名,薪水或支二十或支四十两不等,共有千馀人之多。时在运署园内吃酒碰和,耗费无限金钱,遂其私欲,废弃工艺,真可浩叹。余名下小海盐场,此刻各路滞销,照此情形,明岁获利必拙。

十一日 今日午前由汪渊若送来鼻烟壹瓶,据云味极尖灵,尚称佳品,计洋四十七元,当即交去。又购《满夷猾夏始末记》一部,谛视之,系镇泽杨粹卿学博敦颐所辑,其人家于同里,乙酉拔贡,曾任丹徒训导。闻其端精经学,学问亦优。其子千里茂才天骥人亦聪明,学问尚优,余曾相识。后来闻彼溺于新学,流入革命一方,与余宗旨不洽,不相往还。是书毁谤朝廷,无以复加,余以为曾沾一命之荣,而此日丑诋君父,竟而至此,心术之坏,亦宜其不齿于乡里久矣。略阅数篇,殊深愤愤耳。

十三日 余以先母葬期在即，明日在莲庄设奠，必须亲到，今日必须解维。十一句钟半偕内子、陈姬登舟，醉愚附焉。阅《太平天国战书》，是书系近人所著，其宗旨右洪杨而左本朝及曾、左中兴诸佐命功臣，颠倒是非，淆乱黑白，未有甚于此书者。果推此以及天下，将必人人做贼而无惭，其复成何世界乎？迩日新学家著说，无非仇视满人，以寇贼为豪杰，盖与革军宗旨相符，所谓桀犬吠尧，各视其主而已，可胜浩叹。

二十七日 今日报纸停版，出有传单，奉廿五日上谕，皇上逊位，命袁世凯组织临时新政府，其间所定条约不废，帝号民国，以外国君主之礼待之，每年岁俸四百万元，宗庙陵寝永远奉祀，此刻仍居宫禁，将来迁居颐和园，仍由禁卫军保护，宫中嫔妃及办事人员一切仍旧，惟太监一项只能有减无增，遇朝廷庆典，仍许人民庆祝，其它皇室亲贵爵号，一概仍旧。念自甲申入承大统以来，迄已二百六十馀年，历圣谟猷，深仁厚泽，不可胜纪，即翻撷二十四朝史乘，宽大整治，无有逾于本朝，乃民军起事于武昌，瓦解土崩，天下响应，自八月十九日起，以迄今日，为时仅十有馀旬，以豺豹之革军，恃其运动之力，手枪炸弹，威吓万端，竟至禅让，天道宁有是耶？余虽未搢笏大廷，然忠愤之私，油然莫遏。丁兹乱世，其将学鲁仲连蹈东海死乎？纪事直书，何胜悲愤。

二十八日 阅《子不语》。

1912年(壬子,民国元年)

阴历元旦　夜阅《子不语》。

初二日　灯下阅《子不语》,并阅苦儿院章程,系客腊廿九日王颂墀所送来,请余阅看斟酌者也。

初三日　夜阅《子不语》及苦儿院章程。

初七日　夜阅《搢绅录》,意有所感,怆恻不已。盖昔日翻阅此书,遇与本生父亲同岁者,志墨于眉,今则黼黻尽归乌有,而帝廷逊位,时局一新,七叶金貂都成故物,可胜叹哉,可胜叹哉。

十四日　自沪返浔。舟中阅袁翔甫大令祖志所著《随园琐记》,此书系记载园中各事,备述简斋居士在时之盛,楼台窈窕,胜友如云,王公纳门,裙钗问字,享人间未有之奇福,为江南陆地神仙,令人艳羡无已。

十七日　王昌明来,今年余以昌明读书无甚长进,客腊在家曾招到试问所志,自愿服贾,因派往盛泽兴盛典学业,嘱其即日起行前去。乃翁岭仙在日,与余交好,岭仙弃世将及七载,其柩浮厝在乡,屡为水浸,余为恻然,因为伊作坟。并闻其先世均未葬,计有九棤之多,余允一并葬之。已嘱振声为买地七分馀,其地在宋北斗,计洋连中资六十七元。现拟择日兴工,而昌明之母,亦为之营生圹。生业已派定,今所欠者只昌明婚事耳,他日婚事有成,则余诺责胥偿,亦足以对故人于地下矣。

二十一日　至苏州。拟邓尉看梅。

二十六日　在苏。阅今日所买《太乙舟文集》、陈用光著,新城人。《茗柯文编》、张惠言著,武进人。《墨花吟馆诗钞》、严辰著,桐乡人。《吹网录》并《鸥波渔话》叶廷琯著，吴县人。各书。

二十七日　十句钟起身，即命舟子将船开至盘门待发。十二句钟半醉愚已自城中回，购到《甫里集》、明文徵明著。《饴山堂集》、赵执信著。《竹啸轩诗集》、沈德潜著。《琴隐园集》、汤贻汾著。《陶庵集》、归子慕著，明归有光之子。《杨文靖公集》、宋杨时著。《舒艺室全集》、张文虎著。《庸闲斋笔记》，陈其元著。连昨日所携到者共十二种，计洋二十二元又十四角。返浔，登岸已十句钟矣。

二十八日　夜翻阅未购定之各种书籍头本。

三十日　夜余将所买诸书册籍上亲为署名。

二月初二日　夜阅彭南昀侍讲定求，长洲人，康熙丙辰状元。《文录》及《太乙舟文集》。陈用光著，新城人，嘉道时人，官至礼部侍郎。

初三日　午后阅《太乙舟文集》。余尝读《曾文正公家书》，一则曰戒观书无恒心，再则曰每读一书，必须读竟，再易一书，以不分其志，且必以圈点一过，方不忘记。余虽未敢窃比，然服膺有素，愿师其法，故近日观书，必以丹铅涂之。

初四日　午后阅《茗柯文编》。张惠言著。夜阅《随园骈文》。是日由周乔年寄到苏州顾子山观察文彬家藏书目，计分四种：首宋元椠本，次精钞本，次明刻本，而以国初精椠本殿焉。余阅之，见所谓国初本并未十分精妙以外，大种亦甚寥寥，除宋椠外，均系寻常习见之书。则宋元刻五百九十二本，精钞五百六十三本，明刻一千五百十六本，国朝精印一千六百九十本，索价洋二万元。此刻子山之孙鹤逸，景况尚裕，且谓此种历有问津，奇货可居，不肯轻售。余核其书，殊属不值，因仍将书目还之。

初五日　夜阅《随园骈文》。

初六日　夜开书籍部面。

十一日　夜阅《随园骈文》。

十二日　夜阅《随园骈文》。

十三日 夜阅《庸闲斋笔记》,是书道咸间海宁陈子庄太守其元所著。

十四日 阅《满夷猾夏始末记》。

十五日 午后阅《随园骈文》。

十七日 夜阅《随园骈文》。

十八日 阅《随园骈文》。

十九日 阅《汪尧峰全集》。名琬,晚号钝翁,康熙时人,官编修。灯下阅《切问斋文集》中数篇,是书吴江陆朗夫中丞曜著,乾隆朝官至湖南巡抚,有惠政,入《国史名臣传》。

二十日 阅《随园骈文》。

二十一日 夜阅《经志堂文集》,临桂龙翰臣方伯启瑞著。道光时人。

二十三日 理《古文翼》数篇。

三月初四日 自浔赴苏。舟中阅《子不语》。一句钟抵苏。周汉章来。四句钟登岸,至苦儿院,晤陆纯伯、徐贯云、王颂墀、徐凌云、沈季璜。至各处偕同观览。知王金题已自沪至,侨寓惠中旅馆,即往一晤。晚复至苦儿院夜膳,因待都督府派来查办同盟会虐待苦儿之委员,故迟至八句钟入席,甚形饥馁。同座者为马相伯,名誉院长。去岁在南京时,都督府内说项,均曾借重。此公慈善事业,极甚注重。名良,丹徒人,年已七十馀。席间畅谈慈善事宜,确有见地,杂以诙谐,闻者鼓掌。又纯伯、贯云、颂墀、季璜、杨粹卿千里乔梓、冯丹书、余与委员共十人。去年苏州沦陷时盛氏所造花步里住宅即被封却,后由赤十字社禀案,经都督批准,即设医院于此,社中以创办伊始,就医者寥寥无几,仅住外间门房一埭。嗣有同盟会见内宅空入,即入而盘踞之。社中即向都督地道,谓若辈非慈善事业,须为让出,都督告之,彼会非第不从,且欲在此设立报馆,运入机器等件,汹汹之势,愈复占踞,野蛮手段莫此为甚。近来贫孩患病,送入社者约有三十馀名,外间不能容，移入数人，彼即下驱逐之令。今日特携刀及洋枪，声言欲将小孩杀死，或以枪恐吓多端，保姆均颤不能语。社人愤愤，特电革贼领袖孙中山、南京留守黄克强及程、陈二都督，以冀解围。程雪楼新授江苏都督，陈英士仍为沪都督也。席间所派来之委员由庄思缄都督派来。

初五日　二句钟偕醉愚至苦儿院，今日行正式开院礼。院中在隙地中间搭一芦棚，柏枝花球悬挂参错，加以各国旗号，诸多陈设，焕然一新，男女来宾及各学堂、各军队、各团体纷至沓来，约有二千馀人。中女宾约一百馀人。上海来观者亦复不少。二句钟开会，一振铃开幕，二军乐，三发起人表旨趣，由杨千里代表。四院长表创办情况，由名誉院长马相伯先生登台演说，谈论风生。五监院杨粹卿表教育宗旨，六各团体致颂词，共有六十馀纸，限于时候，不由代表诵读，仅报告一名而已。七院长沈季璜答词，八来宾演说，约五六人。杨千里之子名恒，年止九岁，亦上台演说。九院生奏开院歌，是时各童子唱歌互答，而女社会党唱歌，燕语莺啼，极抑扬婉转之至。十军乐，十一欢呼散会，十二茶点。散会后合照小影两张，院长院董以及苦儿。以存纪念。自经创办以来，开办费归余独任，已用至八千馀元，此项初拟三四千金，今至此数，犹恐未敷，大约需万金，而所有苦儿本拟每人每岁六十元，今细行预算，此数仅止小孩，而一切开销统约每人每月需要八元，约需百金一人耳。院长沈季璜，名誉院长马相伯，院监杨粹卿，院董杨千里、徐贯云凌云兄弟、陆纯伯、王颂墀、孙询刍、冯丹书及余共八人。女院监彭怀臣。女生现在二十二人。夜阅来青阁送来各种书籍。

初六日　午后陆纯伯、沈季璜、王颂墀来谈，商办善后各事，并述创立以来，开办经费以成立过迟，由余独任，为款甚巨，计已用至八千四百馀元，甚为道歉。又以院中贫孩工艺若木工、竹工、草工、藤工、革工、蚕桑、种植、裁缝等均备资本。纯伯劝余开办经费业已出至八千有馀，索性凑成万元，善款既成准数，而此又足造就人才云云。季璜谓此系垫款，将来尚可归还等语。余谓既已出此，即使销场畅旺，尚需源源不绝陆续添货，余处准再出一千馀元，合成万数，并不望还。

据云此项需要三千元,除余所捐助外,不足之处,由各董事担任。至于贫孩定额,现以房屋不敷,只定二百名,另备隐额四十名。二百额满,即已止收,此乃预备,如有捐助者送来,不能推却,故留此为徇情计也。余认定一百名,贯云、凌云昆季认二十名,颂墀谓太少,与余比较,相去太悬,现伊担任五十名,如伊自认二十名以外归伊劝募,如不足,即归伊认。还有五十名归陆纯伯、王颂墀、孙询绉、杨千里、冯丹书分任。该费仍每名每岁六十元,因上海孤儿贫儿等院均以此数为率,若为数过巨,骇人听闻,只得如此。第院中执事人员薪俸及一切每年极少,三千元尚不在内,亦须由各董分任及劝募耳。

初七日 自苏返浔。舟中阅新买之《东溟文集》、《桂花馆文集》、《湖海文传》、《邵青门文集》。灯下仍翻阅各书。

前买定之书籍:《筠心堂集》、张孝时著。《仙心阁集》、彭慰高著,长洲人。《南畇诗文录》、彭定求著,长洲人,状元,官至侍读。《藤阴杂记》、戴璐著。《陶堂集》、高心夔著,湖口县人,官江苏知县。《硖石诗钞》、《宋辽金元别史》、《躬耻斋集》、宗稷臣著,会稽人,官至山东运河道。《植庵集》、李慎传著。《毋不敬斋集》、方潜著,桐城人。《一隅草堂集》、计楠著。《林蕙堂文集》、吴绮著,太仓人,官至湖州知府。《绿野斋文集》、刘鸿翱著。《存素堂集》、钱宝琛著,太仓人,官至湖北巡抚。《钱敏肃公奏疏》、宝琛子,名鼎铭,官至河南巡抚。《小腆纪年》、徐鼒著,六合人,官翰林简讨。《毛稚黄全集》、毛先舒著,钱塘人。徐寿祺六种、即志学斋。《小石山房丛书》、顾湘辑。《道援堂诗集》、屈大均著,番禺人。《去伪斋全集》、明吕坤著。《朱子全书》,宋朱熹著。计洋九十五元。退还《沈归愚诗钞》,计洋三元,扣存九十二。今买之书籍:《阅微草堂笔记》、纪昀著,河间人,官至礼部尚书协办大学士。《邵子湘全集》、邵长蘅著,毗陵人。《杨秋室集》、杨凤苞著,归安人。《东溟全集》、姚莹著,桐城人,官至广西按察使。《堵文忠公集》、明堵允锡著。《犒山类稿》、周镐著,梁溪人。《那文毅公奏疏》、那彦成著,官至直隶总督。《蔡汶滨先生遗书》、明蔡叆著,新建人。《湖海文传》、王昶编,青浦人,官至刑部侍郎。《文信国集》、宋文天祥著。《三十家诗钞》、曾国藩选录，湘乡人，官武英殿大学士。《元祐党人传》、《柽花馆集》、路德著，盩厔人，官户部郎中。《志学斋集》、徐寿祺著。《苔岑集》、《唐宋诗醇》、《皇明从信录》、《梓溪内集》、明舒芬著。《元史纪事本末》、《史纬》、《通鉴纪事本末》、《通鉴纪事长编》、《廿二史提要》、《玉井山馆集》、许宗衡著，上元人。《庸斋海外文编》、薛福成著，官至副都御史。《养晦堂全集》、刘蓉著，湘乡人，官至陕西巡抚。《清嘉录》、顾禄著，吴县人。《顾文恭公札记》、《澹静斋集》、龚景瀚著，闽县人，官至知府。《壮学斋文集》，周树槐著，长沙人。共洋九十四元钱九百廿八文。

初九日 夜间将新买之书标识簿面。

初十日 翻阅新买各书。

十七日 午后理带沪书籍。夜阅《碑传集》，此书为嘉兴钱衎石仪吉给谏所辑。

十八日 二句钟时与内子登舟赴沪。舟中阅《碑传集》。

二十二日 午后朱甸卿来，携到各种书籍，余为检阅。夜间翻阅各种书籍。

二十三日 午后翻阅各种书籍。即甸卿所携来者。

二十四日 夜翻阅各种书籍，并阅《正谊堂集》。张清恪公伯行著，康熙朝人，官至礼部尚书。书客朱甸卿携到缪氏所藏桃花纸精刻初印《西陂类稿》一部，商丘宋荦著，康熙朝人，官至礼部尚书。计洋三十四元。又从缪处携到桃花纸殿本《明鉴》一部，索银二十两，后出洋二十四元购之。缪为江阴缪小山参议荃孙，乃近来刻书专家，有《艺风堂丛书》、《文集》等书行世。

二十五日 夜阅《绿萝山庄诗文集》。胡浚著，号竹庄，会稽人，乾隆朝颇亦有声。

二十六日 阅潘文恭公所著《思补斋笔记》。名世恩，乾隆癸丑状元，道光朝官至武英殿大学士。

二十七日 是日《思补斋笔记》阅竣，庸言庸行，无足观也。

二十八日 午后阅《白下琐言》。

三十日 日前甸卿携到求售各种书籍,余为购定:《广雅堂丛书》全部计三百六十四册,共洋九十六元;又《天一阁书目》一部、《援鹑堂随笔》一部、姚范著,桐城人。《思补斋笔记》一部、潘世恩著,吴县人。《东坡七集》一部、端方重刻本。《宣和书谱》一部、《香苏山馆诗钞》一部、吴嵩梁著,东乡人。《穆堂别集》一部、李绂著,临川人。《正谊堂文集》一部、张伯行著,仪封人。《射鹰楼诗话》一部、林昌彝辑,侯官人。《深州风土记》一部、《李笠翁全集》、李渔著。《感旧集》、渔洋山人选。《东洲草堂诗钞》、何绍基著,道州人。《吕明德先生集》、吕维祺著。《连筠簃丛书》、杨墨林辑。《古欢堂集》、田雯著,济南人。《白下琐言》、甘熙著,江宁人。《居济一得》、张伯行著,仪封人。《文薮》、唐皮日休著。《学寿堂丛书》、《刘端临先生遗书》、明刘台拱著。《怀古田舍诗钞》、徐荣著,汉军人。《视昔编》、汪森辑。《适志斋集》、明许乐善著。《樗全集》、明王畿著。《梅崖居士文集》、朱仕琇著,建宁人。《越南游记》、陈徽言著,剑川人。《紫竹山房全集》、陈兆仑著,钱塘人。《古欢录》、王士禛著。《秦淮诗钞》、李鳌辑。《凌忠介公集》、明凌义渠著,乌程人。《青白集》、梁玉绳著,钱塘人。《茗香堂集》、王家相著,常熟人。《归云别集》、陈士元著,应城人。《青溪旧屋文集》、刘文淇著,义征人。《荔墙丛刻》、汪曰桢辑,乌程人。《天津府志》、《唐诗观澜集》、石印《士礼居丛书》,黄丕烈著。共计三十九部,计洋二百十八元。两共付洋三百十四元。

四月初四日 夜阅《白下琐言》。

初五日 午后朱甸卿携书来观,送余《书目汇刻》一部。

初六日 朱甸卿来谈。沈君韵斋又至,伊前日有书目一本,托姚达生介王颂墀说项求售,余因其书重者甚多,且恐索价过巨,达生初云系伊自己之书,未便斤斤较价,是以还之。今韵斋又托沧粟说项,携函前来。其人湖州籍,向在陆纯伯家司会计兼管书籍,据云其中钞本系伊空闲时将陆氏所藏秘本写录之。自去岁以来,陆氏境亦支绌,因而辞退,值此米珠薪桂,度日维难。书亦平生所嗜,不得已而去之,约计五千册，索洋壹千元。余适以甸卿在坐，请为估价，甸卿估洋七百元。韵斋谓稍肯增加，当可出售。云即回苏携取首卷到此阅看。此书余拟与甸卿合买，据甸卿云照时值约可壹千三四百元，在余购之尚算便宜，合买一层，伊亦甚赞成也。须臾径别去。

初八日　午后朱甸卿来，携到明刻《丹铅录》一部求售，未经还价。夜阅《书目汇刻》。是日与朱甸卿购定：殿本桃花纸精刻《御选唐诗》一部，计洋六十四元。又《说郛》一部，一百卷，上海郁文博本。计洋六十元。《白茅堂集》，顾景星著。计洋十元。又《南畇全集》、彭定求著，长洲人。《二林居集》、彭绍升著，长洲人。《秋士先生集》、彭绩著，长洲人。《王遵岩集》、明王慎中著。《裕靖节公集》、裕谦著。《爱日堂集》、孙宗彝著，高邮人。《贷园丛书》、青州李南涧刻本。《河套志》、陈履中著。《刘练江先生集》、明刘永澄著。《尚史》、李楷纂，铁岭人。《疑狱集》、和凝、和𡼖纂辑。《野获编》、明沈德符著。《绿萝山庄集》、胡浚著，会稽人。《弇州史料后集》、明王世贞纂。《隐拙斋集》、沈廷芳著，仁和人。《潜研堂诗集》，钱大昕著，嘉定人。计洋壹百十八元。又《空山堂集》一部，牛运震著。恐不全，共四十册。计洋七元。又《金石图说》一部，系前年在浔所买，未经付讫，今亦补付，计洋四元。统共书连前买共计二十一部，共付洋二百六十三元。特志于此，以示后人。

十一日　夜阅《书目汇刻》。

十三日　阅《汇刻书目》。

十七日　是日嘱醉愚作函备笺致陆纯伯，请伊转求李梅盦书对两副，屏条四条。李名瑞清，本江苏观察也。江西临川人，癸巳举人，甲午贡士，己未翰林，由刑部主事改江苏道员，署江宁提学司。上年冬署布政司，江宁沦陷，逃至上海，作道士装，号清道人。

十八日　灯下阅《文学史》，此书系王均卿送来，计洋玖元六角，余阅之，抄袭成文，殊无意义，乃以均卿送来，未便全行退还，亦重其情，聊以应酬而已。余思古人专精一经，竭毕生之力，犹恐未尽美善，即以选本而论，若茅鹿门之选八家，王渔洋、沈归愚之选唐诗，何等精妙。今则信手誊抄,如写帐簿,署以新名,炫人耳目,古人为名,今人钓利,相去何啻天壤,世风日下,真可叹悼,吾恐数年而后国粹沦亡矣,噫。

十九日　灯下阅《方望溪文钞》。方名苞,桐城人,康熙朝官至礼部侍郎。其文为桐城派之鼻祖。

二十日　夜阅《方望溪文钞》。

二十一日　午后朱甸卿来,携到书籍头本数册,而沈韵斋自湖州至,亦将伊所求售万卷楼藏书头本尽行携至。余翻阅良久。又陆纯伯有书六箱运到此间,暂行寄顿。灯下复阅韵斋携来之头本。又近来朱甸卿售于晓霞《学津讨原》一部,内少十五集数种,计洋一百六十元,是书全部需值洋三百元,余适有此书,亦系残缺不全,而十五集具在,因检出六册赠之。

二十二日　午后朱甸卿来,未几去。四句钟余偕醉愚至张园观书画会,徐冠南已在,安垲第楼下隔作三层,每层两面均悬法书名画,凡四王以及康乾名家所书及画,美不胜收,入后一层,均系手卷,名作如林,内有石涛及沈周手卷,长约二丈馀,一气呵成,殊难得也。又登楼巡览,均系宋元明大家及名人所作。闻楼上半系李平书所藏,以余观之,若平书者可谓海上收藏家巨擘矣。李平书名钟珏,上海本地人,已革广东知县,制造局提调。辛亥九月,陈英士攻制造局,平书内应,将总办张楚宝观察士珩所藏书画尽劫而据为己,为今日所陈列者皆楚宝之物,以皆有其印章故而知之。随即下楼与冠南茗谈,晤徐晓霞硕椒父子、张石铭、孙问清、刘光珊、庞莱臣,小憩而出。灯下阅冠南交来《觅玄语录》,此书系讲论摄养烟气之术,系托伊从松江友人转借来者,阅竣仍须还璧也。

二十三日　午后朱甸卿、沈韵斋来,略翻书籍。

二十四日　朱甸卿来,与购各种书籍,缮录于后。沈韵斋同俞语霜来,又带到头本数十种,伊此次携书求售,索价一千元,余曾还价八百元,韵斋以近来多加几种为言,余怜其苦况,特加至一千元,尚未允洽,随即别去。张祉蕃来,同赴康脑脱路徐园书画展览会,所有陈设较张园为多，而精则不及。入场券计售三角，余处由孙问清太史廷翰所赠，计送来五纸，入园后巡览一周，晤刘光珊。

二十五日 午后朱甸卿来即别去，云将归金陵。沈韵斋来，与谈定所售书籍共计洋壹千另伍拾元，当付洋陆百伍拾元，尚馀四百元，暂存余处，改日来取。韵斋所售之书，虽无大种，然伊本在吾湖陆存斋观察心源家，故精抄书籍约有数十种，此中秘籍十居五六。陆氏藏书今已售于东国，则此种孤本亦为稀世之珍，他日当为记出，以垂示子孙也。

此次与甸卿所购之书：《津逮秘书》全部，又杨质公文份，云南蒙自人。手批《杜诗集注》，又郁松年所辑《宜稼堂丛书》，计洋叁百元。又袁翔甫手批陶诗洋十元。又《墨麟诗卷》、马维翰著，海盐人。《雅雨堂集》、卢见曾著，德州人。《韦苏州集》、唐韦应物著。《王右丞集》、唐王维著。《青箱堂文集》、王崇简著，宛平人。《石臼前后集》、邢昉著，高淳人。《经世文续编》、盛康编，武进人。《文选音义》、余仲林辑，长洲人。《性理奥》、丁进纂，始宁人。《历代御制题画诗类》、殿本。《吴渊颖集》，元吴莱著，浦江人。计洋玖拾叁元。又《丹铅总录》、明杨慎著。《词学丛书》，计洋廿三元。又换《王缑山集》，找洋四元。又《廜堂全集》、黄之隽著，华亭人。《潘笠江先生集》，计洋十八元，共洋四百四十八元。

二十六日 午后朱甸卿来，即去。夜阅新购各种书籍。

五月初一日 阅《随园食单》及《女弟子诗》。

初二日 阅《随园随笔》。

初三日 午后朱甸卿来，与购《经训堂丛书》，镇洋毕沅辑，乾隆时人，状元，官至湖广总督。计洋四十三元。夜阅《子不语》。沈韵斋之书今日已经检讫，按籍所载计少五十馀种，已由醉愚函致韵斋，伊尚有存洋未支，拟稍减其价也。

初四日 阅《唐诗三百首》。余命沈明抄录《觅玄语录》，昨已抄竣，今日余为校阅数页。

初五日 午后得晓霞来函,蒙赠《乌青文献》、《国朝廿四家文钞》、《介和堂全集补遗》。萧山任辰旦著,康熙时人。夜,余将《觅玄语录》详校数页,又读《唐诗三百首》。

初六日 阅《随园文集》。

初八日 是日为予诞辰。午后朱甸卿来,携到各种头本请看。阅《白茅堂集》。蕲州顾景星著,胜国时由贡士为推官,入清征召,赏食检讨俸。徐秋澄来,未见,托伊所印洋式名片已带至,计共二百,大洋三元四角。

初九日 午后朱甸卿来,即去。夜阅《子不语》。

初十日 午后朱甸卿来。夜阅《随园随笔》。

十一日 阅《座右铭类钞》。

十三日 午后为陆纯伯理书。陆纯伯、王颂墀来谈。据纯伯云,费叔迁有旧本若干,内有宋刻《资治通鉴》一部,欲抵洋五百元,现其书未至,以五日为限,先以昆山田单契四十亩,暂行作抵,俟书运来,再换笔据并议息云。

十四日 午后阅《蓝鹿洲集》。名鼎元,福建漳浦人,官至广州知府。夜题书籍面叶。

十五日 朱甸卿来携到各种书籍,即去。无锡汪符生刺史煦向日宦游吾浙,自民军起事,遂即避居上海,孑然一身,无以为计,前日由醉愚介绍,携到画册、书籍、端砚求售,物均不甚精美。醉愚述其窘况甚详,余恻然悯之,因与购古香斋刻本《春明梦馀录》、倪云林《清閟阁集》、吴汉槎《秋笳集》,共计洋三十六元。书本不值是价,乃怜其窘,从优给与耳。今日苏州书客杨寿祺携到宋椠《晋书》求售,计共二百本,金装书套,索价壹千两,极少千元。余命甸卿阅视,云系的真。因作书致陆纯伯,请其察阅,随得复函,谓书中恒、敦、殷、贞字均缺笔,确是宋本。惟各卷中尚有补板,因桓字忽不缺笔,恐系明印,且纸系皮纸,与宋印之纸已不符合,估价约值五百元。余因书系宋刻明印,拟明日还之。顾藏书之事,亦非易易,纯伯乃皕宋楼主人之后,且存斋观察在时，家藏宋本至三百七十馀种，习闻饫论，方见真赝，然犹闻邀一徐姓者同看，方能辨别何刊何印，书之不易阅也如是夫。噫，余与古籍不敢轻问津矣。

十六日 灯下阅《杨藐翁年谱》、名岘，归安人，咸丰五年乙卯举人，官松江府知府。《随园诗话》。

十七日 午后朱甸卿来，携来各种头本求售，予为翻阅良久。灯下翻阅各种书籍。作函致陆纯伯，并附去李梅盦书润洋二十一元，又墨费洋两元，托伊转交。梅盦所书屏联，笔力薄弱，模仿古人，未入骨髓，仅得皮毛，乃纯伯谓其书高出时辈，殆亦有嗜痂之癖与。

十八日 是日与朱甸卿购定书籍计《㢑轩所著书》、曲阜孔广森著，乾隆三十五年翰林官检讨。《雁门集》、元萨都剌著。《姜白石集》、宋姜夔著。《正觉楼丛刻》、《枢垣纪略》、福州梁章钜著，官至江苏巡抚。《式训堂丛书》、《兰雪堂集》、柯振岳著。《石笥山房集》、山阴胡天游著。《大雅堂集》、邹方锷著。《猷学庐全集》、吴县石韫玉著，乾隆庚戌状元，官至山东按察使。潘稼堂手批《文选》、疑是过本。《知足斋诗文集》、大兴朱珪著，官至大学士，谥文正。《陶山诗前后录》，善化唐仲冕著，官至陕西布政使。共洋一百四十二元。前次所买《潘笠江集》疑是残缺，因还之，扣去洋四元，即将洋一百三十八元付讫。又与购《天香阁诗集》、乌程唐之凤著。《白雨斋词话》、丹徒陈廷焯著。《宣南梦忆》、甘溪生著。《二亭诗钞》、朱篔著，江都人。《平回志》、东湖杨毓秀编纂。《沧芍华馆诗集》、阳湖周腾虎著，官候选郎中。《韩苑洛文集》、明韩恭简公著。《复庄骈俪文榷》、镇海姚燮著。《刘礼部集》、武进刘逢禄著。《希郑堂丛书》、虞山潘氏编辑。《澳门纪略》、宝山印光任宣城张汝霖纂。重刻《拜经楼丛书》七种、《绥靖屯志》、《麗瀌荟录》、江都蒋超伯著。《陶园全集》、湘潭张九钺著。《天韵堂诗存》、燕山徐维城著。《农候杂占》、福州梁章钜著。《石林草堂诗存》、江都叶舟著。《泰山道里记》、《戴简恪公遗集》、开化戴敦元著，官至刑部尚书。《馀山遗书》、姚江劳□□著。《璇玑碎锦》、阳羡万树著。《好云楼集》，临川李联琇著，官至大理寺卿。共洋五十四元。两共洋一百九十二元,当即全付。甸卿今夜乘火车回金陵,约于秋季重来矣。

二十四日 阅《随园诗话》。

二十四日 午后至金叔初表弟处,伊昨日来募昆山太仓等处振捐,系为唐蔚芝所委。唐名文治,太仓人,前清时为商部左侍郎。

二十五日 午后因前日汪符生刺史携到其外舅《杨藐翁年谱》,并云翁所著《诗文弃》刻后,复以文体尚欠严洁,删去十之一,醉愚劝余重刊,为乡先哲留文献。余亦久有保存乡邦文献之心,允刻其年谱,并取其已刻复删之稿本刻之,然须序以行世。近来为古文者甚少,唐蔚芝侍郎尚称斫轮老手,因托叔初乞其撰文,拟送润资。叔初来说,据蔚芝云润资无须,筹赈孔亟,能惠百元,尤深感荷。余因馈以百元,即以带交叔初。叔初允将百元于午后送去,因蔚芝对于赈济殊汲汲也。出至张石铭处,晤汪胪仲,导入书室,石铭将近得旧书出示,座谈良久。晚作函致徐晓霞,将朱甸卿寄存书籍均附去。

二十六日 午后扬州文富山房书客邱绍周来,携到各种书籍,嘱为阅看。

二十七日 午后扬州书客邱绍周来,携到各种书籍求售。其人为扬州文富堂书肆之主,由史藜青介绍来此。作函致陆纯伯,并送去洋壹百元。先是,纯伯将书籍寄顿余处,嘱醉愚为之清理,理讫又由颂墀来言,恳将书籍中与余重复者除去,其馀欲尽数让售于余,余以情不能却,为检出数部,计《海州志》、《浙江水利备考》、《吉安府志》、明刻《锦绣万花谷》、《琴川三志》、《瑞安县志》、《镇安府志》、《京口掌故丛编初集》,计八种,约值七十馀元。又有《潜园总集》,系纯伯之父存斋观察心源所纂辑,约值四五十元。由颂墀两方说和,纯伯将先集赠余,余将伊所售书籍以百元酬之,两相允洽,故于今日送去。

二十九日 金叔初来,携到唐蔚芝侍郎所作《杨藐翁诗文全集》弁言,又跋一篇,系代余作。托伊带去丈匹珊瑚冷金笺联一付、丈二匹宣纸屏四幅,足六尺古铜色冷金笺联一付,请伊转求郑苏堪书。苏堪名孝胥，曾官湖南布政使，壬午举人，福建闽县籍。是日阅《尤西堂年谱》两卷。

六月初二日 是日阅尤西堂侍读侗年谱竣事。

初五日 夜阅《沈归愚自订年谱》，书共二卷，阅已三日，今乃告竣。

初六日 下午邱绍周书客来。阅《刘礼部集》。名逢禄，武进人，为刘文定公之孙。

初七日 邱绍周来谈。阅《刘礼部集》。

初八日 邱绍周来，与购定书籍十九种，计《大清一统志》、《两京类稿》、明杨荣著。《白华前稿》、南汇吴省钦著。《沈归愚全集》、沈德潜著。《国朝江右八家诗》、陈允衡、王猷丁、曾畹、帅家相、蒋士铨、汪轫、杨垕、何在田著。《蒋立崖诗钞》、长洲蒋业晋著。《治经堂集》、海盐朱锦琮著。《抱冲斋集》、长白斌良著。李卓吾《正续藏书》、《杨名时全书》、王阮亭手批《钱注杜诗》、《尤西堂馀集》、尤侗著。《熊襄愍公遗书》、明熊廷弼著。抄本《汪佑杂著》、《籀书》、曹金籀著。《黄县志》、《登州府志》、《泸溪县志》、《心孺诗选》，共洋肆百叁拾柒元即付讫。又与买明板《晚香堂集》，明陈继儒著。计洋十元，一并付讫。出至商务印书馆楼上看初等幼儿园两种成绩品，该印书馆以发行入场券送人，前日冠南曾送予二张，特往观之，毫无动目者，人多如鲫，拥挤异常，余则略一观之而已。夜阅《刘礼部集》。

初九日 午后邱绍周来。

初十日 邱绍周来，与买定明板《橘山四六》一部，宋李廷忠著。又《雕菰楼集》一部，焦循著。共计洋十四元。夜阅《雕菰楼集》文一篇。

十二日 午后邱绍周来。

十三日 夜阅《农候杂占》，是书长乐梁茝林中丞章钜所著也。

二十日 午后书客刘少卿、张宝昌来，系张菊生元济有函致本生父亲,彼持以来谒,昨已来过一次矣。今将各种头本翻阅良久。晚偕王金题同至张园,遇顾伯华。名裕恒,山阴人,向随陆文烈公钟琦办事。游人甚稀,此会名曰华洋品物会,其陈设与华洋义赈会相仿,系由程听彝发起,程系湖北水泥公司总理,因招股不多,意欲营造水泥塔,特在此建设此一举,入场券每张售洋一元,然来者寥寥,恐难如愿也。今日阅《鹤征录》两卷,系康熙己未年应博学鸿词诸人事。

二十一日 刘少卿、张宝昌两书客来。

二十二日 张、刘两书客来,开示价目甚大,与谈良久。夜略读苏诗自卷三迄卷五。

二十三日 醉愚自浔来,盼望已多日矣。与谈良久,就悉所寄书籍,已经编就,画亦理讫,晒书事宜亦将告竣。慰甚。夜阅《訄书》,乃数年前馀姚章太炎炳麟所著革命书也。

二十五日 刘少卿、张宝昌来。夜阅苏诗。

二十六日 午后刘少卿、张宝昌来,与购定《雅宜山人集》、明王宠著。《微波榭丛书》、《陆俨山集》、明陆深著。《陈白沙集》、明陈献章著。《新安二江先生集》、江春、江昉著。《林次崖先生集》、林希之著。《吴郡名贤图赞》、赵注苏诗、宋苏轼著。《古今钱略》、《揖山诗集》、娄江毕宪著。《石田集》、明沈周著。《白阳集》、明陈淳著。《衎石斋纪事稿》、钱仪吉著。《程洺水先生集》、宋程珌著。《季汉书》、明谢陛著。《黄山志》、《中州集》、《铁网珊瑚》、《汤子遗书》,汤斌著。共计洋二百元。至清河一景园应顾伯华之招,同坐者左子异名孝同,前清江苏臬司,文襄公第四子。而外,均未道姓名。夜间翻阅近日所买各书。

二十七日 刘少卿、张宝昌来,与买《钱牧斋全集》、钱谦益著。殿板《唐宋文醇》、《白香山集》、《少室山房丛书》,计共洋七十二元。沈韵斋来,所卖书籍仍未携至,昨日来此欲取洋一百元,此间以书未携到,洋已付六百五十元,不拟再付。今天嬲之不休,又付洋五十元而去。

二十八日 午后赴苏。阅苏诗。

二十九日　游无锡惠山。

三十日　游太湖。阅苏诗。舟中翻阅《知止斋诗集》、常熟翁心存著，官至大学士，谥文端。《湖海楼丛书》、南皮张之洞编，张官至大学士，谥文襄。《铁华馆集》，锡山秦赓彤著，官至侍郎。此三种系醉愚自城中购来，计洋二元。

七月初一日　泛舟太湖。

初二日　回苏。翻阅醉愚带来各种头本。

初三日　夜读苏诗并《在陆堂文集》。宜兴储欣著。

初四日　午后游枫桥寒山寺。六句四分钟开驶，八句馀钟诣沪。

初五日　朱甸卿、张宝昌、刘少卿三书客来。

初六日　下午朱甸卿来，携到书目，余阅视良久，并有手卷三个，不惬余意，阅后仍还。今日得晓霞函，并承其见赠《小罗浮仙馆诗集》一部、钱塘吴升著。许白云元许谦著。金仁山宋金履祥著。合集一部、《旌烈颂言》一部，书此以志嘉惠。

初七日　夜阅苏诗竣事。

初八日　朱甸卿来。

初九日　朱甸卿来。

初十日　朱甸卿来，余连日将其携来求售首本阅看，兹已阅定数种矣。

十一日　本生父亲在青岛无事，近日正在修谱，用将宗谱一册托雨伯带去。

十二日　朱甸卿来谈。刘宝昌、张少卿来①，携到与购各种书籍，因未交全，俟他日并志。阅《陈左海集》。名寿祺，闽县人。夜写书签。阅《左海集》。

十三日　午后阅《雷塘盦弟子记》，即阮文达公年谱。理近日所

---

① 上下文皆作张宝昌、刘少卿，此处作刘宝昌、张少卿，盖手误。

购各种书籍。夜阅《雷塘盦弟子记》。

十四日 午后朱甸卿来谈。陆纯伯、沈季璜为南京庄姓书籍索价八千元,余不欲购,再四迁就,乃还洋四千元,小谈而去。夜阅《雷塘盦弟子记》。

十五日 午后朱甸卿、张宝昌、刘少卿三书客来。阅《雷塘盦弟子记》。

十六日 午后徐冠南来,并赠《湖州词征》一部,归安朱古微所刊,计四册。朱甸卿来,携来所买各书并求售首本,余为阅看。陆纯伯、沈季璜来,述及庄姓书籍索价相去甚悬,随即作罢。夜阅《雷塘盦弟子记》。

十七日 午后朱甸卿来,与购《午亭诗文集》、陈廷敬著,泽州人,康熙时官至大学士,谥文贞。《璞斋集》、钱塘诸可宝著。批本《樊南诗集》,又未批《文集》、唐李商隐著。《宋元以来画人姓氏录》,共洋五十四元。余阅《明史》并注帝号年代及葬所。

十八日 刘少卿、朱甸卿两书客来。作函致晓霞,伊介绍书客求售各书,余购《二程子遗书纂》一部,计洋三元,亦即附去。

十九日 午后书客刘少卿携来首本数种请看,须臾即去。朱甸卿来谈,与购《玉茗堂全集》、明汤显祖著。《玉书庭全集》、明丘兆麟著。《郝文忠公全集》、元郝经著。《德星堂文集》、海宁许汝霖著。《穆堂初别稿》、临川李绂著。《铜鼓书堂遗稿》宛平查礼著。共计六种,计洋七十八元。夜阅《雷塘盦弟子记》。嘱醉愚作函致陆纯伯,并缴还抄本《石谷诗文集》五册。

自月初甸卿到此,时携书来求售,随时购买,于今日将各种交齐,特志于此,以备查核。计《郑诗》、明郑善夫著。《洪平斋文集》、宋洪咨夔著。《梦月岩集》、新安吕履恒著。《橘阴轩全集》、山阴陈锦著。《亦有秋斋诗钞》、乌程钮福畴著。《谦斋文集》、明蔡士京著。《壹斋集》、当涂黄钺著。《百尺梧桐阁集》、扬州汪懋麟著。《庆芝堂集》、沈阳戴亨著。《念初堂集》、明王材著。《评鉴阐微陆状元通鉴》、《盘山志》、《李沧溟集》、明李攀龙著。《何仲默集》、明何景明著。《萚石斋全集》、嘉兴钱载著。《南宋群贤小集》、《张说之集》、唐张说著。《吴文正公集》、元吴澄著。《吉林外纪》、《半亩园丛书》、《健修堂集》、任邱边浴礼著。《落落斋集》、明李应升著。《国朝诗铎》、钱塘张应昌辑。《振绮堂丛书》二集、《谈艺珠丛》、《新安二布衣诗》、程嘉燧吴兆著。《简松堂全集》、钱塘张云璈著。《陈左海文集》,闽县陈寿祺著。共三百四十四元。又《朱子全书》、系桃花纸殿板初印。批本《陶苏合璧诗》、晋陶潜宋苏轼著,王引之批。批本杜诗,唐杜甫著。共洋九十六元。又《衎石斋纪事稿》、嘉兴钱仪吉著。《废莪堂诗草》、钱塘王槐著。《妙明书屋遗集》、钱塘金焜著。《小十诵寮诗存》、钱塘周南著。《六朝文絜》、《匪莪堂文集》、江浦刘岩著。《山中白云词》、《砚北诗草》、海宁查学著。《笠泽丛书》、《香南雪北词》、仁和吴藻著。《洛学编》、《蔡福州外纪》、《鄱阳集》、宋洪皓著。《端溪砚史》、明本《绎岭海见闻》、嘉善钱以垲著。《李义山诗集》、唐李商隐著。《瀛洲笔谈》、扬州阮亨著。《汉溪书法通解》、汉溪戈守智纂著。《蕉云先生遗书》、汉阳刘传莹著。《钓鱼蓬山馆集》、江山刘佳著。《麈史》、宋王得臣著。《筱歙斋稿》、仁和陆飞著。《艺苑卮言》、明王世贞著。《寒光集》、明陈含辉著。《九水山房文存》、文登毕享恬著。《铁箫庵诗集》、吴江朱春生著。《狷斋遗稿》钱塘邹志路著。共二十八种,计洋一百三十五元。

二十日　午后刘少卿来即去。朱甸卿来谈。夜圈《愧林漫录》。

二十一日　刘少卿、朱甸卿来,携来首本数种请看。夜圈《愧林漫录》。

二十二日　午后朱甸卿、徐晓霞、蒋孟苹来谈。

二十三日　下午朱甸卿、刘少卿来。

二十五日　午后刘少卿、朱甸卿[来]。

二十六日　午后刘少卿、朱甸卿来,与甸卿买批本《唐诗别裁》一部,计洋二十元。与少卿买《江西通志》一部,计洋三十六元。夜饭后开各种书籍票签。醉愚自金陵回,述及莫愁湖秦淮荒寂已极,回忆当日画舫笙歌,若何繁盛,今则如此,沧海桑田,可胜浩叹。

二十七日 刘少卿、朱甸卿来。阅所买各书。夜阅《唐诗别裁》。

二十八日 朱甸卿来,与购明慎独斋刻本《山堂考索》一部,宋章知愚辑。计洋壹百元。又与购《史通》一部、唐刘知几著。《澹园诗文集》,昆山徐乾学著。计洋三十四元。又前在苏州与来青阁购《渊雅堂全集》、长洲王芑孙著。《颐道堂集》、钱塘陈文述著。《施愚山全集》、宣城施闰章著。《在陆堂文集》、宜兴储欣著。《寒村集》、《泾川丛书》、赵绍祖辑。《鉴语经世编》、柏乡魏裔介纂。明刊《汉书隽》、明刊《历史纲鉴》、《大方天倪斋诗》、梁溪邹迪光著。《补瓢存稿》、云东韩骐著。《明诗综》、《皇明大政记》、《历代甲子纪元表》、《武备志》、《宋金斋集》、明宋诺著。《文献通考纂》、宋马端临著。《续文献通考纂》、云间王圻著。《文选续纲目》、《春秋传说汇纂》、《陟园通鉴纲目》、《陟园通鉴纲目续编》,共二十三种,洋一百八十四元。夜阅《雷堂盦弟子记》。

二十九日 朱甸卿来。夜阅《雷塘盦弟子记》。

八月初二日 午后将杏墅节略并撰敬二百元送至外舅处,请伊转交程雨亭廉访,由程廉访转交梁节庵京卿,梁名鼎芬,曾官湖北按察,番禺人,辛亥十月赏三品京堂候补。乞为撰文志墓。外舅出示杨诚之内姑丈《金陵百八图咏》,图中皆系金陵故事,广征题咏,杨每图自题一诗,为浏览久之。夜阅梁茝林《巧对录》。

初三日 午后朱甸卿来。陆纯伯、王颂墀来谈。纯伯为余买王石谷抄本诗文集一部,计洋十元。与刘少卿买《苏诗集成汇注》一部,计洋十四元。

西律师佑尼干处翻译欧阳烈之托山涛来介绍余入共和建设讨论会,余因此会系反对同盟,有梁卓如、黎元洪在内,宗旨纯正,入会者皆系上流社会中人,会费亦不取,余乃慨然允之。

初四日 朱甸卿来,与买《经韵楼丛书》一部、金坛段玉裁著。《带经堂诗话》、新城王士祯著。《石川诗钞》、江都方觐著。《全史吏鉴》、温陵张祥云辑。《包山集》、明蔡云程集。《盛京通志》,共六种,计洋六十九元。

初五日 朱甸卿来，所有书帐均已付讫，尚欠伊六十元，伊于今夜坐火车回宁。前日醉愚至宁，为买《练川名人画像》、《柯竹岩集》、明柯潜著。《确园集》、安陵郑蕃道著。《东越文苑》、《通父类稿》、山阳鲁一同著。《陔兰书屋诗集》、吴县潘曾绶著。《水云村民稿》、南丰刘埙著。《陋轩诗》、泰州吴嘉纪著。《二知轩诗钞》、定远方浚颐著。《承恩堂诗》、恩锡著。《大小雅堂诗钞》、青浦邵堂著。《空同诗稿》、明李梦阳著。《扫垢山房诗钞》、甘泉黄文旸著。《蠙庐诗钞》、盱眙王荫槐著。《李延平集》、宋李侗著。《江南通志》、《汉晋迄明谥汇》、《蝶庵诗钞》、丹徒杨棨著。《说嵩》、《瓯北诗集》、阳湖赵翼著。《移芝室全集》、武陵杨彝珍著。《花雨楼七种》、《蓝涧蓝山诗集》、蓝明之、静之著。《罗昭谏集》、唐罗隐著。《谢叠山集》、宋谢枋得著。《琴语堂文述》、甘泉李肇增著。《高阳山人集》、襄城刘青藜著。《读史亭文集》、南阳彭而述著。《思伯子堂诗集》、建宁张际亮著。《香禅精舍集》，吴县潘钟瑞著。共计三十种，计洋壹百捌拾肆元。该书于今日自宁寄到，检点一过，即录于此。

初六日 上午刘少卿来。

初七日 上午刘少卿来，与购《明通鉴》一部，计洋十八元。

周湘舲先生涓今中秋夫妇百龄合寿，出示新著索和，偶成四律应之。

皓月当头照绮筵，称赏争饷酒如泉。首犹未白先夸老，寿到能齐也是仙。兰室绿衣人廿五，画堂珠履客三千。瑶琴新谱南飞曲，俞尚多情为奏弦。公近学琴于俞君瘦石，故云。

六桥三竺记勾留，回首西泠话旧游。策马云峰登绝顶，观鱼花港俯清流。追陪裙屐情如昨，管领湖山福早修。手稿一编传已定，等身著述足千秋。去夏在杭，频过尊斋，尔时公正辑《灵峰寺志》也。

无端烽火逼人来，异地班荆秋又回。避乱幼安同旅寓，治鹾刘晏本匡才。瑶池晓露仙桃熟,琼苑秋风丹桂开。折取天香来祝嘏,木公金母笑衔杯。

纪群交谊兼姻谊,咫尺元亭载酒过。自觉情亲忘少长,也来鲍奏献诗歌。颐年共享眉能笑,仙俪争看发未皤。盐策东南资赞画,漫言将寿补蹉跎。

前与刘少卿所买之书系《廿壹史四谱》、归安沈炳震钞。《内简尺牍》、宋孙觌著。《吴越备史》、《张匠门集》、嘉定张大受著。《历代同姓名录》、《云间二韩诗》、莫是龙、顾斗英著。《东郭邹先生集》、《吴文恪公集》、明吴道南著。《世史正纲》、《吴兴董氏诗萃》、《天台山志》、《观妙斋金石》、《王已山文集》、金坛王步青著。《新城伯子文集》、歙胡赓善著。《汉儒通义》、番禺陈澧著。《鼎湖山志》、《易确》、《雷塘[盦]弟子记》、《学海堂丛刻》、《大梅山馆全集》、镇海姚燮著。《五百四峰堂诗钞》、顺德黎简著。《妙吉祥室诗钞》、海盐朱葵之著。《存诚斋文集》、香山何曰愈著。《花甲闲谈》、番禺张维屏著。《王氏丛书》、《霍文敏公集》、明霍韬著。《读书后》、明王世贞著。《补学轩集》、象州郑献甫著。《道乡集》、宋邹浩著。《求自得之室文钞》、南丰吴嘉宾著。《河南集》、宋尹洙著。《续吴录》、沛国刘凤珠。骆集、唐骆宾王著。《揅经室全集》,仪征阮元著。共计洋一百八十元,已付讫。

初八日 刘少卿来,与购《山东通志》一部、《卫藏通志》一部、《广群芳谱》一部,共计洋四十七元。晚,余写书签。

初十日 十二句钟至火车栈赴苏,车中晤朱古微先生及王颂墀、沈季璜。车中与古微先生长谈,述及近有《吴兴备志》一书,系明天启时吾浔董遐周斯张所著,伊曾见过,怂恿购取,计洋捌拾元。余允之。先生乃约明日往观。三句钟抵苏。

十一日 至朱古微先生处,晤谈良久,其《吴兴备志》已经取到,系属手钞孤本,其洋当即交付。返沪。

十二日 与刘少卿买《数帆楼焚馀诗钞》,又《澄怀园文存》二部,计洋四元。

十三日 点《愧林漫录》。

十四日 醉愚自南京还，带来各种书籍，以书未交齐，且俟交齐后再行详志。前托沈洁斋观察书联，业已写就交来，因送去润资洋八元八角。

十五日 上午偕醉愚乘马车诣周湘舲处，因伊伉俪百龄合寿，特往祝嘏。至则余先入。醉愚赠湘舲诗幅结句云“倘许仙云下九霄，窃取姮娥来祝寿”，其意约宋校书玉同来，乃假余马车自诣晓普庆里往接。余坐至良久，待醉愚未至，雇车而返。至国华书局，购孙中山《伦敦遇难记》、《紫桃轩杂缀》、明李日华著。《谪麐堂遗集》，德清戴望著。计洋两元。夜阅《俞俞斋集》。江都史绳之中丞念祖所著。

十六日 晚至华庆园，是日各人公燕周湘舲，为之祝嘏，每人分两元，到即入席，共九桌。余与赵问轩、俞子青、张弁群、徐冠云、沈季璜、秦特臣并王颂墀郎同席。醉愚此次至宁为余买《陕西通志》、《观古斋丛书》、《续知不足斋丛书》、《蜀碧》、《全唐文纪事》、《周易折中》、《刘宾客集》、唐刘禹锡著。《司空表圣集》、唐司空图著。《恩馀堂集》，南昌彭元瑞。共九部，计洋一百三十六元。尚有十四元书未到齐，且俟到后再志。

十七日 刘少卿来，与购《二丸居集》、顺德黎景义著。《小谟觞馆集注》、钱塘孙元培纂。《扶荔生覆瓿集》、湘潭王济著。《楚庭耆旧集》，共洋十三元。四句钟乘火车赴苏。

十八日 上午阅《国史文苑传》。夜阅《雷塘盦弟子记》。

十九日 阅《雷塘盦弟子记》。

二十日 阅《雷塘盦弟子记》。灯下阅《崇百药斋札记》，该书为羊湖陆祁孙大令继辂所著，其人亦系文章名手，乃此书抄撮旧事，殊寻常也。

二十一日 一句钟乘火车返沪。车中晤王胜之提学、名同愈，光绪己丑翰林，江西提学使，苏州人。王驾六，名立鳌，为苏州润之先生子，富甲吴下,一时称之。一路清谈,三句钟抵埠。

二十二日　点《愧林漫录》。

二十三日　朱甸卿来。点《愧林漫录》。

二十四日　朱甸卿来。醉愚在南京时,由伊经手购《盾墨拾馀》、龙阳易顺鼎著。《星湖诗草》、曹龙树著。《退一步斋诗文集》、定远方浚师著。《述学》、江都汪中著。《淮安艺文志》、《金石录》、《两朝剥复录》、吴应箕辑。《先拨志始》、《俞俞斋诗文集》、江都史念祖著。《也依遗稿》、古鄮王庆善著。《南冈草堂诗文存》、上元秦际唐著。《乐志堂诗文略》,南海谭莹著。计洋十七元。阅《国史文苑传》,是日阅竣。又阅朱甸卿携来各种首本。

二十五日　点《愧林漫录》。

二十六日　朱甸卿来,携来首本请阅。是日周湘舲在寓中宴客,因近日高君太痴创设希社,已举行二次,首则以百盆花室雅集为题,即太痴斋名。次则秋感诗也。今为第三集,湘舲介余入社,余已允之。

二十七日　午后朱甸卿、刘少卿来,携来首本请阅。汪符生送来书两箱,系汲古阁刊《十七史》全部,又《通志》、《通考》二部,此书系谭复堂先生所藏,谭讳庭献,曾任安徽知县,蒋鹿潭司马称为中兴后浙人第一者也。现其子贫甚,由符生介醉愚将书暂抵余处,计洋五十元。余以此种书籍与余所备者相复,言明将谭先生所批遗书售余,一俟取到即将《十七史》等交还,为数尚微,只得应之,然不知谭君事后果能践约否也。

二十八日　午后朱古微、金叔初偕来,古微力荐沈君修善为骈散体文,怂恿将华表妹墓志托伊撰著,因将节略交伊转求焉。刘少卿携来书籍求售,首本存览。前与刘少卿所购《聚学轩丛书》、《惜阴轩丛书》、《归田类稿》、元张养浩著。《转漕日记》、河间李钧著。《汪梅村先生文集》、江宁汪士铎著。《竹柏山房丛书》、《徐节孝集》、宋徐积著。《笃素堂全集》、桐城张英著。《春晖堂丛书》、《赵子言行录》、宋赵复著。《旭华堂文集》、平湖王奂曾著。《阐道堂遗稿》、文昌云茂琦著。《诗义堂后集》、高要彭泰来著。《宝韦斋类稿》、湘阴李桓著。《经句说》、吴邑吴英学。《陆密庵集》、山阳陆求可著。《清音楼集》、日本山村良田君裕著。《本草纲目》、《观我生室汇刻》、《续山东考古录》、沧州叶圭绶著。《如不及斋丛书》、《后山集》、宋陈师道著。《怀豳杂俎》南陵徐乃昌辑。共廿三种，计洋贰百零玖元。

二十九日 刘少卿、朱甸卿两书客来，携来头本请看。

本月内与刘少卿所购《眉山诗案广证》、乌程张鉴著。《遂园诗钞》、高邮夏味堂著。《述古堂集》、《松溪文集》、新安汪梧凤著。《半树斋文》、《崇百药斋文集》、阳湖陆继辂著。《三李堂集》、《此君园集》、《麟角集》、唐王棨著。《姑溪居士全集》宋(赵)〔李〕之仪著。共十种，计洋三十一元。又《楚庭耆旧集》、《扶荔生覆瓿集》、湘潭王济著。《二丸居集》顺德黎景义著。共三种，计洋[ ]元。又《焚馀诗钞》、《澄怀园文存》，桐城张廷玉著。计洋四元。与朱甸卿所购者《广文选》、《司马文正公集》、宋司马光著。《夏桂洲文集》、明夏言著。《恭寿堂奏议》、仁和韩文绮著。《瀛壖杂志》、长洲王韬著。《又其次斋诗集》、遂昌吴世涵著。《止斋文集》、陈傅良著。《那文成公年谱》、那彦成纂。《香树斋文集》、嘉兴钱陈群著。《绛雪山房集》、福周杨庆琛著。《范文正公集》、宋范仲淹著。《范忠宣公集》、宋范纯仁著。查初白手批《钱注杜诗》、唐杜甫著。《朱邦宪集》、《始丰稿》、宋徐一夔著。《庐山纪事》、《徐白谷先生集》、明徐袍著。《白孔六帖》、唐白居易著。《江文通集》、梁江淹著。《怀麓堂集》、明李东阳著。《薛文清公集》、明薛暄著。《瀚海披沙》、《张九龄集》、精印《五礼通考》、《读礼通考》、《七修类稿》，共廿六种，计洋四百三十元。以上书籍均系其书迟迟未到，未便先行录帐，今已交清，乃补志于此，以备查核。

九月初一日 下午刘少卿、朱甸卿来。

初六日 朱甸卿来，与购《大清会典事例》一部，计洋壹百元。全书于今日送到，特志于此。

初七日 与钱长(发)〔美〕买《四川通志》、杜诗、五家评本。《直省释奠礼乐记》、《范忠贞公文集》、范承谟著。《道书全集》、《重修扬州府志》、《续纂扬州府志》、《万子迂谈》、《宜昌府志》、《朝邑县前三志》、《朝邑县后志》、《陕西志辑要》、王志沂辑。《湖北通志》,共计十三种,计洋壹百四十七元。

初八日 傍晚与醉愚至西荟芳新宝玉家,汪渊若已在,面送沈氏写碑润资洋二百元,墨费洋十元。

初九日 至周湘舲处重阳雅集,同席者为刘光珊、汪符生、李葆诚、名德鉴,甲辰翰林。潘兰史、飞声,番禺人。秦特臣、俞瘦石及主人而已。前此希社第三集,余虽因病未往,而司社湘舲以苦儿院纪事命题,余亦作一篇,于今日交去。

十二日 阅《柏堂集》。柏堂名宗诚,字存之。

十四日 午后阅《柏堂集》。朱甸卿、钱书客来,与钱买《武经纂要》一部,计洋一元。

十五日 午后张宝昌来,与购《潇碧堂》一部,明袁宏道著。计洋八元。晚赴周湘舲精勤坊林蔻香家曲宴之招,同席者为刘光珊、潘兰史、俞瘦石、蒋孟苹、沈醉愚及主人而已。

十六日 书客钱长美来,所买书籍于今日交齐,计《山东运河备览》、《海塘揽要》、抄本《白鹤堂文集》、丹陵彭端淑著。《刘屏山集》、宋刘子翚著。《芙蓉山馆诗词钞》、金匮杨芳灿著。《淮鹾驳案类稿》、《钦定御纂诗经》、《钦定书经传说汇纂》、《钦定仪礼义疏》、《三长物斋丛书》、《富顺县志》,共书十一部,计洋六十四元。朱甸卿来,前所买书亦已交齐,计《尧峰文钞》、长洲汪琬著。《木钟集》、宋陈埴著。《读骚楼诗集》、江都陈逢衡著。《朱文定公诗集》、朱士彦著。《可园文存》、江宁陈作霖著。《槐卿遗稿》、石埭沈衍庆著。《颐情馆过闻录》、上元宗源瀚著。《安陆集》、宋乌程张先著。《曾乐轩稿》、宋张维著。《储遯庵文集》、宜兴储方庆著。《兼济堂集》、柏乡魏裔介著。《寄沤遗集》、江宁何延庆著。《诚正堂诗词稿》、礼亲王永恩著。《寿藤斋诗集》、歙鲍倚云著。《存悔斋集》、萍乡刘凤诰著。《鹤泉诗钞》、高邮夏晓春著。《南史删》、茅国晋删次。《漱芳阁集》、平湖徐士芬著。《岳麓志》、《岳麓续志》、《墙东类稿》，元陆文圭著。共洋八十元。又《蕉轩随录》、定远方浚师著。《葛中翰遗集》、明葛麟著。《霜红龛诗钞》、太原傅山著。《经遗堂全集》、江都韦佩金著。《朱韦斋先生集》、新安朱松著。《岭南集》、景东程含章著。《张石樵先生集》、仪征张安保著。《半野居士集》、锦江毛振翧著。《解文毅公后集》、明解缙著。《太平经国之书》、永嘉郑伯谦著。《南野堂全集》、槜李吴文溥著。《牧庵杂记》、平湖徐一麟著。《明季南略》、《明季北略》、均锡山计六奇辑。《莫愁湖志》、《佛国记》、《归潜志》、《碧血录》、《绥寇纪略》，共洋五十六元。又《南樞楛语》、江都蒋超伯著。《正谊斋丛书》、《谭异》、《十二砚斋随录》、仪征汪鋆著。《静廉斋诗集》、仁和金甡著。《协纪办方》，共洋四十七元。又《南昭野史》、《河防一览》、《重修慈溪县志》、《方柏堂全集》、《修本堂丛书》、《空石斋诗文合刻》、四明汪国著。《延厘堂全集》、任城孙玉庭著。《艺海珠尘》、《舟车所至》、抄本《史记》，汉司马迁著。共一百十九元。

二十一日 夜阅《闻妙香室文集》。山阳李宗昉著，字芝龄，曾官礼部尚书。与钱长美购《通鉴补》、吴郡严衍补。《玉池生集》，安和亲王第三子长白岳瑞著。计洋三十元。是日朱甸卿亦来。

二十二日 阅《闻妙香室文集》及《柏堂集》。

二十四日 晚赴湘舲、醉愚之招至式式轩，同座者为潘兰史、许松如、俞瘦石、赵浣荪、刘光珊及主人而已。吴昌硕酒半至，不坐而去。

二十六日 下午同潜甫至西门贫民习艺所，因该所卖券开幕，甚形热闹，每券洋五角，所中各种陈设，若书画，若戏法，若滩簧等均有，而各肆所买之物亦多陈设在内，其最足娱目者以李平书所藏自唐以下书画居多。朱甸卿来，云将有泰兴之行，前与购定之书，均已送来，计《敦良斋遗书》、五台徐润第著。《句溪杂著》、句容陈立著。《丛野室存稿》、明缪昌期著。《萝藦亭札记》、徐沟乔松年著。《畅园丛书甲集》、《会稽山斋全稿》、阳湖谢应芝著。《南通州五山全志》、《纯甫古文钞》、丹徒戴梠著。《听钟楼诗稿》、元和韩是升著。《诗义堂后集》、高要彭泰来著。《笏山诗集》、江都申甫著。《青草堂集》、丰顺赵国华著。《吴梅村文集》、太仓吴伟业著。《陈伯玉全集》、唐陈子昂著。《刍荛集》、明周是修著。《学诂斋文集》、江都薛寿著。《杜清献公集》、宋杜范著。《梦园丛说》、定远方浚颐著。《张介轩全集》、永嘉张振夔著。《永嘉丛书》、《木樨轩丛书》,共洋七十二元。书系九十六元,将不全者退还,并退旧书共洋廿四元,故只七十二元。又明刻《元白长庆集》、唐元稹、白居易著。《清尊集》、《严太仆集》、常熟严虞惇著。《遂初堂全集》、吴江潘耒著。《列朝诗集小传》、《微波榭遗书》、曲阜孔继涵著。抄本《听云仙馆骈体文未定稿》、阳湖汤成彦著。《闻妙香室集》、山阳李宗昉著。《金石文钞》、《建元纪》、《读书偶记》、《琴士文诗钞》、《新旧唐书互证》、均泾县赵绍祖著。《唐改堂先生文钞》,共洋壹百零四元,已付讫。

二十七日 前日葛荫梧来书,交到书籍六种,系其亲戚求售,索价甚昂。今得荫梧之叔稚威来书,问及此项,余略为应酬,与购《董方立遗书》、阳湖董佑诚著。《求有益斋诗钞》、李道悠著。《守经堂诗集》、平湖沈筠著。《悔过斋续集》,平湖顾广誉著。计洋十二元,即遣伻送去。

二十八日 钱长美来,与购明刻《宋史新编》、明柯维骐著。明刻《太函集》、明汪道昆著。明刻《解学士集》、明解缙著。《成斋集》、日本重野安绎著。《蔡忠烈公遗集》,明蔡道宪著。共洋壹百四元。前买之《汉学堂丛书》及《玉池生集》均不全,退还,作洋十八元,故此次仅付洋八十六元耳。夜阅《柏堂集》。

二十九日 朱甸卿来,与买《带经堂全集》一部,新城王士禛著。计洋四十元。

三十日 刘少卿来,与购《苍岘山人集》、无锡秦松龄著。《希古堂文集》、南海颜宗浚著。《李渔村文集》、琅邪李澄中著。《金史详校》、《瓠息斋前集》、乌程凌树屏著。《介石堂全集》、闽县郭起元著。《砚桂绪录》、侯官林昌彝著。《寸心知室存稿》、萧山汤金钊著。《国史列传》、《教谕语》、《具区志》、《王西庄始存稿》、嘉定王鸣盛著。《五代诗话》、《龙井见闻录》，计十四种，计洋五十一元。作函致朱古微。阅《柏堂集》。

十月初四日 午后朱甸卿来，与购《李申耆五种》、阳湖李兆洛著。《通志略》、宋郑樵著。《歉夫诗文稿》，临川李梦松著。计洋三十元。又前买之《陈左海集》闽县陈寿祺著。稍有破烂，今甸卿复携一部来，纸亦较好，将前买者与之调换，贴伊洋六元。刘少卿携到首本，请为阅看。

初五日 朱甸卿来，携到首本请看。夜阅各种首本。

初六日 朱甸卿来。嘱醉愚作函致朱古微，并附去沈君后斋修撰文润洋二百元。夜阅《南浔支谱》并《史忠正公集》。明史可法著。

初七日 刘少卿来，携来首本请看。翻阅《唐诗别裁集》。嘱醉愚作函致朱古微。

初九日 朱甸卿、刘少卿来。潘兰史、刘光珊、周湘舲见过，适余在本生父亲处，未及接谈，为时已晚。是夕余备宴酌于清和坊二弄金霞云校书家，光珊、湘舲本亦在邀之列，醉愚即同彼先往，并邀潘君同宴，有顷入席，许子颂、名溎祥，海宁人。潘兰史、刘光珊、周湘舲、徐冠南、张蕴玉、沈醉愚共七人，邀而未至者一人，则汪渊若也。

初十日 午后邱绍周来。刘少卿来，与购《江声草堂诗集》一部，钱塘金志章著。计洋两元。朱甸卿来，与购《范夫人集》、明徐媛小淑著。《史忠正公全集》、明史可法著。《云台新志》、《安雅堂全集》、莱阳宋琬著。《灵芬馆全集》、吴江郭麐著。《杜樊川文集》、唐杜牧著。《南江文钞》、馀姚邵晋涵著。《率祖堂丛书》、《文选楼丛书》、《天佣子集》，计洋七十四元。又《抱经堂丛书》一部，计五十册，系属残本，甸卿言明代觅补全，如无补处，将来仍可退还，计洋四十二元。又与购《景宁县志》、《临邑县志》、《嘉鱼县志》、《嘉鱼堤志》、《东昌府志》、《益都县志》、《颍上县志》、《馆陶县志》，计共八种，余将往日与甸卿所买者检出不全者三种退还，作洋八元，又找伊四元，即作两讫。又甸卿经手购明刻《江湖长翁文集》、宋陈造著。《蔡忠惠公集》,宋蔡襄著。计洋二十四元。

十一日 周乔年来,伊日昨亦曾来过,怂恿购苏垣汪柳门侍郎家书,据云书籍共有二千馀种,精本极多,索价二万二千元,因汪氏早托日本人经售,今得主顾还此价值,其中代表钱君欲保存国粹,特倩乔年来问。未几邱绍周来,余嘱绍周姑往阅看,约后日前往,乔年即辞余返苏。夜阅邱绍周携来首本。

十二日 刘少卿来即去。邱绍周来,明日将倩伊赴苏阅汪氏书籍,送伊盘川洋十元,小谈而去。翻阅六艺书局携来各种样本。

十三日 夜阅《碑传集》,为考据邵晋涵所著也。午后刘少卿来。朱甸卿来,云将返宁,且述近况甚窘,病发未痊,欠缺盘川,不能动身,向余借贷,以批本《史记》暂作信物,余怜其苦,乃以三十元借之。翻阅各种书籍。是日与钱长美购《广西通志辑要》一部,计洋三元。

十六日 上午醉愚为余理书,特返浔溪,来辞焉。邱绍周来谈,盖其今日自苏回申,汪柳门侍郎家书籍已曾看过,价殊不值,谈至二句钟而去。

十七日 午后邱绍周来,与购《八旗文经》、《颜氏学记》、《扁善堂诗文集》、《吴云樵先生集》,计洋四元。

十八日 邱绍周、周乔年先后来谈。

十九日 上午邱绍周来谈。

二十日 朱甸卿来,与购《汀风阁诗集》、戴永植著。《野香亭集》、李孚青著。《赖古堂全集》周亮工著。共三种,计洋二十元,心中不甚惬,应酬而已。至新半斋应邱绍周之招,同座者为杨子勤、邱渭卿。绍周本家。

二十一日 外舅来,交来朱古微所书沈孝女墓志铭。至汪渊若处,催其速书姑丈母墓志铭,因葬期伊迩,恐不及,故特往催。其孝女墓铭,古微未篆,亦托渊老篆之。略谈而出至沪台旅馆,访沈少庭,即将古微所书交伊明日带苏。

二十二日 午后至源昌西里孙氏答朱古微。

二十三日 邱绍周来，与购鼻烟两瓶，小金花。系庞芝阁之物，计洋一百五十元。

二十五日 夜阅《清颂堂丛书》。

二十六日 夜阅《碑传集》。

二十七日 下午邱绍周来，送到杨子勤太守为余作《清颂堂丛书》序一篇。

二十九日 午后邱绍周、刘少卿先后来。

十一月初二日 邱绍周、刘少卿来。

初三日 午后邱绍周来谈。

初四日 午后刘少卿来。夜阅《张杨园集》。名履祥，桐乡人。

初五日 午后邱绍周来，与买吴柳堂批《陶渊明诗》、殿板《佩文斋咏物诗》、《赐砚堂丛书》、明刻内府本《礼记》、《幸鲁盛典》、《南疆逸史》、《日知录集释》、《明诗别裁》、《南疑集》、东鲁王夺标著。《君臣士女四鉴录》、《金山志》、《甓湖联吟集》、《吴郡名贤图赞》、《杨园集》共十四种，嗣因殿板《咏物诗选》索价太昂，即以除去，共洋壹百元。

初六日 邱绍周来谈。

初七日 邱绍周来，将成交之十三部书计洋百元取去。

初八日 晚至田金花处宴客，许子颂先至，继而杨子勤、邱绍周、周湘舲、陆纯伯、刘光珊、徐冠南、汪渊若皆至，子勤首座，伊曾为余作所购《清颂堂丛书》序，故特以杯勺酬之。今日陆纯伯赠余《丁文诚公宝桢遗稿》一册、《松寿堂诗集》四册、贵阳陈小石制军著。《黔诗纪略》八册。陈松珊给谏所编辑也。

初九日 嘱孙镜蓉作函致沈少庭，将汪渊若所书墓志铭寄苏也。

初十日 阅《佛学丛报》。

十一日 醉愚自浔来，述及余今春讫秋所购书籍，均一律编入。又湖州沈韵斋所售之书籍洋一千零五十元，亦已就编，惟将抄本及影抄孤本带申,以备选刻,余将带来之书,翻阅良久。与邱绍周买玉晶玩器共十二件,计洋三十元。

十二日 午后偕醉愚赴康脑脱路双清别墅刘光珊、周湘舲消寒会之约,到时群贤毕至,少长咸集,长亭曲榭,散步移时。是日会者共十有八人,系钱听邠刺史、溯耆,前官深州直隶州。缪筱珊参议、荃孙,前官学部参议。许子颂大令、溎祥,曾官无锡县知县。汪渊若太史、洵,前官翰林院编修。吴仓硕大令、俊卿,曾官安东知县。潘兰史征君、飞声。长尾雨山博士、甲,日本人,曾官博士。徐冠南、棠,曾官江苏候补道。张弁群部郎、增熙,曾官邮传部郎中。周湘舲广文、庆云,曾官永康教谕。徐冠云、仁杰。刘光珊广文、炳照,候选训导。俞瘦石、余笏堂、李子昭、冷云帆及醉愚与余也。

十三日 午后刘少卿、朱甸卿均携各种首本来看。甸卿云为纳妾事需款甚急,又假洋五十元而去。以苏州沈氏二姑母及杏墅表弟、华表妹彻儿,偕醉愚赴苏。

十五日 至金太史场访朱古微,不值。

十六日 返沪。

十八日 午后朱甸卿、刘少卿来。

十九日 夜阅各种书籍。

前到苏与杨云溪买书籍系《吴侍读集》、吴慈鹤著。《皋亭集》、吴绮著。又《菌次集外诗》、《清溪遗稿》、明钱启忠著。《方博学全集》、方垧著。《斫桂山房诗集》、薛雪著。《钦吉堂集》、钦善著。《玉禾山人集》、田实发著。《孟邻堂文钞》、杨椿著。《抚云集》,钱良择著。共洋十九元。又《枯木禅琴谱》,计洋一元,系送周梦坡也。又散买《苕溪集》一部,计洋二元,《掖垣题稿》、明顾九思著。《龚定庵集》、龚自珍著。《杨抱山》、《见山集》、杨宝彝、岘著。《褒碧斋集》、陈锐著。《耻不退斋集》、熊其英著。《疏野堂集》,归令瑜著。计洋三元五角,特志于此。又托人购《续碑传集》一部,计洋十元。

二十日 夜朱甸卿来,与购明刻白绵纸《十七史详节》、宋吕东莱著。《鄂崖脞说》、《王梦楼诗集》、王文治著。《纪文达公文集》、纪昀著。《唐诗纪》、《赐闲堂全集》、明申时行著。《朱文懿公集》、明朱[赓著]。《校礼堂全集》、凌廷堪著。《栟榈文集》、宋邓肃著。《听雨斋诗集》、《虞文靖公学古录》、元虞集著。《左传经世钞》，共十二种，计洋二百五十元。甸卿新娶一妾，前借余洋三十元，近则又借五十元，均约来岁归还，余怜其窘，允之，然累次借钱，亦可厌也。

二十一日　是日为消寒第二集，轮余司会，醉愚附焉。至老宅则客已纷纷矣。邀而至者为钱听邠、许子颂、吴仓硕、汪渊若、刘光珊、周湘舲、李梅庵、瑞清，前署江苏提学使。陆纯伯、树藩，前为江苏候补道。王一亭、震，前候补同知。潘兰史、施琴南、赞唐，前候选知县。俞瘦石、李子昭、冷云帆，邀而未至者缪筱珊参议、杨子勤太守、杨诵庄主政、晋，前农工商部主事。朱念陶观察、赵浣荪、高太痴暨两茂才也。迨晚坐席，即设于坚匏庵，拟题为雪后坚匏庵消寒第二集和苏文忠公聚星堂禁体诗韵。余前买吕焕成画汉宫春晓手卷，颇极精致，画笔不下十洲，出索诸君题之。

二十二日　上午刘少卿来，与购《弇州山人四部稿》、明王世贞著，明刻绵纸。《樗庵集》、明王[烨]著，明刻绵纸。《钤山堂集》、明严嵩著。《汪文定公集》、宋汪应辰著，明刻。《徐孝穆集笺注》、陈徐陵著。《抚吴公牍》，丁日昌著。共六种，计洋一百二十六元。又董书客来，与购《通志堂集》、纳兰性德著。《黄未轩文集》，计洋十六元。是日又与朱甸卿购《士礼居丛书》一部，系抄配三册，计洋一百九十元。

二十三日　嘱醉愚作函致高太痴，明日希社第六集，湘舲曾助刊赀十元，余亦继之，特备函于明日送去。盖太痴为主社，而余明日将至苏州送二姑母及杏墅夫妇华表妹殡，不获前往，例须函致也。

二十五日　阅《龚定庵集》。邱绍周来。夜阅《续碑传集》。

二十七日　晚至林鞶卿家应许子颂之招，同坐者为刘光珊、汪渊若、周湘舲、丁葵生、嘉善人，与钱氏有亲。吴菊藩、子颂之婿，江宁候补知州。朱蕴人。

二十八日 夜阅《续碑传集》。

二十九日 夜阅《续碑传集》。

十二月初一日 阅《续碑传集》。

初三日 邱绍周来。夜阅《续碑传集》。

初五日 醉愚自浔至。嘱醉愚作函致俞申伯,并还书目一册。朱甸卿来,携来首本数种。余阅《续碑传集》。

初六日 是日得许子颂书,赠余诗五古一首,事忙未暇和也。

初七日 朱甸卿来,与购批本《史记》、抄本《翰林志》、明董佐著。《江南经略》,共洋五十元。

初八日 二句半钟偕醉愚至麦根路钱听邠家,盖是日为消寒第四集,听邠、子颂两先生司社也。至则观杨诵庄所藏东坡笠屐图及其先人雪渔太史短镫檠手卷。五句钟入席,余与缪筱珊、吴仓硕、汪渊若、刘光珊、赵浣荪及主人许子颂、钱听邠同座。又有一席则长尾雨山、王一亭、杨诵庄、潘兰史、周湘舲、徐冠南、沈醉愚及主人听邠之子履樛名绥盘,山东候补知府。也。酒间闲话,颇亦相得。席散看一亭画一东坡像而归。钱长美来,与购《畿辅通志》、《山西通志》,共洋一百九十元。又《金华丛书》、《朱子大全》,宋朱熹著。共洋九十元。又《知服斋丛书》、《盛京通志》、精刻《罗鄂州集》、精刻《王荆公诗集笺注》、宋王安石著。《小腆纪传》、《理学宗传辨正》、《许文正公集》,元许衡著。共洋七十五元。三共洋三百五十五元。余为顾怡如题诗稿五律一首。

初九日 钱长美来,与购《问经堂丛书》一部,系抄本。又元刻《密庵禅师语录》二册、《横川和尚语录》二册,据说此种近已不甚多觏,索价曾有至百元者,兹以二十元求售,余颔之,共计三种,计洋五十元。又明刻《天中记》、《大明一统名胜志》、《桐城方氏七代遗书》共三部,计洋壹百元。

初十日 是日六艺书局主人来售书籍,与购精刻《边随园诗草》、边连宝著。《贝清江全集》、明贝琼著。《朱笥河全集》、朱筠著。《莲洋集》、吴雯著。《檀园集》、明李流芳著。《边华泉集》、明边贡著。《寒松堂全集》、魏象枢著。《辟疆遗稿》、顾敏恒著。《肎斋文集》、张穆著。《叶水心全集》、宋叶适著。《桂未谷诗集》、桂馥著。《忠正德文集》、宋赵鼎著。《斜川集》宋苏过著。共十四种，计洋一百零四元。

十一日　至迎春四秦雅云校书家，应周湘舲之招，同座者为许子颂、钱听邠履樛父子、汪渊若、刘光珊、潘兰史、沈醉愚及主人而已。

十二日　是日邱绍周来，余他出，未晤。前与买之《赐砚堂丛书》及《金山志》均不全，与换《礼书》、宋陈祥道著。《小山画谱》、《六书正讹》三部。前日又与钱长美购《前汉书》、《南史》、《旧五代史》、《周书》、《北齐书》六部，系因曩与余擂珊家所买之局刻《二十四史》不全，特以补之，尚少三种耳，计洋二十元。前日忘记，特志于此。

十三日　至乾记弄赴消寒雅集，此系冠南、弁群合作主人补行消寒第三集。余到时诸君已纷至，读画论诗，兴复不浅。是集诗题系冠南以颐园永怀图索题，颐园者在青镇东隅，为冠南尊人茗香姻丈晚年颐养之所也。六句半钟入席，余坐中席，同坐者为许子颂、吴仓硕、钱听邠、汪渊若、刘光珊、朱砚涛锟，前戊子举人，江苏候补道。及主人张弁群。左席为长尾雨山、潘兰史、周梦坡、李梅庵、沈醉愚、王一亭、张石铭、徐冠南。右席为杨诵庄、钱履樛、陶拙存、葆廉，荫生，前弼德院参议。陆纯伯、徐晓霞及徐氏之西席林君也。缪筱珊参议亦至。

十五日　夜书客董姓来，与购精刻《黄豫章先生遗文》四册，计洋二十元。钱长美来，携到首本请看。前日醉愚入城为余诣希社高君太痴，现拟集一维持会共计百份，每份洋十元，随意认定，不必先交，如此后经费不敷，借此为补助之赀。其认股东，由醉愚带归。今外舅得陈哲甫书，请伊向余吹嘘，余因认十股，书名柬上，特诣外舅处，托为交去。

十六日　至杏花楼应周湘舲之招，同坐者为许子颂、刘光珊、沈醉愚及湘舲而已。

十七日 午前许子颂先生来访,邀入书斋谈。

十八日 邱绍周来。至徐冠南家,以是晚余与晓霞合请刘聚卿季若叔侄,聚卿,贵池人,名士珩,前度支部参议。所邀陪客如张菊生、名元济,海盐人,前学部副大臣。陆纯伯、周湘舲、袁仲龙、葛荫梧、蒋孟苹、王一亭、钱鲁斋余卿昆仲、姚慕莲、沈星叔、卢涧泉、张石铭。

十九日 余以是晚缪筱珊、汪渊若两先生假座跑马厅大观楼举行消寒第五集,遂即出门前往。至则来者已多,盖此日系东坡居士诞期,题即为东坡做生日题笠屐遗像,故同人至者益众,诸季迟、以仁,钱塘人,前官候补通判。王伯恭仪成,盱眙人,前官湖南通判。按眉注云:伯恭原名仪郑,以避帝名,遂以字行,光绪戊子举人,宜昌府通判。自武林来会,亦盛事也。坐三席,余与吴子修、名庆坻,丙戌翰林,湖南提学使。王伯恭、李平书、名钟珏,上海人,乙酉优贡,广东遂溪知县,入民国为民政长。王一亭、陶拙存、钱履樛及主人缪筱珊。又一席为周湘舲、长尾雨山、诸季迟、潘兰史、沈醉愚、屠辅清、名维屏,乌程人,丁酉举人。杨诵庄。又一席为吴仓硕、张弁群、徐冠南、赵浣荪、刘语石、陆纯伯及主人汪渊若。共二十二人。邀而未至者为许子颂、李梅庵、钱听邠、何诗孙、名维朴,官江苏候补道。夏闰枝。名孙桐,官湖州府知府。至而未坐席者为王旭庄。名仁东,福建闽县人,江苏候补道。

二十日 杭州书客杨姓来,与买《额粉盦集》一部,计洋四元。刘少卿来,与购《二初斋读书记》、华亭倪思宽著。《西碛山房文录》,吴县蔡复午著。共洋二元六角。

二十二日 午后钱长美来,与购《霜红龛全集》、傅山著。汲古阁本《奇晋斋丛书》、《孟东野集》、唐孟郊著。《金石存》、《学海堂四集》、原刻《江西通志》、明程荣本《汉魏丛书》、《卫藏通志》、《吉林外纪》、《黑龙江外纪》、《于湖题襟集》、《安般簃诗续钞》,共计十二种,计洋一百三十五元。

二十三日 夜阅《傅青主年谱》。嘱醉愚作函致朱古微,并送沈休穆润笔三十元。余由古微介绍，请厚斋撰《清颂堂丛书》后跋一篇，散文不如骈俪，故送此数，将意而已。

二十四日 夜阅《唐诗别裁集》。

二十五日 陆纯伯来，将费叔荃前携去之首本五册，仍旧携还。又携到宋刻《史记》并《宋书》，欲抵洋壹千元。纯伯极赞是书之精美，余允以七八百元之数，盖因纯伯谓《史记》一书，海内稀少，亦系著名之书，故余允抵，否则前款如是，不愿再做抵款也。

二十六日 午后吴仓硕来谈，携到汉宫春晓图手卷，已为余题四绝句，尚佳也。

二十七日 四句钟时偕醉愚同至邓脱路谦吉里谒缪筱珊参议，与谈良久，并带去抄本书籍及宋刊本，请伊阅看，至晚乃出。同往四马路中华第一楼访许子颂，以彼约醉愚会于此也。既晤，同下楼拟至番菜馆夜膳，继而改至田金花家。先在林鞶卿处小坐，后则登楼，饭于金花房中，至十一句钟归。

余拟刻丛书，历有年矣，奈书籍稀少，宗旨未定，迄今未付剞劂，明岁急拟从事，由醉愚为介聘许子颂先生校勘，月修三十元。子颂于同治中兴后杨中丞昌浚开府浙江，特开书局，伊已预校勘之役，且说文小学，家学渊源，于此道三折肱矣。惟其齿已七十有馀，恐须襄校，未能独任其劳也。近自海上举行消寒会，诸名士咸集，缪筱珊先生目录之学原原本本，为当代巨擘，伊自己所刻若《云自在龛丛书》、《藕香零拾》、《续碑传集》等，高与身等，而经手者亦复剞劂不少，自同治丁卯四川书局起，迄今所刻书数十种，已及四十年矣。醉愚偶与赵浣荪述及，浣荪告之，伊亦乐为赞成。于是湘舲力劝余请伊总司其事，并邀石铭刻书，与余合请筱珊先生为政，遇有善本送至伊处察核，应刻与否，请伊主裁，得可后交子颂先生校勘，然后再请伊复核付刊，其若何刻法，均归缪主持之。言明余与石铭合请每月致送百元，两处各送其半，合成整数，通年薪修共壹千贰百元。昨已由湘舲介绍说定矣，余今日往拜一以奉谒，一以此也。

二十八日 午后钱长美来,携到朱子涵观察溍家所刻《结一庐四种》,计《刘宾客集》、《张说之集》、《金石录》、《司空一鸣集》,校刻甚精,所有板片悉于今日运到,共计洋八百四十元,连运费在内。当即付讫。又与钱长美买内府抄本《毛诗本义》六册,宋欧阳修撰,外间罕见。计洋四十元。又《江苏水利全案》、《刘尚书奏议》,刘秉璋[著]。计洋十三元。又借洋二十元。将《八十一家词》抄本作抵。

二十九日 晚陆纯伯来谈,又携到元刊本《文献通考》求抵。

三十日 午前陆纯伯将昨日所谈《文献通考》全书送来,即倩醉愚检点一过。中有残缺者约二十馀卷,计抵洋三百元,连前共二千元。其今岁抵款之息犹不在内。夜阅《丁文诚公宝桢奏疏》,贵州平远人,官至四川总督。此书系纯伯见赠。

1913年(癸丑,民国二年)

正月初一日 夜阅《丁文诚公奏议》。

初二日 夜开书籍簿面。

初三日 夜阅《刘文庄公奏疏》。名秉璋,庐江人,官至四川总督。

初四日 阅《刘文庄公奏疏》。

初五日 阅《刘文庄公奏疏》。

初六日 午前缪筱珊来,未见。午后出门,至商务印书馆答拜张菊生,与谈良久,乃出至戈登路刘聚卿处,不值。

初八日 许子颂来长谈。至五句钟余始出门,至招商菜馆应外舅之招,同坐者为胡馨吾、法国公使。朱古微、钱寿甫聪甫昆仲、杨信之、徐晓霞共八人,是席系为馨吾祖饯而设。古微云,今日午后曾来访余,适余他出,未晤而去,并言去岁所托沈君休穆撰文,其润资三十元,已为转交矣。张菊生见赠先集,作函谢之。又作函致朱古微。

初九日 午后梓人朱文海来见,述及筱珊先生处伊已去过,今乃持缪函至此,并云制造局图书馆翻译既停,刻匠欲散,如欲写样,不可再迟,约十三日午后再来,携书籍写样,余颔之乃去。

初十日 刘少卿携书来看,余家均有,未购而去。作五律六首和杨诚之内姑丈周甲述怀之作即次其韵。五句半钟偕醉愚至邓脱路谦吉里访缪筱珊参议,携去各种抄本,请为审择,谈良久而归。

十一日 五句钟偕醉愚至四马路杏花楼应吴仓硕、潘兰史消寒七集之招,余到时客已纷至,共计两席,为吴颖函观察、昌吉,嘉兴人,少春中丞之弟。何诗孙观察、维朴,道州人,子贞太史之孙。许子颂、钱听邠、汪渊若、长尾雨山、周梦坡、赵浣荪、杨诵庄、张弁群、刘光珊又吴东迈,仓硕之子。以癸丑正月十一日杏花楼消寒第七集分韵,余得“席”字。

十三日 午后偕醉愚至邓脱路缪筱珊参议家,贺其季女于归之喜,至则新人将欲登轿,与筱珊先生在书房略谈而出。嘱醉愚作函致朱古微、李梅庵、张菊生。

十四日 午后梓人朱文海来,因伊承办刻书事宜,特乞赵学南作一保函,伊自己备一承揽底稿。余略阅一过,定价尚廉,计每字一千大洋两元贰角,余照刻书大例,既经允许,先付定洋贰百元,并交与明叶天寥绍袁自撰年谱一册,饬彼照结一庐板片写样,交来送校,坐谈良久乃去。女史冯冶吾,名铸。湖北黄陂人,十一岁能书古隶,《石门颂》尤所擅长,去年曾送与本生父亲及余联语各一,今其父来云欲赴皖,乃送以润资六元。往访朱古微,不值。

十五日 赴跑马厅大观楼应李平书、王一亭消寒第八集之招,是日到者为钱听邠、周湘舲、刘语石、潘兰史、张弁群、杨诵庄、陶拙存、陆纯伯、赵浣荪、吴仓硕、沈醉愚及余,并大观楼账房赵芸舫及李、王二君共十五人,到而未饮者朱念陶、钱履樛二人,邀而未至者为吴子修、缪筱珊、何诗孙、李梅庵、许子颂、汪渊若、长尾雨山七人,加以王伯恭、诸季迟遥和,以上元夕分韵“火树银花合,星桥铁锁开。金吾不禁夜,玉漏莫相催”二十五字分拈,余得“桥”字。

十六日 十二句钟以宴客即偕醉愚赴老靶子路赵氏扆虹园,到则孟苹、湘舲、语石已在,坐良久,许子颂、长尾雨山、朱古微、张菊生先后至。以湘舲、孟苹、菊生有事,急欲别去,时近二点,不及再待,先坐一席。坐有顷,诸客陆续至,俟缪筱珊到,遂入席,计筱珊、杨诵庄、陆纯伯、陶拙存。席半,钱听邠至,及余共六人。席散后诸客散去,余亦将归,则朱念陶至矣,以宴饮已罢,亦遂归去。余偕醉愚归。

十七日 午后缪筱珊先生来谈良久乃去。嘱醉愚作函致杨子勤、朱古微。

十八日 午前阅报,惊悉隆裕皇太后于昨日辰刻宾天。伏念太后当德宗在时，慈禧皇太后为政，后乃未能得志。及宣统皇帝即位，未及三载，民军起事，深宫知事不可为，乃赞皇帝禅让。然郁郁之怀，无能自已，据报所载以臌疾终，虽外间颇有谣言，而亦未敢妄存臆断。总之，故国荒凉，铜驼荆棘，赵氏块肉，汉家寡妇，千古伤心，事同一辙，良可叹也。陶拙存来谈良久去，伊此来欲荐金錢孙太守兆蕃为余校书，束脩不甚巨，余以已聘两人却之。杨诵庄来未晤，留条而去。明日余与李梅庵、周湘舲、杨诵庄、沈醉愚、赵浣荪合作主人，在徐氏双清别墅举行九老会，今闻隆裕上宾，此举随即作罢，诵庄之来，亦以咨照此事也。

十九日　午前朱文海来，携到写样两叶即去。

二十一日　午后朱古微来，与谈良久，伊荐杨子勤太守任余处分校之役，据述系沈子培方伯名曾植，庚辰进士，官至安徽布政使署安徽巡抚。托伊转荐，每月薪脩三十元。子勤向曾相识，其学问博茂，素所钦佩，即与订定，然其人立品甚高，设非革命，则前程未可限量，焉肯就此一席，是则余刻书之举，亦苍苍者有以助成也。吴仓硕来谈。

二十四日　午后刘少卿同夏炳泉来。夏系在缪筱珊先生处管理书籍者，出示筱珊函并敦煌石室中唐人写经求售，据云每卷索银五十两，共有十三卷。余嘱其将全卷携来阅看再议。朱甸卿、钱长美来。灯下翻阅各种首本。

二十五日　钱长美、朱甸卿来。长美去岁携来《宋八十一家词》钞本，余就质朱古微侍郎，据云有刻有未刻，伊拟择其未刻者买刻之，余思此书索价尚微，特以买赠，于今日将书价说定，计洋四十五元。前由张弁群交来徐山民紫藤花馆所藏王梦楼太守真迹并梁山舟、伊墨卿书札，其石已藏余家小莲庄，因与购之，计洋五十元。

二十六日　朱甸卿来即去。昨日上午，吴子修来，未见。午后接其函并见赠《补松庐诗钞》二册，又其子䌹斋侍读所著《补晋书经籍志》四卷、《九钟精舍金石跋尾》甲编一册、《清宫词》一册。吴名庆坻，钱塘人，丙戌翰林，官至湖南提学使。其子名士鉴，壬辰榜眼，至翰林院侍读。

二十七日 钱长美来,携到各种书籍。朱文海来,交以《危太仆文集》二册,嘱为写样。朱甸卿来,携来抄本数种。嘱醉愚作函致朱古微。

二十八日 午前缪筱珊来谈即去。阅吴絅斋所著《清宫词》。朱甸卿来,与购钞本《吴礼部集》,元吴师道著,少五卷不全。计洋二十二元。又与管振之购《查浦诗钞》,查嗣瑮著。计洋六元。又坊间购《玉磬山房全集》、刘大观著。《马征君集》,马三俊著。计洋贰元八角。又与钱长美购钞本《宋八十一家词》,此书馈与朱古微。计洋四十五元。又为浔地旧存《廿四史》配史三种,系《宋书》、《新唐书》、《旧唐书》,计洋十五元。又《师水斋全集》、崔预著,宛陵人。《章介庵集》、明章衮著。明刻《�务山馆全集》、明虞淳熙著。明刻《午坡全集》、《谢琴诗文钞》、《日本源流考》、《金陵丛书》,共洋三十五元,均付讫。

二十九日 午后梓人穆子美持朱古微函自苏州至,古微荐伊为余经手刻书,子美到沪后已至缪处接洽,并持来缪书及应刻之籍,穆即在此间缮写承揽,当付定洋五十元,交以查他山、徐寿臧、瞿木夫年谱、均抄本。《李申耆年谱》刻本。共四册,长谈而去。嘱醉愚作函致朱古微。余读《清宫词》,余虽未曾列仕大廷,然观絅斋所作,其立法綦严,制度宽宏,待臣民一以深仁厚泽为归,乃嗜尚新法,不旋踵间即已亡国,古来易世之际,未有如是之速者,不禁为之三叹息也。

三十日 钱长美来,携来书籍求看。阅《庸言报》。

二月初二日 午后夏炳泉携敦煌石室唐人写经来,余观之字迹甚劣,未与购定,姑俟请人鉴别,然后再议。偕陈姬乘马车至徐园观开彩,苦儿之来,余无以为赠,特买《曾文正公家书》四十帙、铜墨盒四十只,即以带去,交颂墀分赠各儿。到时彩将开齐,余所得诸彩为康熙窑磁印盒一只、文衡山所书手卷一个,物稍贵重以外,均系书籍并零星碎物,然印盒、手书亦未知真赝何如。而此次余经手销售百张,带至小华园莲亭处劝售,计冠南、晓霞三十张,颂声、仲虎各十张,尚有五十张，即归余购耳。苦儿院院长监督董事诸君邀余照一全体小影，以留纪念。出即至四马路杏花楼潘兰史之招，是集兰史出其姬人月子侍宴朋友也，而骨月视之，亦甚难得。同座为许子颂、吴仓硕、商笙伯、卫桐禅、周湘舲、沈醉愚及主人与其姬侍也。

初三日 午后朱文海来交以《说文段注订补》三册、王绍兰中丞著，从都小蕃处借来。朱立斋广文未刻诗一册，据云从杭州招到写样梓人，故交伊二种，以便二人分写也。刘少卿来，携到宋椠书数种，小坐即去。杨芷姓太守既为余聘定分校，因备函送去《咄咄吟》一册、《危云林诗》一册请为校勘。

初五日 午后刘少卿、夏炳泉来，朱甸卿来，与购《蠹言》、《仰箫楼文集》、新阳张星鉴著。《孙文恭公全集》、《守瓻堂集》、番禺孔继宣著。《白云文诗集》，德清陈斌著。共洋十一元。是日许子颂来未晤。是日所买之《白云集》系另外，不在内，误以并写，特志。

初八日 午后刘少卿来。前初三日潘兰史招饮于杏花楼，出其妾月子夫人侍饮，即席以"翦淞阁伉俪今管赵也"分韵，余得"也"字。明日为余与子颂、湘舲、醉愚答席之辰，此诗即须交卷，特作五古一首。

初九日 午后偕醉愚赴邓脱路谦吉里谒缪筱珊，携去乡先辈纪石斋先生磊所著《周易消息》八册。石斋为仲景师之祖，《易》学渊源，遗制未刻，以余将刻丛书，特以交余。因请筱珊审阅，应否付刊，其书即存缪处。与借《危太仆诗集》一册，谈良久即归。是日余与许子颂、吴仓硕、周梦坡、沈醉愚合席答潘兰史并其姬人月子。其时已将六句钟，即至小同春，到时仓硕已在，略谈，即至田金花家座谈良久，重至小同春，均已到齐，遂入席，除主宾外，又添一刘光珊。是日与刘少卿购明刻《倪小野集》、明倪忠正著。明刻《顾文康公集》、明顾鼎臣著。明刻《陶歇庵集》、明陶望龄著。钞本《西藏志》共四种，计洋三十四元。

初十日 午后朱甸卿来，与购《有怀堂集》、长洲韩菼著。《农丈人集》，明余寅著。计洋二十七元。书价太昂，殊觉不值。又有《拟山园集》一部,前买之《陈白云集》一部,两共洋十八元,钱已付讫,阅之,均不全,拟与掉换,然事后颇费周折,此后不可不慎也。甸卿卖书,近来价贵异常,且上年借余八十元,亦未扣退,书亦往往不清,真可叹恨。刘少卿来,携到宋椠本《通志》请看。五句钟时出门至通德里访陶拙存,未晤。昨晚答兰史之宴,即席以庾子山《上林赋》中"鸟哢歌来,花农雪聚"八字分韵,余得"歌"字,于今夜作七律一章。

十一日 前日携去之纪石斋《周易消息》,今醉愚已由缪筱珊处携归,谓此书无甚精微,不必授梓,故仍以还之仲景师云。

十二日 刘少卿来。

十三日 刘少卿来,携到书请看。与书客冯选青购明板《曾南丰文集》、宋曾巩著。抄本《杜诗本义》,婺源齐翀集注。计洋十九元。

十五日 与醉愚出门,先至徐氏双清别墅一游,以兰花会期内,特往观览。出即至钗袋角朱念陶家赴消寒九集饮约,同坐者为缪筱珊、钱听邠、吴仓硕、汪渊若、陶拙存、费景韩、刘语石而已。尚有一席系周梦坡、杨诵庄、徐冠南、徐晓霞、张石铭、俞瘦石、沈醉愚、刘春孙及主人。

十六日 午前早起,以城内希社是日为余司社,假庙园点春堂设席,于十一句钟齐集,二句钟开宴。余起身时,醉愚已往招待。午刻出门,即至希社,到则同人纷至,连余约五十人,中有来宾三人,一系新闻报馆主笔,忘其名。其二一为郑叔问中翰,名文焯,光绪乙亥举人,内阁中书,词名卓著,为海内冠。一为张吾军。即蜀中三杰中之张罗明远澄也。余所陪宴者为郑叔问、沈砚传、名瑞琳,癸巳举人,安徽候补道。姚子梁、名文栋,山西候补道。陈哲甫、名名远,贵州候补道,海盐人。陈润夫、名作霖,前商会总理,江西人。程棣花、何筱霞共八人。席散后,同人偕至隔壁萃秀棠摄影,摄毕,余与沈絜斋、守廉,海盐人,曾官广东惠潮嘉道。外舅同车归。是日希社之集酒肴及一切费用连前登报邮票共用去洋八十元。灯下开《碑集传》簿面。

十七日 是日朱甸卿来,与购《大明一统志》、《元史新编》、《元诗选》、系小种。《张曲江全集》，唐张九龄著。共洋五十八元。又前日卖于余处之《拟山园》一部，本值十六元，未经出帐，书实不全，特以还伊。与买抄本《听钟山房集》，嘉善谢镛著。计洋二十元。除前付之《拟山园》价十六元，今找伊洋六元，为付讫。嘱醉愚作函致郑叔问、长尾雨山。

十八日　冯选青来，与购明刻《稗海》，此书于前日携到，今日检点，忽少《酉阳杂俎》一册，选青目瞪口呆，因此卷版刻尚多，容易购配，只得认亏买之，计洋七十元。穆子美携到朱古微信，欲加付刻书款项，余允以明日付之而去。是日作函复朱古微。又作函致沈休穆，附去《吴兴备志》两部，请其校勘。又作函致杨子勤，附去《周易》单疏，亦乞校勘。

十九日　午前穆子美来，未晤。伊与醉愚接洽，付其洋贰百元，并将所致朱古微、沈休穆函托其带去。刘少卿来，与买元板《通志》一部，计一百二十册，内钞配三册，配补十册。又明刻《馀冬序录》一部，计二十二册，共洋四百二十元。午后偕醉愚出至田金花家宴客，到后客均未至，醉愚往访郑叔问于梁溪旅馆。未几，叔问、醉愚偕来，湘舲亦至。余乃出至华庆园应陶拙存之招，同座者为章一山、外舅、张菊生、徐冠南、晓霞、金籛孙、朱谦甫，席未散即归。客至将齐，先坐一席，为郑叔问、钱听邠、吴仓硕、汪渊若、刘光珊、周湘舲、俞瘦石、沈醉愚。须臾又坐一席，为朱念陶、潘兰史、陶拙存、徐冠南、晓霞、张石铭而已。招而未至者为许子颂、长尾雨山、高太痴三人。

二十日　午后许子颂来谈良久去。

二十一日　至北京路张石铭家，是日为讨论刻书事宜第一次茶叙。到时诸人已至，互评卷籍，在坐者为缪筱珊、许子颂、刘光珊、周湘舲、沈醉愚、余及石铭、望徵乔梓而已。五句钟各散去。嘱醉愚作函致俞恒农，因恒农昨日寄来《丰草庵集》六册。是集为吾浔董说著。又由醉愚出名作函致缪筱珊，与购钞本《周易》单疏四册、《尚书》单疏六册，各值五十，共洋壹百元，即附函送去，并还伊《北山小集》一部。

二十二日 晚至汕头路薛涛家应周湘舲之招,同座者为刘聚卿、叶揆初、樊时勋、钱履樛、蒋孟苹、朱念陶及主人而已。

二十四日 书客刘少卿、钱长美均一转而去。

二十五日 朱甸卿、刘少卿、钱长美来,均携书籍请看。嘱醉愚作函致许子颂、杨芷姓,各致送校勘脩金三十元。又寄苏州沈休穆,并校书脩金二三两月计洋三十二元。是日与钱长美购《王武壮公集》、王鑫,湘乡人。《廿四史略》、《黄御史集》、唐黄滔著。《蚕桑杂萃编》、明刻《唐诗类选》、《黔书》、《文公家礼》、明刻《王文成公全书》、明王守仁著。明刻《坡仙集》、宋苏轼著。《妙墨亭碑目考》、《思诚堂集》、吴璵著。《续资治通鉴长编拾补》、《皇清经解续编》、明刻《李空同集》、明李梦阳著。《蛾术编》、嘉定王鸣盛著。《建康志》,共洋一百六十六元。

二十六日 午后朱甸卿、刘少卿、钱长美来,与少卿购《元次山集》、唐元结著。《王鲁斋先生集》,宋王柏著。计洋十三元。与长美购旧钞《奉边纪略》,计洋十六元。

二十七日 午后许子颂来谈良久去。刘少卿、朱甸卿、钱长美来,携来首本请看。偕醉愚至谦吉里谒缪筱珊先生,谈至傍晚而出。由四马路纡道行至共和日报馆,买《国故论衡》、章炳麟著。《庸言报》。又至广智书局,买《不忍》杂著,遂归。

二十八日 午后蒋孟苹来谈。朱甸卿来,携到《知不足斋丛书》,索价只六十元,余以已购,怂恿孟苹买之。钱长美来,与购明刻《茅鹿门先生集》,明茅坤著。计洋三十元。

二十九日 钱长美来,与购旧钞《滋溪文稿》、元苏天爵著。《至正集》、元许有壬著。《徐清正/文惠公集》共计二十二册,计洋一百二十一元。又元刻《增广注释音辨唐柳先生集》,唐柳宗元著。共十本,计洋一百十四元。刘少卿来,与购《沧湄诗钞》、《元功垂范》,此书系平南王尚可喜一生事略。计洋十二元。朱甸卿来,小坐而去。

三十日 朱甸卿来,与购《汉书补注》、《游道堂集》、《涌翠山房集》、山阳高延第著。《佛藏辑要》、《爱梅楼杂著》、《山右石刻丛编》、天门胡聘之著。明刻《资治通鉴》、陈仁锡本。《通鉴辨误》、《舆地纪胜》，共九种，计洋一百十九元。又钱长美来，与购《玉海纂》、汲古阁本《元遗山集》、殿板《皇清职贡图》、《五朝言行录》、《山带阁集》、明朱曰藩著。《凌溪先生集》、明朱应登著。《罗忠节公集》、湘乡罗泽南著。《太白山人漫稿》，明孙一元著。共八种，计洋五十三元。晚至花袭人家应许子颂之招，同坐者为钱听邠、汪渊若、丁夔生、金筱梅、沈醉愚及主人而已。嘱醉愚作函致缪筱珊先生，并还其元刻《赵松雪集》一部。

三月初一日　午前吴仓硕、费景韩来，均未晤。午后朱甸卿来，一转即去。阅《老残游记》，其书中有一回关于数学，于今日之事，颇极效验，先知于十馀年之前，神乎技矣。

初二日　午后刘少卿、朱甸卿来。灯下作函致张菊生。

初三日　以是日为修禊良辰，又适逢岁在癸丑，余与湘舲作主人，故起身甚早。十一句半钟至梁溪旅馆邀郑叔问，同往徐园修禊。到时沈絜斋、吴子修、陶拙存、潘兰史、杨诵庄、褚稚昭、成昌，馀杭人，陕西候补道。沈醉愚、俞瘦石已先在，出书画卷互相传观。未几，钱听邠履樛乔梓、刘聚卿、刘光珊、汪渊若、朱念陶、吴仓硕、许子颂、陆纯伯、缪筱珊陆续来，湘舲亦扶病至。遂入席，稍坐，杨芷姓来。酒半，至中庭摄影，李梅庵适至，与焉。然梅庵不先不后，恰在摄影之时，举动之间，若有前定，可见饮啄之说，殆非诬语。照毕，重入席，畅饮而罢。余与叔问、醉愚同车至长吉里访张菊生，出元板《三国志》见示，审视之，即前刘少卿所携来者也，座谈良久而出。送叔问至梁溪旅馆，乃与醉愚归。是日之举，酒肴连照相费共洋七十元光景，此款余与湘舲对认耳。

初四日　晚在老宅宴客，缪筱珊、许子颂、张菊生、杨芷姓、陶拙存、章一山、费景韩先后至，醉愚陪焉。在洋房内观旧书籍，缪带来三种，系莫友芝家所藏之书，由王雪岑秉恩，四川华阳人，曾官广东按察使交缪托为销售者。其书一为孙渊如批校《水经注》一册,一为宋椠《柳子厚别集》一册,一为旧钞《北堂书钞》一册,均系样本,余拟购之,即托缪还价。稍坐入席,席设于坚匏庵,至十句钟始散。是日交缪洋壹百元,与购旧钞《龟溪集》宋沈与求著。六册、明刻《西吴里语》四册。

初五日 午后汪符生来,交下《杨藐翁续年谱》底本一册,小谈而去。书贾杨馥堂持朱古微先生函来,有书数种求售。余阅之,了无佳者,故未与买。

初六日 午后至东有恒路德裕里章一山处坐谈片刻,同至东百老汇路杨惺吾处,阅视所藏书籍,内有宋板经数千卷,为一大观,此外抄本书籍极多,皆伊在日本充随员时所得也。与惺吾谈,至晚而归。前日甸卿曾来约过,余与惺吾虽不认识,故亦接洽。朱甸卿来,与买《后知不足斋丛书》、《棠荫记》、《张龙湖集》、《蠹窗诗集》,张令仪女史著。共洋三十二元。刘少卿来,与买《王凤洲笔记》、明王世贞著。《喟亭文集》、长兴臧眉锡著。《见复文稿》,常熟陈祖范著。计洋二十四元。此系昨日所买,特志于此,以免遗忘。

初七日 午后夏炳泉携书来售,谈片时而去。以希社第二集补二月间第二次。至城内点春堂,据司阍者云,今日不在此处举行,改至旧教场希社发起处高太痴家,以向未去过,遍寻不得,废然而返。是日司社者为程棣花、高朋研,文题为"有公心然后有公理说",诗题为题龙门《刺客列传》及《春草诗》。钱长美来。朱甸卿来,与购殿板《全金诗》廿四册,计洋四十元。

初八日 夏炳泉、钱长美两书客来。

初十日 夏炳泉来,取洋四百元,即前日所买定明板《会典》、明板《通典》、明板《通考》及殿板《四库全书提要》四部者也。钱长美来,与购《泰云堂全集》、金匮孙尔准著。《广西通志》、《东里全集》、明杨士奇著。《海门诗集》、南徐鲍皋著。《豫章丛书》、《历代统纪表》、《宋稗类钞》、《国朝柔远记》、《南殿画考》、《求阙斋弟子记》、《平定教匪纪略》、《南宋书》、《王文端公集》、明王直著。《说文解字》,共十四部,计洋九十五元。

十一日 夜翻阅所购各种书籍。

十二日 朱甸卿来，与购《学古斋金石丛书》、《黎氏家集》、《金陵通传》、陈作霖纂述。《诗删》、李攀龙选。丁氏《嘉惠堂丛书》、《纯德汇编》、《合肥李氏三世集》、《惟德斋全集》、长白铁保著。《琳琅秘室丛书》、《刘文清公诗集》，诸城刘墉著。共十部，计洋壹百拾元。

十三日 午后夏炳泉取莫子偲征君家及缪筱珊书目来。至华庆园应陶拙存、杨诵庄二人之招，同坐者为潘兰史、周湘舲、徐冠南、钱履樛、王一亭及主人，共二席，皆消寒会中人，以彼二人未曾主席，故补宴一次。夜阅莫子偲、缪筱珊书目。

十四日 夜阅缪筱珊书目。

十五日 晚至寿康里高翠玉家应钱听邠之招，同坐者为周湘舲、吴仓硕、许子颂、潘兰史、徐冠南、朱念陶、陶拙存、陆纯伯及其子履樛。

十六日 钱长美来，嘱为检理新买之书，良久而去。吴昌硕来谈，交来图章两方，余请伊刻也。昌硕云润笔无须致送，其仆从随来，给以洋一元。向例加一。又《杨藐翁集》伊撰就一跋，亦同交来，谈良久乃去。灯下检阅新买各种书籍。是日郑叔问来，未晤。

十七日 朱甸卿来，将前日所买之书携到。刘少卿来，送来首本请阅。钱长美来，交到前日购定各种书籍。四句钟时出门至缪筱珊先生处，因苏州穆子美寄来写好《查初白年谱》，请伊鉴定者也。又带去朱甸卿交来杨惺吾书目一本，其势总须应酬数种，请伊代为拣选，小坐片刻而归。至均益里答吴昌硕，不遇。夜阅新买各种书籍。

二十一日 午后张菊生来谈片时而去。

二十二日 刘少卿来，与买明刻《竹洲文集》、宋吴儆著。毛刻《陆疏广要》、唐陆玑著。《尧峰山志》、《绿杉野屋诗集》、德清徐以泰著。《说文解字》、《于越先贤像传赞》，共书六种，计洋十八元。

二十三日 午后阅各种书籍。

二十四日　午后许子颂、周湘舲先后至,谈至傍晚而去。

二十五日　刘少卿来,携来首本请看。适缪筱珊先生见过,遂请伊阅之,小谈而去。夜阅《庸言报》并题签。

二十八日　午后朱甸卿来即去。吴子修来,因杨芷姓太守丁艰而后,目击时艰,急拟回鄂葬亲而客囊如洗,特来恳余预借校勘薪俸十月计洋三百元,兹由子修先生为之说项,余允之,小谈而去。余思芷姓学养沈潜,乃有道之士,孝思不匮,其志可嘉,拟助以赙敬百元,以成其事耳。钱长美来。孟苹送来书籍三种,系余备刻者。又赠余《荔墙丛刻》一部,《湖雅》、《吴蚕述》各一部。缪筱珊先生来书,借《鹤山集》三四两套,即嘱醉愚备函送去。张菊生先生送来《傅与砺诗集》一册,系托彼向傅沅叔转借者也。夜刘少卿来,与买旧钞《明穆宗实录》一部共十六本,计洋八十四元。嘱醉愚作函致张菊生,又致葛荫梧。

二十九日　钱长美来,携到各种书籍。嘱醉愚作函致杨芷姓,送去薪脩洋三百元,赙分洋一百元。

四月初一日　午后朱文海来即去。钱长美、刘少卿来。至花袭人处应许子颂之招,同坐者为陶拙存、潘兰史、周湘舲、醉愚。嘱醉愚作函致吴子修。又吴昌硕来访,未晤。

初三日　傍晚偕醉愚出至同春沿高梅云家应潘兰史之招,同坐者为许子颂、黄勖初、刘语石、朱念陶、周湘舲、陶拙存、沈醉愚、徐冠南及主人而已。是日陶拙存见惠《孔教会杂志》二册。又现在写刻之朱立斋未刻诗,系由子颂经手,计洋十元,于今日交付,特志于此。

初四日　有张姓者持缪筱珊书来,携元椠《三国志》求售,此书前刘少卿、张菊生均送来看过,筱珊先生亦曾鉴定,确系元刻无疑。计共四十册,内配补约七十馀页,十行廿一格。共洋四百九十元。

初五日　钱长美来,携到首本请看。五句钟时偕醉愚出至张石铭处,谈丛书之刻。余与彼同时举行,今伊处已刻就《烬宫馀录》一册，余则《叶天寥年谱》虽已付刊，尚未梓完也。小谈而出。至打铁滨馨德里访杨芷姓，与谈良久。其太夫人灵软已由会馆发引登轮，该轮于明日开驶，故尚未成行也。夜阅《孔教会杂志》。嘱醉愚作函致杨馥堂。

初六日 钱长美来，携到汲古阁本桃花纸初印《十七史》求售。傍晚偕醉愚至裕商应张石铭之招，同坐者为刘光珊、费景韩、周湘舲、邢燧轩、徐冠南、沈醉愚及主人而已。嘱醉愚作函致缪筱珊。又致章一山，是日午刻喻志韶、章一山两太史招饮于万家春，本拟前往，以本生父亲在座，故谢之。

初七日 午后钱长美来。余与醉愚偕出，至开封路吴子修处谈良久而返。

初八日 午后钱长美来，携到未刻稿全谢山所著诗集求售。傍晚偕醉愚出至四马路一家春宴客，余去年与同人结消寒会，至今春二月而竣，尔后屡拟赓续，别定社名，或以同岑，或号淞隐，卒卒未定。昨与湘舲磋议，决定为淞社，即以徐园修禊为首集，展上巳次之，今为第三集。以自社集以来，未经西酌，特于今日假座一家春，补前此所未有。到者为吴子修、缪筱珊、钱听邠履樛乔梓、汪渊若、刘光珊、吴仓硕、许子颂、长尾雨山、章一山、名梫，台州人，甲辰翰林。杨诵庄、周湘舲、陆纯伯、张石铭、费景韩、屠辅清、陶拙存、潘兰史、沈醉愚共十九人，招而未到者为陆冕斋、沈絜斋、李梅庵、朱念陶、吴絅斋、褚稚昭共七人。社题为浴佛日雅集以"荆楚旧俗相承，此日迎八字之佛于金城为法华会"分韵，余得"之"字。同人发起，召妓侑酒，雨山特招东洋女妓名雅志翁助六三校书来侍宴，颇极一时之欢。朱甸卿来，携到首本求售。

初十日 午后杨馥堂来，与购《圣祖仁皇帝御制文》，共三集。椠印极精，计洋七十元。钱长美来，以购未刻钞本《句馀土音》，全祖望著。计八册洋一百元。又购桃花纸初印汲古阁刻《十七史》，并《弘简录》、《横云山人明史稿》，并作《廿四史》共计四箱，计洋五百元。夜阅黎莼斋《丁亥年入都日记》。莼斋名庶昌,贵州遵义人,曾官四川东道。

十一日 午后许子颂、章一山先后至,纵谈良久,一山并参观书籍,均至傍晚而去。

十二日 夜偕醉愚出至迎春坊田金花凤家宴客,所邀者许子颂、钱听邠、周梦坡、刘光珊、张石铭、费景韩、朱念陶、潘兰史、钱履樛、张淡如、徐冠南、沈醉愚、骆挨若共十三人,招而未至者则汪渊若、吴仓硕二人。余二月十六日希社宴席,题为孝定景皇后挽词,碌碌迄未交卷,明日希社又将雅集,特于灯下作诗六首。

> 丝纶邀懋赏。臣本生父锦藻进呈所著《皇朝续文献通考》,蒙恩赏内阁侍读学士衔。卿列荷恩荣。臣于庚戌岁捐助皖振,蒙赏四品卿衔。屡拜天家赐。臣家建设义庄,蒙赐御笔"承先睦族"匾额,臣叔父安泩捐助鄂振特,赏头品顶戴,均异数也。衔哀望阙情。①

十三日 午前以希社今日黄颂虞、陆允林司社为第九集,余与醉愚偕行即入城,适遇火灾路塞不能行,乃从远道折入旧校场高太痴家,是日到者约三十人共三席,余与李晋怀、陈桂题、高太痴、何筱霞、陆允林、徐馥荪、沈醉愚、赵仰乔而已。吴仓硕来小谈而去。八句钟出至迎春二袁桂宝家应朱念陶之招,余与许子颂、汪渊若、陶拙存、张石铭、徐冠南及主人之兄澄伯、弟稚仁而已。钱长美来,与购《八旗通志》、《河南通志》正续两志共二部,计洋壹百伍拾元。又购《颜氏家训》、《四焉斋诗文集》、海宁曹一是著。《盘洲集》、宋洪适著。明刻白绵纸《史记评林》、《瑞阳阿集》,明江东之著。共五部,计洋五十七元。

十四日 杭州书客郑长发来,与购《秋崖小稿》、宋方岳著。《武夷新集》,明扬大年著。均明刻,计洋贰拾元。又刘少卿同一陈姓来,与购《国朝理学备考》,计洋十二元。

---

① 谊按:此末一首注语,颇有关史实,姑录之。

十五日　午前陈重远来，名焕章，广东高安人，甲辰进士，内阁中书。未晤。四句钟偕醉愚出至徐氏双清别墅，晤俞瘦石，邀同登楼看伊为余画上巳雅集长卷，小坐而归。以重远现为海宁路孔教会事务所总编辑，且伊之来访由拙存介绍，乃先至拙存处，未晤。遂至重远处，一见如平生欢，并晤其弟明远，长谈良久。先是拙存怂恿入孔教会，其会由沈子培、梁节庵诸公发起，举重远主其任，现今一切皆由重远担任，并无励勸，甚形辛苦，而会费亦甚支绌，似此任劳任怨，亦可谓有功孔教矣。余允助经费洋二百元，遂填志愿书。

十六日　午后朱甸卿来，携来首本求售。

十七日　午后朱甸卿来。余至宾乐公栈访张让三，名美翊，宁波人，甲午副贡，直隶候补直隶州知州。伊现在主持刻《四明先哲遗书》，知余刊刻丛书，引为同志，允以彼此有所秘籍，可以交换，余前日所购全谢山之《句馀土音》，因伊索观，特袖交焉。是日，缪筱珊先生来，未晤。

十八日　刘少卿、钱长美均携书来求售。与钱长美购王本《史记》一部，计洋六元。

十九日　午后钱长美来，与购明刻《文苑英华》、一百册。《青湖文集》、明汪应轸著。《托素斋集》、长汀黎士弘著。《江西全省舆图》，共四种，计洋一百八十元。刘少卿来，与购《四省教匪方略》、《朔方备乘》、《权载之集》、唐权德舆撰。《新疆识略》，共四种，计洋八十元。此系初一日买定，洋已付讫，书于今日送来。朱甸卿来，与购明刻《函史》上下编三十六册，计洋四十元。

二十日　午后朱文海来，交与《龟溪集》写样而去。刘少卿来，与购《陈伯玉全集》、唐陈子昂著。《休那遗稿》、桐城姚康著。《善思斋文钞》、桐城徐宗亮著。《未灰斋文集》、六合徐鼒著。《荆州府志》、《西藏图考》、彩印宣纸《江苏全图》、《花屿读书堂诗钞》、吴县李福著。《方柏堂事实考略》、《课子随笔》、《宝文靖公遗集》、长白宝鋆著。《棣怀堂随笔》、长沙李象鹍著。《董氏全书》、鄞董沛著。《卞制军奏议》、仪征卞宝第著。《三国会要》、《豸华堂文集》、钱塘金应麟著。《国朝杭郡诗辑》、《竹叶亭杂记》、桐城姚元之著。《河间府志》、《永定河志》、《江苏海塘新志》、《荆州万城堤志》、《宋人小说类编》、石印《浙江全省舆图》并《水陆道里记》,共二十四种,计洋一百三十元。朱甸卿来,与购明板路刻《宋元资治通鉴前编》、《资治通鉴》共九十九册,又钞本《氏族大全》、《两浙金石志》、影宋刻本《千金方》,孙[思]邈著。共洋一百零六元。

二十一日 至小华园秦雅云家应湘舲之招,同座者为刘聚卿、庞莱臣、钱伊臣履樛乔梓、张石铭淡如昆仲、王潄六、朱念陶、汪渊若、陆费仲垓,席散后与渊若、湘舲小谈片刻。

二十二日 午后刘少卿、汤治平来,均携书请看,翻阅久之。书客卞瑞芝来,与购批校《水经注》、明板《小四书》、明板《周易经传》,三种计洋三十六元。是日,张让三来,约同拙存偕至沈子培处,余以身子不舒辞焉。昨日书客郑长发来,与购《廿一史弹词》、旧钞《刘文贞公集》、元刘秉忠著。明刻《丁南湖文选》、明丁奉著。《秋笳集》、吴江吴兆骞著。明刻《王梧山集》、明王缜著。明刻《刘子威文集》,明刘凤著。计洋七十二元。

二十三日 晚刘少卿、张小樵来。夜阅《左文襄公年谱》。朱甸卿、卞瑞芝来。与甸卿购元板《梅谱》、《菊录》,共洋二十二元。又与少卿买《澄悦堂集》,计洋陆元。

二十四日 午后张小樵来,与购张皋文手写《茗柯文编》八册,计初三四编,而少二编。其四编则文集中所未刻者,余请筱珊、渊若阅看,据云确是真迹,故以四百五元购之。又《易义别录》稿本四册,计洋一百元。卞瑞芝来,与购《东华录》、《松江府志》、《松江府续志》、《南游记》,孙嘉淦著。计洋七十五元。朱甸卿来,携首本请看,与购宋板《华严经》四册,计洋伍拾元。刘少卿来,与购《吴山城隍庙志》、《齐容川集》、《药言》、《冰言》、《中俄界约斠注》、《通鉴纲目三编》、李氏《历代舆地沿革图校勘记》、《水经注图》、《续江苏水利全案图说》、《左文襄公年谱》、《泽宫序次举要》、《圣门名字纂诂》、《湘绮楼文集》、湘潭王闿运著。《海盐县志》、《推测易知》、《桐城张氏讲筵四世诗钞》、

《正续清秘述闻》、《思补楼文集》、武进刘星炜著。丛书十二种、《金山县志》、《浙东筹防录》、《务时敏斋存稿》、钱塘洪昌燕著。《刻鹄斋丛书》、《画史汇稿》、《湖山便览》、《永清县志》，共廿六种，计洋七十七元。以前日误买之石印《浙江全省舆图》并《水陆道里记》一部退还，故实付洋五十三元。又有汤姓及邱问清介绍一书客来，均看而未成。夏炳泉亦来。夜阅汤姓及问清介绍来之书籍首本。又阅《左文襄公年谱》。

二十五日 刘少卿、朱甸卿、张小樵来。

二十六日 陈重远来谈即去。午后夏炳泉来，与购批校补足本《有学集》、钱谦益著。明刻《李氏弘德集》、明李梦阳著。钞本《中兴馆阁录》、钞本《皇宋事实类苑》共四种，计洋一百四十元。卞瑞芝来，与购钞本《各省绿营制》、《渔洋山人诗问》、《李长吉集》、《历学疑问》、《拜经楼藏书题跋》，共五种，计洋三十六元。刘少卿、朱甸卿、汤治平均携首本来看。许子颂来谈。

二十七日 午刻朱甸卿、夏炳泉、陶集甫、柳蓉村、汤治平先后来。与陶集甫购明刻《廿一史论赞》、明刻《古乐苑》、旧钞《鹤林玉露》，共三种，计洋六十元。至宾乐公客栈访张让三，不晤。

二十八日 午后朱甸卿来，与购宋板《欧阳文忠公居士集》宋欧阳修著。二十四册，计洋二百四十元。又购《观天知兵图说》、《唐荆川文集》、明唐顺之著。旧钞《吕东莱诗集》、宋吕本中著。明刻《会稽三赋》、《湛园未定稿》、慈溪姜宸英著。《王西庄始存稿》、嘉定王鸣盛著。《盛唐诗纪》、宋刻《华严经》三本、《钱塘诸氏家集》、《淳朴园稿》、明沈祏著。《香消酒醒词》、仁和赵庆熺著。《虚直堂文集》、商丘刘榛著。《清芬堂丛书》、别下斋校本《斠补隅录》、《抱犊山房集》、梁溪嵇永仁著。《生香书屋诗集》、《山中白云词》，共十七种，计洋二百五十元。汤治平来，与购旧钞《半香寸玉》、批本《韩昌黎诗集》、旧钞《魏鹤山全集》、宋魏了翁著。旧钞《李相国论事》、旧钞《阵纪》、明何良臣著。旧钞《东南防守便利》、宋陈克、吴若同著。旧钞《安民实务》、旧钞《历学问疑》、《旗亭记》、明刻《愿学集》、吉州邹元标著。《钝吟诗文稿》、上党冯班著。旧钞《握机经》、旧钞《温处海防图》、旧钞《太湖用兵纪略》、殿板桃花纸《周易传》、明刻《兵垣四编》、旧钞《悟真删伪集》、《遥掷稿》、海虞冯武著。旧钞《星命溯源提要》、旧钞《皇王大纪》、明板《柳元山水谱》、明刻《杨铁崖文集》元杨维桢著。共廿二种,计洋二百三十元。出至缪筱珊先生处谈,并请其阅看书本。是日得张让三函,赠余《论语稽》一部,计四册,铅字新印者也。

二十九日 午后北京书客段镜轩持缪筱珊先生函来,以首本请看,与谈良久。柳蓉村、朱甸卿来。至来远公司访孟苹,与孟苹长谈,将段、朱、柳三人之书请伊观看,并查书目良久而出。

三十日 午前朱文海来,支洋四百元而去。午后三句钟至普球西饭店,与张让三、陈季蘅同至麦根路沈子培处,子培名曾植,庚辰进士,前官安徽布政使司布政使。谈至五句钟而归。柳蓉村、朱甸卿、刘少卿来。

五月初一日 午后夏炳泉、钱长美、朱甸卿、刘少卿诸书客先后以书来看。蒋孟苹来,为余看各种书籍,谈良久乃去。段镜轩来,其人系京中书客,即前缪筱珊、杨芷姓荐来者也。

初二日 段镜轩、刘少卿来。六句钟时至张石铭处不晤。复至孔教会答陈重远舍人,谈良久而别归家。夜膳后至张菊生处,已睡。是日,与刘少卿购《四库书目略》、《岳雪楼书画录》二种,计洋十元。又与夏炳泉购初印批本《李义山诗集》、唐李商隐著。《飞鸿堂印人传》、歙汪启淑著。旧钞《革象新书》,共三种,计洋贰拾元。

初三日 午后柳蓉村将各书送来。朱甸卿、刘少卿来。张小樵携书来看。至一家春宴客,筱珊、子颂、石铭、景韩已在,既而拙存、一山、芷姓、湘舲、光珊均至,遂入席,互看各书客送来各种书籍。须臾膳毕,复与一山、拙存小谈片刻而出。余是日一家春之集,端为刻书而叙,筱珊屡次说及,余与石铭亦屡言之,请其先行邀叙而余继之,不料向说时虽经允许而迟迟竟不举行，故不待其邀而余先邀叙矣。张让三余亦往邀，适返甬江，故未到，此外不到者为菊生、孟苹二人。

初四日 是日刘少卿来，与购《隋书经籍志考证》、《庸书》、《廿二史纪事提要》、无锡吴绥纂。《坛庙祀典》、《栗恭勤公年谱》、《黄勤敏公年谱》、《适可斋纪言纪行》、《贞居集》、钱塘张雨著。《无欺录》、《慈溪县志》、《沈文忠公集》、钱塘沈兆霖著。《黄黎洲年谱》、《南橱楛语》、《周庄镇志》、《畿辅水利议》、《劬书室遗集》、番禺金锡龄著。《王深宁先生年谱》、《邵汴生侍郎年谱》、《黄忠端公年谱》、《季仙九先生年谱》、《所安遗集》、元陈泰著。《顾亭林年谱》、《陈安道先生年谱》、《潘文恭公年谱》、《沈文忠公年谱》，共廿五种，计洋五十元。

初五日 四句钟出至海国春，应周湘舲淞社第四集之招，予到时诸客已齐，遂入席，计缪筱珊、钱听邠履樛乔梓、杨芷姓、陶拙存、许子颂、陆纯伯、刘光珊、吴仓硕、汪渊若、张石铭、费景韩、朱砚涛、赵浣荪、章一山、杨诚之、顾养吾、浩，辛卯举人，浙江仁和人。恽季申、毓龄，阳湖人，戊子举人，前官安庆府知府请补巡警道。余及主人共二十人。题为明季杂咏，限弘光时事，诚一时盛会也。此次诚之、养吾、季申新入社，而诚之为余所介绍者也。未至者为吴子修、沈絜斋、长尾雨山、李梅庵、杨诵庄、陆勉斋、外舅、潘兰史、返粤。刘聚卿、沈醉愚。晚至西合兴花桂珠家宴客，计二席，客为许子颂、刘光珊、陶拙存、朱砚涛、赵浣荪、周湘舲、钱听邠履樛乔梓、陆纯伯、张石铭、顾养吾共十一人，即在海国春席上面邀者也，以外又邀蒋孟苹，席散后与孟苹长谈至十二句钟归。

初六日 午后柳蓉村来，与购元板《隋书》、元尧学大字本。元板《吕氏春秋》、至元嘉禾本。宋板元印《乐书》、宋板《礼书》、宋板初印《五经》、金刻《政和本草》、明正统本《韵补》、明嘉靖本《宪章录》、明刻《安西林集》、明刻《千百年眼》、明刻《日涉编》、明刻《卫身总征论》、明刻《俨山外集》，共十三种，计洋一千四百二十元。朱甸卿来，与购《楝亭诗集》、曹寅著。《古欢堂全集》、济南田雯著。《授堂遗书》、偃师武亿著。《吴越所见书画录》、精钞本《观象玩占》、玉勾草堂本《杜工部集》、唐杜甫著。《容斋诗文集》、绵上茹纶常著。明刻《诸子奇赏》、明刻《梁石门集》、明梁寅著。《陆士龙文钞》、《自怡集》,嘉兴吴锡麟著。共十一种,计洋壹百元。张小樵、刘少卿以书来看。张石铭、费景韩先后来谈。

初七日　晚在各书上钤以图印,以留鸿泥雪爪也。

初八日　柳蓉村、夏炳泉先后至。得陶拙存书,蒙惠《辛卯侍行记》,并其先人《勤肃公行述》,配劳恭人名芳,字织文。所著《女诫篇注释》。嘱醉愚作函复张石铭。许子颂来长谈至傍晚去。夜邱绍周来谈。

初九日　陈重远、张孟劬来谈。邱绍周、刘少卿、柳蓉村诸书客携书来看。灯下阅《陶勤肃公行述》。

初十日　午后张小樵、朱甸卿携书来看。段镜轩来,与购旧钞《苕溪集》、宋刘一止著。钞本《重刊增广分门类林杂说》、旧钞《网山集》、宋林亦之著。旧钞《巴西集》、元邓文原著。元板《史记》,又旧钞《刘宾客集》,不全,拟退还。共六种,计洋五百元。杨馥堂来,与购《岘泉集》、明张天师宇初著。《陈恪勤公诗集》,陈鹏年著。共洋十二元。刘少卿来,与购《多能鄙事》,系旧钞本。计洋二十元。章一山来书,蒙赠《圣祖御制诗文四集》并孤本《阆风集》,雅谊拳拳,良可感也。至迎春三沈素珍家应陶拙存之招,同坐者为陈伯澜、李孟符、葛稚威、朱念陶、张石铭及主人而已。

十一日　午刻至望平街醉沤斋应缪筱珊先生之招,到时客已齐集,互相观览,盖是日为黄荛圃先生丕烈生日,故携来之书为荛圃先生题跋居多,洵巨观也。须臾入席,同坐者为叶鞠裳侍读、昌炽,长洲人,己丑翰林。王雪橙廉访、秉恩,四川华阳人,癸酉举人,前广东臬司。徐积馀观察、乃昌,安徽南陵人,癸巳举人,江苏盐巡道。张石铭、费景韩、张菊生、沈醉愚及主人而已。章一山来长谈。

十二日　刘少卿、朱甸卿、柳蓉村、张小樵先后至,与小樵购清书

《圆明园图咏》、钞本《春秋统略删》、钞本《靖化厅志》、钞本《龙华寺志》，共四种，计洋壹百元。邱绍周来谈良久乃去。

十三日　午后柳蓉村来，与购宋巾箱本《隋书详节》，又宋刊《西汉详节》、残本。《东汉详节》、残本。汪柯庭手钞《桐乡县志》、吕晚村手批《杜诗》、明钞本《九朝编年备要》、明刻《湛甘泉续编大全》，共七种，计洋四百六十元。前与买之书中有《俨山外集》，系已买过，乃检出还之，扣还洋五十元，故今日所付只洋四百元耳。段镜轩来。又刘少卿来，与购《西陲今略》、《复社纪略》、《遗事琐谈》、《药炉集》，共四种，计洋一百四十元。又张小樵来，与购《六柳堂遗集》、《野老漫录》、明初刻本《宋文鉴》、《雪罪云游纪》，共四种，计洋七十元。夜柳蓉村携书来看。

十四日　午后诸书客来。至虹口东有恒路德裕里访章一山，坐谈良久。由伊经手购《永乐大典》三册，其书系庚子之难散佚于外，均系恭楷缮钞，想见成祖时一代人文之盛。本有数千册，自庚子兵燹，只存二百馀本，今只存数十册矣，文字之厄，一至于此。此种明知无用，不过留为文玩品，每册京平银一百两，共计三百两，合洋四百六十元有零。晤谢赋定。名宗诚，山阴人，戊子举人，前署安徽太平府。一山又赠余《穆宗毅皇帝诗文集》全部计八册。近来屡蒙饷余册籍，隆情厚谊，深可感也。

十五日　午后朱文海来。朱甸卿、段镜轩携书来看。至海宁路孔教会答陈重远、张孟劬，与谈良久。孟劬赠余《史微》四册，即渠所著也。

十六日　午后张小樵来，因前日与购之《宋文鉴》系属残书，即以退还，伊言系是经手，其钱只能暂缓归还也。作书致章一山，将前买之《永乐大典》之值送去。蒋孟苹来谈至傍晚而去。夜邱绍周来，与论书值至一句半钟而去。

十七日　午前嘱醉愚作函致缪筱珊，并送去诸书请其酌定。午后卞瑞芝来，与购明刻《唐鉴》，又批本《战国策》，共洋九十元。朱甸卿、邱绍周、张宝昌来。周湘舲、赵浣荪来谈,未几即去。偕醉愚出至清和三花韵初家应许子颂之招,同坐者为钱听邠履樛乔梓、汪渊若、周湘舲、刘光珊、沈醉愚及主人而已。

十八日 午后朱甸卿、柳蓉村、卞瑞芝、邱绍周、刘少卿均携书来看。傍晚出至跑马厅五和菜馆宴客,是席所邀者为陈重远、张孟劬、陶拙存、章一山、许子颂、陆纯伯、蒋孟苹、沈醉愚,即席清谈,亦复征歌侑酒,其时有雨,弦索声中忘其在西窗话雨时也。

十九日 午后邱绍周携前日所买各种书来。章一山、喻志韶名长霖,黄岩人,乙未榜眼。来谈。张菊生来看书良久而去。朱甸卿来,与购钞本《明文案》四十八册,计洋叁百元。初论价为三百五十元,今检点而后共少文十四卷,乃减去洋五十元,故今三百元云。段镜轩、柳蓉村、卞瑞芝均携书来看。灯下卞瑞芝又来。翻阅各种书籍。嘱醉愚作函致朱古微。

二十日 午前孙益葊自苏州来。益葊由陈重远为介荐与余家,课读杞儿,兼办函牍。今乘火车来沪,由张孟劬及重远陪来,余倩醉愚往新斋往陪,有顷余往,则重远已去,与益葊、孟劬谈良久归。午后程平园来函,送来仿宋本《帝学》四册,谓系友人托售,以情面难却购之,计洋四十元。卞瑞芝、柳蓉村送书来看。段镜轩来,与购《人海记》、系孟苹先世藏本,今已赠于孟苹矣。《元秘书志》,均旧钞本,计洋四十三元。前与买《刘宾客集》不全,因退还之,扣还洋二十八元,找以洋十五元。又与购书四种,价未付,姑缓出帐。嘱醉愚作函致沈休穆。

二十一日 午后段镜轩来,与购旧钞《元圣武亲征记》、《谢幼盘集》、《庄忠甫杂著》、名元芳,吴江人。《广陵集》,宋王令著。共计四种,洋一百五十三元。朱甸卿、卞瑞芝、邱绍周均送书来。醉愚闻郑叔问至,侨寓江南旅馆,前往访谈,伊允绘上巳修禊手卷,特由醉愚带去润资一百元。

二十二日 午后朱甸卿、柳蓉村、邱绍周、钱长美诸书客来。程平园廉访来书，赠余《随厂丛书》，系徐积馀观察所刊，特作函致谢。余是晚在老宅内宴孙君益庵，所邀陪客为吴昌硕、郑叔问、陶拙存、张孟劬、陈重远、沈醉愚也。夜与孙益庵谈。作函致吴子修提学。

二十三日 午后朱甸卿来，与购明刻《不多集》、张刻《本草纲目》、《击壤集》、宋邵雍著。《小檀栾室词集》、《孙渊如所见宋元书目》、批本《左传杜林》、《有香草堂诗集》、丹徒茅元辂著。明刻《皇明世法录》、旧钞本《沪城备考》、旧钞《童子问》、旧钞《紫薇堂集》，明陆明扬著。共十一种，计洋二百四十元。钱长美来，与购汲古阁本《秘册汇函》、钞本《得月簃丛书》、次刻《南唐书》、《墨池编》、明刻《王氏续稿》、明王世贞著。《印典》、朱象贤编。《农政全书》、桃花纸初印《御纂性理精义》、《阐道集》，明查铎著。共九种，计洋一百七十八元。又《贵州通志》、批本前后《汉书》、《经苑丛书》、《钦定台规》、仿宋本《古文观澜》、《读史兵略》，共六种，计洋八十六元。柳蓉村、张小樵来，均携书请看。余至新斋与益庵谈，晤孟劬，醉愚亦至，坐片刻乃出。

二十四日 午后柳蓉村、钱长美、邱绍周均送书来。又刘少卿、卞瑞芝、朱甸卿均携书来看。

二十五日 午前作函答吴子修。朱甸卿来，与购钞本《通鉴大事录》一部，计四十八册，洋一百五十元。又精钞《壮观录》一部，计十二册，洋一百十元。又《崔东壁先生遗书》一部，计洋六十元。三共洋三百二十元，当即付讫。刘少卿、钱长美来。柳蓉村、邱绍周亦至。

二十六日 邱绍周、柳蓉村、朱甸卿来，钱长美来，与购《高文恪公全集》、钱塘高士奇著。《御选金诗》、明刻《经元斋小稿》、明朱成铄著。《濂洛风雅》、明刻《省庵漫稿》、明弘治本《欧文附录》、《湖南通志》、《凌云笺注》、唐许浑著。明刻《归太仆集》、明归有光著。钞本《敦交集》、《璞山存稿》、铜陵曹兰田著。明刻《白苏斋集》，明袁宗道著。共十二种，计洋一百七十元。至新斋与益庵略谈，偕醉愚至谦吉里访缪筱珊先生，不值；即至打铁浜馨德里，初拟访杨芷姓，及至，先过喻志韶太史之门投刺焉，长谈良久出已晚，不及访芷姓，遂归。

二十七日 张小樵来,与购批本《水经注》、陆芝田校批。《披沙集》、《腋杂编》、钱大昕编。抄本《论语征》、抄本《仰山杂志》、抄本《平定罗刹方略》,计五种,共洋一百廿二元。余前与小樵购之明初刊《宋文鉴》,系点检不全还之,其洋五十五元,在今买书籍上扣去四十元,故是日实付洋八十二元。柳蓉村、朱甸卿、邱绍周、钱长美均送书来。是夕许子颂招饮于清和坊春笑楼,同坐者为汪渊若、刘光珊、周湘舲、陶拙存、钱履樛、周佩宜、沈醉愚。

二十八日 午后朱文海来索稿本,付以《资暇集》一册而去。穆子美自苏州来,伊言筱珊先生曾有函致伊饬彼前来,盖因王雪橙允借《仪礼》单疏,今伊至苏,忽又不肯假刊,缪乃以谈钥《吴兴志》交之,便至余处一转,将已刊《查初白》、《徐寿臧年谱》请余阅看。字则有瘦硬者,亦有刀锋滞钝笔多缺陷者,参差不一,谆嘱其慎选好手而去。朱甸卿、柳蓉村、邱绍周先后来。吴昌硕来谈坐良久而去。余偕醉愚出至邓脱路谒缪筱珊先生,晤谈良久并乞其阅看书籍。邱绍周复来至十二句钟去。

二十九日 午后邱绍周来,与购清颂堂初印不全书,旧钞《程北山小集》、宋程俱著。《苕溪渔隐丛话》、乌程范锴著。《闲清堂集》、东海朱伦翰著。《是亦草堂诗集》、钱塘杨元恺著。焦里堂手写《禹贡图说》、批本《十子全书》、明刻《艺文类聚》、钞本《甲申传信录》、《清真集》、宋周邦彦著。初印《白石诗集》、宋姜夔著。丁菊泉晏之子手钞《仪礼佚征》、精刻《钦定历代诗馀》、丁菊泉手批《苏诗》、《双藤书屋集》、灵石何道生著。《复初斋诗文集》、大兴翁方纲著。《静香楼诗集》、吴门女史吴蕙著。《居易堂集》、长洲徐枋著。《安雅堂集》、莱阳宋琬著。《圭美堂集》、宿迁徐用锡著。《乾坤正气集》、《虹玉堂集》、泾川郑相如著。《德音堂琴谱》、《湘军志》、旧钞《东维子集》、元杨维桢著。精印《日知录集释》、明顾炎武著。明刻《农书》、《金棕亭诗钞》又《金棕亭诗文集》、全椒金兆燕著。《道荣堂全集》、湘潭陈鹏年著。明刻《亦玉堂稿》、商丘沈鲤著。《周氏医学丛书》、《四元释例》、明刻《脉望春草堂集》、甘泉谢堃著。《赤水玄珠》、《大清一统志表》、《宋元书经眼录》、《琴学》、钞本《清游记》、《尚友录》、《三鱼堂剩言》、平湖陆陇其著。《别雅》、明刻《史汉班马异同》、明刻《泉斋简端录》、《石室秘箓》、《半奎楼集》、日照丁耑著。《唐音审体》、《皇极经世易知》、《袁文笺正》、《金薤琳琅》、《南北史补志》、项刻初印《隶辨》、《陈司业集》、海虞陈祖范著。《十家诗钞》、《鹿忠节公集》、明鹿善继著。《痴说》、《载酒园诗话》、《荷塘诗集》、泾阳张五典著。《郭大理遗稿》、莆田郭尚先著。《香树斋全集》、嘉兴钱陈群著。《蒿庵集》、济阳张尔岐著。《潘少白集》、会稽潘谘著。《越南辑略》、《浮山小志》、《忠武志》、汉诸葛亮著。《明史杂咏》、乌程严遂成著。《篁村集》、上海陆锡熊著。《红豆诗人集》、阳湖董潮著。《双池文集》、婺源汪绂著。明刻《张子全书》、《揅经室诗集》、仪征阮元著。《两晋南北史合纂》、《绀寒亭诗集》、嘉定赵俞著。《扬州休园志》、《读史漫录》、《清秘述闻》、《槐厅载笔》,共七十八种,计洋九百三十七元。上年所买《汪佑杂著》,因不全退还,扣洋十元。又前与杨云溪购《全浙诗话》、《藤香馆集》、全椒薛时雨著。《白鹿洞条规》,共三种,计洋八元。柳蓉村、汤治平、朱甸卿先后来。出至打铁浜访杨芷姓,未晤,见其子实甫,年仅十四,应对颇聪颖,略谈而出即归。傍晚偕醉愚出至三马路老半斋应邱绍周之招,同坐者为杨芷姓、沈醉愚及绍周之侄省三而已。

六月初一 汤治平来,与购明刻《名山胜概记》、明刻《吴中人物志》,计洋六十六元。柳蓉村来,与购明刻《赵忠毅公集》、明赵南星著。《张横浦全集》、宋张九成著,亦系明刻。钞稿本《英相国未刻稿》、英煦著。元板《局方发挥内外伤辨》、旧钞《敬修堂偶记》、查伊璜著。旧钞《闲渔闲闲录》、鲍渌饮手钞《二妙集》、旧钞《御定子平》、旧钞《律吕古谊》、旧钞稿本《二槐诗钞》,共十一种,计洋三百六十元。邱绍周携书来看。四句钟偕醉愚出至顺丰里访叶鞠裳侍读,与谈良久而归。叶著有《藏书纪事诗》、《语石》等书,目录之学,甚为渊邃,考论金石,尤为精确,殆老辈中佼佼者也。作函致高太痴,并寄去《遗民咏》绝句八首。得陶拙存函,赠余《皇舆西域图志》一帙,良可感也。傍晚偕醉愚出至跑马厅旅泰应张石铭讨论书籍之招,同坐者为缪筱珊、章一山、杨芷姓、陶拙存、周湘舲、刘光珊、沈醉愚、石铭及其子望徵而已。

初二日 午后柳蓉村携书来看。缪筱珊先生屡为余言,刻书之事,全赖讨论,非一月两集不可,嘱备茶点,不必设宴。余以诸先生远道枉临,不宜简亵。日昨石铭设宴于旅泰,今日余在寓宴客,三句钟后筱珊先生来,余乃延至新斋看各种书籍,细谈种切。有顷章一山、杨芷姓、叶鞠裳陆续来。傍晚许子颂、张石铭至,遂邀同入席,席间畅谈翰林故事,如白头宫监谈天宝年间事,想见当日艺林盛遇,抚今追昔,诚可慨也。席散,客即言篚。余与益庵谈至十二句钟。书客郑长发来,与购《湖海楼丛书》、明刻《杨诚斋文集》、宋杨万里著。《宝纶堂集》、天台齐召南著。旧钞《卢为己先生集》,共四种,计洋二十七元。

初三日 午后朱甸卿、钱长美来。

初四日 邱绍周、朱甸卿、卞瑞芝、柳蓉村诸书客来,并送到全书。作书致张菊生。又致吴昌硕,赠伊鼻烟一瓶。

初五日 陶拙存荐一倪姓书客来,常州人,与购《天台山方外志》、《比玉楼遗稿》、山阳黄振均著。《艾庐遗稿》、宝山邵曾鉴著。《汪双池年谱》、汪煊著,婺源人。《天台耆旧传》、《思澄堂集》、包山张镛著。《逊学斋诗文集》、瑞安孙衣言著。《天台县志》、《黄岩县志》,共九种,计洋十元。管振志来谈,与购《绛跗阁集》秀水诸锦著。一部,计洋十二元。傍晚偕醉愚出至石马江南旅馆访郑叔问,即出至田金凤处宴客,汪渊若、吴仓硕、刘光珊、潘兰史已来,座谈良久,叔问始至,湘舲亦来,遂入席,席散后客均别去。夜阅各种首本。系柳蓉村交来。嘱醉愚作函致张菊生。

初六日 午后喻志韶来,以是日为淞社第五集,余司社事,在老宅宴客,故见过也。须臾石铭来,由醉愚陪赴老宅。三句钟时,余同益庵亦往,诸君陆续至。至傍晚而止,是日到者为吴子修、喻志韶、李梅庵、章一山、陶拙存、杨诵庄、汪渊若、刘光珊、郑叔问、恽季申瑾叔兄弟、钱听邠履樛乔梓、唐元素、杨芷姓、许子颂、周湘舲、潘兰史、孙益庵、陆纯伯、张石铭、沈醉愚计廿二人共三席，余命健弟出陪，六时入席，至九句钟散席，席散在洋房略坐。以兰史招饮即散，少顷至同春沿高梅云家应兰史之招，同坐者为许子颂、郑叔问、周梦坡、沈醉愚，又卫、潘二君及主人而已。席散后叔问偕余同车，送至江南旅馆。是日社集因病未到者为缪筱珊、叶鞠裳、吴仓硕、朱念陶，以事未至者为沈絜斋、长尾雨山、吴絅斋、陆勉斋、杨诚之、外舅，远出未归者为褚稚昭、刘聚卿、费景韩、赵浣荪、张孟劬。题为新乐府，耑咏近事也。

初七日　午后邱绍周来，与购《觚剩》、钮玉樵琇编，吴江人。明刻《盐铁论》、《泽存堂四种》、明刻仿宋《杨炯集》、《卢照邻集》、《骆宾王集》、《沈佺期集》、《先正事略》、《惠州府志》、元板《李太白集》、明刻《吾学编全书》、《蠊庐诗集》、江阴夏翼朝著。明刻《夷门广牍》、旧钞张月霄金吾《言旧录》、稿本《皇清诗选》、《素修堂全集》、昭文吴蔚光著。旧钞《拘虚后集》、《台海使槎录》、《中山传信录》、旧钞《锦里耆旧集》、汲古阁钞《书岑猛》、旧钞《古今诗话》、旧钞《先天神数》、《快园诗话》、《艺菊志》、旧钞校本《宝刻丛编》、明刻《古史谈苑》、桐花馆刊《东观汉记》，共二十八种，计洋七百五十八元。朱甸卿来，与购汪刻《国语三君注》、旧钞《三孔清江集》、宋孔文仲、武仲、平仲著。《意园诗集》、南溪宗之璠著。《十三经校勘记识误》、明刻《师律》、明刻《左氏始末》、《论文斋笔录》、元板《道德经》、旧钞《见闻录》、旧钞《东宫备览》共十种，计洋二百四十七元。前与购之《生香书室诗集》、《石臼前后集》、《粤匪纪事》、《山中白云词》，或不全，或重复，将书退还，扣洋二十元，故实付洋二百二十七元耳。柳蓉村携首本来看。傍晚出至清和三金筱宝家应周湘舲之招，盖兰史将赴京都，湘舲为设饯也，同坐者为许子颂、钱听邠、郑叔问、潘兰史、陶拙存及主人而已。

初八日　午后邱绍周、柳蓉村来。朱甸卿携书来看。汤治平亦携书求售。蒋孟苹来谈至六句钟乃去。余至邓脱路谦吉里访缪筱珊，晤谈良久而归。郑叔问前有《殷无美集》系藏稿，以近况甚窘，烦益庵、醉愚地道售于余处,索价甚昂,初则千两,继改千元,后经益庵、醉愚谈定银六百两,该集于今日傍晚送到,翻撷全书,只序文耳。曲园虽有数跋,乃出此重价,亦譬似周其急耳。

初九日　邱绍周、柳蓉村、朱甸卿、钱长美诸书客来,与长美购安孟公稿本无锡安念祖著。十册,计洋五十元。

初十日　邱绍周来,与购《历代兵制》、钞稿本《丘钓矶先生集》、劳钞稿本《毛诗要义》、沈大成批本《淮南鸿烈》、孔葓谷校本《尔雅》、潘稼堂批本《青邱诗集》、明高启著。钞稿本《史姓分韵纪事》、旧钞《清游集》、明刻绵纸《程志》、张船山校《韩诗外传》、秦二农批校《尔雅疏》、精刻《王箬林题跋》三种、王芑孙藏三种,共十五种,计洋三百元。朱甸卿来,与购旧刻《浙江通志》、《奉天录》、唐赵元著。明刻《柳文》、唐柳宗元著。汲古阁桃花纸印《说文真本》,共四种,计洋八十元。柳蓉村、汤治平携书来。蒋孟苹偕褚礼堂见过,礼堂馀杭人,辛卯举人。谈良久。郑叔问来谈,未几均去。礼堂于金石之学颇有经验,向为端忠敏方幕府,继而在刘聚卿处,近况甚窘,聚卿再三转托孟苹向余处代谋一席,余以彼每月束脩洋二十元,数尚不巨,允之。以房屋未曾安顿,故迟其来,束脩即于本月间起致送矣。叔问之来,因为伊前托仓硕来此说项,甘任校书之役,每月百两,余以用人已多谢之。后又再三托人致意,其人近况甚窘,向有旧藏《殷无美集》,明季遗老。曲园先生曾为校勘题跋,共计八册,均系文稿。知余刻书,怂恿购取付刊。余念其贫,故而应酬,岂知索价过昂,初则千两,继而改为千元,益庵、醉愚从中调停,以银六百两成事。乃上海所用通是规元,而伊必欲苏平,坚持不让,其集昨已交来,谛视之,仅序文数十篇而已,心已闷闷,今又锱铢必较,甚鄙所为,乃以陆百叁拾两规元合苏平六百两书票与之,以了其事。然千金结客,余所不悭,而得寸则寸,亦步亦进,又非余之愿也。六句钟偕醉愚至缪筱珊先生处谈良久归。

十一日　午后汤治平来。柳蓉村来,与购宋板明修《宋文鉴》一部计四十册,洋二百元。又旧钞稿本《春秋注疏》、乌程严启隆著。明钞《云阳李先生文集》、旧钞《古今碑目》、精刻桃花纸印《行水金鉴》、《怀玉山人诗集》、秀水马学乾著。《绿天书舍诗钞》、嘉兴钱楷著。精刻《贞一斋诗集》、吴江李重华著。《书言故事》、《静观堂集》、明顾潜著。《续金山志》、《峨眉山志》、明刻《紫柏老人集》、《礼记敬业》、《颐彩堂集》，秀水沈叔埏著。计十四种，洋三百三十七元。两共洋五百三十七元。钱长美来，与购《方聚成禅师语录》、《顾雄雉斋选集》、江都顾图河著。《汪舟次集》、仪征汪楫著。《汲古阁十七家词》、《汗筠斋丛书》、《双池文集》、宋王炎著。稽编《浙江通志》、张编《浙江通志》、系第一次所刊。明刻《五朝小说》、《墨香钞稿》、《史姓韵编》、《座右铭》、《续太平广记》、《津门征献诗》、《两家文合钞》、冯汝弼陆桑著。《礼记纂言》，计十六种，计洋二百元。又前与缪筱珊先生买《学津讨原》、《守山阁丛书》、宋刻《春秋正义》共三种，计洋七百元。由醉愚将今年所购书籍结至今日为止，共洋壹万肆千八百八十二元八角，叔问之《无美集》犹不在内耳。朱甸卿、刘少卿来。晚偕孟苹、醉愚至来青阁买书。章一山太史属题曲园先生反正体诗，偶成五古一章。

十二日　午后汤治平来，与购明刻《南畿志》、精刻《诗传名物集览》、明刻《匏翁家藏集》、旧钞《长洲县志》、旧钞《安东县志》、《岱览》、《孔氏编年事纪》，共七种，计洋一百五十五元。朱甸卿来，与购稿本《金石录补》，许心扆著。计洋六十元。柳蓉村携书来看。灯下益庵来谈，以明日欲返苏一次也，益庵在此每月束脩洋三十元，伊以邮寄不便，特支去三个月洋九十元。自五月起至七月。

十三日　午后柳蓉村来。

十四日　汤治平来，与购宋板《皇宋圣政纪略》，共二十六册，计洋二百二十元。此书为丰顺丁雨生中丞家所藏，雨生名日昌。丁氏书目曾载之，其书六十四卷，原缺一卷，后又缺十馀卷，今只存自卷一至二十卷，虽残缺过甚而巾箱精本，自是美书。昨索值非三百元不售，今以乱反以此价求售耳。又与购旧钞《西汉贯制丛录》、旧钞《读易偶存》、《郑开阳杂著》，共三种，均丁氏书，计洋壹百元。日昨邱绍周携来书二种,系明刻《快书》,又《思无邪室全集》,顾莼著。今日上午闻警急归,特来支去洋四十二元。夜阅《明季痛史》。

十五日 朱甸卿来,与购《韩文起》、《春晖堂诗钞》、固始蒋湘南著。明刻《评注虞精集》、《胡端敏公奏议》、《石墨镌华》、《钱志》、《新编董氏诗系》,共七种,计洋五十二元。又前日由缪筱珊先生经手,系沈紫蔚名曾桐,嘉兴人,丙戌翰林,曾为广东提学使。介王雪澄廉访携书五种求售,系沈西雍校《论语古训》、黄荛圃校明刻《西溪丛话》,又《避暑录话》、翁覃溪/纪晓岚过惠定宇校本《春秋繁露》、沈炳巽过何义门本《水经注》,共计洋三百五十元,于是日由醉愚备函送去。

十六日 书客柳蓉村、朱甸卿来。褚礼堂来谈。是晚在迎春坊田金凤处宴客,以彼打醮,嬲之不休,今日身子稍好,特往其家,所邀之客为许子颂、郑叔问、潘兰史、周湘舲、褚礼堂、蒋孟苹、陆纯伯、沈醉愚,共计两席。邀而未至者三人,陶拙存、赵浣荪、钱履樛而已。朱甸卿来,备述宁垣人心惶惑,伊有店在彼,欲往收歇,缺少川资,必欲将《通志堂经解》及《正谊堂全书》抵洋百元,当此金融停滞之秋,安有馀储应酬此项,乃嬲之不已,与购《通志堂经解》、《通鉴》五种,计洋一百十元,书虽便宜,甚为讨厌耳。

十七日 朱甸卿送全书来。

十八日 午后朱文海来,据云制造局内驻扎之北军、南军竭力运动,许以二十万尚未肯,见利背义,于局前后深挖壕沟,架立枪炮,按军不动,若南军强暴行为,则北军即行攻击。日昨又到北军二千名,由川沙登岸,迂道到局,势力益坚,愈难动摇。南军跃跃欲试,尚欲攻破,真妄人也。然旦夕开战,不能不防,文海向在局中译书馆刻字房勾当公事,今为余刻书仍在局中,现惶急万分,急拟移居,以避其祸,特来商酌,因为代觅虹口美华里房屋一所安顿之。其房租余不承认,往日讲定每刻字连写字一千大洋二元二角,今则改为每千大洋两元五角,以资津贴耳,当支去薪工洋五十元。坐谈良久而去。柳蓉村来谈。是日由张菊生送来明刻《稗雅》二十册,索价五十元,于午前备函如数送去。

二十日 午后缪筱珊先生来，述及岑云阶已邀同于晦若赴南京大元帅之任，岑曾力邀梁节庵廉访鼎芬同赴，梁告以此时政策莫善于电请袁总统拥戴宣统帝复辟，则伊亦肯相助赞划等云。呜呼，如节庵者亦可谓觥觥男子矣。晦若名士枚，广西贺县人，庚辰进士，曾官吏学邮部等侍郎。

二十一日 午后柳蓉村来，送来南雍本《二十一史》首本。

二十二日 是日钱业开市。盖自开战后金融恐慌，恐难支撑，于二十日停止交易，迄今已两日矣。然粤逆之乱，庚子之变，闻皆未曾罢市，今乃罢市，亦可见商困未纾，元气凋丧，共和之损失多矣。吁。

二十三日 书客柳蓉村、钱长美来。

二十四日 钱长美携首本来看。

二十六日 夜阅《程壮勤公行述》，名炳文，安徽颍州人，前官长江水师提督，殁于位。其子绍周观察所赠。

二十八日 钱长美来，与购殿板《历象考成》、殿板桃花纸印《陆宣公集》、唐陆贽著。明刻《五岳游草》、明刻《历代帝王历祚考》、明刻《琅邪待罪编》、旧钞《齐乘》、明刻《四书翼传三义》、明刻《千一录》、精刻《宛雅》、精刻《静惕堂诗集》，槜李曹溶著。共九种，计洋一百六十元；又购《汪氏遗书》、《费氏丛书》、《建炎以来系年要录》、《静志居全明诗话》、《台州丛书》、明刻《经济类编》、明刻《九钥集》、明宋楙澄著。《续槜李诗集》、《佚存丛书》，共九种，计洋一百元。两共二百六十元。以书未到齐，先付洋二百元而去。

七月初一日 吴仓硕来，坐谈良久，乃与偕出，至小有天夜饭，饭毕仓硕别去。

初三日 出至打铁浜访杨芷姓，不值，晤其子，据述乃父迩日时至林诒书家，又备述南边开战时，枪珠炮弹时从屋面飞过，甚形危险，略谈即出。访喻志韶，不值。又诣唐元素，因病不见。出至东有恒路访章一山,又不值。再至陶拙存处,亦未晤,遂归。傍晚醉愚偕益庵自苏州来。是日缪筱珊来访,以余出门,未晤。

初四日 午后吴东迈来谈。朱文海来,支去工洋五十元。前日移居时,余悯其从难中出走,许以稍贴搬费,今为认虹口赁宅费半月,计洋八元三角,须臾乃去。作函致陆纯伯,前由纯伯交来吴隽伯孝廉所书篆屏,酬以润笔六元,即附纯伯函中托伊转交耳。

初六日 刘少卿携书来看。五句钟偕醉愚至谦吉里访缪筱珊,不值,而出至有恒路访章一山,谈次谢赋定来,共话良久而出。

初七日 段镜轩来,携首本请看,并赠余潮州画扇一柄而去。至孟苹处长谈,出至西合兴花桂珠家宴客,坐待良久,客犹未至,乃出至来青阁看书。未几仍至花家,则客已到矣。计许子颂、刘光珊、吴仓硕、赵浣荪、周湘舲、沈醉愚共六人。席散,与子颂、醉愚谈。是日刘少卿来,与购《鸡峰普济方》、旧钞《济南集》、宋李廌著。《提牢备考》、《武备辑要》、《观复斋考略》、《务民意斋算学》、徐有壬学。《湘麋阁诗词集》、《半岩庐遗集》,邵懿辰著。共八种,计洋四十八元。

初八日 午后钱长美、朱甸卿、刘少卿来。与少卿购《春秋阙如编》、《夫椒山馆诗集》、阳湖周仪暐著。《测海集》、长洲彭绍升著。《曾文正公家书》、湘乡曾国藩著。《小学集解》、《武林山人遗书》、金山顾观光著。《家语疏证》、《明纪事乐府》、《列仙传》、《文文忠公事略》、《日知堂集》、枣强郑端著。《枣强县志》、《渔浦草堂诗集》,钱塘张道著。共十三种,计洋二十四元。与钱长美购旧钞《名世述》六册,计洋十八元。前购之书都已送到,本应找以六十元,以文莫堂《费氏丛书》不全退还,扣除洋五元,故找以五十五元而去。

初九日 卞瑞芝来,与购《金华文征》、《纲鉴会编》,共二种,计洋三十二元。嘱醉愚作函致褚礼堂。偕醉愚至谦吉里访缪筱珊,坐谈良久而归。张菊生见过,适余出门,未晤而去。

初十日 午后钱长美来,将《清颂堂丛书》板片送来,据云霉烂甚多,非急行修补不可。至商务印书馆发行所访张菊生,与谈良久,因京客段镜轩携来之书，系从广东丰顺丁氏购来，前携到书目，计宋元钞本共计七十种，索价甚巨，据云得价系五千八百元，兹与菊生谈及。据云五月间伊处曾派人前往阅看，丁氏所索之价即段氏所云，伊处以所索太巨，仅还洋二千元，未成交而归。言之凿凿，故镜轩今所索之五千八百元，其实乃丁氏所索之价，并非其真得价也。此书传抄本及孤本均有，余拟全买之，惟磋商价值殊不易耳。谈良久乃返。灯下作函致张菊生。

十一日　午后段镜轩携书来看。出至吴子修处谈良久。至存厚里访褚礼堂，不值。即至清和坊三弄莲芳家宴客，客为吴子茹仓硕之长子。东迈昆季、钱履樛簪桐昆季、钱立凡、沈醉愚而已。

十二日　午后五句钟，段镜轩已来过，各种首本亦已携到矣。钱长美来。

十三日　午后章一山、孙益庵来谈，看镜轩携来各种书籍。刘少卿来，朱甸卿、钱长美来。与甸卿购六尺绢本沈石田赝画一轴，计洋四十元。与长美购殿板《历代赋汇》、旧钞《石屋禅师山居诗》、元释清珙著。《尊水园集》、德州卢世漼著。《七家后汉书》、《承德府志》、明刻《苏门集》，明高叔嗣著。共六种，计洋六十元。又购明钞《刘桂隐集》、元刘诜著。《何潜斋集》，宋何梦桂著。据云书无刻本，世极罕见，计洋一百四十元。嘱醉愚作函致陶拙存、缪筱珊。

十四日　午后段镜轩来，未见。夜点阅《愧林漫录》。

十七日　午后钱长美来，找去印《清颂堂丛书》资洋二十五元。段镜轩来，交到书帐一本。柳蓉村来，送到前与谈定之南北监本《二十一史》即去。傍晚出至宝昌路蒋孟苹处长谈，晤管复初。灯下检阅段镜轩携来各种书籍。

十八日　午后段镜轩来，将其携来之书，还价至四千五百元，尚未肯售，坐谈良久出。柳蓉村来送来各种书籍。

十九日　午后段镜轩来，将书籍携回，点交而去。刘少卿来，与购《诗经恒解》、《蒙古源流》、《淮南许注异同诂》、明刻《古今医统》、

《周易传义音训》、《论语话解》、《易堂问目》,共七种,计洋七十元。

二十日 午后钱长美、柳蓉村来。五句馀钟偕益庵出至图南里访夏闰枝,名孙桐,江阴人,光绪壬辰翰林,前为吾湖知府。与谈良久而出。至福兴栈访朱古微,不晤而归。

二十一日 柳蓉村来,前与谈定之南雍本《二十一史》,其书已于前日送至,点检无缺,是以今日付书,价洋一千五百元。又与购《秋林伐山》、旧钞《前身集》、明黄九烟著。足本《南雷文案》、《南雷文定》、明黄宗羲著。精刻《蔗塘未定稿》、宛平查为仁著。《太鹤山人诗集》、端木国瑚著。《吞松阁全集》、秀水郑虎文著。明刻《程篁墩全集》、明程敏政著。《晚晴轩稿》、秀水王复著。《丁辛老屋集》、秀水王又曾著。稿本《横戈集》、明邓子龙著。《霁云阁集》、汉溪戈守智著。明刻《天禄阁寓言外史》,共十三种,计洋二百四十元。又与购定本《耦耕堂集》、明程嘉燧著。旧钞《韩柳合选》、稿本《带存堂集》、越北曹度著。稿本《吴下寻山记》、嘉善黄安涛著。稿本《史西村日记》、《江海经游墨迹》、明史鉴著。《宝善堂诗钞》、上海褚华著。《拜鳌堂诗钞》、南海吴思九著。《水明山楼集》、释实懿著。《春雨斋集》、秀水蒋元龙著。《汪小海自定诗》、《葆冲书屋集》、秀水汪如洋著。《十经斋文集》,嘉兴沈涛著。共十三种,计洋三百二十元。三共计洋二千零六十元云。朱甸卿来,刘少卿亦以书来看。段镜轩来,与购定书三种,俟付洋后出帐也。

二十二日 午后褚礼堂、徐冠南先后来小谈而去。吴子修来长谈,并阅各种钞本书籍,未几别去。

二十三日 午后朱文海来,交以汪渊若所书面叶而去。朱甸卿、段镜轩来。翻阅汤治平携来各种书籍。夜益庵来谈,段镜轩又来即去。嘱醉愚作函致张菊生。余又与益庵讨论各种书籍。

二十四日 朱古微偕外舅来,益庵亦至,长谈乃去。段镜轩来,朱甸卿来,与购殿板满汉篆书《盛京赋》各三十二体一部,又《七经楼文钞》、《宜堂类稿》、《燕川集》,河内范泰恒著。共四种,计洋一百十二元。与杨云溪购《皇明疏钞》,系明刻绵纸印。计洋三十四元。夜阅各种书籍。

二十五日　午后杨芷姓至，遂邀入新斋看各种书籍。将及傍晚缪筱珊、许子颂、章一山、褚礼堂陆续至，坐谈良久始邀至寓斋入席，张菊生以事不来，坐客连益庵、醉愚只七人而已。席散，与益庵谈。

二十六日　午后段镜轩、汤治平、刘少卿、钱长美次第来。胡湫唐侍御见过，名思敬，江西新昌人，辛卯举人，前官御史，本生父亲甲子同年。长谈而去。四句钟出门，偕益庵至麦根路沈子培方伯处，晤谈良久，遇恽叔铭，随即归寓。

二十七日　午后段镜轩、汤治平、刘少卿、钱长美来。与镜轩购旧钞《三朝北盟会编》、《鸿庆居士集》、宋孙觌著。《吾汶稿》、宋王炎午著。《龟巢集》、元谢应芳著。《醴泉笔录》、宋江休复著。《东堂集》、宋毛滂著。《近光集》、元周伯琦著。《白云稿》、元朱右著。《南忠集》、《素王纪事》、《林下偶谈》、《乾象通鉴》、系孙渊如批校，著名海内。《乐静集》，宋李昭玘著。此书送张菊生。以上十三种，均出自丰顺丁氏，载在《持静斋书目》者；又购殷无美散稿、此书尤奇，余自得郑叔问所售《无美集》，旋得此稿，益庵忽见之，与郑卷同，遂为全稿。元刻《集千家注分类杜工部诗》，又购马氏《绎史》、《名世文宗》、《两朝从信录》、《张蠙》、《林宽》、《许棠诗》，共十九种，计洋壹千贰百六十元。以前买《广陵集》不全退还，扣除洋四十元，故实付洋一千二百二十元。

二十八日　以是日为淞社吴仓硕、缪筱珊、钱听邠三老年政七十，由梦坡与余倡首假座徐氏双清别墅为三老预祝，于十一句钟起身。汤治平来，与购明刻《郑少谷全集》、明郑善夫著。《宋东京考》、旧钞《革除遗事》、旧钞《辩言》、宋员兴宗著。旧钞《柳边纪略》、国初刊本《世光堂五种传奇》、旧钞《五国故事》、明刻《金陵梵刹志》、《广百川学海》、明刻《群玉楼稿》、明李默著。《乔莱使粤集》、白田乔莱著。旧钞《赤壁志》、明刻《兰晖堂集》、明屠应埈著。旧钞《橘巢小稿》、长洲王世琛著。明刻《赵文肃公集》、明内江赵贞吉著。旧钞《杨子常先生集》、明常熟杨彝著。旧钞《皇明大政记》、旧钞《道德真经注疏》、旧钞《陈默堂先生集》、宋陈渊著。旧钞《汴京遗迹志》、旧钞《竹素山房集》、元吾邱衍著。旧钞《刘文简公文集》、宋刘爚著。《所安遗集》、《鲸背吟》、旧钞本《兴平县金石志》、旧钞《玉井樵唱》、旧钞《一老庵集》、明苏州徐柯著。《樗庵类稿》、明歙郑潜著。旧钞《申忠愍公诗集》、明申佳允著。旧钞《日记》、元郭天锡著。旧钞《大衍索隐》、宋丁易东著。旧钞《乐庵语录》、宋李衡著。旧钞《袁礼部集》、明袁衮著。旧钞《舒双峰文集》、旧钞《峤雅》、明邝露著。旧钞《宋玉峰志》《续志》、旧钞《字学新书》、《书法钩玄》、旧钞《蜀汉三国始末》、《春秋传注》、乌程严启隆著。旧钞《石湖志略》、《灵岩山纪略》、旧钞《安南纪略》、旧钞《星命总括》、旧钞《俗书刊误》、旧钞《刘彦昺诗集》、旧钞《金壶记》、旧钞《闲居录》、吾衍著。明刻《孙可之集》、唐孙樵著。《藏春集》、元刘秉忠著。旧钞《始可与言》、旧钞《元人六家集》、旧钞《鉴止水斋书目》,又送与筱珊先生两种,系旧钞《玉堂荟记》、旧钞《危太仆云林集》,又让与石铭一种,系旧钞《藏一话腴》,共五十三种,计洋壹千壹百元。午刻出门即至康脑脱路徐园,到时来客寥寥,坐良久始陆续至,迨至三老到齐始入席,已四句钟矣。计设三席,中间供三寿作朋寿幛,莲炬高烧,炉香烟袅,虽不拜祝,而官样文章亦已略具。入席时,中仓老,左筱叟,右郊翁,到堂称祝者为吴子修、许子颂、刘语石、汪渊若、吕幼舲、名景瑞,阳湖人,举人,直隶候补知府。褚稚昭、长尾雨山、杨芷姓、唐元素、喻志韶、章一山、朱念陶、杨诵庄、陶拙存、周梦坡、褚礼堂、费景韩、孙益庵、曹恂卿、名晋涵,元和人,诸生。恽季申瑾叔昆季、李谷宜、名宝璋,阳湖人,举人,前浙江候补道。沈醉愚及仓、郊二老之子吴子茹、钱履樛侍焉,连余共二十九人。未至者为胡幼嘉、陆纯伯而已。杯酒清谈,甚相娱乐。席散已晚,梦坡与余小谈。钱长美来,与购旧钞《说学斋稿》、明危素著。旧钞《词家杂钞》、旧钞《惟实集》、元刘鹗著。旧钞《梦粱录》、旧钞《玉笥集》、元张宪著。旧钞《盘洲集》、宋洪适著。旧钞《六朝通鉴博议》、宋李焘著。旧钞《慈湖遗书》、宋杨简著。旧钞《后村居士集》、宋刘克庄著。《岱南阁丛书》、明支那本《法苑珠林》、《纪文达公全集》,河间纪昀著。

共十二种，计洋五百七十元。

二十九日 午后孙益庵偕沈韵斋来谈。柳蓉村来。许子颂来谈。夜阅《愧林漫录》。并翻阅昨日与长美所买各种书籍，书系出自朱修伯大理家，有结一庐收藏印。自修伯殁后，为其婿张幼樵学士所得，学士亦已作古，今书籍又售自张氏也。其中有南昌彭文勤公元瑞知圣道斋录本，均文勤公校过，良可贵也。张幼樵名佩纶，直隶丰（城）〔顺〕人，官至翰林院侍读学士，署左副都御史。

三十日 刘少卿来，与购《柯庭馀习》，练江汪文柏著。计洋五元。柳蓉村来，携到首本请看。傍晚出至酌雅楼应周湘舲之招，同坐者为刘语石、陈桂题、朱云裳、沈醉愚及主人而已。是日作函致朱古微。

八月初一日 出至五马路豫丰厚报关行答胡漱唐，不晤。出至华庆园祝仓硕七十寿，留夜膳，同坐者为郑苏堪、名孝胥，闽县人，壬午举人，前官湖南布政使。许子颂、吴子修、陈介庵、名树屏，安徽望江人，壬辰翰林，湖北候补知府，历襄张文襄、端忠敏幕府。汪甘卿、名钟霖，举人，直隶候补道。夏剑丞、名敬观，江苏候补道，曾署提学使，新建人。刘聚卿、孙益庵，又一人不相识。计共七席，客颇济济，席上群花围绕，丝竹悠扬，加以弹唱，颇极一时之乐。是日邱绍周荐陈耀庭来修书，每月薪工计洋八元。

初二日 午后唐元素来谈，并看书籍，未几去。吴东迈来谈即去。汤治平来。七句钟偕益庵、醉愚出门至迎春坊二弄田金凤家宴客，共计两席，客系许子颂、钱听邠、周梦坡、陶拙存、陈桂题、孙益庵、褚礼堂、钱履樛、费景韩、沈醉愚共十人。钱长美携书来看。

初三日 午后朱甸卿、刘少卿、钱长美、汤治平、柳蓉村诸书客陆绎至。与长美购旧钞《续礼记集说》、仁和杭世骏著。旧钞《皇朝诗综》稿本，钱塘郝莲辑。计洋四百元。又唐升携来旧钞《玉历通考政经》一部，计洋十七元。夏闰枝来访益庵，邀余往谈，良久乃去。夜翻阅各人送来各种书籍，并点《愧林漫录》数则。嘱醉愚作函致胡漱唐。

初四日 朱甸卿、汤治平、刘少卿来,与少卿购《青照堂丛书》一部,计洋四十七元。出至豫丰厚访胡漱唐,长谈而归。

初五日 午后吴仓硕来谈良久去。朱甸卿、柳蓉村、汤治平、钱长美来。与治平购明初仿宋刻本《史记》一部,计洋二百元。又购《南岳志辑要》、《东西天目山志》、《丘文庄公全集》、明丘浚著。《古今图书集成目录》、《海南白先生文集》、琼山葛长庚著。《六如居士集》、明唐寅著。《佑山文集》、明冯汝弼著。《尹和靖集》、宋尹焞著。旧钞《菉竹堂书目》、旧钞《瑟谱》、《赵东山存稿》,明赵汸著。共十二种,计洋一百元。沈赓虞名凤韶,湖州人,江苏候补知府。来访,遂于新斋小谈,未几别去。与醉愚偕出至三马路新半斋应仓硕之招,同坐者为丁兰荪、名葆元,吾湖归安人,前官江苏徐州道。徐星洲、沈醉愚及仓硕并其子子汝而已。

初六日 柳蓉村、朱甸卿、钱长美来。与甸卿购成化内府刊大字本《资治通鉴纲目发明》,又《资治通鉴纲目集览》,又《续资治通鉴纲目》,又《通鉴纲目正编》、旧钞《天下郡国利病书》、旧钞《并载集》、唐陈之昂著。《黄山志定本》、批本仇刻《杜诗》,共八种,计洋一百八十元。又唐升来,与购牧斋《有学集补遗》,计洋三十五元。

初七日 午后余与醉愚出门至邓脱路访缪筱珊先生,不值。出至美华里朱文海处考验梓工,文海他出,由一梓人导观一周,共计楼上下刊手共三十人,写样五人。闻每月可刻字六万云。出至东有恒路访章一山,谈良久而归。嘱醉愚作函致吴子修,又致张菊生。钱长美来,与购精刻《南丰集》、宋曾巩著。明刻《鸡肋集》、宋晁无咎著。《怀清堂集》、仁和汤右曾著。《疗饥草集》、庐陵胡兆爵著。《萚石斋诗集》、嘉兴钱载著。《幼学堂集》、长洲沈钦韩著。《蕉林诗集》、真定梁清标著。明刻白绵纸印《类说》、初印《史通通释》、《南州草堂集》、吴江徐釚著。《九灵山房集》、元戴良著。明殿板大本《历代名臣奏议》、少三册。《毛诗后笺》、泾县胡承珙著。《经德堂集》、临桂龙启瑞著。《选学胶言》、《虞文靖公集》、元虞集著。《求是堂集》、泾县胡承珙著。明刻《古诗纪》、《石园全集》、李元鼎著。范氏《苕溪渔隐丛书》、乌程范锴著。精钞《唐诗选》、《小李诗三刻》、秀水朱休度著。《小岘山人集》、无锡秦瀛著。《东都事略》、《古桐乡诗选》、《寒石诗集》、钱塘沈绍姬著。《明诗百卅名家集钞》、殿板《皇舆表》、《嘉定至顺镇江志》，共二十九种，计洋四百五十元。是日邱绍周自扬州来，未晤而去。

初八日 午后张石铭来看书，小谈而去。朱甸卿携书来看。至小华园秦雅云处应陈桂题之招，是日桂题以事回浔，托醉愚代表。同坐者为许子颂、刘光珊、张定甫、周湘舲、诸季迟、史茀生、醉愚而已。刘少卿、朱甸卿来。与甸卿购精刻《述本堂诗集》、方登峄、式济、承观著，桐城人。《梵夹集》、钱塘沈名荪著。《王忠文公集》、明王祎著。《赵恭毅公剩稿》、武进赵申乔著。《赵裘萼公剩稿》，武进赵熊诏著。共五种，计洋七十元。

初九日 午后至新斋一转，与益庵、醉愚偕出至邓脱路缪筱珊先生家祝七十寿，到时筱珊已他出，晤其子子受，小坐而出。又至美华里一转，未入梓场而归。迂道至横滨桥访李梅庵，晤魏季词，湖南人。小坐而归。卞瑞芝来，与购明刻《郑师山集》、元郑玉著。《泊鸥山房集》、会稽陶元藻著。明刻《圣学宗传》、钞本《真山民集》、宋真山民著。批校本《诚斋诗集》、宋杨万里著。精刻《心向往斋诗集》，曲阜孔继镡著。共六种，计洋三十六元。嘱醉愚作函致缪筱珊。

初十日 钱长美来，与购旧钞《刘宾客集》、底稿。唐刘禹锡著。此书已刻板，即《结一庐丛书》之一。今板归余，此乃底稿也，故买之。精刻《韩诗编年笺注》、唐韩愈著。《丛碧山房诗集》、任丘庞垲著。《说文解字》、《陈定宇先生集》、元陈栎著。精刻《宋学士集》、明宋濂著。《烛湖集》、宋孙应时著。明刻《山居杂志》、《杭州府志》、《学海类编》、少十二册。旧钞《平庵悔稿》、宋项安世著。明钞《橘山四六》、宋李廷忠著。批校本《绛云楼书目》、旧钞《周易郑荀义》、《周易郑氏义》、《虞氏易礼》、《虞氏易事》、《茗柯文初二三编》、旧钞《论语解》、旧钞《律服考古录》、《诗古音》、明钞《松隐文集》、宋曹勋著。明钞《高峰先生文集》、宋廖刚著。旧钞《巴西邓先生文集》、元邓文原著。旧钞《西斋集》、彭文勤公手批

《仪礼注疏》、《古棠书屋丛书》、岷阳孙澍辑。《尚书集注》、音疏。《西塘集》、宋郑侠著。《梁溪全集》,宋李纲著。共廿五种,计洋七百五十五元。

十一日　午后柳蓉村、刘少卿、朱甸卿来。与蓉村购金俊明手钞《珩黄新论》、临江孔平仲著。《藏一话腴》、临川陈郁著。《订讹杂录》、明刻《宋历科状元录》、旧钞《巨鹿东观集》、宋魏野著。旧钞《祖龙学文集》、宋祖无择著。旧钞《冰壑寒林馆诗钞》,秀水王家英著。共七种,计洋三百八十元。

十二日　午后至新斋晤张孟劬、沈韵斋即归。朱文海来,携到各种印样。支薪工洋五百元。言明此后每月约可出字十万,计洋二百五十元,此五百元,今乃预支,约此后每月一结,扣还洋一百元云。刘少卿来,与购旧钞《叶文敏公全集》、昆山叶方霭著。旧钞《金氏文集》,宋金君卿著。共两种,计洋六十六元。因前与购买之《复社纪略》一部,计洋三十六元,后以不全退还,此洋扣除,故实付洋三十元云。出至程平园处,因渠前日来函,述及金陵劫后灾黎被掠,无以为生,亟思赈济,公推冯梦花名煦,丙戌探花,前官安徽巡抚。总理其事,劝余慨助。并电致本生父亲,向之劝募捐。余思电禀本生父亲,以此小事,定不谓然,而邮递禀言辗转,又需时日,谅此次灾振,义不容辞,况由平原、梦花诸公出而劝募,谅必允许。因特走访,自助一千两,并代本生父亲助壹千两。晤魏梅荪,名家骅,江宁人,戊戌翰林,前云南迤东道。与谈江宁现在情形,伊乃梦花弟子,此次往振,伊亦在列,并谈岑西林事良久而归。夜饭后孙益庵来,伊明欲返苏,特来话别。嘱醉愚作函致朱古微,又将沈休穆八九两月束脩,均倩伊带去。穆子美又来支洋,付以一百元,亦即托伊携去矣。是日与沈韵斋买书一票,以未点且缓出帐,先志于此。是日张菊生来函,前以翁覃溪学士手纂《四库全书提要》稿本见示,劝余购买,今已将四千元为余购取矣,计二十四箱,每箱六帙,其书即以今日送来云。

十三日　吴仓硕来谈,为沈赓虞说项,赓虞前来访余,而后函致外舅，欲向余假洋百元，赠余明制古琴一张，余素不娴音律，乃假以百元而还其琴。连日碌碌，未经送去，赓虞乃托仓硕来此探意，余允以明日备函致送也。刘少卿来，与购《江辰六全集》、贵阳江闿辰著。《芑山文集》，明张自烈著。计洋二十二元。傍晚出至跑马厅碧霞楼校书家应钱听邠之招，同坐者为王旭庄、名仁东，闽县人，为丁丑状元可庄之弟，举人，前官江苏候补道。汪渊若、刘光珊、周梦坡、沈醉愚及主人并其子履樛而已。朱甸卿来，与购明刻《唐宋丛书》，计洋三十六元。是日午前邱绍周来，未晤。与购旧钞《乾象通鉴后编》、《童刻医方五种》、旧钞《论语笔解》、旧钞《戴剡源续札记》、旧钞《孔子庙祀》、旧钞《素王纪事》、《苏诗补注》、大兴翁方纲著。明刻《广博物志》，共八种，计洋二百元。余平日与来青阁购买书籍，今届节帐，计与购者为《古诗选》、《通斋全集》、江宁蒋超伯著。《晋略》、王刻《红楼梦》、《圆明园图》、《古文汇钞》、铅字《明季痛史》、《清季野史》，共八种，计洋五十六元八角。又知不足斋钞校本《彝斋文编》，宋赵孟坚著。计洋四十元。

十四日 卞瑞芝来，与购明刻《诸史会编》、旧钞《内阁藏书目录》，计洋一百十元。刘少卿来，与购旧钞《增广分门类林杂说》，计洋二百五十五元。钱长美来，与购旧钞《辽金正史纲目》、内府精钞《疑耀》、明张萱著。内府精钞《满洲源流考》、旧钞《自堂存稿》、宋陈杰著。旧钞《鲍溶诗集》、唐鲍溶著。旧钞《唐律表》、旧钞《新定九域志》、影宋明印《节孝集》、宋徐积著。精刻《睫巢集》、李锴著。石印《义仓图》，共计十种，计洋三百十元。

十五日 午后五句钟出门至来远公司访孟苹，谈至晚而出，至西合兴花桂珠家宴客，至则诸客齐集，遂入座，计两席，客为许子颂、刘光珊、周梦坡、徐冠南晓霞昆季、张石铭、陶拙存、沈醉愚，招而未至者钱听邠履樛乔梓、吴仓硕、汪渊若、张孟劬、费景韩也。

十六日 柳蓉村来，与购元椠明修本郭《乐府诗集》、宋郭茂倩著。宋椠元印《东莱先生别集》、宋吕祖谦著。明刻《少室山房丛稿》，明胡应麟著。共三种，计洋四百元。

十七日 午后柳蓉村来。章一山携来书籍数种,系刘葆良观察托伊求售者,刘名树屏,壬辰检讨,前官芜湖道,本生父亲戊子同年。缘欲赙其亡友许篆卿故也。余取出两种,未经议值,由一山手先借去洋一百元,小谈而去。

十八日 午后褚礼堂来,遍览书籍,长谈而去。出至长吉里张菊生处,伊前日送来之翁覃溪学士手纂《四库全书提要》墨迹共计二十四箱,每箱六册,兹已购取,计洋四千元,亦于是日打票交之,谈良久乃出。

十九日 午后至新斋翻理书籍一转而返。晚至铁路公司以谢蓉征来过两次,未晤,特往回看,与谈良久。据述汤蛰仙年丈欲索虞衡府君《葭洲书屋遗稿》,且索观所刻丛书样本,余告以文稿在浔,当为寄出,丛书未曾刻成,姑俟将来呈送,先当缮录一目,托为代呈云。

二十日 午刻随外舅至五马路正丰街同兴楼应冯梦华之招,名煦,金坛人,乙亥副贡,壬午举人,丙辰探花,前官安徽巡抚。晤谈之下,知伊日昨曾以所捐灾振特来枉谢,余竟未知之。同坐者为程平园、吴子修、外舅、林诒书、名开謩,福建人,乙未编修,曾官江西提学使。桂仲庚。名□□,安徽人,前江苏道员,即与余邻居者。汤治平来,携书求看。伊近来有自广东丁氏来何义门手批《(精)〔津〕逮秘书》零种共一百十二本,经筱珊审定,确系真迹,余已向彼买定,计洋六百元。不意伊书又曾携至石铭处求售,石铭连《仪礼》只还六百元,汤即将此书归余,而石铭匿其书不与,以六百五十元强与成交,汤则无可奈何,只得售于彼矣。然书籍乃风雅之事,今则锱铢必较,事同市井,吾所不取。

二十一日 午后吴仓硕来谈即去。许子颂来谈良久去。至新宅理书。是日作函致孙益庵,伊有友陆□□著有《说药斋诗剩稿》全部,其人已殁,既无子嗣,只剩寡妻,先欲营葬及生者糊口,向余求售,以一千二百元购之,其价虽昂,半亦抚恤,该款特于今日托苦儿院汇苏,一面函致益庵付一凭条,嘱伊向取耳。

二十二日 吴仲言来长谈,伊欲荐一许姓名念祖,字彤卿。者为余校书，余以人已溢满告之。卞瑞芝来，与购明刻《杜诗通》、《杜律本义》、明刻《罗文肃公集》、明罗玘著。明刻屠赤水《白榆集》、明屠隆著。《诸华香处诗集》、吴江邱璋著。精刻《昭代词选》，计洋八十元。夜阅《丁松生年谱》。

二十三日　午后汤治平来，与购艺海楼钞《群书会元截江网》、旧钞《翠屏集》、明张以宁著。旧钞《吕东莱全集》、宋吕祖谦著。翻宋本《相台五经》、《丁氏持静斋书目》，共五种，计洋三百元。又前由益庵经手与沈韵斋购元刊《书经集注》、明刻《西溪丛语》、明刻《今文选》、《续文选》、明刻《张文潜文集》、宋张耒著。明刻《张说之文集》、唐张说著。明刻《海盐澉水志》、旧钞《丁鹤年诗集》、元丁鹤年著。旧钞《太白阴经》、旧钞《敝帚轩剩语》、明刻《欧阳修撰集》、宋欧阳彻著。明刻《刘随州集》、唐刘长卿著。钞本《郑松莲诗集》、旧钞《太常因革礼》、明刻《元诗体要》、《频迦山人稿》、明刻《石屏集》、宋戴敏著。明刻《少鹄诗集》、明刻《扬子法言》、汉扬雄著。钞本《反离骚》、旧钞《东莱诗集》、宋吕本中著。旧钞《和清真词》、《天籁词》、元白朴兰谷著。旧钞《梅花字字香》、元郭豫亨著。旧钞《至正庚辛唱和诗》、旧钞《傅与砺诗集》、元傅若金著。旧钞《武林旧事》、宋周密著。旧钞《颇囟经》、明刻《文公家礼》，共廿八种，计洋五百五十元，其书于今日到齐检点，故于是日出帐，以免遗漏。

二十四日　是日盛杏荪七十寿，因身体欠适，只得不往。午后唐元素、杨芷姓、濮云依同来看书，良久乃去。濮为江宁人，听其口吻，亦是官界中人，特不知何职耳。夜阅《丁松生年谱》。

二十五日　午后郑长发来，[与购]旧钞《续博物志》、旧钞《海粟集》、顾文渊著。旧钞《陈子兼诗集》、虞山陈如鎏著。旧钞《文潞公全集》，宋文彦博著。共四种，计洋一百元。夜阅《丁松生年谱》。

二十六日　朱甸卿、钱长美、卞瑞芝、郑长发来。与长发买明刻《赵文肃公全集》、国初刊本《南堂诗钞》、晋江施世纶著。明刻《白醉瑮言》、明王兆云辑著。海源阁刊《续千字文》、旧钞《柴秋堂集》，宋柴望著。

共计五种,计洋四十四元。夜阅《丁松生年谱》告竣。

二十七日　午后卞瑞芝来,与购旧钞《群雄事略》,虞山钱谦益著。计洋六十元。杨馥堂来,与购精刻《林和靖诗集》、宋林逋著。《春水船易学》,嘉兴方本恭著。共二种,计洋五元。

二十八日　午后朱甸卿来,与购《画石轩诗集》并《卧游录》、松陵朱逢泰著。《通艺录》、歙程瑶田著,少四卷。《素馀堂全集》、金坛于敏中著。《松桂堂全集》、海盐彭孙遹著。精刻《江左十五子诗选》、精刻《柳南随笔》、精刻《痦砚斋诗文集》,淮山戴晟著。共七种,计洋七十三元。嘱醉愚作函致吴仓硕、缪筱珊。

二十九日　午后张孟劬来。孙益庵、俞子青自苏州至。俞系由益庵荐在余处钞书者也。

九月初一日　午后褚礼堂来谈未去,而吴子修来,问及覃溪学士手纂《四库提要》真迹,余出以相示,谛玩良久,谈片刻而去。钱长美、卞瑞芝、汤治平携书求售。

初二日　午后钱长美来,与购明内府钞本《册府元龟》共一千卷,计二百零二册,计洋五百元。又批本《朱子文语纂编》、《帝王经世图谱》、《王文勤公奏稿》、闽王庆云著。《书传盐梅》、《周礼集说》、仿宋刊本《晁具茨集》、宋晁冲之著。宋王黄州《小畜集》、宋王禹偁著。明刻《记纂渊海》、《东目山馆诗集》、临安胡寿芝著。精刻《王遵岩集》、明王慎中著。明刻《沈氏三先生集》、宋沈遘、适、辽著。《道济正轨》、精刻《采风类记》、批校本《吕子评语》、钞本《落帆楼文稿》、乌程沈垚著。批本明刻《四六法海》、明刻《仪礼经传》、《续蓼斋集》、云间李雯著。《南昌府志》、初印《弢甫五岳集》、《弢甫续集》、钱塘桑调元著。《学古绪言》、《知止堂集》、元和朱绶著。宋氏《过庭录》、长洲宋翔凤著。《晦庵先生语录》、宋朱熹著。《新斠注地理志》、初印《隶韵》、明刻《遵生八笺》、《河东盐法备览》、《治河方略》、钞本《石柱记》、唐颜真卿著。《左传经世钞》、明刻皮纸《保婴全书》、明薛萱编集。明钞本《文苑英华》,残。共三十八种，计洋五百元。汤治平、卞瑞芝来。

初三日 管振之来，与购钞本《平妖纪事》、明徐从治著。明刻《少阳先生集》，宋陈东著。计洋二十元。卞瑞芝、汤治平来。陈午山来，携来郑苏堪书堂联一付，即余去年托叔初表弟转求者也。嘱醉愚作函致唐元素、濮云依、褚礼堂。

初四日 午后钱长美来，携首本来看。前由缪筱珊先生送来各种书籍，于今日检点，计明钞本《太平御览》、此书有缺本，有钞补，有新钞，有草率缮写，甚杂，本应还彼，因情面难却留之。张刻本《仪礼注疏》、岳翻宋本《仪礼》单注、闻人佺校正明刻本《仪礼注疏》、陈凤梧注明本《仪礼》，共五种，计洋四百八十元。许子颂来谈。

初五日 午后徐晓霞、张石铭、陆叔同来，据云通义银行事，日昨赵问轩曾至石铭处述及通义一层，伊愿出而调停，揣其意，静江现为中央政府严拿，已出奔西欧，而淡如急欲了此故耳。余即与晓霞等议定，将前日所议公致静江一函缮就送去。又闻石铭等云，庞青城已于今日赴日，盖亦在严拿之列，上海恐不能容，故逋逃海外。余念青城、静江席先人馀荫，可以坐享清闲，且自己一无干才，一驼一跛，本为可笑之人，乃不自量，主张革命，青城甚至破产应之，今则迭露证据，政府查拿，而海外远扬，且恐不能保守在浔之家属，愦愦至此，良可慨也。汤治平、柳蓉村、钱长美来，与治平购明钞残本《三朝圣谕录》、明杨士奇著。《立斋闲录》、《后鉴录》、《野纪》，明祝允明纂。又旧钞《塞外杂志》，又旧钞《百宋一廛赋》，共三种，计洋五十元。

初六日 午后柳蓉村、汤治平、张小樵、卞瑞芝、钱长美来。与小樵购旧钞稿本《倘湖全集》，明来集之著。计洋七十元。与瑞芝购《秋树读书楼遗集》、吴江史善长著。明刻《东山存稿》、元赵汸著。精刻《完玉堂诗集》，释元璟著。计洋廿四元。

初七日 徐松甫自苏送书来，与购《新安志》、《南昌县志》、《赣州府志》，共三种，计洋十四元。钱长美来。

初八日 午后柳蓉村、汤治平、卞瑞芝来。朱文海来即去。

初九日 午后以淞社第七集由周梦坡主社,在徐氏双清别墅登高张宴,偕益庵、醉愚前赴,至则客将齐集,未几入座,计三席,到者共二十二人为缪筱珊、喻志韶、唐元素、许子颂、吴子修、汪渊若、吴仓硕、章一山、杨芷姓、程子大、名颂万,湖南湘乡人,湖北候补道,曩为张文襄幕府。潘毅远、钱听邠、陆纯伯、恽季申、张石铭、赵浣荪、刘光珊、沈醉愚、杨诵庄、孙益庵及余而已。题为九日四咏,盖催租、题糕、送酒、落帽也。席散已将傍晚,偕梦坡、光珊、益庵、醉愚至爱文义路看余新营住宅之基址,巡视良久,梦坡、光珊别去。余三人出至司马路西合兴花桂珠家,以是夕在彼宴客也。良久客至,计二席,客为喻志韶、章一山、许子颂、钱听邠、周梦坡、陆纯伯、张石铭、葛荫梧、孙益庵、沈醉愚、吴仓硕而已。席散即将诸人邀至迎春坊田金凤家再宴,惟仓硕先行别去,不与偕行。迨宴毕已将十二句钟矣。是夕浣荪招而未至,盖伊已有多处应酬,不遑兼顾耳。余是日形寒虚热,颇不舒齐,出而应酬,亦甚勉强耳。

十一日 是日大总统袁世凯即位于保和殿,东西洋十四国同日承认,沪上各商均悬灯张旗志庆。午后穆子美自苏州来,据云《李兆洛年谱》已经刻就,支去工洋一百四十元。徐松甫、柳蓉村、汤治平、卞瑞芝先后来。

十二日 午后喻志韶来谈。褚礼堂来小谈而去。柳蓉村、汤治平、朱甸卿、卞瑞芝均携书来看。与汤治平购明刻《内台集》、明浚川王廷相著。《续行水金鉴》,共两种,计洋五十元。与卞瑞芝购木刻瑑文《尚书集注音疏》、精刻《五经图》、《周止庵遗稿》、荆溪周济著。《悦亲楼诗集》,海宁祝德麟著。共四种,计洋廿五元。

十三日 徐松甫来,与购钞稿本《古红梅阁秋心馆诗词稿》,江山刘履芬著。计洋二十四元。

十四日 朱甸卿、汤治平、陈新斋来,均携首本来看。是日嘱益庵作函致章一山,并致杨定敷。

十五日 陈新斋、朱甸卿来,与新斋购精刻《雪声轩诗集》、高密高纲著。旧钞《李中麓闲居集》,明章丘李开先著。共两种,计洋四十四元。与缶卿购明刻《王梅溪集》、宋王十朋著。元刻《陆宣公集》、唐陆贽著。明刻影宋《词林摘艳》、明刻影宋《雪峰道人集》、明亲藩雪峰道人著。明刻《吕纯阳文集》、唐吕岩著。精刻《苏老泉集》、宋苏洵著。精刻《景苏阁集句》、云间徐基著。仿宋大字本《金冬心先生诗集》、钱塘金农著。明钞《蓬轩类记》、明黄眆著。精刻《所见书画录》、《安庆府志》、《盱眙县志》、《宁化县志》、《同州府志》、《澄城县志》、《华州志》、《韩城县志》、《定远厅志》、《读画斋丛书》,连《南宋群贤小集》。共十九种,计洋五百元。夜至同春坊十里红家应葛荫梧之招,同坐者为徐冠南、钱立凡、张弁群、邵琴涛、吴毓峰、金籛孙。名兆蕃,秀水人,己丑举人,江苏知府。前章一山携来刘葆良书籍,余止留三种,计萃玉轩钞校本《九子纂》、明刻《秉烛斋全集》、明顾大韶著。精刻批点《古文精选》,馀均不适于用,还之。嗣后虽由一山送来数种,或余处已备,或系寻常习见之书,仍以还之。乃谓一山前携去之百元,葆良观察既为赙其亡友许篆卿,许与余家亦有交情,此百元,不必找书,即以了却可也。倘葆良能为作文一篇,尤为惬怀,乃一山向说,刘则甚加奖许,并允为作文,故即出帐,以了其事耳。

十六日 夜至万家春集议通议银行事,到者沈润青、颜冠三、邢毯轩颂声昆季、陆叔同、金仲廉、张石铭、徐冠南晓霞昆季,连余共十人。席间石铭、仲廉告以昨日浔上庞青城、张静江两家查抄家产,据石铭云,日昨吴兴知事陈毓琳偕同省委奉都督檄文到浔查抄,专抄青城、静江两房,帐簿均被抄去,现庞氏青城纸厂房屋,张氏元昌、启泰两酱园,均被发封云。伏念彼二人,席先人馀荫,亦足坐拥高资,优游此生,乃不自量,妄作妄为,卒自罹其祸,曷胜浩叹。谚云天下本无事,庸人自扰之,其斯之谓欤。

十七日 褚礼堂来谈。傍晚时缪筱珊、刘光珊偕至,小谈而去。夜翻阅新买各种书籍。

十八日 午后因书斋中书积如山,不能容膝,督同仆人将大种册籍及府县志运往新宅安放。

十九日 出至华庆园应缪筱珊、钱听邠淞社第八集展重阳之招，题为咏淞社古迹：应天泉、龙华塔、渎垒、最闲园、露香园、玉泓馆，不拘体韵。共计三席，到者为刘光珊、吴子修、唐元素、吴仓硕、喻志韶、杨诵庄、周梦坡、潘毅远、(陈)〔程〕子大、曹恂卿、沈醉愚、陶拙存、恽季申瑾叔昆季、陆纯伯、章一山、褚礼堂、汪渊若，又钱簪桐听邠之子。及余共二十人。是日午刻汤治平来，与购《仁宗睿皇帝御制诗二集》、精刻《赋钞笺略》、《闲家编》、《篁村集》、上海陆锡熊著。《息笠庵诗集》、嘉兴杨韵著。明刻《桃溪净稿》、明谢铎著。精刻《梁园风雅》、《桧门诗存》、仁和金德瑛著。《南宋百一乐府》、江左周文禾著。《南行偶笔》、倘湖山樵著。《染香盦文诗集》、吴县江沅著。《秦肤雨诗词》，长洲秦云著。共十二种，计洋六十元。又旧钞《徐钓矶集》、唐徐夤著。旧钞《许白云集》、元许谦著。旧钞《岩下放言》、宋叶梦得著。旧钞《王魏公集》、旧钞《草莽私乘》、宋南村陶宗仪辑。旧钞《西台恸哭记》、宋谢枋得著。艺海楼钞《揭文安公集》、元揭傒斯著。旧钞《建康实录》、旧钞《九朝编年备要》、明板十行本《仪礼》，共九种，计洋三百六十元。特志于此，以备浏览。

二十日 柳蓉村、朱甸卿、钱长美来。与长美购《半舫斋古文》、高沙夏之蓉著。《周武壮公遗书》、合肥周盛传著。《南通州直隶州志》、《白华前后稿》、南汇吴省钦著。《丹徒县志》、《顾华阳集》、唐顾况著。《东台县志》、《零陵县志》、《荆州府志》、《湘潭县志》、《海忠介公集》、明海瑞著。《韩忠定公文集》、明韩文著。活字版《同人集》、如皋冒辟疆著。《南岳全志》、《衡阳县志》、《揭阳县志》、《安阳县金石录》、《夙好斋诗钞》、归安杨知新著。《静崖诗集》、镇洋汪学金著。《石堂集》、释元玉著。《苏州府志》、最初之本。《查氏文钞》、活字板《金华唐氏遗书》、宋唐仲友著。精刻《王韦合刻》、唐王维、韦应物著。《观象庐丛书》、《求是堂文集》、泾县胡承珙著。《松风老屋诗稿》、嘉善钱清履著。《历代史略》、《乌石山志》、《浏阳县志》、明刻《雁山志胜》、《红豆树馆书画记》、

《去伪斋全集》、明吕坤著。《章氏遗书》、会稽章学诚著。《如皋县志》、《冬生草堂诗文集》、高邮夏宝晋著。《金氏礼笺》、《长安获古编》、精刻《抱犊山房全集》、梁溪嵇永仁著。精刻《春凫小稿》、钱塘符曾著。《台州札记》、临海洪颐煊著。精刻《云川阁集》、无锡杜诏著。《一咏轩诗草》、山阳吴进著。《海右陈人集》、安德程先贞著。《茅辑十种古逸书》、《存诚堂诗集》、桐城张英著。精刻《摄山志》、精刻《春及堂诗集》、钱塘倪国琏著。精刻《苏子美全集》、宋苏舜钦著。精刻《翼堂诗集》、山阳邱迥著。《古文尚书》、《宋元四明六志》、《上海县志》、《宜兴县志》、《济南府志》、《寿州志》、《枣阳县志》、《荆州万城堤志》、《新会县志》、抄本《芜湖县志》，共六十种，计洋二百七十元。又旧钞《集古录》、宋欧阳修著。旧钞《穆参军集》、宋穆修著。明钞校本《论衡》，共三种，计洋八十元。又明钞《太平御览》残本，计洋一百五十元。三共洋五百元，付之而去。

二十二日　柳蓉村来，与购《乐全先生全集》、宋张方平著。明刻《崔氏洹词》、明崔铣著。吴兔床先生手稿本，又张氏《涉园修禊唱和诗》，涉园在海盐，即张菊生之先叶也。共洋二百四十元。朱甸卿、卞瑞芝来。余因刻书事宜，久不会叙，今晚在寓中宴客，缪筱珊、杨芷姓、唐元素、喻志韶先后至，由醉愚益庵代陪。芷姓《周易正义》已校毕，校勘记甚佳也。褚礼堂、章一山后至，时已上灯，遂入席，肴馔尚佳，系五和菜馆所烹调者。席间畅谈，极为欢洽。席散后与礼堂、益庵谈良久而去。

二十三日　午后金守梅来，与购旧钞《代言选》，计洋九元。严志斋来。柳蓉村、张小樵、卞瑞芝来。

二十四日　午后朱古微偕张孟劬来，与长谈良久而去。严志斋来，与购明刻《米襄阳志林》、明范长泰编。《懒斋别集》、牧云和尚著。明刻《贻安堂全集》、明李春芳著。《铁崖逸编注》，元杨维桢著。共四种，计洋十八元。卞瑞芝来，与购明刻《王龙溪先生集》、明王畿著。明刻《世经堂全集》、明徐阶著。明刻《吕文毅公全集》、精刻《十花小筑诗钞》、休宁余本愚著。明刻《赵半江全集》、明赵宽著。精刻《心知堂诗稿》、成都汪仲洋著。《滇系》,赵州师范纂。又《太平御览》残本四册,此书即与长美所买之明钞残本也,归入,尚少六册。共八种,计洋壹百元。嘱醉愚作函致缪筱珊。

二十五日 柳蓉村、汤治平来,与蓉村购《亦有生斋全集》、武进赵怀玉著。精刻《居易堂集》、长洲徐枋著。精刻《颐斋仅存草》、丹徒张自坤著。《逃禅阁诗集》、丹徒张崖著。《悔作斋诗录》、丹徒张深著。明刻《岳归堂集》、明谭元春著。《闲存堂集》、云间张永铨著。《孤石山房诗集》、仁和沈心著。元刻明印《春秋三传》、明刻皮纸印《李忠定公奏议》,宋李纲著。共十一种,计洋一百九十元。又与购黄瘿瓢慎画绢本人物大中堂一轴,计洋三十六元。至新斋与益庵略谈,并交以书数册,请为阅看。出至徐园,时方七句钟,而席已坐,遂入席,同坐者为许子颂、刘光珊、钱履樛、陈桂题、许松如、沈醉愚。

二十六日 出至招商局码头,以沈子敦司寇家本灵软由新铭轮船自京还湖,道出沪江,同乡设奠公祭,至则尚未至,留一名刺而归。柳蓉村、汤治平、张小樵俩,携来首本请看。

二十七日 汤治平来,与购旧钞《人物志》、魏广平刘邵著。旧钞《养蒙先生文集》、元张伯淳著。钞校本《密斋笔记》、宋谢采伯著。旧钞《日闻录》、元李翀著。旧钞《雪履斋笔记》、元郭翼著。旧钞《南渡录》、旧钞《澹泉笔述》、明郑晓著。《不暇懒斋杂录》、刘家谋著。明刻《稗史汇编》,共九种,计洋一百三十元。钱长美来。卞瑞芝来。

二十九日 午后褚礼堂来谈。柳蓉村、朱甸卿、卞瑞芝来,携首本求售。朱文海来,交来新刻印样四本,帐目一纸,付以工洋二百元而去。文海屡次支洋,迨革党攻制造局后至中秋益形窘迫,曾支洋五百元,言明按月扣除百元,今交来本月分刊赀帐,约须三百馀元,故付以三分之一云。

十月初一日 午后严志斋来,与购《仪礼经传通解》、《仪礼经传通解续》、精刻《双清阁诗稿》,静海励廷仪著。共三种,计洋十二元。

钱长美来，与购精刻《香草堂诗略》、历阳陈廷桂著。明刻棉纸《康对山全集》、明康海著。《张南轩全集》、宋张栻著。明刻成化本《赵清献公文集》、宋赵忭著。《六艺堂诗礼七篇》、《味经斋遗书》、武进庄存与学。明刻《栾城全集》、宋苏辙著。《林蕙堂全集》、延陵吴绮著。明刻《喻林》、明刻成化本《重刊改并五音集韵考订五音篇》、《山阳县志》、元椠明修《金陵新志》、元张铉著。汪刻宋景德抚州本《仪礼疏》、《风俗通》、旧钞《吹剑录》、张刻《礼记》、《梦溪笔谈》、《谭中丞奏稿》、镇远谭钧培著。《万氏经学五书》，四明万斯大著。共十九种，计洋三百二十元。朱甸卿携书来看即去。

初二日　午后喻志韶来，未见。卞瑞芝、朱甸卿来。淞社第九集由张石铭、徐晓霞主社在乾记弄徐处宴集，盖晓霞为其父乐沧姻丈刻稿征题，石铭亦为其亡妇征诗也。石铭亡妇即乐沧次女，晓霞之姊。余本拟不赴，缘彼电话坚邀，只得前往，到时已坐席共三席，到者为缪筱珊、喻志韶、杨芷姓、章一山、汪渊若、钱听邠、许子颂、严皋芗、名震，戊子副贡，前官直隶清河道，桐乡人。吴仓硕、褚礼堂、刘光珊、徐植甫、名士培，海盐人，辛卯举人，前官河南候补道。杨诵庄、钱履樛、孙益庵、陶拙存、沈醉愚、林卓如、陆云僧、金巩伯、赵浣荪、费景韩及主人石铭、晓霞而已。梦坡亦至，以事先行，故不与焉。席半出征诗启，遍索同人题之。

初三日　午后许子颂来谈良久乃去。朱甸卿来，卞瑞芝来，均即去。

初四日　朱甸卿来，与购《济州金石志》、《栖饮草堂诗钞》、仁和汤礼祥著。精刻《黄妳馀话》、吴兴陈锡路著。《水田居文诗集》、永新贺贻孙著。《白田草堂诗文稿》、宝应王懋竑著。精刻《觌山日省录》、吴下顾天朗编。精刻《后村诗文集》、歙县王文治著，国初诗人。《惬心集》、休宁程烈著。《温州府志》、《双佩斋文集》、婺源王友亮著。《石渠随笔》、仪征阮元著。精刻白纸印《说文解字斠诠》，嘉定钱坫著。共十二种，计洋八十元，付之而去。卞瑞芝、汤治平均携书来看。

初五日　柳蓉村来,与购《休复居全集》、宝山毛岳生著。《意庭先生遗集》、吴江周振业著。《集虚斋学古文》、还淳方桑如著。《倚晴阁诗钞》、武塘魏坤著。《小琼海诗》、吴江陈赫家著。《长春草庐诗集》、吴江邱嶷著。精刻《石帆诗集》、桐乡颜光禄著。精刻《卷石山房诗》、桐乡沈世勋著。《雪泉诗存》、秀水张楷著。《松坪诗草》、新安吕守曾著。《三礼通释》、侯官林昌彝学。精刻《东潜文稿》、仁和赵一清著。《半舫斋诗钞》、高邮夏之蓉著。旧钞《梧溪集》、元江阴王逢著。《止庵遗集》、明江天一著。《逸语》,共十六种,计洋九十元。

去夏由陆纯伯介绍费叔迁君以宋板《史记》、宋监本《附音春秋公羊注疏》、元椠《仪礼正义》、明仿宋本《内经素问》、东洋仿宋本《皇宋类苑》,共计五种,抵洋壹千元。至冬日复以元板《文献通考》、明板《通鉴纪事本末》、宋板元明修补本《宋书》,共计三种,加抵洋壹千元。言明至今岁六月杪为期,过期即作为抵没。乃叔迁届期不赎,屡次向催,直至八月杪,始行决绝,又加上息洋二百三十元,共合洋二千二百三十元,即作为书价云。今日醉愚将该书检出署签,并以出帐,故特志于此。

初六日　午后金守梅来,与购《怀荆堂诗稿》、觉罗恒庆著。《敬仪堂诗稿》、觉罗桂芳著。旧钞《大元圣政典章新集条例》、旧钞《始丰稿》,宋徐一夔著。共书四种,计洋十九元。汤治平来。夜阅《谭序初中丞钧培奏议》。

初七日　午后益庵来谈。汤治平来,与购旧钞《吕东庄文集》、石门吕留良著。精钞《古灵先生全集》,宋陈襄著。共两种,计洋七十八元。以钱听邠七十生辰,借华庆园祝嘏,特偕益庵、醉愚前往称祝,邠老未见,履缪邀入书房小坐,读壁上嘏词,少焉即出。夜偕益庵、醉愚复至华庆园,同坐者长尾雨山、叶揆初、彭祝申,未几即散,余以未饱,即邀许子颂、章一山、陶拙存、孙益庵、沈醉愚至花桂珠家便饭。

初八日　朱甸卿、卞瑞芝来。夜阅各种书籍。

初九日　出至宾乐公旅馆访张让三,又至甡泰旅馆访曹星阶,均不晤而返。晚偕益庵、醉愚出至迎春坊田金凤家，以余是夕在彼宴客也，到者为曹星阶、陶拙存、邱寅叔母舅、章一山、周梦坡、褚礼堂、钱履樛、张祉蕃及益庵、醉愚，招而未至者为钱簪桐、许子颂、张弁群三人。散后与一山、星阶、礼堂长谈至十二句钟而归。

初十日　卞瑞芝来，与购《宁化县志》、《慎修堂集》、河汾亢恩谦著。《天津县志》、《茂州志》、《遂平县志》、《赣榆县志》、《正定县志》、《永年县志》、《川沙厅志》、《鹿邑县志》、《雒南县志》、《畬经堂文集》、武陵朱景英著。汲古阁《玉山草堂集》、元顾阿瑛著。精刻《南华诗钞》，嘉定张鹏翀著。共十四种，计洋四十元。

十一日　午后朱甸卿、汤治平、汤伯禾、钱长美来。与长美购《无补集》、嘉善何文焕著。明覆元板《伤寒论》、明刻天顺本《蛟峰集》、明方逢辰著。精钞《易象钩解》、应城陈士元著。明刻《渔石集》、明唐龙著。精钞《大唐创业起居注》、唐温大雅著。精钞《郑志》、明刻批校《三国志》、晋陈寿著。旧钞《剩语》，元艾性著。共九种，计洋一百三十四元。甸卿复来即去。傍晚偕益庵、醉愚出至致远街甡泰栈访郑叔问，并邀其夜饭。夜至三马路桃源隐菜馆，遣车夫诣甡泰往迓，须臾均至，遂入座，席间郑叔问谈赛金花事甚详，赛乃洪文卿侍郎钧之妾，出而以状元夫人号于妓界者也。菜不甚佳，饭毕余至花桂珠家小坐，叔问等三人同归。是日作函致章一山。

十二日　午前汤治平、朱甸卿、汤伯和来即去。外舅来谈，盖为合请冯梦华中丞、王雪岑廉访事也。偕益庵、醉愚至邓脱路谒缪筱珊，到时已将傍晚，乃翦灯见之。出示董授经推丞名康，庚寅进士，前官大理院推丞，江苏武进人。之书，为翻阅数种。前由筱珊送来旧钞《历代诗话》，前溪吴景旭著。共计十册，索价百元，即将此款面交，长谈而归。

十三日　午后，朱文海来。汤治平、朱甸卿来。与治平购《纫兰阁诗集》、女史桐城方孟式著。精刻《苗九符先生诗集》、晋东苗蕃著。精刻《放鸭亭小稿》、江都陆钟辉著。明经厂本《三朝要典》，共四种，计洋三十三元。与甸卿购《云间皋胜堂诗》、淮阴杨才瑰著。东洋本《甘雨亭丛书》、《越事备考》、《弇榆山房诗略》、海州许乔林著。《图史提纲》、《水道源流》、《西涧旧庐诗稿》、上海刘枢著。《还珠堂诗钞》、仪征厉同勋著。《燹馀遗稿》、金匮侯桢著。《啸云轩诗集》、仪征程范著。《桐阁文钞》、朝邑李元春著。精刻《悦亭诗稿》、润州李预著。《闻喜县志》、《新修江宁县志》、《吴桥县志》、《重刊续纂宜荆县志》、东洋本《日本书记通证》、《兴化县志》、《滁州志》、《丰润县志》、《淮安府志》、《温县志》、《高淳县志》、《青浦县志》,共廿四种,计洋一百十一元。得徐沧粟信,借去《御批通鉴辑览》一部,计四十八册。又得吴子修函,送来钱塘《郝青门诗选》二十册,此诗系王雪岑廉访所得,余近与钱书贾长美购《青门选诗》五十六册,以子修杭人,特送伊一阅,适雪岑持此乞伊作跋,如干将莫邪两剑相合,喜不自胜,乃为撮合,请雪岑让余,以为全豹。雪岑不索书值,慨然见赠,约以他日所刻偿之,亦艺林佳话也。今岁余初得《殷无美集》于郑叔问,书中寿序数十篇而已,后段书估镜轩自粤东来,以残稿求售,阅之,无美作也。急与购取,书格字迹,是二即一,遂成合璧。最奇者段售之书,序言独少,而余得于郑者纯是序文,意即当日所散佚者欤。又与段购孙渊如校本《乾象通鉴》,书少御制序文一篇,未几邱绍周携来《乾象后编》求售,撷之则与段所购者一律,亦即二而一者也。御制序文即夹杂其中,均杨振藩手写本,亦云奇矣。伏念三书散失数十年,地隔数万里,无端而合之,文字因缘,竟至如此,殆亦文苑中仅见之奇已。特志之,以绍后人。夜阅各种书籍。

前日由章一山太史送余《康熙政要》一部,今日徐晓霞部郎赠余《拜经楼诗话》二册,海宁吴骞著。沈子培方伯送余仿宋《陵阳先生集》、宋韩驹著。《倚松老人集》宋饶节著。各一册,特志嘉惠,以冀不忘焉。

十四日 午前以是日外舅与余合请冯梦华,即在余家老宅设宴,特先诣外舅处,程平原来小坐片刻,同至老宅,未几冯梦华、吴子修同来,既而王雪岑、缪筱珊亦至,座谈未久,遂入席,席将终,杨芷姓始至，未几即散。此次董授经带来各种书籍，余与购旧钞六种，内有两种有孔荭谷手钞目录，又明刻一种，由筱珊经手，顷间已由筱珊送来矣。诸公即去，芷舛欲睹雪岑所让《郝青门诗选》，同余至益庵观之。坐阅良久，因芷舛现编诗话，将二十册全行假去。晚偕醉愚、益庵至西合兴花桂珠家宴客，余所邀者为许子颂、张让三、许玉农、郑叔问、陶拙存、章一山、周梦坡、褚礼堂、邱寅叔母舅、张弁群淡如昆季、蒋孟苹及醉愚、益庵共十四人，邀而未至者吴仓硕一人而已。席散后在楼下与让三、拙存、一山略谈，旋即登楼，复与孟苹、礼堂谈至十二句钟归。

十五日　午后汤治平、卞瑞芝来。与治平购旧钞《兰言萃腋》、嘉兴吴展成著。旧钞《海滨外史》、旧钞《杜藕山房丛书》，共三种，计洋七十五元。是日吴子修来函，借去《中书典故》、《句馀土音》两种。

十六日　卞瑞芝来，与购《阳秋馆集》、明临川帅机著。精刻《方坦庵先生诗集》、《后集》、明刻《初潭集》，温陵李贽纂辑。共三种，计洋十六元。是日郑叔问来函，并赠余吴谷人祭酒批本旧钞选文四册，此书前日曾来求售，余以选文无用还之。今忽见赠，却之则不恭，受之恐有后文，真取拒两难矣。

十七日　午后汤治平来。穆子美自苏州来，带来新刻《言旧录》、《闻过斋》印样，小坐而去。余前与京客段镜轩买《乐静先生集》，又与柳蓉村买《涉园修禊记》，均有张菊生先世旧藏图印，菊生托余留意代收，余将《乐静集》命沈明另钞一部，即将此两种备函于是日送去，即以赠之。

十八日　午后穆子美来即去。朱甸卿、汤治平来，又严、倪二书客来，与严购《看山阁全集》，黄图珌著。计洋五元。与倪购精刻《西湖志纂》，计洋七元。与治平购旧钞《榕海旧闻》、旧钞《春台赘笔》、《尚书古文疏证》，共三种，计洋五十三元。

十九日　午后穆子美来，即回苏，交以《冬青馆集》乌程张鉴著。写样，并付洋一百元而去。朱甸卿来，与购明刻小字本《文献通考》、宋马端临著。《柏乡县志》、《盐城县志》、《宝山县志》、《四明山志》、《七纬》、《偃师县志》、明刻《昭代典则》、明晋江黄光升著。《得月簃丛书》,初二集,共九种,计洋二百三十二元。以前购之仇注《杜诗》不全,扣退洋十二元,故付洋二百二十元云。

二十日　前日郑叔问送来选文,越日又以《殷无美集》跋文撰就交来,其来函虽不明言索润,备言旅况之窘,益庵、醉愚为伊说项,余思叔问才优行劣,动必索酬,此人宜疏不宜亲,因还其书而以百元赠之,以了其事。书于昨日由益庵带去,今日余备函一缄并洋百元,仍由益庵带交,醉愚亦同行。然余自识叔问以来,若殷集,若绘图,若此次,已逾千元矣,特志之。又是日章一山交到杨定敷给谏来书,并《台州金石录叙》一篇,亦以志之,以备写刻。

二十一日　午后蒋孟苹来长谈良久乃去,葛词蔚来谈。缪筱珊来翻阅各种书籍。夜偕筱珊、益庵、醉愚、子青至望平街醉沤斋夜饭,饭毕即散。余偕益庵、醉愚同车至致远街甡泰栈访郑叔问,座谈良久而归。前由筱珊经手于董授经所购之书,其书早经送来,系明初刻《文章正宗》,宋真德秀著。计洋一百八十元。又旧钞《臞轩集》、宋王迈著。旧钞《养吾斋集》、元刘将孙著。旧钞《须溪纪略》、《须溪纪钞》、宋刘辰翁著。旧钞《太仓稊米集》、宋周紫芝著。旧钞《知稼翁集》、宋黄公度著。旧钞《海巢集》,元丁鹤年著。共六种,计洋三百五十元。两共洋五百三十元,其洋即交筱珊带去矣。

二十二日　午后倪姓书客来。冯梦华来谈,述及镇江旗民近来生计断绝,几至饔飧莫继,拟设法周济,择其极苦之鳏寡孤独者,约共五百人,每月按人给予洋一元,伊与焦尧山刘朴生名钟琳,前湖南提法使。等认款一半,余一半欲余与本生父亲、雨苹伯父认之,余思此乃常年经费,每年认款一半共须三千元,故告以重以年伯之言,自当竭力报命,然募款纷繁,殊有不暇应给之势,其数未能预定,而多寡之间,终当应酬,谈良久而去。

二十三日　午后汤治平、朱甸卿来。

二十四日 朱甸卿来，携首本求售。汤治平来，与购旧钞《靖康孤臣泣血录》、宋丁特起著。旧钞《北窗炙輠录》、宋施彦执著。旧钞《南圃笔谈》、明费县高晙著。精刻《凌雪轩诗》、长洲徐夔著。明刻《小窗自纪》、明吴从先著。《汉西域国考》、番禺李光庭著。旧钞《杂录冯孟亭先生文集》，桐乡冯浩著。共七种，计洋六十六元。朱甸卿又来。嘱醉愚作函致章一山，并附去先慈行略一纸，前者刘葆良年丈为赙其友许篆卿司马之丧，特意书数种介一山求售，余因书多重复，只收三种，当取去洋一百元。后经一山复送书来，仍以不适用退还，因佩葆良文词隽妙，乞为撰文一篇，以了其事。一山以告，欣然允许。余以先慈未立家传，特请撰著，藉表懿徽，其行略即托一山交去云。

二十五日 午后朱甸卿、汤治平来。

二十六日 午前许子颂命其子松如送来元椠《玉海》宋王应麟著，共二百四卷。二十套，前庚戌冬子颂曾由醉愚为介，以董香光所书手卷暂抵余处，押洋五百元。余以子颂素知其人，虽未谋面，乃推情借贷，不取子息，一岁为期。及辛亥冬日民军起事，子颂避居海上，尔时官界一概抹煞，其况甚窘，到期未还。今年屡欲将《玉海》售余，初则索价二千元，既而五百元，余却之。迩日子颂以逋负被控，急欲了款，又由醉愚向余恳说，言明值洋一千元，将前款五百元扣还我，以五百元作为清讫。余因情面难却，允之。其集于今日送来，检点一过，尚称完善云。是日未刻，聚卿招饮戈登路寓中，先行赴约，至则尚未入席，聚卿出示各种古器，若岳鄂王砚、司马温公玉印、赵忠毅公铁如意，又出唐乐器大小忽雷，形似琵琶，两弦龙首象柱，背饰朱漆，颇古雅，聚卿二妾亦以大小忽雷名之，自称枕雷道士，亦佳话也。未几入席，同坐者为周湘舲，张石铭、徐冠南、褚絅堂礼堂昆季、沈醉愚及主人而已。出至迎春坊二弄花金铃家应葛词蔚之招，同坐者为金篯孙、陶拙存、邓秋枚、名实，广东顺德人，神州国光社之主任。费叔荃，余数人忘其名。归作函致李梅庵。

二十七日 午后沈休穆自苏州来，益庵偕至，座谈良久。汤治平、朱甸卿、钱长美均携书来看。缪筱珊、刘光珊偕来,至新斋小谈良久而去。是日刘葆良观察送来石印《山东古迹表》、红印《湖北金石志》、批校本《文选》、渊鉴斋本《朱子全书》、《四子书》一种共四部。葆良前以百元之故,托一山转致再行补送数帙,余已函致一山,请其无需再送,今竟补来,具见不虚然诺,雅意难违,受之,特志于此。

二十八日 午后朱甸卿来,与购明刻《定山先生集》、明庄泉著。《浙江砖录》、《读书杂述》、山阳李铠著。明刻《鸟鼠山人前后集》、《古均阁遗书》、海宁许梿著。旧钞《翠微南征录》、宋华岳著。《江浦稗乘》、《袖海楼杂著》、嘉定黄汝成著。《崇雅堂诗钞》,仁和胡敬著。共九种,计洋一百十五元。汤治平来。晚至老宅宴客,刘聚卿、庞莱臣、蒋孟苹先后至,既而外舅偕陆仲英、稼孙、立凡来,邢鸣远亦至,葛词蔚旋亦来,又邀沈休穆、益庵入席。作函致刘葆良,盖谢其赠书也。

二十九日 余以刻书事,在家宴客,杨芷姓、章一山、褚礼堂先后至,座谈良久。芷姓以所著《雪桥诗话》见贻,余允为代印行世。谛视其稿,亦非空言,盖于世事亦有关系也。至七句馀钟,筱珊先生始至,乃入席,除缪、杨、章、褚外,益以休穆、益庵、醉愚而已,招而未至者许子颂也。席散孟苹来。筱珊、芷姓即去。一山、礼堂小谈而去。休穆、益庵、孟苹谈至十二句钟而去。

三十日 午后以缪筱珊招饮,同外舅、醉愚前往,至则芷姓已在,座谈良久。吴纲斋来,名士鉴,钱塘人,壬辰榜眼,前官翰林院侍读学士,子修子也。梦坡亦至。又坐片刻,石铭、景韩来,遂入席,席散即出。缪处庖厨向来著名,今所宴者即自制肴也,火候尚足,味亦鲜洁,似较市庖为胜。余到后以是夕在田金花家宴客,即偕醉愚前往,计两席,此系由常熟特地备料送来,到此落镬,味亦较胜。余所邀者为庞莱臣、刘聚卿、葛词蔚、周湘云、陶拙存、褚礼堂、邢簃轩颂声昆季、张石铭、蒋孟苹、沈醉愚共十一人。席散与聚卿、孟苹、拙存小谈,未几聚卿、拙存去。与孟苹长谈至十二句钟别,余与礼堂、醉愚同车归,礼堂以时晏未坐而去。朱甸卿来,携首本求售。

十一月初一日 午后褚礼堂来长谈而去。钱长美来，与购《中书典故》稿本，计洋四十四元。朱甸卿来，与购《史记志疑》、明成化本《颐庵文集》、明周公济著。《遂溪县志》，共三种，计洋三十六元。至新宅与休穆、益庵谈。是日作函复缪筱珊。

初二日 午后褚礼堂来谈，未几去。吴仓硕来谈，偕至新斋与休穆、益庵谈。钱长美来。傍晚出门至三马路林媛媛家应孟苹、管复初之招共二席，与余同坐者为陶拙存、邢穟轩、樊时勋、褚礼堂、张绍莲、盛竹书、葛词蔚、施子英及孟苹而已。席终与张唯庭略谈而出，同聚卿至迎春四周梅云家应石铭之招，到即坐席，同坐者为周湘云、邢颂声，余则即顷间同席之词蔚、聚卿、拙存、穟轩、孟苹而已。前数日汤蛰仙年丈以明遗民朱舜水遗著索题，余作五律两首应之。又为石铭题其妇《韫玉楼遗稿》，又为山阳吴莲溪太史怀清题其《积闷述怀集唐上同馆诸公诗》，诗均有稿，兹不复赘录矣。倩醉愚作函致高太痴，并社费通年洋十二元，以昨日太痴来书，送来《希社丛编》首编廿四册，即索缴社资故也。又作函致章一山。

初三日 出至新民胡衕陈小香家应刘聚卿之招，同坐者为葛稚威、樊时勋、游小溪、吴寄尘、陶拙存、褚礼堂、蒋孟苹而已。席散同拙存、孟苹至西合兴花桂珠家，孟苹于明早启程赴京，与谈各事良久而归。嘱醉愚作函致章一山，先妣行略兹已改就，特附去托伊转交葆良年丈，请为作传也。

初四日 午后朱文海来，交以清颂堂序跋三篇，并《太乙舟集》卷七各一册，饬为写样。

初五日 午后曹揆一自松江来，名元忠，苏州人，甲午举人，内阁中书。先是揆一函致益庵，欲来访余，益庵等待已数日，今日始至，余至新斋与谈。褚礼堂来谈。汤治平来，与购明刻《兵录》，计洋二十八元。出至二洋泾桥大同栈谒汤蛰仙年丈，未晤而返。嘱醉愚作函致刘聚卿、李梅庵、陶拙存。至迎春四爱卿应邢颂声之招，同坐者为张石铭、徐冠南、张弁群、姚颂南、庞莱臣、刘聚卿及主人而已。

初六日　午后四句钟出门,偕醉愚至缪筱珊处长谈。出赴葛词蔚、徐植甫、周镜渔名儒臣,安徽宿州人,光绪乙酉拔贡,前四川布政使徐忠愍公婿也。之招。是夕在寓宴曹揆一,余所宴客揆一外为陶拙存、沈休穆、刘聚卿、孙益庵、沈醉愚、褚礼堂,邀陪未至者为李梅庵一人而已。

初七日　午后褚礼堂来,即偕礼堂、醉愚出赴聚卿之招。同坐者为曹揆一、陶拙存、沈休穆、孙益庵、沈醉愚、李审言、名详,兴化人,为刘融斋弟子。褚礼堂及主人而已。归寓,孙益庵来谈,盖明日伊以事返苏,即偕揆一、休穆同行也。嘱醉愚作函致朱古微,古微函系因休穆校书不甚精当,来岁本拟辞之,缘休穆境地极窘,寒士生涯,不忍遽绝,前日古微到来,又为之请益,乃情面难却,只得蝉联,再四斟酌,决定月送脩洋二十元,如有他项笔墨,亦在其内,请古微转嘱,此后校书,必须注意等云。其函即托益庵带交,其未尽者即托益庵转述也。

初八日　午后褚礼堂来谈。汤治平来,与购旧钞《太平治迹统类》,计洋八十元。吴蔚若姻丈已从苏州来,寓孟渊旅社,往见焉,未晤而返。吴以明日欲启程赴青岛,盖以先帝后奉安在即,由青赴京而至梁格庄也。

初九日　午后钱长美、汤治平来。与长美购精刻《碎金词谱》、精刻《九宫大成南北词宫谱》、明刻大字本《礼记集说》,共三种,计洋一百七十元。又与购《萧县志》、《建昌县志》附《舆地图》、《蠡县志》、《越南舆地图说》、《河东盐政汇纂》、《续修仲里志》、《清泉县志》、《同治宿迁县志》、《直隶和州志》、《嘉庆海州直隶州志》、《光山县志》、《连山绥猺厅志》、《徐州府志》、《汉隽》、《五河县志》、《尔雅义疏》、《鄞县志》、《四益馆经学丛书》、《南阳县志》、《汝宁府志》、旧钞《金陵杂兴》、宋苏泂著。《商城县志》、《铜山县志》、《日本外史》、《祥刑古鉴》、溧阳宋邦僡编。《湖南全省图说》、《字云巢文稿》、武宁盛大谟著。《槿花村诗词》、高邮夏昆林著。《莲溪吟稿》、秀水沈莲著。《苏台览胜词》、《斯馨堂诗集》、青田刘晡泽著。精刻《古文四声韵》、《防海辑要》、《卢升之集》、唐卢照邻著。《蔡忠烈公遗集》、明蔡道显著。《桐华诗词稿》、平湖胡金题著。《小初诗稿》，濠州王之藩著。共三十七种，计洋八十四元。

初十日 午后张菊生来谈。褚礼堂来。刘少卿、汤治平来，携书求售。前由晓霞处送来陆放翁所著《南唐书》，祥符周在浚笺注。此书缪筱珊久知其名而未之见，力赞买之，并允自己勘校，昨与晓霞谈定洋一百二十元，于今日送去。

十一日 午后钱长美、刘少卿、汤治平来。与少卿购旧钞《风庭扫叶录》、《竹垞道古录》、均秀水朱彝尊著。精刻《字鉴》，元李文仲著。共三种，计洋四十元。是夕在西合兴花桂珠家宴客，至则礼堂已在，未几拙存、一山、纯伯来，遂入席，邀而未至者为周梦坡，盖以病也。

十二日 午后褚礼堂来谈。喻志韶、章一山来谈。前由益庵作致杨定敷给谏函，即托一山带归转寄。

十三日 午后汤治平、刘少卿、朱甸卿来，均携书求售。连日阅《请缨日记》，系灌阳唐维卿景崧中丞所著，共十卷。于今日阅讫。所载为光绪壬午、癸未、甲申、乙酉间法兰西扰安南事也。夜甸卿、治平复来。

十四日 午后吴子修来，未晤而去。褚礼堂来，长谈至夜饭。朱甸卿来，与购殿板桃花纸《子史精华》、东洋本《大明律例》、《历阳典录》、历阳陈廷桂纂辑。《海雅堂全集》、番禺凌扬藻著。局刻《前》、《后汉书》，共五种，计洋一百十五元。钱长美来，与购旧钞《雪楼集》、元程巨夫著。《草堂雅集》，元顾[阿]瑛著。共两种，计洋一百七十五元。又购仿宋本《苕溪渔隐丛话》、宋胡仔著。钞本《请缨日记》、灌阳唐景崧著。殿板《御制亲征朔漠纪略》、明刻《杨升庵先生长短句》、明杨慎著。活字板《一统志案说》、明刻《万姓统谱》、明刻《古今事物原始》、《吉金志存》、宝坻李光庭辑。《台湾府志》、大字板《广西全图》、《台湾全图》、精刻大字板《清异录》、宋陶谷著。《李文庄公集》，湘潭李腾芳著。嗣以《广西舆图》石印退还。共十二种，计洋一百三十元。嘱醉愚作函致夏闰枝。

十五日　午后杨芷姓来,未晤而去。前携去之郝青门自著《说饼斋诗》已选就交来矣。朱甸卿、刘少卿来。许子颂来谈。夜汤治平来,与购明钞《观象玩占》、唐李淳风著。《回回历法释例》、亦钞本。旧钞《越史略》、《求志居集》、皖江陈世镕著。《四书补考》、精刻初印《古韵发明》、滕阳张畊著。《青虚山房集》、定兴王太岳著。《止止堂集》,明戚继光著。共八种,计洋七十元。嘱醉愚作函致李审言。是日陶拙存赠余所著《求已录》,陆纯伯赠余陈筱石制军夔龙,贵阳人,丙戌进士,前官直隶总督。奏议,特志于此,以存雅意。

十六日　午后阅京客韩芝园送来全书。又阅钱长美送来书。与刘少卿购《国子先生全集》、全椒金兆燕著。《养素堂文集》,武威张澍著。共二种,计洋十四元。褚礼堂来,夜饭后同礼堂、醉愚至南苏州路幻游火车园观影戏,到时购券,每人洋五角,入门则状如火车,前面置影片,其片内之景大半中当铁轨,影片活动自远而近,人坐其中,恍若乘车远驶,俄而两岸高山,俄而巨桥跨空,俄而驰行海线,波涛汹涌,茫无涯涘,俄而火山崩裂,烟焰涨天,所演若意大利,若加拿大等皆系外洋景物,而以英国西北铁道为最佳,加以汽笛频吹,电铃掣响,而车下轮轴震动,如奔如驰,然究是影戏,并不十分奇异也。

是日为德宗景皇帝、孝定景皇后永远奉安之期,于未时登位,袁总统派代表八人前往梁格庄敬谨致祭。青岛旧臣,颇有驰往护葬,而海上寥寥,只梁星海京卿、刘聚卿二人,若陈筱石制军、瞿子玖相国均未往,岁寒然后知松柏后凋,足可慨矣。余本欲趋诣,奈孱躯多病,时复畏寒,是以未果,但同社中如章一山、喻志韶等均愿趋赴,限以资斧难支,故亦不果。尝谓余曰,惜君不去,如亦前往,某等愿执鞭以从,盖余可任川资也。念自明诏逊位以来,此项工程,久已停止,朝野无人顾问,幸星海京卿一再向世伯轩相国续陈词,责以大义,相国乃向国务总理赵智庵总理秉钧请伊发帑重兴陵工,由赵向总统缓颊,得允饬财政部发帑办理。皇上即派星海为监督工程,时时前往察看,今之告成,皆星海之力也。伏念朝廷臣下受恩深重者不知凡几,乃皆畏葸不前，匿迹夷界，以安乐其生，独一星海南北奔驰，惟以君父之恩为念，其热心王事，甚可敬也。彼逍遥自得者，其官固大于星海，其力亦巨于星海，而漫不念及，是诚何心哉，可叹可叹，然闻星海之风，其亦稍知愧怍矣夫。

十七日 午后段镜轩、汤治平来。灯下阅长美携来各书。

十八日 午后韩芝园、段镜轩、汤治平、钱长美来。夜嘱醉愚作函唁胡漱唐。前得漱唐之母漆恭人之讣，余撰哀诔一篇，嘱礼堂缮屏四幅，特备函寄往江西云。钱长美来，与购旧钞《武林旧事》、明钞《来鹤草堂稿》、元吕诚著。旧钞《蒲阳知稼翁集》、宋黄公度著。旧钞《翁氏翁方纲家书略纪》、旧钞《竹坡类稿》、宋吕午著。旧钞《友石山人遗稿》、元王翰著。旧钞《陵阳先生集》、宋韩驹著。旧钞《朝野类要》、宋赵升集录。旧钞《全归集》、元张庸著。旧钞《存悔斋稿》、元龚璛著。旧钞《五峰集》、元李孝光著。旧钞《容甫先生遗诗》、江都汪中著。旧钞《谷响集》、元释善住著。旧钞《幻迹自警》、明殷迈著。旧钞《宁极斋稿》、宋陈深著。旧钞《丹崖集》、明唐肃著。旧钞《天籁词》、元白朴著。旧钞《玉井樵唱》、元尹延高著。旧钞《屏岩稿》、元张观光著。旧钞《中州启札》、旧钞《梅华阁集》、旧钞残本《苏魏公文集》，宋苏颂著。共廿贰种，计洋四百二十元。又购《十诵斋集》、钱塘周天度著。明刻《三国文纪》、《翁山文外》、番禺屈大均著。《小湖田乐府》、《学福斋全集》、云间沈大成著。《公忠堂集》、古燕张自德著。《玉山草堂诗集》、钱林著。《西汉年纪》、宋王益之著。明刻《吴瑞谷集》、明吴子玉著。殿板《御制律吕正义》、殿板《御制律吕正义后编》、《槐塘诗稿》、钱塘王沆著。《晚闻居士集》、萧山王宗炎著。《说文解字》、汲古阁刊本《六唐人集》、《古香楼吟稿》、汪文柏著。《梦堂诗稿》、英廉著。《昭代词选》、《清素堂诗集》、吴郡石钧著。京厂大本《历代君鉴》、《历代臣鉴》、明刻《昭明集》、仿宋本《经效产宝》、《国朝汉学师承记》、甘泉江藩著。《曝书亭集诗注》、秀水朱彝尊著。殿板残本《月令辑要》，共二十六种，计洋二百七十元。灯下余自己开各籍面叶。

十九日 午后邱绍周自扬州来谈。朱甸卿来,携首本求售。吾浔王均卿久居海上,兴办国学扶轮社,今以不能支持拆股,伊所有书籍广行招售,自己来函乞余资助而外,则借买书之名,内实欲为卒岁资也,又托湘舲说项,余于国学扶轮社中书籍,均已备购,情面难却,只得重购,因开帐一纸,备函交去五十元,以免其纠缠也。

二十日 午后段镜轩、钱长美、韩芝园、翁阆仙、朱甸卿诸书客来,均携首本求售。夜阅各种书籍。前日纯伯赠余陈筱石制军奏议,连日阅之,已竣事矣。

二十一日 午后韩芝园、段镜轩、朱甸卿来。是日徐积馀来,未晤而去。本生父亲有函致张让三,因嘱醉愚为余作函送去。又作函致吴石潜。

二十二日 午前朱文海来。午后吴石潜来,先是杨君芷姓以自著《雪桥诗话》十二卷见示,其中非但月旦之评,颇亦言中有物,余极赏之,许其付石印,石潜现办西泠印社,创设仿宋活字版排印,甚精致,余拟将《雪桥诗话》授之印行,乃与计算,约共八百纸,其印例以纸数计算,索价每纸一元,然以九角大洋计算,除纸价外排印费约须七百馀元耳。余未晤,醉愚约伊与芷姓接洽后,或授梓,或排印,再当磋商,小谈而去。段镜轩、韩芝园、郑长发、陈新斋、钱长美诸书客来。与郑长发购旧钞《知好好学录》、兰溪祝石纂。旧钞小本《温州集》,明文林著。共二种,计洋廿八元。与陈新斋购明钞《洪武圣政记》、旧钞《杨忠介公全集》、明杨爵著。旧钞《新岑集》,明会稽陶大年著。共三种,计洋四十七元。夜与褚礼堂谈。嘱醉愚作函致杨芷姓。

二十三日 午后钱彬如来,余前与柳蓉村所购之南雍本《二十一史》,散置几案,深恐遗佚,特命匠做十景箱以藏之。彬如因同木匠至此,由醉愚将书籍编排授以图样尺寸而去。出至德裕里章一山处长谈而出。夜阅戴菔塘所著《藤阴杂记》,其所记系京城中事居多,若诗话然,盖诗多而事少也。邱绍周来即去。钱长美来,与购《南村帖考》、《弢虚大师遗集》、西湖释明中著。精刻《凫藻集》、明高启著。《顾阎两先生年谱合刻》、《海笠园诗集》、钱塘俞理著。《贻安堂诗集》、仁和金渐皋著。汲古阁本冯钝吟批《中州集》，少八九二卷。共七种，计洋三十四元。又殿板《四朝诗选》，缺《明诗选》八十一卷至一百卷。共计洋二百六十六元。

二十四日　午后韩芝园来，伊有钞本数册，系卢抱经、鲍廷博所校。索价太巨还之。褚礼堂来谈。出至长吉里张菊生处长谈良久而出。是夕在田金凤家吃冬至夜饭，设宴两席，特至迎春坊宴客，客为金西林、陶拙存、王敬五、潘兰史、葛词蔚、沈醉愚，子颂后至，招而未至者为颜冠三也。是日与汤治平购精钞《书法纂要》一部，计洋三十六元。

二十五日　出至舢板厂对面答冯梦华中丞，谈良久而出。至开封路正修里访吴子修，谈良久而归。作函致张菊生。

二十六日　午后褚礼堂来，小坐而去。缪筱珊先生来。郑长发、段镜轩来，与长发购宋椠元修《十七史详节》宋吕祖谦著。共一百册，内钞配十册。计洋叁百元。嘱醉愚作函致张菊生，又致蒋孟苹。余翻阅各种书目，因检查《十七史详节》也。

二十七日　午后杨芷姓、褚礼堂来谈，小坐而去。以淞社是日在三马路桃源隐举行第十集遂往，至则已将入席矣，计到者缪筱珊、汪渊若、钱听邠、杨芷姓、喻志韶、章一山、许子颂、周梦坡、杨诵庄、刘光珊、吴仓硕、陶拙存、恽季申瑾叔昆季、潘兰史、陆纯伯、曹恂卿、钱履樛、沈醉愚、徐仲可、吕幼舲、名景端，阳湖人，光绪壬午举人，内阁中书候选道。张石铭、褚礼堂、孙益庵，又新入社者张孟劬、名尔田，江苏候补知府。张让三、名美翊，鄞县人，光绪甲午副贡，直隶候补直隶州。胡定臣名祖荫，荫生，袭三等男爵散秩大臣，邮传部参议，湖南益阳人，为胡文忠公林翼之孙。及余共廿八人，题为陶文毅公印心石屋磁器，限胡字韵，用七古体，盖桃源隐为定臣爵参议所开，以其祖文忠公婚娶时，文毅公制五彩图绘磁器，上画蜀中、扬州、苏州、京口等景，盖就文毅公平生所历付之画图也。作奁赠物也。是日主社者十人为许子颂、喻志韶、汪渊若、杨芷姓、章一山、陶拙存、恽季申、瑾叔、徐仲可、沈醉愚也。

二十八日 午后褚礼堂来即去,前由其经手日本刊本《玉简堂丛书》,已与购取,计洋八元,其洋已交礼堂带去矣。钱长美来。饭后与段镜轩长谈,其书虽已讲定数种,尚未检阅,姑俟检齐,然后付洋出帐云。昨日与朱甸卿购《退思堂文集》、靖江朱凤台著。《九疑山志》、《龙山县志》、《梅氏丛书》,共四种,计洋廿元。又购丁俭卿手批《礼记读本》,计洋五十元。昨日遗忘,特补志之。是日筱珊先生惠赠《艺风堂文续集》四册,亦志之。

二十九日 午后朱文海来,携到所刊朱印样本,付伊洋贰百元。前杨芷姓所著《雪桥诗话》十二卷,余允任剞劂之资,初拟由西泠印社排印,以价贵而出滞。复拟托商务印书馆石印,及开价目与授梓相较相去不远,乃刻本究可久长,还是刊雕合算。兹与文海订定,决计开雕,约需工资七百馀元,加以纸张印订,亦不过共费千馀金耳。言明每字仍每千洋二元二角。出至道达里,以梦坡今日为五十令诞,特往祝之。晤杨诵庄、邱稼孙。前由晓霞经手明刻嘉靖本《法藏碎金录》,宋澶渊晁迥著。计洋二十四元,其洋即交晓霞转交矣。秀水金殿臣太守镜蓉以所著《瘀气集》、《潜庐文钞》二种见赠,由拙存交来,补志于此,以不忘其嘉惠也。

十二月初一日 汤治平、金守梅来。钱长美来,同醉愚长美至法界环龙路郑氏看各种书籍,其书即结一庐故物,向在张幼樵家,民军起事,郑为南京参谋,掠为己有,现郑逋逃海外,乃将书出售,余与长美合买,共计一百三十箱,连运费及正项计洋肆千肆百元,归余则贰千贰百元耳。到后见郑氏叔侄三人,由长美秉炬导观,东西两书房箱箧堆栈,开阅数处,精印虽少,亦有可观者也。须臾即归。朱甸卿、邱绍周、段镜轩来。与邱绍周购明刻批本《说文解字》、《赚学琐著》、《秋江集注》、永福黄任著,长乐王元麟注。《张靖达公奏议》、名树声,合肥人,官两广总督。《六书会原》、明刻白绵纸《世庙识馀录》、明刻本《米元章书史》、旧钞《孟子年谱》、旧钞《大六壬》、《逸德轩诗文集》、睢州田兰芳著。明刻《诗翼》、《大晳答问》、精刻《庄子独见》、精刻《三闾楚辞》、楚屈原著。《墨憨斋新曲十种》、精刻《南唐书》、宋陆游著。《吟香堂曲谱》、《汗简》、精刻《晚笑堂竹庄画传》、《晚学集》、曲阜桂馥著。《梦园书画》、定远方浚颐著。《自怡悦斋书画录》、《登封县志》、《春秋识小录初刻三书》、原刻初印《尤西堂全集》、长洲尤侗著。《唐诗三集合编》、《蔗根集》、《今是堂喃喃录》、稽山陶奭龄著。精刻《北梦琐言》,计洋二百八十元。甸卿谈至二句钟始去。其书已与讲定,俟明日全书送到出帐。

初二日 午后段镜轩来,与购旧钞《吴都文萃续集》、明钱谷编。明钞校本《淳熙三山志》、劳巽卿批校本《重刊笠泽丛书》,唐陆龟蒙著。共三种,计洋五百元。又购《畿辅丛书》、殿板《满洲源流考》、殿板《钦定日下旧闻考》、殿板《剿逋临清逆匪纪略》、原板初印《鸿雪因缘》、殿板钦定《续纂外藩蒙古回部王公表传》、《钦定国子监志》、殿板《皇清开国方略》、殿板《西巡盛典》、殿板《八旗满洲氏族通谱》、殿板《清文鉴》、殿板《钦定增订清文鉴补编》、《总纲》、《补总纲》、殿板《御制满珠蒙古汉字三合切音清文鉴》、殿板《康熙万寿盛典初集》,共十四种,计洋五百元。金守梅来,与购《宸翰楼丛书》,计洋九元。邱绍周、朱甸卿来。与甸卿购精刊批校《中山集》、唐刘禹锡著。精刻过评《玉溪生诗集》、唐李商隐著。批校本《樊榭山房诗文集》、钱塘厉鹗著。精刻批校《敬业堂诗集》、海宁查慎行著。批校本《钱注杜诗》、唐杜甫著。校注本《胜朝殉节诸臣录》、《校经庼文稿》、嘉兴李富孙著。《柳南诗文集》、虞山王应奎著。《书影》、仿宋本《灵峰草堂丛书》、《省吾堂四种》、《正气堂集》、明俞大猷著。《补学轩文骈续集》,象州郑献甫著。共十三种,伊索价甚巨,以六折买成之,计洋二百四十四元,付之而去。褚礼堂来谈。

初三日 朱甸卿、陈立言来,与立言购明刻《见闻杂记》、明李乐著。精刻《王文靖公集》、宛平王熙著,从简子也。精刻《春霭堂全集》,海宁陈奕禧著。共三种,计洋六十元。夜朱甸卿又来。

初四日 朱甸卿来即去。

初五日 午后张让三、孙问清来,适余此间有客,邀至新斋与谈良久而去。褚礼堂来谈。钱长美、朱甸卿来,与甸卿购明刻《黄门集》、明许相卿著。《始读轩文集》、海昌查旦著。《漫恬诗钞》、吴江袁栋著。精刻《笠庭诗集》、海盐朱炎著。精刻《晦堂诗钞》、嘉兴许灿著。《续唐书》共六种,计洋四十五元。又购汲古阁刊批校本《史记》、《前汉书》、《后汉书》、《三国志》四种,计洋二百二十五元。嘱醉愚作函致章一山。

初六日 午后钱长美来,与购翁覃溪手批并校本《宋诗纪事》、本十六册,少一册。福山王氏刻《天壤阁丛书》、明刻《晞发集》、宋谢翱著。批校本《佩觿集》、《历代史表》、旧刻《畿辅通志》、批校《诗经》、《尚书读本》,共七种,计洋一百十元。余是晚在家宴客,所邀之沈子培方伯早已至矣,未几杨芷姓来,均在新斋坐,余出所购宋元椠本,请彼讨论之。据子培云余与费氏所购之《史记》,为海内孤本,若以影宋刊之,可以压倒一切椠本矣。余所邀者为沈子培、缪筱珊、杨芷姓、许子颂、章一山、褚礼堂、孙益庵、沈醉愚共八人,席散后与礼堂、益庵长谈。

初七日 午后朱琇甫、名宝莹,常州宜兴人,辛卯副贡,丁酉举人,戊戌翰林。章一山偕来,以梁节庵京卿新自崇陵回,前日由章一山送来崇陵奉安后迁奠祭品蒙古饽饽四个,约今日前往观御赏"岁寒松柏"匾额,是以一山、琇甫到此,相约同去。遂同一山、琇甫、益庵前往,至则御笔高悬,笔画甚劲。据云皇上亲笔也。中设一几,恭供翡翠牌一块、金表一只,皆孝定景后御用之物,赏之以志遗念。其时拙存、志韶、聚卿、积馀均在,须臾醉愚亦至,听节老述陵寝及召见时事,皇上颇聪颖,潜龙勿见,真可慨也。出同至钱听邠处小坐而归。夜饭后褚礼堂来,因十二日淞社第十一集归余主社,拟出覃溪手纂《四库全书提要》真迹索题,因饬仆人将真迹检出,嘱礼堂、益庵翻之,余亦同为检阅,以便缮一节略,请同社诸公题耳。

初八日 午后缪筱珊来,邀入新斋小坐。朱甸卿、邱绍周携书求售，略坐而去。余至新斋与筱珊谈，以梦坡举行消寒第一集，筱珊遂约偕行，余与醉愚同赴至已客已纷来，观戴子开观察启文，丹徒人，前浙江候补道。家藏其叔曾祖羡门尚书三锡春帆入蜀图，图中题诗甚多，展玩良久始入席，同坐者为戴子开、缪筱珊、钱听邠、吴子修、汪渊若、刘语石、沈醉愚及主人而已。子开即席约十五日由伊在九华楼主席。是日题为《边袖石诗稿》征题，袖石名浴礼，任丘人，嘉道间词场耆旧也。诗曾付刻，此稿或云未刊，梦坡得之武林肆者也。

初九日 午后朱甸卿、钱长美、邱绍周来，与绍周购汲古阁刊本《元人集十种》、《榕园丛书》，计洋一百元。汲古阁刊《元人集》，经筱珊估价，书虽罕见，究亦寻常之本，极多五十元，乃绍周再四称说，索值百元，欲不购，则又必欲劝余，出值八十元，非所愿也，亦以酬应而已。朱文海来，以外舅所委，将谱交伊写样一份，并交以各序跋而去。冯梦华来，未见。褚礼堂来。朱甸卿复来。

初十日 午后同醉愚饬仆役等将放置新斋楼上之书籍，移放外舅所居之屋内，自外舅去后，是屋为金淇州、沈醉愚合租，余化出连厢楼一间以放书籍。段镜轩来，云于明日赴京，余托伊带去素纸三束，请伊代求笔墨耳。

十一日 午后汤治平、朱甸卿来，与甸卿购《弇山诗钞》、山阴王霖著。精刻《宛委山人诗集》、山阴刘正谊著。明刻《沈忠敏公龟溪集》、宋沈与求著。《交翠轩笔记》、《吴门画舫录》、《孙月峰先生集》、[明]姚江孙[鑛]著。《朱少师奏疏钞》、明朱燮元著。《道山堂全集》、闽中陈轼著。精刻《金兰集》、《杲堂诗文钞》、甬上李邺嗣著。明刻《易参》、明喻安性著。《湛园杂记》、慈溪姜宸英著。明刻《十赉堂甲集文部》、明吴兴茅维孝著。明刻《西楼记》、明闽中邓原岳著。旧钞《中兴纲目》、明吴兴徐树丕辑。《宝研堂文集》，靖安舒化民著。共十六种，计洋一百九十六元。前购之《乌鼠山人小集》，检阅不全，仍以退还，扣除原价三十元，故付洋共只一百六十六元。晚至邓脱路访缪筱珊，请其评阅书籍，略谈而出。

十二日 午后汤治平、朱甸卿来。是日淞社第十一集,归余主席,假座小有天。傍晚偕益庵前往,至则客已纷至,计到者为刘葆良、缪筱珊、胡定臣、刘聚卿、吴子修、吴仓硕、刘光珊、章一山、长尾雨山、唐元素、杨芷姓、程子大、杨诵庄、张让三、陶拙存、周梦坡、胡幼嘉、名念修,岩州人,前官江苏候补道。恽瑾叔、褚礼堂、喻志韶、潘兰史、郑叔问、钱履樛、张石铭、许子颂、白石农曾麟,北通州人,前官盐大使。也诗曾然,北通州人,前官两淮运判。昆仲、费景韩、赵浣荪、徐仲可、曹恂卿、孙益庵、沈醉愚,连余共三十四人,计四席。邀而未至者为汪渊若、吕幼舲、李梅庵、陆纯伯、朱念陶、钱听邠、李审言、恽季申、潘毅远而已。余将所购翁覃溪学士手纂《四库全书提要》真迹索题,当经带去两箱,四座传观,均言不易得云。席散后以在迎春坊田金凤家宴客,遂同拙存、履樛、醉愚、益庵前往,须臾入席,又添一盂苹而已。作函唁曹揆一,以揆一为其父设奠也。

十三日 午后汤治平、陈新斋来,与治平购明板《旧京词林志》、精刻《魏郑公谏录》、明刻《杨文敏公年谱》、精刻《一瓢斋诗话》、河津薛雪著。精刻《古列女传》、精刻《渔洋书籍跋尾》附《钝翁说铃》、《藩镇指掌编》、《持静斋书目》、《西湖志类钞》、明刻《薛考公集杂钞》,共十一种,计洋四十六元。朱甸卿来。夜饭后偕益庵、醉愚至致远街甡泰连记访郑叔问,长谈而归。余将钱长美携来首本检阅之。

十四日 午后朱文海来,以购板片预借洋二百元,交以《元秘书志》两册,嘱为写样而去。邱绍周来,余处前在南京购有《学津讨原》残本,绍周欲之,将明刻《水东日记》、昆山叶盛著。《诗经类考》、《二思堂丛书》福州梁章钜编。三种向余掉换,初时说定四十元,伊将此三种强余换去,其实此三种所值不到三十元耳,甚矣书估之欺人也。朱甸卿、陈新斋来,钱长美送第二次书来。夜阅各种书籍首本。

十五日 午后以消寒小集第二次,偕醉愚出至石路久华楼应戴子开之招,到则听邠已至,余皆未来。小坐则语石、筱珊、子修、渊若陆续至。是日梦坡以葬其庶母回浔,渊若仍偕吕幼舲来,盖子开之叔曾祖羡门尚书春帆入蜀画卷，为幼舲之曾祖名炳星进士所绘，故特邀幼舲至也。余为题词一阕。客齐即入席，殆散则已上灯矣。是日陈新斋来售书，与购明刻《熊南沙文集》、明蜀郡熊过著。明刻《祝氏集略》、明祝允明著。《刘坦斋文集》、明刘如孙著。明刻《蠛蠓集》、明卢柟著。明刻《吾善斋文集》、明薛天华著。明刻《凌练溪集》、明凌震著。《高文襄公全集》、明新郑高拱著。明刻嘉靖本《刘子威集》、明长洲刘凤著。明刻《张庄禧集》、明张永明著。《许钟斗文集》、明许獬著。明刻《长铗斋集》、明上海冯迁著。《弘艺录》，明仁和邵经邦著。共十二种，计洋九十六元。

十六日 午后唐元素来，宋澄之名文蔚，江苏溧阳人，戊子副贡，甲午举人。偕来，欲观余所得翁覃溪手纂《四库全书提要》墨迹，余出数箱示之，坐谈良久而去。徐仲可名珂，浙江仁和人，己丑举人，内阁中书，为花农侍郎之堂弟。来，略谈而去。

十七日 午后汤治平来，朱甸卿、钱长美来。郑叔问来，邀至新斋小坐，余往谈，晤褚绎堂，礼堂来，均在此间夜饭。夜阅各种书本。

十八日 午后汤治平来，与购《聪山集》，申涵光著。计洋一元。朱甸卿来，与购批校本明刊《史记》、汉司马迁著。明钞棉纸《清容居士集》、元袁桷著。明刻《国朝名臣录》、精刻《景行录》，桐川李楷著。共四种，计洋九十元。嘱益庵作函复梁节庵京卿，明日益庵将返苏州，偕子青同去，今夕设宴款之，坐无他客，除叔问、镜蓉外，止益庵、礼堂、醉愚、子青、彬士而已。席散后与叔问、礼堂、益庵、醉愚谈。礼堂先行。叔问长谈，娓娓不倦，至二句馀钟犹无归意，余等皆倦而思卧，将及三句钟始去。

十九日 午前梁节庵来辞行，将赴崇陵种树，未晤而去。午后陈新斋、朱甸卿来，与甸卿购陈仲鱼手稿《礼记参订》、精刻《澄观堂随笔》、《为可堂全集》、梅里朱一是著。《剩圃诗集》、宣城施瑮著。《玉函山房辑佚书》，此书送沈子培。共五种，计洋一百八十元。傍晚偕益庵、醉愚至麦根路福源里送梁京卿，未晤而出。以是日淞社十二集，由吴子修、褚稚昭、周梦坡、杨诵庄四人主社,在三马路小有天设宴,到者为许子颂、缪筱珊、吴仓硕、郑叔问、钱听邠、恽季申、汪渊若、刘光珊、恽瑾叔、胡定臣、喻志韶、杨芷姓、潘兰史、唐元素、朱念陶、白石农、陆纯伯、白也诗、曹恂卿、钱履樛、吕幼舲、沈醉愚、张石铭、费景韩、徐仲可、戴子开、孙益庵、褚礼堂、程子大、章一山、陶拙存及余并主人而已。席将散,刘聚卿来。散后余与礼堂、醉愚、益庵至西合兴花桂珠家谈良久而归。是日题为寿苏雅集,不拘体韵。

二十日 午前,孙益庵今日动身,余赠以年敬二十枚,乃送之行。在益庵处晤一山,未几去。朱文海来。午后出至兆丰路答徐积馀,略谈而去。又至北四川路全福里答徐仲可,小谈而归。嘱醉愚作函致沈子培,并送以《玉函山房辑佚书》一部。

二十一日 午后陈新斋来。傍晚至小华园秦雅云家应周湘舲之招,同坐者为田鹭洲、名文彝,旗籍,国变后改姓田,前苏藩效述堂方伯曾之子,现为江苏盐捕营统。王耀斋、庞莱臣、张石铭淡如昆仲、刘聚卿、王绶珊及主人而已。席散至甡泰栈访郑叔问,长谈,为余开方,久坐而归。

二十二日 午后邱绍周来,与购《词综》,计洋十元。陈新斋来,与购明刻《崔东洲集》、明崔桐著。明刻《枫山集》、明章懋著。《黄杨集》、元华幼武著。明刻《徐文长全集》、明徐渭著。旧钞《定山先生全集》、明庄泉著。明刻《邹南皋先生集》、明邹尔瞻著。明刻《槐野先生存笥稿》、明王维桢著。《大愚集》、王铣著,孟津人。明刻《白沙子全集》、明陈献章著。《吴康斋先生集》、明吴与弼著。《海忠介公集》、明海瑞著。《亦云堂稿》、明沈鲤著。明刻《聂贞襄公文集》、明聂豹著。明刻《完庵先生诗集》、明刘珏著。明刻《西林全集》、明安绍芳著。《圣雨斋初刻》、檇李周拱辰著。明刻《丘隅集》、明乔世宁著。明刻《吴歈小草》、明娄坚著。《海岸道人集五种》、明黄端伯著。明刻《棠陵文集》、棠陵方豪著。《白苏斋集》、明袁宗道著。明刻《纺授堂诗文集》,明曾异撰著。共二十二种,计洋一百九十五元。钱长美来,与购《安甫遗学》、歙江承之著。

《十经斋文集》、嘉兴沈雍著。《云樵诗稿注释》、元韩璧著。《乖崖先生文集》、宋张咏著。《拜竹诗堪诗存》、嘉兴冯登府著。《扶雅堂诗集》、杨炳春著。《直隶定州志》、《怀远县志》、《审音鉴古录》、《王宽甫诗词》、高邮王敬之著。明刻《王襄敏公集》、明王越著。精刻《元次山集》、唐元结著。精刻《秋锦山房集》、秀水李良年著。精刻《皆春园集》、明陈完著。《綦江县志》、精刻《陆稼书先生年谱》、《汇刻九金人集》,共十七种,计洋八十二元。

二十三日 午后三句钟出门,至三马路醉沤斋应缪筱珊消寒三集之招,醉愚同往,其时吴子修、戴子开已至,坐良久,刘光珊、吕幼舲、钱听邠先后来,周梦坡亦至,遂入席,甫入座,汪渊若亦来。题为祝灶,以初白翁"此意天能谅,吾非媚灶人"分韵,以齿得字,余拈"人"字焉。席散后即归。褚礼堂来。

二十四日 邱绍周来,伊所荐陈耀庭在此间修书,其人甚懒,每日所修寥寥,且常他出,余即遣去,盖趁绍周在沪也,给以盘川四元而去。刘少卿、汤治平来。傍晚穆子美来长谈,交来印样两册,伊云今岁刻资准可再结,仍预支三百元为度岁资云,余允之而去。夜柳蓉村来谈。

二十五日 午后邱绍周来,与购旧钞《嘉禾志》一册,计洋八元而去。陈新斋来。戴子开偕其子鹤皋名振声,浙江知县。来,小谈而去。吴仓硕来谈。傍晚偕醉愚至邓脱路访缪筱珊,余今岁为刻书事累次奉劳,又曾为余作《清颂堂序》一篇,送伊年敬洋一百元,又给仆人洋十二元,长谈而出。夜柳蓉村来,与购仇实父所绘绢本汉宫春晓手卷,经礼堂审定云是真迹,计洋一百三十五元。余向有吕焕成所画汉宫春晓手卷,亦系绢本,去年消寒雅集,曾经征题,故与购也。

二十六日 午后刘少卿来,朱甸卿来。与少卿购明刻《太函集》、明汪道昆著。明刻《储文懿公集》、明储巏著。明刻《刘子威续集》,明刘凤著。共三种,计洋六十元。褚礼堂来,伊以度岁短资,携书籍数本,欲向余抵洋二百元,余见其书不佳,还之,乃许其预支束脩五月,计洋一百元,其洋即已交之。陈新斋来即去。出至麦根路访冯梦华长谈良久,并交家谱四册,乞伊作序。伊所办镇江旗民鳏寡孤独四种,月给口粮,俾资生活,每月约需五百元。前曾来过,欲向余劝募常年经费每月百元之数,今与本生父亲磋商之下,拟不认常年捐,合助洋一千元,此意已与梦华说定矣。夜陈新斋送全书来。

二十七日 午前陈新斋来,与购明刻《恭肃公集》、明周用著。《路文贞公全集》、明路振飞著。明刻《檀园集》、明嘉定李流芳著。旧钞《曹月川先生夜行烛》、明曹端著。明刻《太乙山房文集》、明陈际泰著。《天全堂集》、明安希范著。明刻《朱枫林集》、明朱升著。《绿晓斋全集》、松陵卜舜年著。明刻《王具茨集》、明王立道著。《李卓吾先生读升庵集》、明刻《陈眉公先生集》、明陈继儒著。精刻《输寥馆集》、吴趋范允临著。《纶滮全集》、明龙膺著。《倪文贞公集》、明倪元璐著。《蟛蜞集》、明林嵋著。明刻《罗近溪集》、明罗汝芳著。《简斋先生诗文选》、明曲周刘荣嗣著。明刻《珂雪斋集选》、明公安袁中道著。《范文忠公初集》、明范景文著。明刻《三易集》、明唐时升著。明刻《逍遥园集选》、明穆文熙著。明刻《皇明文征》、明刻《高文襄公遗书》、明高拱著。明刻《睡庵稿》、明汤宾尹著。明刻《天目先生集》、明吴兴徐中行著。明刻嘉靖本《庄渠魏先生遗书》、明魏校著。明刻《西隐文稿》、明宋讷著。《甘泉文集》、明湛若水著。精刻《冯用韫先生书牍》、明冯琦著。明刻《琏川诗集》、明吴兴施峻著。明刻《赐馀堂集》、明晋陵吴中行著。明刻《魏子敬遗书》、明魏学洢著。《茅洁斋集》、明茅僧昙著。明刻《几亭文录》、明陈龙正著。《刘文烈公集》、明刘理顺著。明刻《王铨部全集》、明淄川王教著。《左忠贞公集》、明左懋第著。明刻《医闾集》、明贺钦著。明刻《敬斋集》、明胡居仁著。《顾端文公遗书》、明顾宪成著。明刻《靳雨城先生集》,明靳学颜著。共四十一种,计洋三百十元。午后得胡漱唐侍御来函,并赠以所著《驴背集》,余阅之,则纪庚子时事者也。朱甸卿、钱长美来,与甸卿购《南园文存》、钱澧著。《七经纪闻》、上元管同著。《启东录》、《周氏词辨》、《丧服会通说》、《苏许公文集》、《魏公谭训》、宋苏颂著。《莲子居词话》、海宁吴衡照著。《洛学编》、睢州汤斌著。《香草居集》、嘉兴李符著。《碧城仙馆诗钞》、钱塘陈文述著。明刻《广雅》、《桂馨堂集》、嘉兴张廷济著。《玉池生稿》、长白岳端著。《金石一隅录》、《晚翠轩笔记》、彝山张丙炦著。《西陲要略》、寿阳祁韵士辑。《异域录》、《钱塘遗事》、元刘一清著。《砚林诗集》、钱塘丁敬著。《弇山毕公秋帆年谱》、《西泠仙咏》、明刻《诗准》、《鹤泉文钞》,太平戚学标著。共二十四种,计洋一百元。因前购之《续唐书》,其书失去,扣除洋八元,故实付羊九十二元。与长美购《舒艺室随笔》、南汇张文虎著。旧钞《木钟集》、宋陈埴著。明刻《北堂书钞》、《云台山新志》、《广陵诗事》,仪征阮元记。共五种,计洋四十元。夜间褚礼堂来谈。

二十八日 午前朱文海来,持到通年清帐并印样六册,前八月中秋节所假之五百元,已经按月扣清,今又欲借洋四百元,又支印书纸料洋一百元而去。许子颂来谈。

二十九日 阅《驴背集》已竟,虽系七绝,颇具本朝故实,其纪拳匪肇祸联军入京事甚详也。今日缪筱珊赠余《龙凭纪略》、《藤峡纪闻》、均明钱塘田汝成著。《春雪亭诗话》、武康徐熊飞著。《渚山堂词话》,德清陈霆著。均钞本,余当即作函谢之。

三十日 午前阅《玉堂荟记》印样。明末杨士聪著,荷水人。

1914年(甲寅,民国三年)

正月初一日　午饭后许冠英来,名省诗,江苏候补知州,入民国为宜兴知事。略谈而去。夜阅《庚子国变记》。罗惇融著,广东人。

初四日　午后至朱文海刻字处一转即归。

初六日　一山来谈,借去明遗民书数种。

初七日　午前陶拙存来,借去《校经庼文集》一部。是日钱听邠在家中举行消寒第四集,未赴。

初十日　午后朱文海来。缪筱珊来略谈而去。

十一日　午后唐元素、喻志韶偕来,略谈而去。

十三日　午后二句钟同醉愚出至戈登路应刘聚卿之招,聚卿出示各种古器及宋元精椠,到者汪渊若、钱听邠、喻志韶、章一山、陶拙存、刘语石、唐元素、杨芷姓、张石铭、沈醉愚、钱履樛簪桐昆弟、周湘舲。席散后聚卿赠以《小忽雷传奇》并双忽雷影片。是日题为上灯节集楚园题双忽雷。嘱醉愚作函致吴子修絅斋乔梓,子修借去乾隆朝《东华录》五十七册,即于函中附去。是日希社高太痴具柬来邀,未赴。

十四日　嘱醉愚作函致徐仲可,盖谢其《说部撷华》之赠也。

十五日　夜阅去年买书帐目。

十七日　是日消寒五集,由余主席,戴子开、刘语石来,小谈。子颂亦来,子颂本不在消寒之列,是日之来适然也。坐须臾,邀往老宅,渊若已在,未几筱珊、幼舲、子修先后至。梦坡以赴杭不来。六句馀钟始入席,甫就座,听邠至,遂相谈燕,甚娱乐也。是日诸君以贺余得第二子为题,不拘体,亦不分韵。

二十日 陈新斋来，与购明刻《甑甄洞稿》、明武昌吴国伦著。明刻《甑甄洞续稿》、明刻《李中麓闲居集》、明章丘李开先著。明刻《雪涛阁集》、明西楚江盈科著。明刻《思玄集》、明海虞桑悦著。明刻《观槿续稿》、明淮南吴敏道著。明刻《考功集》、明薛蕙著。明刻《丰对楼诗选》、明甬东沈明臣著。明刻《弘明集》、明刻《休休斋集》、明古鄞管大勋著。明刻《白雪楼诗集》、明李攀龙著。明刻《冯元敏集》，明吴郡冯时可著。共十二种，计洋二百四十四元。阅梁茝邻中丞《退庵自订年谱》。是日淞社第十三集，由朱念陶主席，兼为九老作会，九老者，嘉兴吴颖涵观察昌言年八十二、海宁许子颂大令溎祥年七十四、丹徒戴子开观察启文年七十一、安吉吴仓硕大令俊卿年七十一、江阴缪筱珊参议荃孙年七十一、太仓钱听邠刺史溯耆年七十一、阳湖汪渊若太史洵年六十九、阳湖刘语石广文炳照年六十八、钱塘吴子修提学庆坻年六十七，到者共二十馀人，题为唐白傅生辰兼仿香山故事续举淞滨九老会即事赋诗，不拘体韵。余以身未健适未赴。

二十一日 褚礼堂来，留夜饭，饭后与礼堂谈。

二十二日 傍晚褚礼堂来，留夜饭，饭后与礼堂谈至十一句钟去。嘱醉愚作函致张菊生。夜阅《退庵随笔》。福州梁章钜著。

二十三日 偕醉愚出至清和坊春宵楼应许子颂之招，同坐者为钱听邠、刘语石、周梦坡、史叔起、都小蕃、沈醉愚及主人而已。

二十四日 至三马路秦雅云家应周梦坡之招，同坐者为许子颂、潘兰史、姚本泉、陶拙存、陆纯伯、陈桂题、沈醉愚及主人而已。

二十五日 午前以沣弟及杞儿入学，在老宅斋梓潼帝君，送沣弟入学，至纪仲景师处叩谒，遂挈杞儿归，亦送入新斋，拜孙益庵为师。是日为开日，启蒙大利，入塾者甚多。午后阅教科书，因近来新教科书，市上所购者大都提倡革命，此种不经之书，余甚痛恨。念入学读书为孩童立身之始，万一邪言乱性，流害何穷。是以特购旧教科书，犹恐莠言未删，故亲自阅之。夜宴损益庵于寓斋，复邀褚礼堂、俞子青、陈桂题、孙镜蓉、沈醉愚、金淇舟同饮焉。

二十八日 益庵偕章一山来谈,褚礼堂亦来,留夜饭,饭后复与一山、礼堂谈。是日希社第十五集,由陆甸孙司社,题为现实治安策和高青邱梅花诗新柳词,余未赴。

二十九日 午后朱文海来,支去刻资洋贰百元。本月刻资约需洋三百元左右,去岁底所借之五百元,言明按月扣除百元,故付之此数云。

三十日 夜以在迎春坊田金凤家宴客,遂至其处,汪渊若、钱听邠、金西林、钱履樛已在,未几孙益庵、沈醉愚、潘兰史、喻志韶、章一山、褚礼堂先后至,吴仓硕、陶拙存、许子颂亦来,甫入座,朱念陶来。召妓征歌,极一时之兴。须臾席散,刘聚卿来,诸公复谈良久而去。是日邀而未至者惟莱臣、语石二人而已。

二月初一日 夜阅梁茝林所著《退庵随笔》。

初二日 褚礼堂来即去。朱古微来小谈而去。缪筱珊来谈。

初三日 午后梁节庵自梁格庄寄赠孝定景皇后周年大祭饭馀饽饽,遣使送来。忆自去岁至今,两蒙饽饽之馈,物皆出自天家,良可感也。晚偕醉愚出至迎春三林书昭家应刘聚卿之招,同坐者为缪筱珊、林誉书、张石铭、褚礼堂、潘兰史、沈醉愚、邢颂声及主人而已。

初四日 余今晚宴客于家,唐元素来,未几杨芷姓来,坐良久,朱古微至,喻志韶、章一山亦来,遂入席,益庵、醉愚亦在座,惟缪筱珊先生邀而未至耳。

初五日 柳蓉村、汤治平、朱甸卿携书来看。傍晚出至三马路醉沤斋应张石铭之招,同坐者为钱听邠、刘语石、吴子茹、陶拙存、章一山、费景韩及主人而已。

初六日 出至棋盘街商务印书馆访张菊生,不值。乃至公阳里题红馆处应陶拙存之招,至则为时过早,与拙存谈良久,客陆续至,同坐者为张云卿、袁静生、名长坤,上虞人,今充上海电报局长。张绍莲、刘聚卿、徐冠南晓霞昆仲、张石铭及主人而已。

初七日 午后褚礼堂来谈。朱甸卿来。孙益庵来谈。是日消寒第六集，由吴子修、沈醉愚主席，在三马路小有天约四句钟入席，余以待颜冠三迟往，及六句钟未至，只得前赴，客已齐，遂入席，筱珊病未痊可，梦坡赴杭，渊若赴常，而子开、语石、听邠、幼舲均至，余与主人只七人。题为岳武穆庙精忠柏歌。

初八日 午后柳蓉村来，与购精刻《空明子诗集》、华亭张荣著。《盛百二诗文集》、附笔谈一种。《梦笺诗屋诗集》、怀宁余鹏年著。《载石堂诗稿》、溧阳宋之绳著。《莪原堂初集》、海宁查初揆著。《春星草堂诗稿》、海盐吴熙著。《闵子世谱》、《古雪堂诗集》、长洲金露著。《柳待制文集》、元柳贯著。《吴中二布衣集》、吴县陆鼎、长洲顾承著。《怀舫诗集》、《祁忠惠公集》、明祁彪佳著。《鹿干草堂集》、槜李屠廷楫著。精刻《大雅堂初稿》、勾吴邹元锷著。《退思轩诗集》、海盐张腊著。《陈本礼丛书》、《槎溪艺菊志》，共十八种，计洋一百五十五元。晚出至小华园怡红轩应张石铭之招，同坐者为钱听邠履樛乔梓、喻志韶、章一山、刘语石、潘兰史、吴仓硕、沈醉愚、费景韩及主人而已。席散偕醉愚至望平街时中书局看书，出示书目，余所购备者十有八九，而索值甚巨。据云系利川书室主人汤济沧所寄售也，未购而归。

初九日 午后柳蓉村、汤治平、朱甸卿来。又倪姓书客来，与购《泉州府马巷厅志》，计洋二元。四句钟时出与益庵至春江里孙端甫家访朱古微，不遇。出至谦吉里访缪筱珊，因其小病未痊，由其次君子彬陪余与益庵登楼谈良久始出。至晋升栈访古微，谈良久而归。

初十日 午后柳蓉村、朱甸卿来，徐志炘持其叔仲可书来见，余未晤，嘱醉愚见之。

十一日 朱甸卿来。戴鹤皋来，携到仇实父所绘册页求售，据云系友人所托，余阅之盖赝本也，出示去岁所得汉宫春晓，谈良久而去。褚礼堂来，留夜饭，饭后与益庵礼堂谈。嘱醉愚作函致缪筱珊，又致蒋孟苹。

十二日花朝节 午后柳蓉村来，与购嘉靖本白绵纸《明伦大典》、明刻本《邓文洁先生佚稿》、明刻白绵嘉靖本《衡门晤语》、明新都潘京南辑。《松泉文集》、休宁汪由敦著。《曹倦圃尺牍》、槜李曹溶著。《海昌备志》,共六种,计洋八十四元。朱甸卿来,与购《湖山类稿》、宋汪元量著。《河汾诸老诗集》、《草亭先生文集》、吴江周篆著。《淮南杂识》、镇洋闻益编。《画舫馀谭》、《恩福堂笔记》、吉林英和著。《恩福堂诗钞》、吉林英和著。《沈氏群峰集》、长洲沈清瑞著。《洗桐轩文集》、甘泉李周南著。《袖海楼杂著》、嘉定黄汝成著。《楹书隅录》,共十一种,计洋四十元。

十三日 朱甸卿来。夜阅《恩福堂笔记》,系大学士英和著,其书毫无趣味,文章学问,了无关系,仅记其家之遭际,与潘文恭公《赐福堂笔记》同一类也。

十四日 午后朱甸卿来,与购明钞本白绵纸《国朝典故》全部,计洋二百元。

十五日 午后柳蓉村来。夜阅梁茝林所著《退庵随笔》。

十六日 午后柳蓉村来。孙益庵偕张孟劬来谈。余偕醉愚出至石路久华楼应汪渊若、吕幼舲消寒第七集之招,到时戴子开、缪筱珊、钱听邠、周梦坡、刘光珊及主人已至,惟吴子修因病不来。是日席间适有刀鳞,即以此为题,不拘体韵。

十七日 午后柳蓉村来。

十八日 午后柳蓉村来,与购稿本《东山外纪》、《敬修堂杂著》、《敬修堂诗钞》、均海宁查伊璜著。明成化本《圭斋文集》、元欧阳元著,士礼居有跋。明刻《盐邑志林》,共五种,计洋三百元。夜阅《张忠烈公集》。明张煌言著。

十九日 出至麦根路福源里访梁节庵,不值,遂归。是日缪筱珊送来旧钞《松乡先生集》,元任士林著。计洋四十元。

二十日 朱甸卿来。嘱醉愚作函致缪筱珊。

二十二日 午后柳蓉村、朱甸卿来,与甸卿购明板绵纸《乐历全书》、《陈氏小琅嬛馆丛书》、福州陈寿祺著。《画学心印》、《多忠勇公勤劳录》、多忠勇公名隆阿。钞本《朴谷斋诗文集》、新城人陈希曾著。《鄱阳县志》、《续萧县志》、《邳州志》，共八种，计洋九十四元。夜褚礼堂来。夜阅《国粹学报》。

二十三日 午后梁节庵京卿来谈，小坐而去。

二十六日 朱甸卿、柳蓉村携书来看。

二十八日 是日消寒第八集，由梦坡主席，招饮于道达里寓斋，余以身体欠舒未赴，醉愚往焉。

二十九日 倪子卿来，与购《应潜斋文集》、仁和应㧑谦著。《范石湖诗集》、宋范成大著。《曼陀罗华阁丛书》，共三种，计洋四十五元。朱甸卿来，与购明刻万历本《林见素全集》、明林俊著。明刻《山斋全集》、明郑岳著。国初精刻《托素斋全集》、长汀黎士弘著。《用六集》、伊祁刁包著。《孙高阳全集》、明孙承宗著。《海秋诗集》、益阳汤鹏著。《昆新两县续修合志》、《交河县志》、《陇州正续志》、《高阳县志》、钞本《贰臣传》、钞本《逆臣传》，共十二种，计洋壹百廿四元。柳蓉村来。

三十日 午后褚礼堂来。徐子云来，与购明刻《方简肃公文集》，明方长永著。计洋六元。柳蓉村来，与购稿本《先甲集》、海宁查伊璜著。《后甲集》、亦伊璜著，后少二卷。稿本《彭侍御公书牍》、海盐彭宗孟著。稿本《彭太仆若水集》又《尺牍家书》、海盐彭期生著。稿本《问叶居草稿》，海盐彭□□著。共六种，计洋叁百廿四元。又明刻白绵纸《竹洲文集》、宋吴儆著。明刻《杨铁崖集》、元杨维桢著。明刻《吹景集》、明乌程董斯张著。精刻《四溟诗话》，明谢榛著。共四种，计洋六十六元。

三月初一日 晚褚礼堂来谈。

初二日 午后朱甸卿来。

初三日 褚礼堂来谈，晚与礼堂益庵谈，至十二句钟去。

初四日 午后出至爱文义路访程平园，晤谈良久，复至舢板厂访冯梦华，又至开封路访吴子修，均茗谈良久而去。

初五日 午后至老宅账房小坐，未几程平园来谈，至一句馀钟吴子修、冯梦华、缪筱珊陆续至,时已四句馀钟,遂入席,甫饮,则一山至,益庵亦在座,醉愚因子病不来,礼堂来时则席已散矣。此席本请梁节庵及沈子培作陪,乃梁赴广东扫墓,沈则赴樊山饮约坠车,均辞不至,余客已邀定,仍燕饮焉。

初六日 午后卞瑞芝携书来看。夜礼堂来谈,阅伊交来书帐。杨诵庄为余书楹帖一联,嘱醉愚作函复之,并送去润资洋两元。

初七日 午后至老宅,以是日为消寒第九集,由余主席,摄影为图,以纪鸿雪,乃汪渊若、刘光珊、吕幼舲、钱听邠、戴子开先后至,缪筱珊、吴子修亦来,待梦坡久不至,遣仆人催请,则云已经他出,不知何往。醉愚次子病垂危,来而复去。摄影者来此已久,余恐其不耐久待,乃自照两张,又为杞儿照一纸,待至五句钟时天已雨,而仆人亦从道达里归,无可奈何,遂即摄影,所缺二人,则请吕幼舲记中叙述之。遂入席,席散归寓。是日题系以十春分拈,余拈得“问春”,限七律,不拘韵。

初十日 阅朱甸卿携来各种书籍。夜阅《储云溪文集》。名掌文,宜兴人,康熙朝举人,官纳溪知县。

十一日 午后柳蓉村、朱甸卿来。汤治平送全书来,与购明刻《张净峰文集》、明张岳著。明刻《李文节集》、明李廷机著。《问鱼篇》、檇李周拱宸著。《安阳县志》、《云溪文集》,宜兴储掌文著。共五种,计洋廿六元。褚礼堂来,章一山来,长谈至晚而去。吴昌硕来时已晚,谈良久去。

十二日 午后柳蓉村来。章一山来谈。朱甸卿来,与购《山草堂五种》、系明刻,明京山郝敬著。《笥河诗文集》、大兴朱筠著。《蜀典》、武威张澍辑。《平津馆文稿》、阳湖孙星衍著。《张文毅公奏稿》、泾阳张芾著。《冷斋夜话》、宋释惠洪辑。《妙香馆诗文钞》、苏完铭岳著。精刻《为政忠告》,元张养浩著。共八种,计洋三十三元。复与一山谈。夜阅昨今所购各种书籍。

十三日 朱甸卿来,与购元刊《列子》,计洋五十六元。许子颂来谈良久而去。柳蓉村来，与购明万历精刻《人境阳秋》、稿本《三馀摭录》、海盐周广业著。明刻《颂天胪笔》、明刻《苍梧总督军门志》，共四种，计洋二百二十元。是夕在迎春坊田金凤家宴客，到者为子颂、桂题、镜蓉、礼堂、醉愚，邀而未至者则兰史、纯伯也。

十四日　午后吴仓硕来长谈而去。褚礼堂来即去。

十五日　午后章一山来谈，一山前日携来《永乐大典》钞本四册，计洋四百五十元，于今日交之。又日前缪筱珊送来《毛诗》单疏、《春秋》单疏，均属残本，系从日本文库录出，当时以叶计算，钞资每叶三角，《毛诗》共计八百八十一叶，计洋二百六十四元三角。《春秋》则不计叶，价洋三十元，该款于今日交去。高欣木来谈良久，向余借去《中书典故》七册，特志之。夜阅《养吉斋丛录》。钱塘吴振棫著。

日昨程平园赠余《诗义标准》、长沙王锡光编。《五洲地理志略》、《五洲地理全图》。今日吴子修赠余《养吉斋丛录》，乃伊祖仲云制府所著。前陶拙存亦曾赠余《人范》及《小学集解》两种。邺架分贻，饱我眼福，厚谊均可感也，特志之。

十六日　刘少卿来，与购《藏修堂丛书》，计洋廿三元。偕醉愚出至邓脱路访缪筱珊，先至美华里朱文海刻字处阅视各种板片并新印书籍。出至筱珊处谈，伊日前交来翁覃溪未刻诗稿、大兴翁方纲著。《曹子建集注》，上元朱绪曾著。均属稿本，计洋壹百元，即于是时带交。谈良久乃出。

十七日　午后阅陆纯伯送来之《湖州丛书》内之《杨秋室集》，余有钞本，为核对一过，未刻者寥寥数篇，无甚关系，大约当时删去耳。褚礼堂来。刘少卿来，与购明刻白绵纸《皇极经世书》、明刻白绵纸《三礼编绎》、明刻《杨氏易传》，共三种，计洋四十六元。以前尚有挂欠，除去八元，实付洋三十六元云。是晚在西合兴琴芳处宴客，至则吴仓硕、周梦坡、褚礼堂、沈醉愚已至，未几颂声、晓霞来，以时已晚，遂入席。甫坐，石铭至，又须臾金巩伯、庞莱臣亦到，召妓征歌，极一时之兴。招而未至者为袁仲龙、杨雨辰而已。

十九日 午后葛词蔚来谈。柳蓉村、刘少卿、朱甸卿来。

二十日 午后刘少卿、朱甸卿来,与少卿购《扫叶山房丛钞》、《槐庐丛书》,共两种,计洋五十元。因前挂余处洋尚有三十元之多,扣除五元,实付伊四十五元云。柳蓉村来,以赴甬江天一阁范氏购书,借洋壹百元而去。夜至清和三春笑楼家应周湘舲之招,同坐者为汪渊若、钱听邠、许子颂、刘光珊、钱履樛、张石铭、叶揆初及主人而已。席散又至同春沿若梅家应陈桂题之招,同坐者为许子颂、史叔起、潘兰史、周梦坡、沈醉愚及主人而已。是日以书斋内卷帙浩繁,特装竹箱七个,于明日运至吉祥里安顿之。

二十一日 午后饬仆人将书箱运往吉祥里。朱甸卿来,与购明嘉靖本白皮纸《唐会元选唐宋文粹》、明刻白皮纸《良知同然集》、明刻白皮纸《遵道录》、明刻白皮纸《读书分年日程》、明刻白绵纸《鸥园新曲》、明嘉靖本白绵纸《湛子约言》、明湛若水著。《月蕖轩诗稿》、《传述略》、女史吴袁镜蓉著,华亭人。《宋元以来画人姓氏录》、颖谷批校《列朝诗集小传》,共九种,计洋壹百零五元。许子颂来谈,小坐而去。夜饭后以张菊生介来大马路小菜场外国慈善团入场券,每券洋壹元,余侍本生母亲及内子、徐陈两姬、杞儿同往瞻览,其中所售卖各种对象,以洋妇之善华语者赍之,其洋据云均助入慈善院,以养孤儿寡妇之无告者也。以外尚有外国剧及洋傀儡音学会,每处必收入场券,均须售钱,余未入,仅用点及牛奶、茶等,价甚昂贵,亦已洋三枚矣。夜阅《叶天寥自订年谱》,该谱余所新刻,因尚有误字,自己特校一过也。

二十四日 午后柳蓉村来。嘱醉愚作函致张菊生,并还其《苏魏公集》五册。出至谦吉里访缪筱珊谈良久而出。至德裕里访章一山,略谈而出。

二十六日 午后孙益庵来谈。褚礼堂来。朱甸卿、柳蓉村来。是日淞社第十四集,由余主席,在三马路望平街醉沤斋举行,到者为缪筱珊、戴子开、汪渊若、吴昌硕、钱听邠、许子颂、唐元素、喻志韶、章一山、李审言、刘语石、潘兰史、杨诵庄、周梦坡、徐仲可、杨芷姓、沈醉愚、吕幼舲，连余共十九人。邀而未至者为吴子修、陶拙存、恽季申。题为送章一山先生赴青岛应尊孔文社编辑之聘。

二十七日　朱甸卿、柳蓉村来，与甸卿购明初精刻《大事记解题》、明精刻《泉斋简端录》、明精刻《唐宋诸贤绝妙好词选》、明弘治本《台司妙纂选择元龟》、明钞本《比部招拟类钞》、明刻蓝本《浚川志》，以上皆天一阁藏本。又鲍倚云手批《唐诗别裁集》，共七种，计洋贰百零六元。

二十八日　午后褚礼堂来谈。柳蓉村来，与购稿本《陆射山诗钞》、明陆嘉淑著。稿本《彭宗因诗集》、海盐人。明嘉靖本《明世学山》、稿本《我闻室剩稿》、女史河东柳如是著。明刻《戒庵漫笔》、明江阴李诩著。《逃禅诗草》、海盐徐豫贞著。《南州草堂全集》、吴江徐釚著。精刻《国史经籍志》、明焦竑辑。明刻《石屋禅师山居诗》、元释清珙著。《澉浦二布衣集》、海盐陈阿宝、许栽著。《李君实杂著》、明李日华著。《乐府正义》，共十二种，计洋二百五十元。余阅《叶天寥年谱》，又校出讹谬数字。

二十九日　午后朱文海来，交以各种校本，并给付本月工资洋二百五十元。唐元素来谈，与购明刻《四书图史合考》，计洋十二元。钱长美交来元椠《礼记集说》一部，购之，计洋九十元。柳蓉村、朱甸卿均携首本来看。傍晚偕蓉村至法租界食旧廛金颂清处，阅天一阁所售书籍，晤蒋孟苹、陈云僧、管复初，同为阅看该书，共约千馀册，均系明刻，不及细阅，约略翻撷之，索价至五千元之巨，市侩居奇，良可笑也。出至牛庄路应庞莱臣之招，孟苹同行。是宴为请陆凤石相国，润庠，元和人，同治甲戌状元，官至体仁阁学士，现为太傅。同坐者为王子展、存善，仁和人，前广东候补道，现为招商局总稽查。陆廉夫、恢，吴江人，精画术。顾敬斋、黄搢臣、张唯庭、蒋孟苹及主人而已。未入座时，唯庭邀至其书斋内，出示其先德兰渚侍郎师诚南巡召试时试卷，当时取一等一名，赏内阁中书举人。并写经墨迹，又以侍郎自订年谱假余。此谱闻筱珊云极为著名，可以刻入《湖州丛书》，乃问之，唯庭则已付梓，板尚在祠堂中,历劫后恐不全矣。未几入席,召妓征歌,相国兴亦不浅。席间余问相国内廷景状,上资禀敏悟,初由陈伯潜侍郎宝琛授《孝经》,既而读《四书》,去岁读《毛诗》,今读《左传》,年仅九龄,与之讲解,颇多领悟,有伦贝子之子伴读,年已十三,则颖悟迥非上可比矣。相国尚未翦发,因曾探过圣意,则云祖宗制度,发辫不可去也乃止。而子展为述总统府景状,因伊新自北京来,为招商局事,曾入内觐见,卫士林立,防范綦严,总统老态递增,迥非昔比,当辛亥奉诏出山时,精神矍铄,须发未苍,今则皤然一老翁矣,并述京都景象,各部官员恣意挥霍,胜于前清数倍,奢华放恣已达极的,国家当财政昆绌之时,而官吏如此浪费,安能久长,慨叹久之。席散复小坐而归。阅《叶天寥》、《张兰渚年谱》。钱听邠先生以其先德握之中丞名桓,明万历进士,官至南赣巡抚。《寓燕疏草》,曹揆一以《授时历故》见赠,特志其惠于此。

四月初一日 午后与沈韵斋购游明本《宋史全文》、《续资治通鉴》,计三十二册。计洋贰百元。由益庵经手,此款即交益庵转交。杨诚之内姑丈来长谈良久,且赠以所著《须曼庐算学》,嘱余刻入《湖州丛书》,此书由李壬叔先生名善兰,海宁人,为同光时著名算学家,《国史》有传。改过,以为可以问世,故携来见赠也。朱甸卿、柳蓉村来。出至谦吉里访缪筱珊,谈良久而出。至来远公司访孟苹,谈良久,邀至理查德饭店夜饭,同往者为庞莱臣、管复初、蒋赋苏。

初二日 午后朱甸卿、柳蓉村来,与甸卿购粤雅堂刊《粤十三家集》、明正统刊本《王文忠公集》、明王祎著。《广西通志辑要》、精刻《圭盦诗录》、仁和吴观礼著。国初刊本《青莱续史》、明朱里著。明刻《读史快编》、《黄文献公集》、元黄溍著。又钞校衢本《昭德先生郡斋读书志》,宋晁公武著。共八种,计洋壹百四十元。至杏花楼应希社第十四集之招,到时人尚未齐,先坐一席,同坐者为邹翰飞、孙小帆、丁少伯、谢强夫、唐咏茗、又翰飞之侄、徐梦鸥及主人王渭生、王星泉、程棣华而已,馀到者与余相识者为蔡紫黼、陈桂题、潘兰史、赵仰乔寥寥数人耳。题为饯春迎夏。夜校《叶天寥自著年谱》。作函致曹揆一,又致缪筱珊。

初三日 柳蓉村来,与购《兰汀存稿》、明梁有誉著。明嘉靖本《杜诗演义》、《丰草庵诗集》、吴兴董说著。此书余已重刊,中有乐府一卷,余所刻无之,因与购取补梓焉。明正统本《刘云庄先生集》、宋刘爚著。明嘉靖本《薛西原集》、《爱日堂集》、仁和赵昱著。明景泰本《寻乐习先生全集》、《苻溪诗集》、嘉兴缪泳著。精刻《海岱联吟》、高孝木、周龙藻、顾我锜、陈沂震著。精刻《尊道堂诗钞》、海盐吴东发著。《瓦缶集》、嘉兴李宗渭著。稿本《敬修堂诗经讲录》又《讲录》又《讲录条规》,海宁查继佐著。共十二种,计洋壹百九十元。缪筱珊来坐谈良久,阅书数种而去。

初四日 朱甸卿来。阅甸卿携来各书。

初五日 朱甸卿来,与购《四川盐法志》、《广西全省地舆图说》、《邓南溪集》、明南溪邓汝相著。《经传考证》,共四种,计洋三十元。《叶天寥年谱》于今夜校讫,接校张月霄《言旧录》。

初六日 夜校《言旧录》。

初八日 是日《言旧录》已校讫,适穆子美自苏寄到样本,乃校《查他山年谱》一卷。

初九日 出至进益里答葛稚威并钱立凡。又至馨德里访杨子勤、唐元素、喻志韶,喻、唐不值,与子勤谈片刻而出。是日校《徐寿臧年谱》一卷。

初十日 是日校《瞿木夫年谱》一卷。

十一日 喻志韶来谈。邱绍周、汤治平、柳蓉村各书客来,均携书求售。傍晚出至谦吉里访缪筱珊,谈良久而出。

十二日 午后柳蓉村、汤治平来。

十三日 午后杨芷姓来,在新斋,余往谈。柳蓉村、汤治平来,与购旧钞五松园藏本《续资治通鉴长编》、宋李焘著。阮刻《天一阁书目》、《陈凝斋先生遗书》、新城陈道著。石韫玉刻《苏州府志》、宋牧仲刻《苏州府志》,共五种,计洋贰百元。嘱醉愚作函致张让三。余阅

《瞿木夫年谱》。

十四日 汤治平来,与购精刻《昌志三编》、歙县王文治著。精刻《燕京赋》、《金管集》、云间顾天成著。《求是堂丛书》、泾胡承珙著。《中山琉球志》、徐葆光著。《考盘集》、女史赵陆卿子著。《国朝御史题名》、支那本《峨嵋山志》、《李君实杂著》、旧钞《日下题襟合集》、旧钞稿本《沈君庸集》,又旧稿本均未刻者二种:《郑堂读书记》、乌程周中孚著。《枣林外索》,盐官谈迁辑。共十二种,计洋壹百柒拾伍元。邱绍周来。费景韩来,略谈而去。傍晚偕益庵、醉愚出门赴淞社十五集饮约,伊二人先至久华楼。是日三席,由梦坡主觞,计到者为缪筱珊、戴子开、许子颂、钱听邠、汪渊若、李梅庵、恽季申瑾叔昆季、胡幼嘉、刘光珊、杨芷姓、喻志韶、章一山、潘兰史、陶拙存、杨诵庄、褚礼堂、潘毅远、沈醉愚、孙益庵、汪符生及邠老幼子、余而已,题系梦坡为母夫人董写经建塔于西湖之南山理安寺前征诗,各贻缘起一纸。是日章一山赠以殿试策五本,即国初时大廷对策之试卷也。

十五日 柳蓉村、金守梅来。缪筱珊来看书长谈,借去《拜经堂丛书》。武进臧琳著。傍晚至三马路小有天应喻志韶之招,同坐者为缪筱珊、吴子修、周梦坡、许子颂、刘光珊、刘聚卿、张石铭、章一山及主人而已。是席盖为一山赴青岛尊孔文社编辑之聘祖饯而设。席散即归。陈桂题来谈。嘱醉愚作函致张让三。余阅邱绍周携来首本。

十六日 午后柳蓉村、刘少卿来,与少卿购《闰榻先生集》,武宁张望著。计洋三元。邱绍周来。是日希社第十八集,由陈桂题主社,余未往,醉愚前赴。托伊带去洋二十四元交高太痴手收,因太痴前日来函云,余前认定之维持会费,此次实行摊派,余曾认十份,计派洋二十元,又常费四元,故交去此数云。出至西合兴张桂英家为章一山饯行,所邀陪客为张让三、刘聚卿、许子颂、喻志韶、陶拙存、褚礼堂、沈醉愚、孙益庵而已,席散又复谈良久而别。

十七日 褚礼堂来谈。杨馥堂来,与购旧钞校本《蕉窗九录》、明槜李项元汴著。旧钞《大金集礼》、《玉茗堂还魂记》、明汤显祖著。明刊本《天马媒传奇》，共四种，计洋十五元。柳蓉村、邱绍周来。钱长美来，与购《水云村民稿》、元刘埙著。《玉芝堂诗文集》、昭文邵齐焘著。《唐写本说文解字木部》、精钞本《别雅》、吴玉搢著。《文溪集》、宋李昴英著。《周易函书别集拾雅》、高邮夏之蓉述。《曹集全评》、汉曹植著，淮安丁晏纂。《礼书纲目》、婺源江永著。《防河奏议》、无锡嵇曾筠著。初印《文献征存录》、《与我周旋集》、丰顺魏元枢著。《毛诗说》、平湖孙焘著。《声律通考》、《切韵考》、《切韵考外编附》、番禺陈澧著。《宝应图经》、批校本《松阳讲义》、平湖陆陇其著。《书传音释》、《十三经群书札记》、古虞朱亦栋著。《古经天象考》、《田间诗学》、桐城钱澄之述。《书传补商》、桐城戴钧衡著。《复古编》、宋吴兴张有著。《南江文钞札记》、馀姚邵晋涵著。《春雪集》、《学古录》、仁和宋大樽著。《诗序广义》、四明江炳璋辑。《履园丛话》、句吴钱泳著。《栝苍金石志》、嘉兴李遇孙辑。《度陇记》、甘泉董醇著。《毛诗礼征》、泾包世荣述。《曲阿诗词综》、丹阳刘会恩辑。《读韩记疑弁言》、嘉兴王元启著。《含经堂集》、昆山徐元文著。《爱日精庐藏书志》、《居官日省录》、《孙文正公文集》、高阳孙承宗著。《学案小识》、《宝应县志》、《道乡先生文集》、宋邹浩著。《口北三厅志》、《苗氏说文四种》、《说文发疑》、安吉张行孚述。《说文字原》、《六书正讹》、《刑部比照加减成案续编》、海宁许梿订。《杨忠烈公文集》、明杨涟著。《戚鹤泉集》、太平戚学标著。明刻《诠叙管子成书》、《青草堂集》、丰顺赵国华著。《句溪杂著》、句容陈立著。《周易集解》、《国朝松江诗钞》、《续唐书》、海昌陈鳣著。《河渠纪闻》、合河康基田著。明刻《三命通会》、育吾山人著。《辽史拾遗》、《知白斋诗钞》、《双桥小筑词存》、婺源江人镜著。《文选笺证》、《诗集传音释》、《粤西金石略》、南康谢启昆著。《蕉声馆诗集》、平湖朱为弼著。《小学考》、《周礼补注》、《韵会举要》、明刻《河防榷》、吴兴潘季驯著。《休复居士集》、宝山毛岳生著。《国朝畿辅诗传》、长洲陶梁辑。《诗经广诂》、《仪礼管见》、长洲褚寅亮著。《宣化府志》、《孟子四考》、海昌周广业述。《剡录》、《鲒埼亭诗》、鄞全祖望著。《梅里诗辑》、许灿编。《翠微山房算草》、《海塘新志》、《南北史识小录》、《习学纪言》、宋叶适著。《河防一览》、明潘季驯著。袖珍本《啸园丛书》、《心斋杂俎》、新安涨潮著。《七修类稿》、明仁和郎瑛著。《汉隶字原》、《实事求是之斋经义》、古娄朱大韶著。《明文在》、《唐石经校文》、《贞白遗稿》、明绩溪程通著。《白圭堂诗钞》、婺源江之纪著。《春秋阙疑》、新安郑玉纂集。《西魏书纪元通考》、秀水叶维庚著。《读书堂杜诗批注》、淦阳张溍著。《听松庐诗钞》、番禺张维屏著。《管子地员篇》、萧山王绍兰著。《诗毛传郑笺经传考证》、《东塾记》、番禺陈澧著。《毛诗传笺通释》、桐城马瑞辰学。《青浦诗传》、《桐溪诗述》、仁和宋咸熙著。《普陀山志》、钞本《十三经地名韵编今释》、《偃师金石遗文纪》、《学福斋诗稿》、《诗经通论》、新安姚际恒著。《读通鉴纲目条记》、武进李述来著。《夷氛闻纪》、《经句说》、吴邑吴英著。袖珍本《治河方略》、靳辅著。《九章算术细草图说》、《五砚斋文钞》、《诗钞》、仁和沈赤然著。《春秋辨异》、《汉魏二十一家[易]注》、平湖孙堂著。《春秋说略》、郝懿行学。精钞《春秋平义》、《姜尧章先生集》、宋姜夔著。《丰顺谷氏族谱》、《张文贞公集》、京口张玉书著。《齐诗翼氏学》、吴江连鹤寿著。《畿辅安澜志》、殿板《卜法详考》、《北溪字义》、《元史本证》、萧山汪辉祖著。《王荆公年谱考略》、《孙文恭公遗书》、明孙应鳌著。《古经解钩沈》、吴郡余萧客著。《四书地理考》、王瑬著。明刻《外台秘要》、《周易传义音训》、《读书纪数略》、《藏密斋集》、明魏大中著。《红豆诗人集》、阳湖董潮著。《黎襄勤公奏议》、黎世序著。杨刻本《元遗山全集》、共四种,金元好问著。《四书经注集证》、《小十诵寮诗存》、钱唐周南著。《历代河防类要》、桐城徐璈辑。《说文解字校录》、殿板《明鉴》、桃花纸印《集韵》、《诗故考异》、东吴徐华岳著。《左传辑释》、安井仲平著。《敏果斋七种》、《味和堂诗集》、铁岭高其倬著。《权衡一书》、深泽王植辑录。《尔雅郭注补正》、明刻《礼书》、宋陈祥道著。《癸巳存稿》、黟俞正燮著。《山东军兴纪略》、《新斠地理志集释》、嘉定钱坫著。《石经阁文初集》、嘉兴冯登府著。《红萼词》、曲阜孔传铎著。《三宋人集》、宋柳开、穆修、尹洙著。《周礼汉读考》、金坛段玉裁著。《群玉山房文集》、《左传旧疏考正》、仪征刘文淇著。《拜经堂丛书》、武进臧琳著。《九华纪胜》、《丰山世稿》、《参读礼志疑》、婺源汪绂学。《说文校义》、《东林列传》、《草堂诗笺》、唐杜甫著。《称谓录》、福州梁章钜著。《杨氏全书》、江阴杨明时著。《三礼通释》、《广平府志》、《河防疏略》、朱之锡著。《勉行堂诗集》、古歙程晋芳著。《九经三传》、《会稽掇英总集》、《方舟经说》、宋李石著。《读书丛录》、临海洪颐煊著。《国朝正雅集》、《宕阴存稿》、日本江门盐谷世弘著。《乔氏易俟》、乔莱著。《河防志》、《左传释人》、河内范照藜著。《管子纂诂》、安井衡纂诂。《大涤山房诗录》、吴县张吉安著。《通俗编》、仁和翟灏著。明刻《皇明考》、明王世贞著。《韵山堂诗集》、仁和王文诰著。《清啸阁诗草》、新建夏献云著。《亥白诗草》、遂宁张问安著。《前贤故实》、《东城杂记》、钱唐厉鹗著。《鄱阳集》、宋洪皓著。《诗识名解》、钱唐姚炳著。《国语正义》、归安董增龄著。局刻《元和郡县志》、局刻《太平寰宇记》、局刻《元和补志》、局刻《元和姓纂》、局刻《元丰九域志》、局刻《舆地广记》，共一百九十五种，计洋九百元。上年岁杪长美与余合买朱氏结一庐书，书本皆阔大，精者寥寥，初已谈定，共洋四千四百元，余归一半，计付洋二千二百元，后因其书不值，长美情愿独买，此洋作为借款，以殿板《十三经注疏》送余，隐寓津贴子息之意。今春长美途遇电车不及避，损其足，几至殒命。其书即结一庐本，早经送来，今始理就，结洋九百元，即以前款，除付尚少余一千三百元云。至福致里陈小香家应刘聚卿之招，同坐者为缪筱珊、章一山、喻志韶、许子颂、刘光珊、张让三及主人而已。席散而归。校《瞿木夫年谱》。

十八日　午后邱绍周、柳蓉村来。一山来辞行，志韶偕至，长谈良久而去。嘱醉愚作函致杨芷姓。晚出至东有恒路德裕里送一山行，至则已行矣。怅然而归。是日以《艺风堂正续集》、《随庵丛书》赠章一山，以报其平日惠赠诸集也。陆纯伯赠余《千甓亭古砖图释》，书之以志嘉惠。

十九日　午后柳蓉村、汤治平来。嘱醉愚作函致胡漱唐、刘聚卿。灯下益庵来长谈。余自己阅《瞿木夫年谱》。

二十日 柳蓉村、钱长美来,与长美购旧钞《元和郡县志》、唐李吉甫著。旧钞《皇朝通鉴长编纪事本末》、宋杨仲良著,阮氏藏本。明钞桃花纸《东汉会要》、宋徐天麟著。仿宋批本《蔡中郎集》、汉蔡邕著。明刻白绵纸《文苑春秋》、《文选楼丛书》、明刻白绵纸《康斋先生文集》、明吴与弼著。《授堂金石文字续跋》,偃师武亿录。共八种,计洋四百元,此洋即于前付款上扣除,尚少洋九百元云。余仍阅《瞿木夫年谱》。

二十一日 晚至迎春坊田金凤家宴客,到者为陆纯伯、王培荪、葛荫梧、钱履樛、簪桐、张弁群、石铭、蒋孟苹、褚礼堂、沈醉愚、沈少庭、和声、少春共十三人,计两席。

二十三日 午后钱长美来,与购永乐刊大字本绵纸印《性理大全》、明张溥刊本《历代名臣奏议》,共两种,计洋壹百元。又与购殿板《通典》、《通志》、《通考》三种,赠与孟苹,其值亦壹百元。此两项并不付款,仍于前款上扣除之,统计尚欠洋七百元云。晚出至北京路怀安里陆云僧宅内应邹翰飞之招,翰飞无锡人,别号梁溪瘦鹤,少年曾有声于词场,此次因云僧游泰山归,翰飞乃假云僧处为之洗尘,同坐者为张石铭、陈桂题、顾松泉、程棣花、沈幼庭及云僧、主人而已。归阅《咄咄吟》。

二十四日 邱绍周、朱甸卿、柳蓉村来,与绍周购《广陵思古编》、仪征汪廷儒著。精刻《半舫斋诗文集》、高沙夏之蓉著。冯孟亭批《左传纪事本末》、殿板开化纸《古文渊鉴》、初印《通艺录》、歙程瑶田著。《陈厚甫诗话》、元和陈钟麟著。旧钞《归绥识略》、崞县张曾辑。《长武县志》、《松筠阁钞异》、渤海高承勋辑。《程侍郎集》、歙程恩泽著。《蛾术堂集》、萧山沈预著。《丰镐考信录》、《河上易注》、罗山黎世序著。明成化本《武经直解》、旧钞《两汉月日考》、明嘉靖刊绵纸《唐雅》、明刊《春秋左翼》、明乌程王震辑。《即墨诗乘》、《渔洋山人著述》、新城王士祯著。《鄢陵文献志》、《雪杖山人集》、秀水郑炎著。《学庵类稿》,青浦王原深著。共二十二种,计洋二百五十元。

二十五日 午后刘少卿来，与购《郭青螺先生遗书》、明郭子章著。《缪武烈公遗集》，溧阳缪梓著。共两种，计洋九元。朱甸卿来，与购明精刊本《天禄阁寓言外史》、明精刊本《阅古随笔正续编》、明支那本《布永台集》、释道忞著。明刊《子史经济言》、明陈子壮纂。精刻《也园诗集》、《唱经堂杜诗解》、吴江金人瑞著。《重刊麻姑山志》、《潜虚文诗钞》、常熟翁咸封著。《紫桃轩杂缀》，明李日华著。共九种，计洋八十八元。汤治平来，与购《石楼臆编》、云间周纶辑。《历朝名媛诗词》、《横山志》、明刊《编蓬前后集》、明唐汝洵著。《穹窿山志》、康熙朝修《松江府志》，共六种，计洋十九元。柳蓉村来，与购精钞《三洞珠囊》、唐王悬河著。明钞《履斋示儿编》、宋孙奕著。明钞《三武诗集》、唐武平一、三思、元衡著。明钞《陶园后集》、明杨旦著。明钞《高科考》、明钞《锦身机要》、唐毗陵混沌子著。明钞《太清金液神丹经》、汉阴长生著。明钞《曾子志》、明钞《懒真子》、唐广陵马永卿著。明钞《述异拾遗》、明钞《陈允平词》、陈继周著。明钞《赤牍清裁》、明杨慎著。明钞《唐诗选元集》、明钞《神仙感遇传》、蜀杜光庭著。明钞《楞伽阿跋多罗宝经批注》、明钞《宫观碑志》、明钞《龙角山记》、明钞《天坛王屋山圣迹叙》、明钞《西川青羊宫碑铭》、明钞《唐嵩高山启母庙碑铭》、明钞《宋西东中太乙宫碑铭》，共二十一种，均天一阁藏本，计洋三百十元。又购《芦中集》、太仓王摅著。精刻《依归集》、常熟薛熙著。《姜西溟文稿》、慈溪姜宸英著。《读史方舆纪要摘本》，吴中顾祖禹著。共四种，计洋二十八元。

二十六日 午后蒋孟苹来长谈而去。嘱醉愚作函致缪筱珊，并附去李审言书价洋壹百念元，此书为明万玉堂仿宋本《太玄经》。汉扬雄著。先是审言函托醉愚，备言此书之佳，的系元椠，索价贰百，是时醉愚返浔，旋托益庵说项，质之筱珊，谓系明刊，遂而还之。审言复托筱珊丈地道，一再相嬲，情不可却，乃由缪定价秦关百二之数，只得购之。

二十七日 出至甡泰栈访郑叔问，晤其亲戚文幼峰，名林，旗人，前江苏候补知府，国变后从汉姓，改为张幼峰，现办保险公司。谈良久出。

二十八日 傍晚出至华庆园应刘光珊之招,以其夫人六十生辰也,同坐者为胡幼嘉、恽季申瑾叔昆仲、光珊、春孙及一不相识者。席散后与幼嘉、瑾叔谈,幼嘉并介绍一李艺渊,名维翰,湖南邵阳人,同治壬戌举人,江苏候补道,曾署淮阳道。以《重圆花烛诗稿》交余属和,盖艺渊年七十六,其配年八十,今岁重圆花烛,赋诗纪事,特携来遍请淞社同人和也。

二十九日 夜至克尔登西饭店应蒋孟苹之招,同坐者为邢穟轩、张石铭、金仲廉、徐韵卿蓉卿昆仲。散后与孟苹谈良久而别。

三十日 午后朱文海来,介绍其至杨芷姓处印书,书为盛伯希祭酒昱所著《郁华阁诗》也。刘少卿来,与购《鹤半巢诗》、元和冯培著。《筠轩文钞》、临海洪颐煊著。《铁船诗钞》、金华方元鹍著。《己吾集》、明临川陈际泰著。《西垣集》,崇州保培基著。共五种,计洋二十元。朱甸卿来,与购《谢琴诗文钞》、《东西南纪事》、徐姚邵廷采著,《海东逸史》附。《方学博全集》、平湖方坰著。《清芬集》、嘉兴冯登府著。《树庐文钞》、南昌彭士望著。《藏谷山房诗文集》、湘西龚堃著。《虚白室诗文钞》,桐城方昌翰著。共七种,计洋念四元。汤治平来,与购《鸿宝应本》,明上虞倪元璐著。计洋四元。柳蓉村来,与购元刊小字残本缺首卷至十二卷。《古今韵会举要》,又明刊《两苏经解》,共两种,计洋四十四元。晚褚礼堂来,留夜膳。冰盟哥来,携邢氏书帐见示。夜阅昨日胡幼嘉所赠《息园旧德录》,其录乃其所著诗文集外之一种也。

五月初一日 午前梁节庵来,未见。

初二日 午后钱长美、朱甸卿来。余至梁节庵、冯梦华处,均未晤。至程平园处长谈而出。晚至寿康里怀春别墅应葛稚威之招,同坐者为何书农、平湖人,前为招商局文案。张石铭、弁群、淡如、蒋孟苹、陶拙存、徐冠南、赵问轩、陆叔同共十一人。

初三日 朱文海、穆子美均来支洋,文海除前款清讫外,预借洋肆百伍拾元,子美除前清讫外,豫借洋叁百元而去。梁节庵来谈,小坐而去。金守梅、钱长美、汤治平、杨馥堂各书客来，与长美购《通德遗书所见录》、曲阜孔广林辑。仿宋本《六朝事迹编类》、宋张敦颐著。《一镫精舍甲部稿》、光泽何秋涛著。《金陵待征录》、江宁金鳌著。修汲堂精刻《弢甫五岳集》、钱塘桑调元著。《金山钱氏家刻书目》、《梨岳集》、唐李频著。《松风阁琴谱》、《国朝右文掌录》、局刻皮纸《说文解字斠诠》、嘉定钱坫著。《瑟榭丛谈》、嘉兴沈涛著。《考工记车制图解》、仪征阮元学。《周易函书》、光山胡煦述。《国朝金陵诗征》、上元朱绪曾编。《淮军平捻记》、《仪礼正讹》、嘉定金曰追著。《平浙纪略》、《竹叶庵全集》、吴县张埙著。《翊翊斋遗书》、桐城马翮飞著。日本刊《朝鲜史略》、日本刊《丙丁炯戒录》、日本盐谷世弘辑。《本事方释义》、长洲叶桂释义。《海国闻见录》、《唐栖志略》、何祺辑。《论语孔注辨伪》、嘉兴沈涛著。辟疆园本《杜诗批注》、《海塘成案》，共二十七种，计洋壹百元。前此结欠洋柒百元，兹又扣除百元，尚少洋陆百元云。又与购《南河成案》、钞本《雍州金石记》、钞本《论史乐府》，又因去年与刘少卿购《江西通志》一部，缺首卷四、五两卷，今与长美换宣纸初印《江西通志》，贴洋十元，共四种，计洋五十八元。以端节就近，需款孔急，此款乃付之而去。刘光珊来，略谈而去。

初四日　钱幹臣叔岳电致本生父亲，于子昂、金巩伯致余电，均为本生父亲得参政院参政，特来劝驾，当即照转青岛矣。褚礼堂来谈。夜看《沈忠敏公龟溪集》样本。

初五日　午后至馀庆里访胡幼嘉亿鑫里访恽瑾叔，元昌里访孙问清，唐家弄谒雨苹伯父，均不晤。至陆纯伯处谈良久而归。夜在田金凤处宴客，所邀者为许子颂、陶拙存、陆纯伯、蒋孟苹、赋荪而已，席散后茗谈良久，至十二句钟归。

初六日　上午十时起身，以宴梁节庵十二时即至老宅，缪筱珊、汪渊若、杨芷姓、梁节庵、吴子修、程平园、喻志韶先后至，看新买之天一阁钞本，节庵索观翁覃溪《四库全书纂要》稿本，盖余请其题也。一句半钟入席，节庵首座，余则次序，至三句钟散席，遂各别去。是席醉沤斋所定,系满汉席,计洋二十六元。

初七日 午后梁节庵来,赠余《国朝诗人征略》一部。番禺张维屏著。余与本生父亲所报效崇陵种树经费贰千捌百元,托来远公司打一汇票,至京付给。当即面交。本系贰千元,嗣因节庵述及此项须凑成万元乃可出奏,现尚少捌百元,余故再加捌百元,凑成其数耳。茗谈片刻,并劝余刻普通书数种以行世。

初八日 午后褚礼堂来谈。陆纯伯以其尊人存斋先生所编辑之《续金石萃编》稿本一大箱来,乞余为付剞劂。予告以不难以刻,而难以无人编理校勘,盖此乃稿本卷帙丛残,若欲授刊,必须先录清本,方可从事,况此项校对较他书尤难,其人既欲刻之,则凡著名之金石其中未经搜罗者,皆宜补入,故未敢遽允耳。纯伯乃请礼堂帮忙,礼堂虽允许,而一人所见有限,且亦来不及。适筱珊来此,略加翻撷,亦谓编录之难甚于《宋会要》也。坐未几,筱珊先行,纯伯、礼堂谈至晚而去。许子颂来谈。晚嘱醉愚作函致梁节庵。

初九日 至醉愚处嘱其作函致张让三。汤治平、金守梅、柳蓉村来。晚褚礼堂来谈。

初十日 午后郑长发、柳蓉村、汤治平来,与长发购精刻《赵松雪集》、元赵孟頫著。《执虚诗词钞》、吴蔚光著。精刻《天鉴堂集》、钱塘沈近思著。《淮鹾本论》、东海胡文学著。精刻《尊德堂诗钞》、山阴胡国楷著。《秋塍文钞》、会稽鲁曾煜著。旧钞校本《助字辨略》,确山刘淇著。共七种,计洋五十元。

十一日 午前缪筱珊先生以是日为黄荛圃生辰,在醉沤斋宴客,嘱将荛圃校阅诸籍带往,互相观览,午刻前往,王雪岑、沈子培、曹揆一、徐积馀、莫楚生、名棠,广东韶州府知府,为友芝胞侄。方地山、尔咸,江都人,己丑解元,曾为盐政处□官。张石铭、刘聚卿及主人已至,遂入席,席散即归。金守梅、柳蓉村、汤治平、朱甸卿来,与守梅购旧钞本《闲斋琴趣外编》、(唐)〔宋〕晁次膺著。新钞本《上善堂宋元板精钞旧钞书目》、《古今词统》,共三种,计洋二十六元。益庵自苏来,特来小话而去。夜自校《甲行日注》。明叶绍袁著。

十二日　柳蓉村、朱甸卿、汤治平来，与榕村购《赐砚堂丛书》、长洲雇沅编。明万历本《春秋列传》、明大庾刘节编。《娄东杂著》，邵廷烈辑。共三种，计洋五十六元。与甸卿购精刻《明堂大道录》、惠栋著。精刻《朴村诗文集》、嘉定张云章著。《倘湖樵书》、萧山来集之纂。《石火编》、汉阳叶氏精刻《明状元图考》、旧钞《玉狮坠》、旧钞稿本《行朝录》、明馀姚黄宗羲著。《天全堂集》、无锡安希范著。《智囊》、古吴冯梦龙述。《光绪应城志》，共十种，计洋壹百元。偕醉愚出至吉庆坊金宝宝家宴客，礼堂已至，未几纯伯、镜蓉、石铭、祉荷、弁群、冠南陆续至，邀而未至者为葛稚威、咏莪叔侄、张淡如、徐蓉卿。仍阅《甲行日注》。梁节庵以嘉靖本《首辅传》、《元朝典故编年考》、《秫坡先生文集》、明古冈黎贞著。《金忠节公文集》、明金声著。《返生香》、吴江叶琼章女史著。《德国陆军纪略》、《花影吹笙词钞》，番禺叶英华著。先后见赠，特书之，以志嘉惠。

十三日　午后钟伯荃来谈，伊曾以乃翁所著《十三经正字考》来，名麐，道光己酉拔贡，咸丰辛酉顺天乡试副车，官内阁中书。嘱余请筱珊鉴定是否可刻，倘可刊行，请余刻入《湖州丛书》中。余曾出示筱珊，据云亦可授梓，但未精耳。兹伯荃来问，因以可刻答之，小谈而去。汤治平来，与购旧钞《敬修堂丛书》、《溧阳县志》、《江阴县志》、《甘棠小志》、《昭文县志》、《泰州志》、《常熟县志》，共七种，计洋五十六元。

十四日　夜校《甲行日注》。

十五日　朱甸卿、汤治平、柳蓉村来。

十六日　柳蓉村来。嘱醉愚作函致章一山。

十七日　午后至新斋益庵处一转。是夕为刻书事宴诸君于寓中，四句钟后唐元素、杨芷姓先后至，傍晚缪筱珊、许子颂、陶拙存来，未几，褚礼堂至，客已齐。席散各归，与拙存、益庵、礼堂谈。是日元素赠余《国朝书人辑略》一部，计八册，共十一卷。特书之，以志嘉惠。

先府君在日，曾辑《国朝诗综》，至道光而止，未竟其业，即已捐馆,余欲承先志久矣,良以辑诗之举,著手非易,即咸同光宣四朝诗人荟萃,浩如海山。今见芷姓所著《雪桥诗话》,见其考核详赡,宗旨纯正,乃请伊为余编辑《诗综续集》,以竟先人未竟之志,与之订定,约期两年,计修金洋贰千元,如逾两年,不再加修,另用钞胥一人,供其指挥缮写,每月洋八元,由余给付,即以下月为始,由益庵、醉愚为介绍云。

十八日 柳蓉村、朱甸卿来。是日钱听邠来函,赠以《宝云山馆存稿》太仓毕长豫著。一册,盖伊戚好,托为遍贻淞社同人也。

十九日 柳蓉村、朱甸卿、汤治平来,与蓉村购《湖广通志》、雍正十一年刊,迈柱修。《广西通志》、雍正十一年刊,金鉷修。《枣强县志补正》、桐城方宗诚纂。《华亭县志》、乾隆辛亥年刊,冯鼎高、李廷敬修。《重修华亭县志》、光绪戊寅年刊,姚光发、张文虎、仇炳台纂。《高邮县志》、道光乙巳年刊,夏之蓉、沈之本纂。《直隶通州志》、乾隆乙亥年刊,王继祖修。《清河县志》、咸丰甲寅年刊,鲁一同修。《红楼梦图咏》、华亭改琦绘。《焦林诗集》、真定梁清标著。《弢甫文诗集》,钱塘桑调元著。共十一种,计洋壹百柒拾元。褚礼堂来谈。晚至福致里花桂香家应钱听邠之招,同坐者为许子颂、汪渊若、吴仓硕、张石铭、喻志韶、沈醉愚及主人乔梓而已。嘱醉愚作函致钟伯荃。

二十日 午后孙益庵来谈。朱甸卿来,与购明刻《小隐三径》、精刻《南溪偶刊》、慈溪郑性著。《闽都记》、闽王应山纂。《栖云集》、淄川高珩著。《说文句读》、钞本《花草萃编》,陈耀文纂。共六种,计洋柒拾元。傍晚出门至精勤坊南楼应许子颂之招,同坐者为钱听邠、喻志韶、史宿溪、陈桂题、沈醉愚,又宿溪之子文甫、吴鞠樊及主人而已。夜校《甲行日注》。

二十一日 邱绍周来。

二十二日 午后柳蓉村、邱绍周来。晚褚礼堂来。嘱醉愚作函致陆云僧,并附去洋三十五元,曩者翰飞邹君送余牡丹数盆,既而招饮于云僧家,旋由陈桂题来述意,翰飞欲刻诗文稿,怂恿襄助刊资,请余与石铭、湘舲合助百元，故赠以此数云。

二十三日 前日潘兰史由醉愚介绍送李研卿太史手钞本《翁山文外》番禺屈大均著。求售，初则索价甚巨，兹以情面难却，出洋四十元购之。夜阅《履园丛话》。钱泳著。

二十四日 午后邱绍周、汤治平、朱甸卿、柳蓉村来，与治平购明刻钟人杰本《唐宋丛书》、明万历本《蜀中名胜记》，明闽曹学佺著。共两种，计洋六十二元。与绍周购古香斋袖珍本《初学记》、明陈仁锡本丁晏批《资治通鉴》、宋司马光著。康熙壬午年刊《灵寿县志》、卫秦龙修。嘉庆乙亥年刊《长安县志》、张聪贤纂。《月令萃编》、秦味芸辑。原印《六书通》、海盐毕弘述订。旧钞《炙輠录》，宋施彦执编。共七种，计洋壹百元。朱文海来。褚礼堂来。陈桂题来谈。余是夕在西合兴琴芳家宴客，所邀之客为钱听邠履樛乔梓、许子颂、吴仓硕、汪渊若，渊若以事不来，余以病不赴，特请醉愚、益庵、礼堂前往作陪。余连日所校《甲行日注》，于今日勘讫，特志之。

二十五日 朱甸卿、柳蓉村来，与甸卿购《厚石斋集》、秀水汪孟鋗著。《桐石草堂集》、秀水汪仲鈖著。《葆重述五集》、秀水汪如洋著。《静志居诗话》、秀水朱彝尊著。明嘉靖天华阁刊本《宗子相集》、明广陵宗臣著。精刻《十笏斋诗集》、苕溪沈世枫著。精刻《澄秋阁集》、江都闵华著。《二娱小庐诗词钞》、长洲尤维熊著。《安雅堂全集》、莱阳宋琬著。旧钞《瀛海胜览》、旧钞《石秀斋诗集》，明华亭莫是龙著。共十一种，计洋壹百贰拾元。与蓉村购明钞本《人象大成》、明初刊本《金碧古文龙虎上经》、明嘉靖本《通惠河志》、明吴仲著。明嘉靖本《都元敬诗话》、明刻《白门稿略》、明吴郡王世懋著。明钞本《大六壬无惑钤》，以上皆天一阁藏本，明白雀山房钞本《八十一难经》、明刻《稽古录》、宋司马光著。《潞公诗五种》、四明范光文著。明刻蓝印《曾如斋行状》、名守约，广东平海所人。《西圃丛辨》、安德田同之小山姜纂。精刻《杜诗提要》、歙吴瞻泰选。明刻残本《诸真玄奥集》、残钞本《占候六壬遁法》，又《大雅诗酌》、《客窗杂录》，均不全，拟退还。共十六种，内二种拟还。计洋壹百十四元。晚褚礼堂来。夜阅《李申耆年谱》。

二十七日 朱甸卿、汤治平来,与甸卿购明正德刊《求退录》、明李东阳著。《秋水堂诗文集》、南靖庄亨阳著。《琴语堂杂体文续》、甘泉李肇增著。《犀禅山馆集》、仪征汪和著。旧钞本《田间藏山阁集》、明桐城钱秉镫著。旧钞校本《所知录》,明桐城钱秉镫著。共六种,计洋五十元。晚褚礼堂来,留夜饭。余是夕宴客于迎春坊二弄田金凤家,偕醉愚同往,陈桂题、蒋孟苹、徐晓霞先后至,张石铭亦来,杨雨辰来,遂入席,甫入座,陆云僧至,召妓征歌,聊尽娱乐。嘱醉愚作函致冯梦华。

二十九日 柳蓉村、金守梅、朱甸卿来,与守梅购精刻《陈亦韩先生文诗集》、海虞陈祖范著。明万历本《仙居县志》、明顾震宇辑。钞本《销毁书目》、无锡薛氏刊本《天一阁现存书目》,无锡薛福成编。共四种,计洋十七元。与蓉村购明刊《祥刑要览》、明海虞吴讷编。明嘉靖本《疑狱集》、五代和凝子嵘著,明张景补著。明隆庆本《折狱龟鉴》、宋陈克著。明隆庆本《冬溪外集》、明槜李释方泽著。明翻宋本《元包经传》,后周卫元嵩述,唐苏源明传,李江注。又《元包数总义》,宋张行成著。以上均天一阁藏本,又旧钞《宝晋英光集》、宋襄阳米芾著。《湖州府志》、乾隆己未胡承谋辑,李堂增刊。明刊《北狄顺义王俺答谢表》、明刊《通川集》残本、明刊《明山先生存稿》,残本。共十一种,计洋六十九元。因前购之《大雅诗韵》、《可窗杂录》三本不全退去,作洋九元,故实付洋六十元云。夜阅《李申耆年谱》。

闰五月初一日 镫下阅《李申耆年谱》。是日嘱醉愚作函致冯梦华,因前日镇江晋源庄执事李萃春,由雨苹伯父交来旗民贫户一册,册中所载计五百馀口。据云该旗民嗷嗷待哺,萃春已与梦华垫款散放数月,欲余付款,余去年以梦华来募赡帐旗民之款,允捐洋壹千元。前日已函询梦华,该款是一是二,昨得复知此即系伊所募者,兹特先给五百元,备函交与梦华云。

初二日 朱甸卿、柳蓉村来,与甸卿购元至元精椠本《松雪斋全集》、元赵孟頫著。旧钞《汪氏珊瑚网》、秀水汪珂玉著。黎氏东京仿宋原印本《古逸丛书》共三种，计洋四百五十元。又旧钞《蒲室集》、元释大欣著。精刻《宝闲堂诗词集》、临潼张四科著。《胡忠简公全集》、宋胡铨著。明弘治本《敬斋集》、明胡居仁著。敕书楼刊本《水田居文集》、永新贺贻孙著。《陕西志辑要》，道光丁亥王志沂辑。共六种，计洋五十元。嘱醉愚作函致吴子修，并还《云来山馆诗集》九册。又作函致高欣木。出至邓脱路谦吉里访缪筱珊，谈良久出。夜阅《李申耆年谱》。

初三日 午后俞恒农来，看新刻各种书籍，长谈至晚而去。褚礼堂来，杨诵庄来谈小坐而去。益庵亦来谈。

初四日 娄夏魁来，夏魁系章一山荐来，在纂修《续诗综》杨芷姓处钞写者也，月薪八元，约明后至杨处供事。朱甸卿、郑长发来，均携首本来看。褚礼堂来谈。晚至云南路叶蕙珠家应樊时勋之招，同坐者为周梦坡、张淡如、陆伯鸿、戴劼哉、孟莼生、胡寄尘及主人而已。

初五日 郑长发、朱甸卿来。

初六日 褚礼堂来，余至新斋与益庵、礼堂长谈。夜阅《李申耆年谱》。

初七日 朱甸卿来。出至叶撰初，长谈良久而出，至爱文义路诚意里访杨芷姓，小谈而出。夜饭后褚礼堂来谈。汤治平来。郑叔问今日自苏州来，耽搁在益庵书斋中，余往谈良久而返。

初八日 午后朱甸卿、钱长美来。褚礼堂来谈。

初九日 朱甸卿、汤治平、郑长发、钱长美来，与长发购旧钞《嘉善县志》、康熙甲子崔维华修。明万历本《玉堂丛语》、明焦竑辑。明正德慎独斋本《群书集事渊海》、明万历本皮纸印《字学元元》、明袁子让著。旧钞《酌中志》、明寺人刘若愚著。艺海楼钞校本《宋文选》、旧钞《珊瑚木难》、书院本《刘屏山先生集》、宋刘翚著。《浙江采集遗书总录》、《国朝诗的》，长沙陶煊、张灿选辑。共十种，计洋贰百元。与治平购南海黎虞庭手批本《杜诗详注》，唐杜甫著，仇兆鳌注。计洋三十元。与甸卿购精刻本《陆文裕公全集》、明陆深著。明刊《孙宗伯集》、明勾吴孙继皋著。

《清忠堂奏疏》、朱弘祚著。《惜抱轩遗书三种》、桐城姚鼐著。《庐阳三贤录》、宋包拯、元余阙、明周玺著。《读书杂述》、山阳李铠著。《培庵漫录》、望江张立本著。《培庵诗文存》、望江张立本著。批校本《杜诗详注》、唐杜甫著,仇兆鳌注。《紫峰文集》、明陈琛著。《晋乘搜略》、合河康基田著。明嘉靖本《明太祖高皇帝御制文集》、明万历本《吴文正公集》,元吴澄著。共十三种,计洋贰百元。余以叔问来已三日,是晚招伊小饮,约在小华园菜香圃,即诣其处,则叔问、益庵、拙存、醉愚适至,该肆热闹异常,登楼小坐,礼堂亦来,遂小酌于楼头,吴仓硕亦来,小坐即去。阅《李申耆年谱》。因叔问明日侵早动身返苏,特往新斋与谈良久始归。

初十日 朱甸卿、钱长美、柳蓉村来。淞社久不雅集,今岁汪渊若六十九岁,伊本以闰五月十四日生,今适当做九之年,同社在二马路口新旅社假座设宴公祝,晚间余亦前往,计三席到者为汪渊若、缪筱珊、吴仓硕、许子颂、戴子开、吴子修、刘语石、汪符生、恽季申瑾叔昆季、长尾雨山、喻志韶、杨芷姓、陶拙存、潘兰史、杨诵庄、周梦坡、徐冠南、褚礼堂、钱履樛、曹恂卿、孙益庵、沈醉愚共二十三人。此次雅集计已十六回矣

十一日 午后三句钟出门,以长尾雨山将欲回国,余与汪渊若、吴仓硕、刘语石、钱履樛、周梦坡、褚礼堂、沈醉愚合饯之,仍在新旅社。至则雨山已至,同人寥寥,待至五句钟始入席,渊若以事未至,杯酒畅谈,亦足娱乐。席散已晚,遂与醉愚偕归。郑长发、柳蓉村来,与长发购旧钞《圣宋名贤五百家播芳大全文粹》,宋魏齐贤、叶芬同编。又海昌蒋氏刊本白纸印《别下斋丛书》,共两种,计洋三百元。又购明刻白皮纸印《自警编》、宋赵善璙编。精刻《说部精华》、锡山刘坚类次,《渔洋书跋》、《说铃》附。《野客斋诗集》、吴中毛曙著。明崇祯刊本《高子遗书》、明高攀龙著。明嘉靖本《王临川集》、宋王安石著。明隆庆刊本《四友斋丛说》、明华亭何良俊著。精刻《丽句集》、宜黄许之吉选。精刻《二希堂文集》、蔡世远著。旧钞《行朝录》、徐姚黄宗羲著。明嘉靖本《张文

定公全集》、明张邦奇著。明刻《愧郯录》、宋相台岳珂著。明刻《花草粹编》、明朗陵陈耀文纂。精刻《白云草堂文钞》，武进吕星垣著。共十三种，计洋贰百元。阅《李申耆年谱》，是夕校讫。

十二日　午后钱长美、柳蓉村、朱甸卿来。傍晚褚礼堂来，留夜饭灯下与益庵、礼堂谈。

十三日　钱长美与购明万历本《评史心见》、明郭大有用亨著。局刻《淮北票盐志略》、局刻《淮南盐法纪略》、初印桃花纸《古今彝语》、汪应辰编。《金陵琐志三种》、《吴中平寇记》、《忠义集》、明嘉靖本《南行稿》、明半洲蔡泾著。明万历本《河上楮谈》、明新淦朱孟震著。明万历本《书肆说铃》、明三衢叶秉敬著。旧钞《邕洲小集》、宋陶弼著。旧钞《异域舆情便览》、潞河马庆琛著。《邠风广义》、茂陵杨屾编辑。结一庐钞本《历代制度详说》、宋吕祖谦著。《吉安府志》、光绪丙子刘绎纂。旧钞《邵子全书》，宋（吕祖谦）〔邵雍〕著。共十六种，计洋壹百零捌元，本系一百十二元，因前购之《海塘成案》不全退还，扣除四元，故仅付壹百捌元耳。前结欠之六百元，今除此数尚欠洋四百九十二元云。前由褚礼堂购来石印《奇觚室吉金文述》，嘉鱼刘心源辑。洋十六元，特补记于此。柳蓉村、朱甸卿来。

十四日　午后钱长美来，与购虞山张氏刊本《墨海金壶》，此书后归于金山钱氏守山阁。又虞山张氏刊单行本附属于《墨海金壶》者，《钦定钱录》，共两种，计洋柒百元，此书本系郑长发送来，余以市价不过六百元，因书甚罕见，乃出此数，不意彼反居奇。及至长发返杭，然后肯售，故托长美携来耳。据筱珊云伊于上海曾见两部，一为陶兰泉所得，一为□□□所藏，此为第三也。柳蓉村来。有钟松亭者，盛泽人，并无介绍，特携书来看，中有旧钞《乐圃馀稿》三册，系尤舜渔所写，江建霞京卿曾藏之，叶鞠裳有跋，甚赞美此书，因与购之，计洋四十元。褚礼堂来谈。

十五日　午后刘少卿来，与购光绪戊寅刊本《重修奉贤县志》、南汇张文虎纂。光绪戊子刊本《重修茂名县志》、杨颐纂。道光丁亥刊本

《香山县志》,黄培芳纂。共三种,计洋九元。朱甸卿、柳蓉村来,与甸卿购明万历本《天都载》、明新都马大壮著。《芝庵四种》、娄东陆云锦著。《木讷斋集》、元龙泉王毅著。《云卧山房集》、海昌周嘉猷著。明正德精刊本《朱子实纪》,明戴翀峰编。共五种,计洋四十四元。与蓉村购殿板《承华事略补图》、元王恽著。《云谷卧馀》、古歙张习孔著。明刻《梅花草堂笔谈》、明吴郡张大复著。旧钞《钱录》、上海张端本著。稿本《查伊璜先生年谱》、槜李沈起著。《新修凤县志》、光绪壬辰朱子春纂。《酆都县志》、光绪甲午蒋履泰修。《天童寺志》、书院本《镇海县志》、光绪己卯俞樾纂。《宁化县志》、同治己巳蒋泽沅重修。《罗江县志》、同治己丑李桂林纂。《隆兴祥符戒坛寺志》、仁和张大昌辑。《白鹿洞书院志》、《续商州志》、乾隆戊寅合江罗文思纂。《希腊志略》、《罗马志略》、《欧洲史略》、小瀛山阁刊本《陆堂诗学》、《陆堂易学》、《春秋义存录》、《今文尚书说》、《戴礼绪言》,均平湖陆奎勋著。共二十二种,计洋壹百拾元。褚礼堂来。夜出至小华园秦雅云家应周梦坡之招,同坐者为史叔起、许子颂、樊时勋、叶揆初、陶拙存、钱履樛及主人而已。

十六日　午后汤治平来,与购精刻《松风馀韵》,胥浦姚弘绪编。计洋六元。

十七日　午后钟伯荃来谈,小坐而去。朱文海来。刘少卿来,与购同治丁卯刊本《重修河南府志》,徐绩纂修。计洋十一元。本不止此数,因昨购之《茂名县志》系重一部,因退还扣洋云。柳蓉村来。嘱醉愚作函致吴子修,又致钟伯荃。

十八日　午后杨馥堂遣其子来,与购精刻《渠亭山人半部稿》,安丘张贞著。计洋捌元陆角。朱甸卿、柳蓉村来。

十九日　朱甸卿、柳蓉村来。

二十日　朱甸卿、柳蓉村、钱长美来。褚礼堂来谈。余阅看长美携来各种钞本。是夕在迎春二田金凤宴客,特至其处,喻志韶已至,与谈良久周梦坡、葛咏莪、孙镜蓉来,为时已晚,先坐一席,未几陈桂题、沈醉愚来,又未几周湘云、徐冠南来,又坐一席,招而未至者为许子颂、史叔起二人。是夕希社徐君馥荪主席，招饮于胡家宅口新中华菜馆。

二十一日　午后钱长美、柳蓉村、朱甸卿来，与长美购殿板精刻桃花纸印《全唐文》一部，计洋四百五十元。又购《留溪外传》、江阴陈鼎著。明万历本《客座赘语》、遯园居士辑。旧钞校本《铁网珊瑚》、吴郡都穆著。钞本《咏怀堂诗集》、石巢阮大铖著。《长芦盐法志》，连史、毛太纸并配。共五种，计洋六十元。长美前款尚欠余处洋四百九十二元，今将该款除去，找以洋十八元，作为清讫云。与蓉村购《永嘉县志》、光绪壬午黄岩王棻纂。《会稽县志》、康熙癸亥王元臣修。《善化县志》、光绪丁丑张先抡纂。《广德州志》、光绪庚辰归安丁宝书纂。《西天目祖山志》、三学院苾蒭广宾纂。《蔚州志》、光绪丁丑庆之金杨笃纂。《汗筠斋丛书》，秦鉴辑刻。共七种，计洋五十元。长尾雨山来辞行，为余书楹联一副带来交予，小坐而去。出至邓脱路谦吉里访缪筱珊，与谈良久而归。

二十二日　午后柳蓉村、金守梅来，与蓉村购元椠《增广注释音辨唐柳先生集》、唐柳宗元著。元椠《朱文公校昌黎先生文集》，唐韩愈著。共两种，计洋三百柒拾元。嘱醉愚作函致缪筱珊。

二十三日　午后朱文海来。朱甸卿来，携首本请看。褚礼堂来。

二十四日　午后朱甸卿、汤治平来，与治平购旧钞《本草纲目拾遗》，计洋十二元。褚礼堂来。金仲廉来，前高欣木向余假去之《中书典故》，屡经函催，兹托仲廉带来还余矣。夜校阅《沈忠敏公龟溪集》。

二十五日　柳蓉村来，借洋壹百元而去。朱甸卿来，与购明天启本《九十九筹》、明颜陵颜季亨著。此系禁书，见《销毁书目》。明嘉靖本白皮纸《石鼓书院志》、明李安仁重修。明万历本《梦林玄解》、晋葛洪著。精刻《史通通释》、浦起龙著。精刻《喝月楼诗录》、长洲王鸿著。双峰堂刊本《顾华阳集》、唐顾况著。《张文端公全集》、遂宁张鹏翮著。蓝丝旧钞《大六壬新镜经》、蓝丝旧钞《六壬兵机》、蓝丝旧钞《六壬》残本，又《稗史》、《云林遗史》、《避戎夜话》、《西征记》，共十四种，计洋壹百拾二元。因前与购《惜抱遗书》三种不全，退去，扣除两元，实付以洋壹百拾元云。

二十六日 午后蒋孟苹来谈,伊北京之役于前日返沪云。初余闻沈子敦司寇在时搜罗乡先辈著述甚夥,此次孟苹入都托伊询敬甫员外,名承熙,光绪壬寅举人,子敦司寇子也。倘未付刊而肯假余刻入《湖州丛书》者,请带几种来,孟苹入都后晤严迪庄表兄,知沈处稿本均在伊处,乃借到三种,系为《说文校议议》、归安严章福著、海昌许梿、乌程蒋维培商订。《经典通用考》、亦严章福著。《权斋文存》、《笔记》归安沈炳巽著。都八册,即于今日交余云。夜阅严迪庄所钞杂著。

二十七日 朱甸卿来。褚礼堂来,伊今晨送来旧书画廿馀轴,灯下同梯青叔展览之。

二十八日 与醉愚偕出至爱文义路诚意里访杨芷妊,谈良久而出。夜阅《椒生随笔》。清泉王之春著。

二十九日 午前汤治平来,与购明刻《广快书》,何伟然纂。计洋三十二元。午后朱甸卿来,与购明万历本《欣赏编十种》、《安徽通志》、道光十年陶澍修。《镡津文集》、释契嵩著。松江无求安居刊本《宝奎堂文集》、上海陆锡熊著。《小匏庵诗存》、《诗话》、嘉兴吴仰贤著。《椒生随笔》,清泉王之春著。共六种,计洋柒拾元。嘱醉愚作函致缪筱珊。钱长美来。褚礼堂来谈留夜饭。夜阅《椒生随笔》。

三十日 午后钱长美来,与购《南湖诗集》、元宣城贡性之著。旧钞《艾轩文集》、宋林光朝著。旧钞《春秋五礼例宗》、宋张大亨著。旧钞《樗隐集》、元胡行简著。小山堂钞本《宋著作王先生文集》、宋王苹著。精钞本《司空表圣一鸣集》、唐司空图著。旧钞《吴梅邨先生诗集》、程穆衡原笺、杨学沆补注。旧钞《西涧草堂集》、昌乐阎循观著。旧钞本邵位西校《闻过斋集》、元吴海著。旧钞《海东金石存考》、东武刘喜海辑。旧钞《古刻丛钞》、玉霄真逸陶宗仪著。旧钞校本《经籍访古志》、旧钞《菉竹堂书目》、明昆山叶盛编。旧钞《辽金小史》、吴郡杨循吉著。旧钞《庙学典礼》、旧钞《大瓢偶笔》、山阴杨宾著。旧精钞本《管窥外编》、明平阳史伯璇述。旧钞《王学质疑》、张烈著。影钞本《郑道传》、高丽郑麟趾著。新钞《国语正义》、归安董增龄著。旧钞稿本《耕馀录》，吴下宋眉秀著。共二十一种，均结一庐藏书，计洋四百二十五元。自正月间起至此日止，共购书籍计洋壹万贰千叁百伍拾叁元。内长美书款洋贰千贰百元，系去年所付。孙益庵来谈。褚礼堂来谈。

六月初一日　午后褚礼堂来，伊经手送来之画，余于日昨检定纸本冯栖霞谢庭咏雪立轴、纸本奚铁生山水立轴、纸本顾骘庵春景山水小立轴、纸本潘思牧山水立轴、纸本秦邻烟山水立轴、粉笺梁山舟草书小中堂、纸本吴伯滔山水立轴、绢本雯山工笔花鸟立轴共八幅，计洋贰百念元。是日阅《徐季和侍郎奏稿》。

初二日　钱长美来，与购连筠簃刊本《永乐大典目录》、旧钞《元诗崇雅》、歙汪诚录。《金石萃编补略》、王言著。《白鹭洲书院志》、明万历刊《懒真草堂全集》、明江宁顾起元著。明刊《睡庵文稿》初二刻、明宣城汤宾尹著。文蔚堂刊《苏东坡诗集注》、宋王十朋纂辑。《光绪武进阳湖县志》、光绪己卯汤成烈纂。《重修嘉善县志》、光绪甲午江峰青纂。《娄县续志》、光绪丁丑龚寿图修。《重修清河县志》、光绪丙子吴昆田纂。《叙州府志》、光绪乙未王麟祥纂。《凤阳县志》、光绪丙子于万培修。《栖霞县志》、乾隆甲戌于如川纂。《奉化县志》，光绪戊申李幹泮、张玫翊纂修。共十五种，计洋一百五十元。褚礼堂来即去。是日校《闻过斋集》。阅《吴梅村诗笺》。郑长发于傍晚时交来书籍，亦于灯下阅看之。

初三日　午后有翁瑞午者，年甫弱龄，携书来看，自言苏州人姓翁其父字印若，光绪辛卯举人，广西知县。近在上海，颇有藏书，邀余前往阅看，所携来之数种，均不佳，还之。郑长发来。嘱醉愚作函致缪筱珊，并还伊《徐寿臧年谱》一册。褚礼堂来留夜饭，饭后与礼堂谈。余新得邵位西校旧钞本《闻过斋集》，将已刊者校之，讹字尚多，可见剞劂之事，谈何容易，而校勘如落叶，扫去复来，尤不可草率为之，以贻笑大雅也。阅《权斋老人笔记》。即沈炳巽所著，而由孟莘假之迪庄者也。

初四日　郑长发来。嘱醉愚作函致刘聚卿。又致梁节庵。阅

《权斋老人笔记》。夜与礼堂谈,嘱其作函复刘聚卿。礼堂去后,余自校《闻过斋集》。

初五日 午后沈田莘来,述及乃翁镜轩先生今年政七十,于七夕称觞,索赋诗为寿,小谈而去。夜阅《权斋笔记》。

初六日 午后褚礼堂来。嘱醉愚作函致冯梦华。朱甸卿来。

初七日 午后郑长发来,与购明济美堂刊本《河东先生集》、唐柳宗元著。精刻《陆清献公年谱定本》、吴光酉重辑。《欧虞部集》、明欧大任著。精刻《梵夹集》、钱唐沈名荪著。明万历刊本《东坡全集》、宋苏轼著。旧钞拜经楼批校本《十三经文钞》,共六种,计洋贰百肆拾元。

初八日 阅《权斋随笔》。夜校《闻过斋集》。

初九日 午后四句钟出门至邓脱路谦吉里访缪筱珊,长谈而出。是夕余在迎春坊田金凤处宴客,余所邀者许子颂、史叔起、吴仓硕均以病不来,故此集主客共四人,为陶拙存、褚礼堂、沈醉愚及余而已。

初十日 午后朱文海来。有金谔轩者,名嗣献,台州太平县人。余与素不相识,由一山介绍忽寄书通讯,并惠以台州书目,鸿远所藏。其人颇好学,湖北候补知县,国变后杜门不出,搜罗台州乡先著述,至四百馀种之多,所寄书目即谔轩所搜辑者也。余倩醉愚作函复之。

十一日 夜校《闻过斋集》。

十二日 有书客来,与购《牛雪樵全集》、通渭牛树梅著。《随山馆全集》,山阴汪瑔著。共两种,计洋四元五角。作函致缪筱珊。褚礼堂来,夜偕礼堂出至小华园秦雅云家应周湘舲之招,同坐者为周湘云、喻志韶、王漱六、张淡如、邢毯轩、刘语石、沈醉愚、褚礼堂及主人而已。

十四日 李宝泉来,与购《唐代丛书》、《京江耆旧集》,丹徒张学仁、王豫同辑。《泰泉集》明黄佐著。共三种,计洋三十九元。夜校《闻过斋集》。

十五日 午后褚礼堂来。夜校《闻过斋集》。

十六日 午后出至舢板厂访冯梦华,晤谈良久而出。至爱文义路访程平园，谈次叶柏皋尔恺，浙江仁和人，光绪壬辰翰林，云南提学使。来，述及中国现势，其险更甚于外国之战祸。盖去岁袁总统鉴于宋教仁之死，则同盟会必以激烈之手段对付，先事预防，向外人借有大宗巨款，致二次革命时，既有军需，始获坐收全胜，今则海外风云骤然俶扰，大借款既已绝望，而小借款到期，又须给付，金融恐慌，达于极的，加以宣布中立而后，不能向各国购买军器，万一乱党起事，则既无饷银，又无军器，其将何以御之。坐良久而归。

十八日 喻志韶来谈，赠以《柔桥文钞》，黄岩王棻子庄著，系志韶之母舅也。小谈而去。出至开封路访吴子修，晤谈良久晤陆费伯鸿。桐乡人，现为中华图书馆总理。

十九日 金守梅来。

二十日 褚礼堂来谈。夜阅《竹叶亭杂记》。

二十一日 朱甸卿来，与购《阅微草堂笔记》、河间纪昀著。《聊斋志异》，聊城蒲松龄著。共两种，计洋十元。又向余借洋四十元而去。金守梅来，与购锄经楼精刊本《书隐丛说》，吴江袁栋著。计洋十元。夜阅《退庵随笔》。

二十二日 午后杨芷姓来谈。出至爱文义路吊徐沧粟之丧。于二十夜九句钟身故。嘱醉愚作函致胡漱唐。

二十三日 午后嘱醉愚作函致缪筱珊。李宝泉携首本来看。嘱醉愚作函致刘语石，因明日淞社第十七集由余主席，前数日语石特来介绍况夔笙，据云自请入社，余乃邀之，不意知单到李艺渊处，为艺渊误濡墨渖于况字上，况乃大怒，谓余有意涂改其姓，藉以糟蹋，出言不逊，令人愤愤，但余素知其人有文无行，本不欲邀之，语石坚嘱，故尔柬邀，用特函致语石与辩诘焉。

二十四日 午后褚礼堂来谈。晚淞社雅集由余主席，在惠中旅馆举行，特至麦家圈，至则客已纷来，计三席，到者为缪筱珊、戴子开、吴子修、汪符生、刘语石、喻志韶、杨芷姓、恽季申瑾叔、吕幼舲、刘聚卿、潘兰史、陶拙存、钱履樛、周梦坡、陆纯伯、褚礼堂、孙益庵、沈醉愚共二十人而已,题为李艺渊观察花烛重圆诗。艺渊今庚七十七,夫人今庚八十,距合卺之期适已六十年矣。余索诸君为诗以贺之,亦纪吾社盛事也,邀而未至者为李艺渊、钱听邠、许子颂、吴仓硕、胡幼嘉、朱念陶,均因病,张让三返甬,汪渊若、张石铭以事,若唐元素、李审言、徐仲可不知因何未至耳。

二十五日 褚礼堂来,以陈润夫邀观古璧,在四马路大观楼相待,余偕褚礼堂同往,同坐者为物主吕养斋,安徽宁国人,年七十七。又一人不相识,暨陪客孙镜蓉、余与礼堂及主人又其子莅庄名廷勋,前浙江嘉兴县知县。而已。先出古璧相示,据云静以观之,中有楼台宫阙,海市蜃楼,神仙鬼怪,河图洛书,层出不穷,其璧色黝绿,斑斓驳杂,余视之,不甚了了。礼堂谓是周代物,其所谓各种示现,不过象形取义耳,并非真有华严楼阁,弹指即现者也。由沈康侯经手购《天隐堂文录》、《杂著》稿本,归安凌霞著。计洋十元。余拟刻入《湖州丛书》,故购之。

二十六日 晚至精勤坊赛莺莺家应陈桂题之招,同坐者为许子颂、周梦坡、潘兰史、陆云僧及主人并其弟子彰而已。夜阅《退庵随笔》。

二十七日 午后褚礼堂来。嘱醉愚作函致章一山。李宝泉来,与购明万历本《夷门广牍》、《文心内符》、临漳黄道周选。钞本《全闽诗话》、配刊本一册。郑方坤著。明万历本《汲古堂集》,明何白无咎著。计洋一百三十元。

二十八日 是夕余在田金凤家宴客也,小坐客陆续至,到者为许子颂、张祉蕃菊畦乔梓、孙镜蓉、陈桂题、潘兰史、沈醉愚、葛咏莪、徐虎臣。

二十九日 夜以陈桂题招饮于雅叙园,前往焉,同坐者为潘兰史、张祉蕃、菊畦、褚礼堂、沈醉愚、徐虎臣、孙镜蓉。近日阅《退庵随笔》躬行、交际两卷。

七月初一日　出至邓脱路访缪筱珊，长谈良久而归。夜孙益庵、褚礼堂来谈。钱长美来。嘱醉愚作函致杨芷姓。

初二日　喻志韶来，带到林璞山先生名鹤年托伊转赠化州橘皮八枚、橘瓶二樽，因余允刻其所著《四库全书告成表笺释》故也，长谈而去。金守梅来，与购珂罗版《流沙坠简》，计洋十五元。褚礼堂来谈。朱甸卿、钱长美来，与购结一庐旧钞本，计《王文忠公集》、元王结著。《摘艳集》、嘉林黄德良选。《王魏公集》、宋王安礼著。《文潞公集》、宋文彦博著。《新定续志》、《切韵指掌图》、宋司马光著。《北堂书钞》、唐虞世南著。《姜氏秘史》、《百夷传》、《绍兴十八年同年小录》、《宝祐四年同年录》、《治平胜算全书》、双峰年羹尧辑。《弟子职》、《珩璜新语》、孔平仲著。《牛羊日历》、唐刘轲著。重刊本《革象新书》又《革象新书》、元赵友钦著。《太白阴经》、唐李筌著。《黄帝龙首经》、《揭文安公集》、元揭傒斯著。《国朝柔远全集》、清泉王之春纂。《隶续》、何义门批校。《了斋易学》、宋陈瓘著，曾藏翰林院。知圣道斋本《蜀鉴》又《五代史阙文》、宋王禹偁著。《药房樵唱》、元吴景奎著。《吾汶稿》、宋王炎午著。《九僧诗》、《曹氏宗谱》、《治河前后策》、滁上冯祚泰著。《文史校雠》、残本。又新钞《席氏读说文记》、常熟席世昌著。《惠氏读说文集记》，吴县惠栋著。共三十三种，计洋三百九十元。又桐城刘海峰评本《五七律正宗》一种，又加洋十元，共计四百元。自朱修伯廷尉逝世，书之精者，悉归其婿张幼樵京卿，幼樵殁后，书未散失，乃辛亥革命起事，为党人曾某占而有之，今则为诸书估尽行购去，所有钞本书估来售者，余辄购之，兹则尽在是矣。虽不敢谓付托得人，亦思勉力保存其粹，廷尉有灵，亦足稍慰泉下矣。

初三日　作函致谢林璞山，因不知地址，特备函致志韶，托伊转寄也。

初四日　李宝泉来，与购明万历本《快雪堂诗文集》，明秀水冯梦祯著。计洋三十五元。朱古微来。孙益庵亦来共谈良久而去。晚礼堂来，夜与礼堂谈，益庵亦在此，谈至十二句钟而去。

初五日 朱甸卿来,与购明嘉靖本《唐诗纪事》、《湖北德安府志》、光绪十四年刘国光等修。《湖北襄阳县志》、同治十二年李士彬修。《江西广昌县志》、同治六年曹毓璋修。《江苏如皋县续志》、同治十二年周顼、吴开阳修。《湖北巴东县志》、同治五年廖恩树修。《陕西合阳县志》、乾隆三十四年孙景烈修。《江西赣县志》、同治十年褚景昕修。《湖南龙潭山志》,光绪五年康阜修。共九种,计洋七十元。

初六日 朱文海来。朱甸卿来,与购殿板桃花纸《御选唐诗》、朱印《临朐县志》、姚延福纂。《楞严经指掌疏》、明刊《续文选》、武原胡震亨辑、《恒斋先生文集》,星沙李文照著。共五种,计洋六十元。

初七日 张孟劬自苏来申,益庵招伊耽搁新斋,特偕同来此晤谈,小坐而去。沈镜轩七十寿辰招饮于馥兴园,未赴。

初八日 阅旧小说。褚礼堂来。夜至新斋与孟劬、益庵、礼堂谈。

初十日 出至西合兴张素云家宴客,到时吴仓硕、喻志韶、沈醉愚已先在,孟劬、益庵偕余同赴,陆纯伯、陶拙存、葛稚威先后至,席半朱古微来,宾主共十人。招而未至者为周湘舲、蒋孟苹、褚礼堂三人。

十一日 出至高照里访梁节庵,不值。至道达里金觉生家谒吴蔚若姻丈,不值。至刘聚卿处,亦未晤。益庵、孟劬来谈。

十三日 褚礼堂来。钱长美来,与购守山阁刊本《珠丛别录》,计洋壹百元。又购汲古阁刊本《宋六十名家词》、《大成通志》、《古成纪》、杨庆辑著。雅雨堂刊《声调前后谱》、博山赵执信著。精刻《清素堂诗集》、吴郡石钧著。精刻《使琉球记》、绵州李鼎元著。《庐州府正续志》、《长乐县志》,共七种,计洋壹百元。伊欲购归安沈氏书籍,苦于无款,特向余暂借洋贰百元,余因其人尚属诚实,允之,此款言明此后售书扣除云。

十四日 朱文海来。嘱醉愚作函复吴仓硕。章一山、喻志韶、胡定丞偕来,小谈而去。一山系由青岛避警至济南,由济南至沪,寓十六铺共和旅馆中。作函致周梦坡,又致杨芷姓。夜阅《庸闲斋笔记》。

海宁陈子庄太守其元所著。

十六日 以在迎春二田金凤家宴客，特至其处，所邀者为史宿溪、徐冠南、周湘舲、张石铭、蒋孟苹、褚礼堂、沈醉愚，邀而未至者为许子颂、陈桂题二人而已。嘱醉愚作函致梁节庵。

十七日 午后徐桂堂来，述及聚卿所托为傅尧生谋调审计院差事，现得京中来书，已经派为核算员，然该院核算员初拟八十员，后经总统府交出，改用六十员，荐者纷纷，位置一席，亦属十分重情矣。夜以孟苹明日赴京，特至来远公司，晤蒋抑卮、汤拙存，蛰仙子。与孟苹谈至十二时而归。

十八日 嘱醉愚作函致喻志韶。是日刘聚卿来，未见而去。夜阅《庸闲斋笔记》。

十九日 接缪筱珊函，前此托伊转送王雪澄廉访刊资洋二百元，现《宋会要》雪澄拟自刻，所送刊资仍以见还，特志之。褚礼堂来。晚出至十六铺恒心里台公和栈答章一山，长谈良久而去。嘱醉愚作函致刘聚卿、陶拙存、喻志韶。

二十日 午后许子颂来谈良久，其子松如亦至，小坐而去。阅《庸闲斋笔记》已竟。阅章一山送来劳玉初所著《正续共和解》，于考古之中仍寓匡时之意，诚斯时救世良言也。

二十一日 午后校《闻过斋集》。傍晚至迎春坊田金凤家为一山饯行，益庵、醉愚同行，至则喻志韶、陶拙存已在，须臾刘聚卿来，又须臾一山至，遂坐席。

二十二日 午后褚礼堂来谈。孙益庵偕章一山来，时已傍晚。是日聚卿宴一山于迎春坊林书昭家，遂偕一山、益庵同往，到时聚卿、志韶已在，余客均不来，遂坐席。

二十四日 至马霍路德福里答胡定丞，坐谈良久，出示曾文正公致其祖胡文忠公书牍真迹，展视良久，乃属携归索题。

二十五日 出至邓脱路谦吉里访缪筱珊，长谈良久而出。至文监师路春江里访朱古微谈良久，晤王聘三。名乃徵，四川中江人，庚寅翰林,前贵州布政司使。

二十六日 嘱醉愚作函致梁节庵。

二十七日 夜阅《闻过斋集》,并校其讹谬焉。

二十八日 朱甸卿、柳蓉村来。缪筱珊来小谈而去。晚出至三马路醉沤斋应钱听邠之招,同坐者为缪筱珊、许子颂、陶拙存、杨诵庄、喻志韶、周梦坡及主人与其子履樛而已。

二十九日 朱甸卿、钱长美来。夜至新斋与益庵观长美携来样本。

三十日 李宝泉、金守梅来,与宝泉购钞本《卓庐初草》、钱塘陈墉著。日本刊《尚书白文》,共两种,计洋二十元。与守梅购管应祺批本《淮南鸿烈解》,计洋二十四元。

八月初一日 柳蓉村来。

初二日 朱甸卿来,与购覆大德本《集千家注批点杜工部集》、唐杜甫著。殿本《大般涅盘经》、殿本《倭伽阿跋多罗宝经》、殿本《解深密经》,共四种,计洋壹百廿四元。阅柳蓉村、钱长美、朱甸卿、刘少卿携来各种书籍。是晚淞社第十八集,周梦坡主席,招饮于三马路醉和春,余未赴,题为金台怀古、金陵怀古,不拘体韵。

初三日 午后刘少卿、柳蓉村、朱甸卿、钱长美来,与少卿购《筠心堂全集》、琼州张岳崧著。《泾皋藏稿》、明无锡顾宪成著。宸翰阁刊本《董司寇全集》,明乐安董裕著。共三种,计洋十四元。

初四日 午后柳蓉村、钱长美、朱甸卿来,与蓉村购康熙三十八年刊《徽州府志》、休宁赵吉士纂修。《桂阳直隶州志》、同治七年修。乾隆四十一年刊本《浦江县志》、薛鼎铭重修。同治八年刊《安仁县志》、张景垣修。光绪八年刊本《汾阳县志》、方家驹纂。同治十年刊《乐安县志》、庐陵胡芳杏纂。《曹娥江志》、《马嵬志》、《漂母祠志》、均永康胡凤丹辑。同治十一年刊《南康府志》、盛元修。同治七年刊《长沙县志》、刘采邦修。同治十二年刊《鄜县志》、南浦石荣邦修。星沧吴氏刊本《愚谷文存》、《愚谷文存续编》、海宁吴骞著。钞稿本《上海公诗集》、海昌彭长宜著。钞稿本《彭节愍公遗集》，海昌彭观民著。共十六种，计洋一百元。与长美购大本《皇明职方地图》、延陵陈组绶纪。《史通》、唐刘知几著，张纫庵以卢本校。旧钞本《礼经会元》、宋叶时著。四库钞本《铜人针(炙)〔灸〕经》、《颅(囟)〔囟〕经》、《明堂(炙)〔灸〕经》、精刻《岩镇志草》、畲华瑞撰次。慎馀斋刊《易守》、归安叶佩荪学。旧钞本《翠屏集》、明张以宁著。明万历南雍本《史记》、汉司马迁著，沈韵玱批校。江苏书局修补胡刻本《资治通鉴》、沈韵玱批校。局刻本《前汉书》、汉班固著。《后汉书》、宋范晔著。均沈韵玱据钱泰吉校本批，惟《后汉》缺数卷待补。南陔草堂精刻本《唐眉山全集》、宋唐庚著。旧钞《吴邑志》、《古韵谐》、归安姚文田辑。《国朝湖州诗录》、归安陈焯编。《国朝湖州诗续录》、归安郑佶编次。《两垒轩尺牍》、归安吴云著。明崇祯刊《博物典汇》、明黄道周纂。《邃雅堂学古录》、归安姚文田述。《无锡金匮县志》、光绪七年秦缃业纂。《南陵小志》、光绪二十五年会稽宗能征修。《霍山县志》、光绪三十一年秦达章修。《太和县志》、乾隆十七年济南成兆豫修。《黟县志》、道光乙酉吕子珏、詹锡龄同修。《祁门县志》、同治十二年南丰周溶修。《新宁县志》、光绪十八年汾阳张保连修。《青阳县志》、光绪十七年天津华椿修。《阜阳县志》、道光八年武清刘胡文修。《颍州府志》、乾隆十七年王敛福纂修。《辰州志》、乾隆三十年诸重光纂修。明万历刊《皇祖四大法》、明万历世恩堂蒋刊本《刘子》，北齐刘昼著。共三十二种，计洋三百十元。前此向余借之二百元，因其节前支绌，先扣除一百，余则后算云。刘少卿、王锡生来

初五日　朱甸卿、柳蓉村来。汤治平来。钱听邠来长谈而去。曹揆一来，在益庵处，余至新斋与谈。

初六日　午后至老宅与本生父亲谈内国公债票事，议定本生父亲与余合认洋肆万元，因各处劝募，缠扰不休，乃电致北京公债局总理梁燕生，士诒，广东南海人，前甲午翰林，曾署邮传部大臣，入民国总统府充秘书长，现为税务处督办。声明以二万元解浙省，二万元解沪经理处。盖此次燕生曾有电致沪经理处，聘本生父亲为经理员，余为顾问官，

是以回电辞之。朱甸卿、柳蓉村、汤治平来,与甸卿购《古芬阁书画记》、太谷杜瑞联纂辑。国初刊本《东山志》、馀姚谢迁著。国初精刻本《幽忧子》、唐卢照邻著。明刊《三朝广说丛书》,共四种,计洋五十元。系七十四元,因钞本《光武帝纪》不全还之,除去廿四元,故只五十元耳。至宝昌路仁和里送杨诵庄行,不值。乃至诚意里与杨芷姓谈良久而归。金守梅来。嘱醉愚作函致梁节庵,昨日奉到节庵书,本生父亲及余报效崇陵种树银两,由内务府大臣世续具奏,于七月十六日钦奉谕旨,奖给匾额,仰荷天语褒嘉,亦异数也。又蒙节庵惠寄行宫梨、西陵海棠、木瓜并核桃、蘑菇、香菌等物,天家珍品,频蒙颁赠,特纪之,以志嘉惠。

宣统六年七月十六日钦奉

谕旨内务府奏据梁鼎芬呈称前署两江总督张勋等报效

崇陵种树经费一折。张勋等报效银两,忠诚可嘉。张勋、刘锦藻、刘承幹、李岷琛、颜钟骥、王克敏、孔昭鋆、李铭恩、卢乃潼等,著加恩各赏给御书匾额一方,以示奖励。梁庆桂等,著传旨嘉奖。钦此。

谨按:张少轩制军报效洋三千元,本生父亲及余合报效洋二千八百元。

初七日 午后钱长美来。汤治平来。杨诵庄来辞行,赴京清史馆协修之聘,小谈而去。吴子修来谈。是日以张月霄明经金吾生辰,明经即为爱日精庐主人,生平喜刻书,其年谱为余所刻者也,招同人小集,即在余斋设宴,缪筱珊、杨芷姓、许子颂、曹揆一先后至,在新斋看各种书籍,余旧藏宋蜀大字本《史记》,现亦有一部,并配仅五卷,索价初则五千两,今已减至二千两,首本适在此间,与诸君共赏之,须臾入座,添益庵、醉愚二人,礼堂邀而不至,及余共七人。席散与揆一、益庵谈。揆一为余诊脉,谈至十二句钟始去。

初八日 午后汤治平、钱长美来。嘱醉愚作函致胡定丞，并还其曾祖文正公墨迹尺牍一帙。是夕在三马路醉沤斋为杨诵庄饯行，即往其处，时诵庄、胡定丞、许子颂、钱履樛、簪同、张弁群、沈醉愚均至，遂入席，席散即归。

今日钱听邠暂借洋壹千元，约期一个月归还，又由杨芷姓介绍李君□□以绢本文徵明山水画册、郑板桥立幅、顾炎武草书中堂、录色瓷马蹄樽四件，暂押洋一百贰拾元，该件多系赝物，以芷姓担任，故允之，署券以六个月归还。

初九日 汤治平、柳蓉村、钱长美、金守梅来，与蓉村购明万历刊《掖垣人鉴》、《格古要论》、云间曹昭著。明万历刊《词致录》、明古燕李天麟汇辑。康熙刊本《中山传信录》、徐葆光纂。《南村随笔》、陆廷灿著。燕在阁刊本《知新录》、丰山王棠著。亲仁堂精刻《柳南随笔》、虞山王应奎著。《一辐集》、古歙项淳著。《双佩斋全集》、婺源王友亮著。志宁堂刊本《管城硕记》、当涂徐文靖著。明万历刊《谷山笔麈》、明于慎行著。明隆庆刊《古本孔子家语》、双白燕堂刊本《金石续编》、武进陆耀遹纂。顺德堂刊《毛心斋重订庐山志》，康熙七年常鼐等修。共十四种，计洋壹百零五元。与长美购明万历刊《古史》、明孙如游校阅。吴江沈氏刊本《果堂集》、吴江沈彤著。精刻桃花纸初印曹刊《玉篇》、明正德本《姑苏志》、明吴宽等修。袖珍本《坚瓠集》、长洲褚人获编纂。精刻《朱少师全集》、明朱燮元著。循陔草堂本《国朝先正事略》，平江李元度纂。共七种，计洋壹百拾柒元。钱长美以宋本《史记》事复来。

初十日 午后汤治平来。是日金守梅来，与购《梨里志》、嘉庆乙丑吴江徐达源纂辑。精刻批本《竹素园诗稿》、精刻《话山诗文稿》，共三种，计洋十四元。

十一日 刘少卿、汤治平来，与少卿购精刻《桐埜诗集》、贵阳周起渭著。《孟子时事考征》，泾上陈宝泉编次。共两种，计洋贰元。夜阅各种书籍。褚礼堂来谈。

十二日 朱甸卿、汤治平、金守梅来，与守梅购钞本《无锡县志》，明洪武时辑,不著撰人名氏。计洋八元。李紫东、陈新斋偕来,携书求售。柳蓉村来,钱长美来,均即去。

十三日 午后朱文海来,携到新刊各种样本,前款扣还,又预借洋四百五十元而去。陈新斋、李紫东偕来,与购明宣德刊小字本《上清灵宝大成全书》、道士周思德修集。明万历本《快独集》,明济宁李畊尧著。共两种,计洋一百廿五元。朱甸卿来。汤治平来,与购殿板《钦定盛京通志》、乾隆四十三年阿桂等奉敕修。《畿辅通志》、雍正十一年唐执玉等重修。《江南通志》、开花纸印,康熙二十三年王新命等奉敕修。《安徽通志》、道光十年蒋攸铦等重修。《湖北通志》、嘉庆年间吴熊光监修。《河南通志》、雍正十三年田文镜等修。《续河南通志》、乾隆三十二年阿思哈等修。《山东通志》、开花纸印,康熙十七年赵祥星修。《山西通志》、雍正十三年罗石麟监修。《广东通志》、雍正九年郝玉麟等修。日本刊《日本全史》、明嘉靖刊《河间府志》、明樊深著。明万历刊《郧阳府志》、明徐学谟著。明万历刊《杭州府志》、明周绍稷纂。少一册。明刊《谢耳伯全集》、明绥安谢兆申著。初印《昌谷集》、唐李贺著。《鹿山老屋诗集》、秀水钱世锡著。旧钞《姬侍类偶》、宋周守忠著。激素飞青阁刊本《望堂(文)〔金〕石文字》、宜都杨守敬辑。明天启刊《闲署日钞》、明古(黟)〔黟〕舒荣都辑。诵芬堂刊本《籀经堂集》、晋江陈庆镛著。《吕泾野先生文集》、明吕柟著。《巢经巢诗钞》、遵义郑珍著。《公车征士录》、鄞全祖望著。《韶州府志》、康熙廿六年唐宗尧修。《万青阁自订文集》、浙岸赵吉士著。《罗司勋集》、明罗虞臣著。康熙刊《冯恭定公全书》、明冯从吾著。《靖海纪事》、襄壮公施琅著,福建晋江人。《雪鸿堂集》、通江李钟壁著。明崇祯刊《吴中水利全书》、明张国维辑。明刊本《胡氏诗薮》、明胡应麟著。明刊本《铁庵方公文选》、宋方大琮著。精刻《南庄类稿》、广昌黄永年著。《金薤琳琅》、吴郡都穆辑。《长汀县志》、道光十年王垒修。《武义县志》、嘉庆九年张营堠修。明万历本《魏文靖公南斋集》、明魏骥著。明万历刊《盐城县志》、明南海杨瑞云编著。《临湘县志》、同治十一年熊兴杰纂。明成化刊绵纸印《诗集传大全》、明胡广等奉敕撰。清顺治补明万历本《岱史》、《汀州府志》、同治刊，系乾隆十七年李绂等纂。《龙门县志》、咸丰元年番禺张维屏纂。钞稿本《藤花楼偶记》、萧山朱樗著。明内府刊本《御制文集》、明太祖皇帝著。旧钞《天下金石志》，宛平于奕正编。共三十七种，计洋壹千元。褚礼堂来。穆子美自苏州来，携到新刊各种样本，小坐而去。

十四日　程雨亭以《四洪年谱》两部、宋洪忠宣公父子四人年谱。《景教碑》墨拓一种、食物四种见贻，频频拜惠，甚感荷也。老辈之爱人，如此真挚，敬以识之。缪筱珊来长谈而去，由伊经手购宋巾箱本《中兴两朝圣政》十六卷，计洋二百三十元，此书前已购过二十卷，考之丁氏《持静斋书目》共六十四卷，原缺一卷，今则残缺尚多，然已不可多得矣。希社将出第三编，又于维持会所认之百元摊派二十元，并四月至八月社费四元，一并由醉愚交高太痴手收，维持会费今已付洋六十元，特志之。穆子美来，前预借之三百元于刊资扣讫，今又借三百元而去。夜礼堂、益庵来谈。钱长美来，与购殿板《大清会典》、康熙二十三年伊桑阿奉敕撰。旧钞校本《宋史记》、明王维俭编次。明万历少室山房刊《正续笔丛》，明安定胡应麟著。共三种，计洋九十五元。

十五日　午后柳蓉村来，与购明刊《文潞公集》、宋文彦博著。《卧龙山人集》，昆山葛芝著。共两种，计洋六十六元。

十七日　同钱彬士、张祉蕃同至惠中大餐馆夜饭，有刘松甫者，祥泰洋行之买办也，浙江舟山人，收藏自唐以下名画无数，现在拟赴欧西巴拿赛会，就上海先行悬挂，特于惠中租定两日，出定银五百两，计房两间，遍悬画幅，以供来人赏玩。余适到此，展览一周，均系宋元明清名家所绘。松甫年五十馀，搜罗此项已及三十载，索价甚巨，外人有还价银至四十万两者，刘尚未售，然使增加则必脱手。吾中华国粹沦亡于外者何可胜计，往矣不可返，可叹可叹。第念上海一隅，地繁物博，若松甫者外无博古之名，而竟广事搜罗至如此之多，亦可谓仅见之人矣。

十八日　午后朱文海来。夜褚礼堂来谈，至十二句钟去。

二十日　四句钟后以吴子修招饮于五马路同兴楼,偕醉愚同往,至则钱听邠、戴子开、周梦坡、杨芷姓及主人已在,茗谈良久,缪筱珊始至,遂入席,席未终,以许子颂招饮于精勤坊喃楼,遂至其处,同坐者为钱听邠、陈桂题、史叔起、周梦坡、沈醉愚、汪渊若、刘语石及主人而已。

二十一日　金守梅来。伊是夕在福祥里林素馨家宴客,遂至其处,时许子颂、史叔起、颜冠三、潘兰史、沈醉愚已至,须臾蒋孟苹、沈季璜来,先坐一席,又须臾钱听邠、张淡如、周湘舲、周湘云至,再坐一席。

二十二日　柳蓉村来。褚礼堂来。阅《清代野史》,是书系记近三十年来朝野遗闻轶事。是日张菊生来,未晤。梁节庵已自易州回,遣伻来关说,约明日一句钟见过。

二十三日　午后梁节庵京卿访,衣冠恭捧御赐匾额至,敬谨开读,赐本生父亲曰"令裕衍蔓",赐臣承幹曰"钦若嘉业"。以京卿未经预先咨照,故亦未具衣冠恭迓,并设香案望阙谢恩耳。京卿为述古人刻书,多有以御墨中节取两字以名其堂或以名斋者,若王兰泉侍郎之春融堂、潘文勤公之恭顺堂等是也,因劝余以嘉业名堂,即以名所刻之书,以志恩遇,小坐而去。柳蓉村来。

二十四日　午后朱文海来。汤治平、柳蓉村来。至谦吉里缪筱珊处长谈良久而归。嘱醉愚作函致章一山。

二十五日　午后汤治平、柳蓉村来,与治平购名黄氏兴正堂刊《少微先生资治通鉴节要》,计洋五十元。邱绍周自扬州来。出至爱文义路访程平园,长谈而出。至诚意里访杨芷姓,小谈而归。夜校阅《闻过斋》样本。

二十六日　午后具衣冠至高照里梁节庵处谢步,略谈即归。汤治平、柳蓉村来。

二十七日　汤治平、柳蓉村、钱长美、邱绍周来。出至斜桥邵月如家谒吴蔚若姻丈,长谈良久,并邀其明日枉陪梁节庵。至商务印书馆访张菊生，长谈而出。

二十八日 午后邱绍周、柳蓉村来，与蓉村购明北监本《十三经注疏》、明刊《说文长笺》、赵凡夫著。明万历高晖堂刊《广博物志》、明董斯张著。《潘少白先生集》、会稽潘谘著。精刻《文中孝经尔雅补注》、周春著。《前定录》、吴兴蔡善继著。《染香盦诗文集》、吴县江沅著。《印心石屋初二集》、安化陶澍著。《儒林录》、上虞倪会鼎著。明刻《石秀斋集》、明华亭莫云卿著。《松崖笔记》、东吴惠定宇著。《桐乡县志》，光绪丁亥严辰纂。共十二种，计洋一百四十元。傍晚梁节庵、程平园、吴蔚若、缪筱珊、唐元素、杨芷姓、喻志韶先后至，吴子修以病不来，遂坐席，菜系醉沤斋所叫，计值二十四元。

九月初一日 午后李宝泉、刘少卿、柳蓉村、汤治平、朱甸卿、邱绍周来。与宝泉购《唐大诏令集》、据《四库全书提要》原缺十四至二十四、八十七至九十八卷，共计二十三卷。《青要集》、新安吕谦恒著。《霞庄诗集》，星沙谭瑞著。共三种，计洋七十元。与少卿购《南川草堂诗钞》、奉新宋鸣珂著。《味经堂诗稿》，奉新宋鸣璜著。计洋一元。嘱醉愚作函致缪筱珊。

初二日 午后汤治平、柳蓉村、朱甸卿来。

初三日 午后许子颂来谈良久去。柳蓉村、邱绍周、朱甸卿、汤治平来。至三马路若兰家应周湘舲之招，同坐者为樊时勋、沈新三、钱履樛、叶揆初及主人而已。

初四日 午后邱绍周、朱甸卿、柳蓉村、汤治平来，与绍周购《永报堂四种》、仪征李斗著。明万历刊《鸠兹集》、明古鄞徐时进著。俨思堂刊《骊珠集》、健馀堂刊《海门集》、南徐鲍皋著。南海伍氏刊《楚庭耆旧集》、精刻《楼村诗集》、宝应王式丹著。家刻本《丰川续集》、丰川王心敬著。嘉善何氏刊《历代诗话》、嘉善何文焕辑。国初刊《倪文贞公文集》、明上虞倪元璐著。保砚斋刊《鸿苞节录》、四明屠隆著。张精刻本《王荆文公诗注》、宋王安石著。《楚汉诸侯疆域志》、仪征刘文淇著。明嘉靖绵纸印《阳明先生别录》、明王守仁著。《二申野录》、仁和孙之騄辑。明万历刊本《易纂言》、元吴澄学。馀姚卢氏刊《抱经堂丛书》、馀姚卢文弨辑。海昌许氏精刻本《隶篇》、翟云升著。日本刊《一切经音义》、燕翼堂精刻《贝清江全集》、明贝琼著。明嘉靖刊《诸史品藻》、汲古阁刊本《诗词杂俎》、玉诏堂刊《牧斋初学集笺注》、《牧斋有学集笺注》、钱曾笺注。裕昆堂刊《吴渊颖诗集注》,王邦采绳曾著。共二十四种,计洋五百七十元。与訇卿购明成化本《静修刘先生集》、元刘因著。明精刊绵纸印《何氏语林》、明华亭何良俊著。明弘治何乔新单刻本《经籍考》、宋马端临著。明嘉靖绵纸印《徐文靖公谦斋集》、明徐溥著。明嘉靖刊《雅宜山人集》、明吴郡王宠著。明隆庆刊《景行录》、明枣强江学诗辑。明万历刊《太乙诗集》、明古郃张炼著。明万历刊《皇明诗统》、明李腾鹏汇选。明正统本《五伦书》、明刊批本《分类补注李太白诗》、唐李白著。明万历本《王敬美杂著》、殿本《稽古斋全集》、宗室觉罗弘昼著。明永嘉陈氏精刻翻宋小字本《玉台新咏》、陈徐陵著。旧钞《英宪宗实录》、明万历刊《崔笔山全集》、明嘉靖刊本《陆子馀集》、明陆粲著。芳春楼刊皮纸印《温公书仪》,宋司马光著。共十七种,计洋柒百陆拾元。出至高照里访梁节庵以赴昆山未晤。夜校《说文段注订补》,此书久经勘校,而御讳尚未尽避,再校一过。《傅与砺诗文集》近亦校出多字,具见托人之难。

初五日　午后汤治平来,与购旧钞《南唐近事》、旧钞《节必居稿》、长洲刘曙著。旧钞《皇极经世索隐》、宋张行成著。旧钞《神明镜》、旧钞《雪溪集》、宋王铚著。旧钞《旧闻证误》、宋李心传著。旧钞《赤松山志》、宋倪守约著。旧钞《刘给谏文集》、宋刘安上著,孙衣言校。旧钞《西北域记》、桂林谢济世著。明万历刊《东皇南极篇》、文翔凤著。明嘉靖刊《王梦泽集》、黄冈王廷陈著。艺海楼钞《明名臣琬琰录》、旧钞《天符历法》、旧钞《远西奇器图说录最》、西海邓玉函授,王征译。旧钞《中黄五变经法》、明刊《留青日札》,共十六种,计洋二百元。夜钱长美来。嘱醉愚作函致程平园,又致缪筱珊。校《彝斋文编》。

初六日　嘱醉愚作函致杨芷姓。柳蓉村、邱绍周来，与蓉村购元刊明修《韵会举要》、明刊《唐四杰集》，唐卢照邻、王勃、杨炯、骆宾王著，系张校黄刊。精刻《竹斋先生诗集》，宋袁万顷著。《钱箨石诗文全集》，嘉兴钱载著。殿板《音韵阐微》，雍正六年李光地等奉敕修。殿板《词林典故》，鄂尔泰奉敕撰。旧钞《李君虞诗集》，唐李益著。《乐园文诗集》，溆浦严如熤著。《李文公集》，唐李翱著。明刊本《古今原始》，桐城赵钎著。《说文解字校录》，吴江钮树玉著。商城杨氏刊《攀古小庐文》，日照许瀚著。初印《春秋大事表》、继善书屋刊本《袁石公遗事录》，袁照辑。明刊《震泽长语》，明王鏊著。日本刊《帝都雅景一览》、《求自得之室文钞》，南丰吴嘉宾著。日本刊《论语征》，日本物茂卿著。旧钞《元朝征缅录》、明刊《释常谈》、明刊新校《经史海篇直音》、钞校本《毛诗要义》、钞校本《尚书要义》、钞本《明季实录》，古吴顾炎武辑。《小西腴山馆全集》，沅陵吴大廷著。《说文古本考》，嘉兴沈涛著。《樗寮诗话》，娄县姚椿著。《五周先生集》，祥符周沐润、源绪、星警、星誉、星诒著。《天瘦阁诗半》、蕊珠仙馆刊《东南水利略》，乌程凌介禧著。《粤西笔述》，张祥河辑。明刊残本《剑扫》，共三十二种，计洋贰百贰拾元。夜邱绍周来。

初七日　午前梁节庵来谈，小坐而去。午后吴子修来长谈而去。傍晚至迎春二田金凤家宴客，到时陈桂题、孙镜蓉已至，未几沈醉愚、钱履樛来，张石铭、弁群、淡如、徐晓霞、赵问轩、沈季璜来，遂入席。席散孟苹来谈，伊明日入都，余有函致段镜轩，并赠以新刻三种，即托孟苹带去。

初八日　午后褚礼堂来。自奉恩谕赏给匾额，例须具折谢恩，是晚梁节庵京卿北上，该折即托伊带京恭递。其折请杨芷姓构稿缮写，而请安折即倩礼堂在此间写之。是午本生父亲宴节庵于坚匏庵，遂将该折送去，由本生父亲面交。

初九日　管振之来，与购稿本《经史避名汇考》，海昌周广业著。计洋九十元。钱履樛来，前向余借贷之壹千元，特来还余，伊有五千元托余代为暂存。是日重阳佳节，由戴子开、汪渊若、恽瑾叔、胡幼嘉主席,在菜香圃举行淞社第十九集,到者为缪筱珊、吴子修、吴仓硕、钱听邠、刘语石、徐仲可、潘兰史、周梦坡、褚礼堂、沈醉愚、费景韩、汪符生、钱履樛、喻志韶、余及主人,题为拟陶渊明《九日闲居》诗,即用其韵。余在福祥里林素馨家宴客,即邀同社诸君前往,惟缪筱珊、吴子修、汪符生、吴仓硕、徐仲可、潘兰史、费景韩不去,余则偕行,到林处小坐,即入席,召妓征歌,亦极一时之兴。

日昨傍晚出门,先至梁节庵处送行,伊曾为修葺顾亭林先生墓,向余募资,又送来《金忠节公集》三十部,托余代售。余所允顾墓捐助洋二百元,又书资三十元,即带去面交。讵到时则节庵他出,即将该洋留呈焉。

初十日 午后邱绍周、朱甸卿、汤治平、钱长美来。与长美购沈韵沧批校本《新旧唐书合钞》、《景岳全书发挥》、长洲叶桂著。原刻《古香楼遗稿》、归安沈长春著。《礼耕堂丛说》、乌程施国祁著。明万历刊本《遵生八笺》、明高濂编次。精刻《青莲诗集》、李旦华著。三近堂精刻《春秋识小录》、上元程廷祚撰次。明万历刊《天佚堂史书纂略》、明马维铭纂。《诸家藏画集》、《益州名画录》、《采石瓜洲记》、《山水纯全集》、《月波洞中记》,共十三种,计洋一百三十元。出至福祥里停云馆应刘聚卿之招,同坐者为汪渊若、钱听邠履樛乔梓、周梦坡、戴子开、吴仓硕、恽瑾叔、陶拙存、刘语石、张淡如及主人。

十一日 午后汤治平、朱甸卿、邱绍周来,与甸卿购日本刊《林读耕诗文全集》、精刻《王文直公集》、王东槐著。精刻《湖山自吟稿》、秀水朱休度著。旧钞《太古堂遗稿》、明胶西高宏图著。胡氏刻《南熏殿图像考》、《国朝院画录》、《西清札记》、均胡敬辑。《中露集》,吴趋朱瞻著。共六种,计洋五十元。以缪筱珊明日北上应清史馆之招,特往邓脱路诣其家送之,长谈良久而归。

十二日 午后管振之来,与购稿本《海宁倭寇始末》、吴骞著。《东山国语》、查伊璜著,秀水沈起补述。《日新书屋诗钞》,朱洤著。共三种,计洋壹百元。

十三日 午后李艺渊观察来，未见。冯梦华来谈。王锡生来，与购《湖北黄州府志》、光绪十年王勍修。《湖北枝江县志》、同治五年熊文澜纂修。《湖北光化县志》、光绪十年钟桐山等修。《山东昌乐县志》、嘉庆十四年贺基昌纂修。《湖北云梦县志略》、道光二十年程怀憬纂修。《续云梦志略》、光绪八年程寿昌纂修。《湖北汉川县志》、同治十一年林祥瑗纂修。《湖北当阳县志》、同治五年柏心纂。《补续志》、光绪十五年李元才修。《湖北郧县志》、同治五年定熙等修。《湖北大冶县志》、同治六年黄昺杰纂。《续编》、光绪八年陈鳌纂修。《湖北黄梅县志》、光绪元年贾瀚元等修。《湖北钟祥县志》、同治六年孙福海纂。《山西绛县志》、胡延纂。《湖北续辑均州志》、光绪十年贾洪诏纂。《湖北远安县志》、同治五年郑燡林纂。《湖北武昌县志》、光绪十一年柯逢时纂。《湖北竹溪县志》、同治六年陶寿嵩纂。《湖北孝感县志》、光绪八年朱希白修。《湖北来凤县志》、同治五年李勖修。《江西吉水县志》、同治十二年胡宗元纂。《湖北谷城县志》、同治六年蒋海澄秀。《湖南益阳县志》、同治八年裴哲纂。《湖南邵阳县志》、光绪二年黄文琛纂。《湖北续修东湖县志》、同治三年金大镛修。《湖北江陵县志》、光绪三年倪文蔚纂修。《湖北襄阳县志》、同治十三年李士彬纂修。《山西曲阜县志》、乾隆三十九年潘相修。《湖北续修巴东县志》、光绪六年廖恩树修。《湖北南漳县志》、同治四年胡正俊纂修。《湖北黄冈县志》、光绪七年刘恭冕等纂。《湖北公安县志》、同治十三年王慰等纂。《湖北归州志》、嘉庆廿二年李炘修。《江西清江县志》、道光四年张湄修。《湖北房县志》，同治四年杨延烈纂修。共三十六种，计洋二百零五元。统计今岁所购书价自正月起至此日止，共计洋壹万捌千柒百伍拾捌元矣。嘱醉愚作函致章一山。阅新买各种书籍。

十四日 午刻以张菊生招饮，特至极司非而脱路，盖其新宅在焉，到即入席，系大餐，同坐七人，除主人外，均不相识，与夏剑臣、名敬观，江西新建人，江苏候补道署提学使。张小棠略谈，散后菊生出示新得各种书籍，并前明朱卷。唐少川、张憩伯名荫棠，广东新会人，前美国公使，现卸任归。来，余遂辞别。邱绍周来。夜校《雪桥诗话》。

十五日 朱甸卿、柳蓉村、汤治平、金守梅、张小樵均携书来看。

十六日 邱绍周、汤治平来,与甸卿购殿板《数理精蕴》、明嘉靖刊本《司马温公集》、宋司马光著。明万历刊《刘氏鸿书》、明宣城刘仲达纂辑。明天启刊《憨山老人梦游集》、小板《新义录》,太平孙璧文著。共五种,计洋一百七十三元。

十七日 午后邱绍周来,与购旧钞本《观星要纂》、罗士琳著。明刊《皇明典故纪闻》、明交河余继登辑。明万历本张刻《文选纂注》、梁萧统撰,明张凤翼注。旧钞校本《蚕桑要法集注》、明刻小字本《通鉴纪事本末》、青箱刊本《有正味斋骈体文笺》、钱塘吴锡麟著,泰州王广业笺。《石樵先生遗集》、张安保著。《起云阁诗钞》、丹徒鲍之兰女史著。《清娱阁诗钞》,丹徒鲍之蕙女史著。共九种,计洋一百七十元。又扬州诗局精刊本开化纸印《御选四朝诗》,计一百五十六册。洋六百元,两共洋七百七十元。朱甸卿、王锡生、张小樵来,与小樵购旧钞《古书世学》,计洋三十五元。小樵上次曾少余洋十五元,因扣除十元,故付洋二十五元云。柳蓉村来。夜出至北山西路应丁凤山之招,同坐者为蒋百器、名尊簋,诸暨人,前浙江都督。翁印若,绶祺,江苏吴江人,辛卯举人,广西候补知府。余俱不相识。是日朱文海来,付工资一百元而去。

十八日 午后王锡生、邱绍周、钱长美、柳蓉村来。夜与礼堂、蓉村谈。

十九日 出至新闸路平江公所吊褚稚昭观察之丧。金守梅、钱长美来,与守梅购明刊《李温陵外纪》,吴兴潘曾纮辑。计洋两元。与长美购旧钞《琉球入学见闻录》、潘相辑。明京厂大字本《周易传义大全》、《书传大全》、《诗传大全》、均胡广等奉敕修。殿板《善住意天子所问经》、又《千钵大教王经》、又《解深密经》、又《持世经》、又《思益梵天所问经》、又佛经十种共十部,计洋壹百元。又旧钞读《易详说》、宋李光著。《厚斋易学》、宋冯椅著。《易学变惑》、宋邵伯温著。《易学变通》、元曾贯著。《周易窥馀》、宋郑刚中著。《易纂言外翼》、元吴澄著。《周易详解》、宋李杞著。《周易精蕴大义》、元解蒙著。《易变体义》、宋都絜著。

《慈湖诗传》、宋杨简著。《毛诗讲义》、宋林岊著。《尚书精义》、宋黄伦著。《周官新义》、宋王安石著。《考工记解》附。《周官集传》、元毛应龙著。《周官总义》、宋易祓著。《春秋通训》、宋张大亨著。《春秋经解》、宋崔资方著。《春秋集义》、宋李明复著。《春秋三传谳》、宋叶梦得著。《春秋三传辨疑》、元程端学著。《春秋左氏传续说》、宋吕祖谦著。《蒙斋中庸讲义》，宋袁桷著。共廿二种，计洋贰百元。出至麦家圈惠中旅馆，以梦坡在此嫁女设宴款客也，同坐者为许子颂、喻志韶、钱履樛、褚礼堂、汪鬋僧、沈醉愚、吴彦臣而已。

二十日　汤治平、柳蓉村来。与蓉村谈，与购明景泰刊大字本《君鉴》、过何义门批本《李长吉诗歌》、唐李贺著。《濂溪志》、道光十九年长白延禧修。精刻《含星别集》、即崇祯宫词，常熟王誉昌著。小宛堂刊《寒山志》、明赵宧光著。明万历刊《皇舆考》、明张象贤重刻本。菽原堂刊《篔谷诗文集》、海昌查揆著。《珍艺宧遗书》、阳湖庄述祖著。琅嬛仙馆刊《皋文全集》、武进张惠言著。《安阳县金石录》、偃师武亿辑。旧钞稿本《大瓢偶笔》，杨宾著。共十一种，计洋一百十元。又购州钱吴氏刊本管廷芬补足《宋诗钞初集》，吕晚村、吴孟举、吴自牧同选。计洋一百元，两共洋贰百拾元。

二十一日　是日未刻冯梦华、程雨亭在五马路同兴楼合请外舅，招余作陪，同坐者为外舅、吴子修、徐积馀、张篁楼、彬，直隶南皮[人]，江苏候补道，为文襄公胞侄。朱峻甫曼伯之胞弟。及主人而已。汤治平、王锡生来。

二十二日　刘少卿来，与购《青田县志》，光绪元年雷铣修。计洋四元五角。褚礼堂来，由伊经手购彊园钞本《平叛记》，东莱毛彬编。计洋贰拾元。日昨孙问清所谈抵押品，今日已遣人送来，书画手卷册页共三十件，因偕礼堂逐一评览，问清来函附来借券一纸，计洋五百元，余因思为数甚微，只得应酬，其间有真有赝，全留此间，反担风险，虽定期只有一月，而届期设或不赎，此间湫隘，安顿为难，乃嘱礼堂检出明人山水集册、明人珊瑚网集册、罗两峰小西涯诗画册、黄左田山水花卉册、皇六子清涟晚泛卷子、瑶华道人访菊卷子共六件留在此间,余则备函送还,而押款五百元即随函送去。嘱醉愚作函致张菊生。

二十三日 午后王锡生来。朱文海来。傍晚至牛庄路应周湘云赏菊之招。

二十四日 午后王锡生来。朱甸卿来,与购明万历刊《元曲选》、明嘉靖刊《练溪集》、明凌震著。明弘治刊《楳读先生存稿》、明杨自惩著。明万历刊《韩魏公集》、宋韩琦著。袖珍本开化纸《古香斋鉴赏四书五经》、明天启刊《洞庭吴氏集选》、《北居诗稿》,海上曹锡辰著。共七种,计洋二百五十元。本系二百六十元,因前购《梦游集》不全退还,其书扣除十元,故付以此数云。

二十五日 午后汤治平、王锡生来,与治平购明天启刊《牧津》、明山阴祁承㸁辑。《墨妙亭碑目考》、乌程张鉴著。《篆文九经》、此书只有五种。《石斋先生经传九种》、《避暑录话》、宋叶梦得著。《大唐开元占经》、聚珍版丁晏批本《道德经》、精刻《纪元要略纲目》,东吴陈景云著。共九种,计洋八十一元。与锡生购精刻《碎金词谱》、《续谱》、《词韵》、《养默山房诗馀》、共四种,松滋谢元淮辑。明万历刊《弇山堂别集》、明王世贞著。《二水楼诗文全集》、临川李茹旻著。明嘉靖刊《钱氏小儿直诀》、《如皋冒氏诗略》、冒广生编。精刻《沈氏诗录》、吴江沈祖禹录,沈彤校。初印《杨忠烈公文集》、明杨涟著。项氏玉渊堂精刊批校本《王右丞集》、唐王维著。《东望望阁诗钞》、嘉善查奕照著。《湘潭郭氏闺秀集》、《梧笙唱和集》附。《江西大庾县志》、同治十三年石景芬纂。《江西临江府志》、同治十年鲍孝光修。《江南句容县志》、乾隆新建曹袭先修。《安徽凤阳府志》、光绪三十四年冯煦修。《江西安福县志》、同治十一年姚浚昌修。《南堂诗钞》,晋江施世纶著。共十六种,计洋贰百元。

二十六日 午后朱甸卿来。

二十七日 午后邱绍周。嘱醉愚作函致张菊生。夜阅《雪桥诗话》,为校出讹字不少。

二十八日 午后蒋孟苹来,赠余自京带来《珍艺宧遗书》。阳湖庄述祖著。傍晚出至三马路老半斋应邱绍周之招，同坐者为崔盘石、名永安，广东驻防，庚辰翰林，前浙江布政使司。杨芷姓、唐元素、李审言及绍周又其侄而已。

二十九日 午后朱甸卿、邱绍周、汤治平、钱长美、柳蓉村均来，与蓉村购明嘉靖袁氏覆宋本《六家文选》、旧钞《宝刻丛编》，共两种，计洋一百十元。

十月初一日 午后邱绍周、汤治平、朱甸卿来，与绍周购明刻子书四种《老子》、《列子》、《庄子》、《关尹子》，计洋十六元。与甸卿购《后知堂文集》，闽将乐萧正模著。计洋四元，其洋系前购《光武帝纪》不全退还，少余洋廿四元，即于该款上扣除。

初二日 朱甸卿、汤治平来，甸卿云将至温州瑞安收书，将数十种暂向余抵洋三百元，先将首本廿四册质在余处，以为信物，约一月为期，余估其书尚值此数，乃允之。朱古微来，小谈而去。

初三日 午后李宝泉来，与购红豆斋刊《礼说》、东吴惠士奇著。明成化刊《潜斋文集》、宋何梦桂著。明嘉靖刊《今言》，明海盐郑晓著。共三种，计洋廿二元。又托伊经手向浙江图书馆钞《炎徼纪闻》，四册，明田汝成著。计工资洋十二元五角。汤治平来，与购《广东高要县志》、道光五年夏修恕修。《广东仁化县志》、同治十二年陈鸿修。《广东石城县志》、光绪十八年蒋廷桂修。《广东连州志》、同治九年单兴诗修纂。钞本《广东连山厅志》、道光十七年姚伯山纂。《广东曲江县志》、光绪元年张希京修。《广东连州府志》、道光七年张堉春修。《广东阳春县志》、道光元年陆向荣等修。《广东广宁县志》、道光四年黄思藻修。《广东信宜县志》、光绪十五年敖式槱修。《广东潮州府志》、乾隆廿六年张硕勋辑。《广东禺峡山志》、沈阳孙绳祖纂修。《□□永安县志》、□□□□。《瑞园合选》、《佟雅法海》、《佟雅夸》、岱徐振著。明万历刊《吴文肃公集》、宋吴儆著。《敬由编》、明溉上窦子偁纂。《康熙浙江嘉兴府志》、康熙六十年吴永芳纂修。《江西南安府志》、同治七年黄鸣珂修。《河南济源县志》、乾隆二十六年萧应植纂。又《续志》、嘉兴十八年刘大观纂。《江南娄县志》、乾隆五十年杨寿楠修。《香亭文稿》、吴玉纶著。《生香书屋诗集》、昌平陈浩著。《仙屏书屋初集》、宜黄黄爵滋著。《铁箫诗稿》、南丰谈光祜著。明内刻本《史记英选》、殿板《评鉴阐要》、高宗纯皇帝御制。京厂大本《诗传大全》、精刻《朱鹿田杂著》,钱塘朱樟著。共廿九种,计洋一百六十六元,本系洋一百八十六元,因前买《开元占经》不全退还,扣除洋二十元,故付以此数云。嘱醉愚作函致杨定敷,又致章一山。钱长美来,与购明刻万历本《古隽考略》、明李承勋、顾充同辑。精刻《太平乐事》、《抱璞亭集》、当湖张湘任著。乙照斋刊《渝水诗观》、丹阳黄之晋辑。精刻桃花纸印《无欲斋诗钞》、范阳鹿善继著。《蜀輶日记》、安化陶澍著。精刻《醉乡庐诗》、金允中著。《丰川礼记汇编》、丰川王心敬编。钞本《卧龙冈志》、襄平罗景辑。世承堂刊《留耕书屋诗草》、吴兴沈惇彝著。殿板《历代职官表》、纪昀等奉敕著。《小兰陔诗集》、晋安谢道承著。《石琴诗钞》、宜宾李映棻著。《广仁堂丛刻》,昆山朱用纯著。共十四种,计洋八十元。褚礼堂来谈。

初四日 午前朱甸卿来。汤治平来。与甸卿购明初刊本《陆象山全集》、宋陆九渊著。《诗慰》、明内刻大本《大明仁孝皇后内训》、明内刻大本《女训》、《徐州二遗民集》、铜山万寿祺著。《江氏所著书四种》、甘泉江藩著。明正德内刻大本《历代通鉴纂要》、明李东阳等奉敕撰。《百菊集谱》,宋山阴史铸著。共八种,计洋两百四十五元。

初五日 午后汤治平、柳蓉村来。前益庵交来旧钞《五茸志逸》,璜溪退庵道人采辑。此书系王培荪介益庵来售,索价五十元。将芳树园刻本《危学士全集》明危素著。赠余,盖知余所刻《危太朴集》,正在搜罗佚文故也。益庵屡次向余地道,乃购其书而如数予之,不意将洋交去后,细观其书,则系小说家言,笔亦甚劣,论值极多不过十元而已。褚礼堂来,夜不出门,与礼堂谈。

初六日 午后朱甸卿来,与购明刻《大佛顶首楞严经会解》,计洋四十元。嘱醉愚作函致胡漱唐。许子颂来谈。洪幼琴盘,安徽泾县人，光绪癸巳举人，江苏候补道。来，余与幼琴素未谋面，互相知名，前忽赠余《四洪年谱》，今特惠过，小谈而去。柳蓉村来，与购明刻《屏山集》、宋刘子翚著。《研华堂合集》、初印《真率斋初稿》、梁溪杨芳灿著，词附。精刻《四春词》、长洲潘钟瑞批校。《词律》、阳羡万树编次。《词综补遗》、长洲陶梁辑。《玉洤词》、吴县潘曾璋著。《三千藏印斋诗钞》、桐乡沈淮著。《埙篪初集》、朱若水森桂著。明嘉靖刊《六书精蕴》、《悔昨斋诗录》、丹徒张深著。《道腴堂诗编》、云中鲍钤著。明刊《何氏语林》、明华亭何良俊著。明刊《容台诗别集》、明华亭董其昌著。精刻《湘管联吟集》，共十五种，计洋壹百叁拾元。

初七日 午后钱长美来，与购酌雅轩旧钞本《太平寰宇记》、《李氏函海》、李雨村编。高丽印大字本《书传》、《诗传》、《孟子》三种、《节妇传》、清江杨锡绂著。《观古阁丛稿》、曲水书局活字本《易经诠义》、汪煊学。《南海县图》、曲水书局活字本《易经如话》、汪煊学。明万历刊高丽纸印《医学入门内集》、高丽纸印大字本《济众新编》、精刻《享帚词》、江都秦恩复著。《四库书目略》，共十四种，又明蓝丝钞本《文苑英华》，残本，此书本系结一庐旧藏，去年曾经购过，尚少五套，今购两套，尚少三套云。共计洋二百廿七元。嘱醉愚作函致章一山。

初八日 阅柳蓉村、钱长美送来各种书籍。

初十日 柳蓉村来。

十二日 钱长美来，与购旧钞校本《崇祯忠节录》，嘉兴高承埏。一百零五元。柳蓉村来。夜看柳蓉村送来各种书籍。

十四日 柳蓉村来，与购定书籍系旧钞《乾道临安志》、宋吴兴周琮著。旧钞《苏州府志》、明卢熊辑。殿板《满洲源流考》、乾隆四十二年阿桂等奉敕著。明弘治刊本《吴江县志》、明莫旦纂。《三山志》、宋梁克家纂辑。《水心先生别集》、精钞本，宋叶适著。精钞《历代编年释氏通鉴》、宋括山一庵释本觉编集。明弘治本《唐鉴》、范祖禹著，吕祖谦注。殿板桃花纸印《四书章句》、殿板《钦定篆文六经四书》、李光地等奉旨刊。旧钞《元秘史》、明嘉靖本《记纂渊海》、宋潘自牧纂。旧钞徐乾学稿本、扫叶山房刊《大金国志》、宋宇文懋昭著。明钞《謇斋琐缀录》、明嘉靖本《琏川诗集》、吴兴施峻著。明刊《未轩文集》、明黄仲昭著。旧钞《开元占经》、唐瞿昙悉达著。东洋仿宋刊本《尚书正义》、赵怀玉刊本《咸淳毗陵志》、明钞《宋景文笔记》、《善诱文》、《晁氏客语》,合一册。共廿一种,计洋七百元。又购明嘉靖刊《欧阳南野先生文集》、明万历刊《五岳山人诗文集》、吴郡黄省曾著。明嘉靖刊《林屋山人诗文集》、明蔡羽著。明嘉靖刊《文起堂诗文集》、明长洲张献翼著。《江苏丰县志》,光绪二十年姚鸿杰修。共五种,计洋壹百拾元。既与购取,细阅之则《元秘史》不全,蓉村即已赴苏,为其子授室,姑俟其来再议耳。

十六日 刘少卿来,与购吴刻大板《六经图》、《湖南宝庆府志》、道光廿八年邓显鹤纂。《浙江重修兰溪县志》、光绪十四年秦簧修。《山东惠民县志》、光绪十二年沈世铨修。《江苏吴县续志》,光绪五年熊其英纂。共五种,计洋四十四元。

十八日 朱文海来。钱长美来,伊在望平街新开同文书铺尚少款项,特来恳借百元,允于他日书款扣取,余允许付之而去。

十九日 汤治平来,与购《广东陆丰县志》、乾隆十年王之正修辑。《广东南海县志》、同治十一年郑梦玉修。《广东增城县志》、同治十年张庆鍱修。《广东从化县志》、宣统元年蔡廷镳修。《广东新兴县志》、乾隆二十三年刘芳修。《广东文昌县志》、康熙五十七年马日炳修。《广东新宁县志》、道光十九年张深修。《广东西宁县志》、道光十年诸豫宗修。《广东电白县志》、光绪十四年孙铸修。《广东会同县志》、嘉庆二十五年陈述芹修。《广东德庆州志》、光绪廿五年朱一新纂。《广东雷州府志》、嘉庆十六年雷学海修。《广东澄海县志》、嘉庆十九年李书吉修。《广西马平县志》、乾隆二十九年吴广升纂。《浙江嘉兴县志》、嘉庆六年伊汤安修。明刊《翠娱阁评选五家小品》,曹学佺、李维桢、陈仁锡、文翔凤、王思任著。共十六种,计洋六十五元。夜阅《藤花楼偶记》。

二十日 午后至二马路通源馆贺李艺渊观察重谐花烛之喜。阅《藤花楼偶记》。是日得缪筱珊来书,知已从北京归,赠余《鹿筋口麻记》。明赵凡夫传状，系吴印丞新刻者。又钱念劬托伊带来《吴兴诗话》四册，系归安戴菔塘太仆璐所著，假余刻入《湖州丛书》者也。

二十一日 午后缪筱珊来谈。李紫东来送书籍求阅。阅《藤花楼偶记》二卷。

二十二日 阅刘少卿送来各种书籍。

二十三日 李紫东、刘少卿、钱长美来，与紫东购明正德刊《定山集》、明江浦庄昶著。精刻《南陔草堂诗集》、德清徐川升著。明嘉靖重刻本《后山诗注》、宋陈师道著，天社任渊注。明刻《参寥子诗集》、宋智果禅师道潜参寥著。明嘉靖刊《息园存稿》、《浮湘稿》、《山中集》、《国宝新编》、《缓恸集》，均姑苏顾璘著。共九种，计洋壹百拾元。前月孙问清押款五百元于今日到期，备函送来，嘱醉愚作函复孙问清。晚出至缪筱珊处，谈片刻归。褚礼堂来，同至楼外楼看范杞良石像，盖新从城脚挖出者，高约三尺左右，雕琢亦不甚工。校谈钥《吴兴志》，是书经唐元素、况夔笙、缪子彬筱珊第三子。三人各校一次，而仍有误字，托人之难，竟至于此，可叹可叹。

二十四日 午后汤治平、刘少卿来，与治平购《江西九江府志》、同治十三年达春布修。《江西抚州府志》、光绪二年谢煌纂修。《江西南安府志》、同治七年黄鸣珂修。《南安府志补正》、光绪元年杨錞修。《江西饶州府志》，同治十一年锡惪修。共五种，计洋五十元。夜校谈钥《吴兴志》。

二十五日 午后张小樵来，朱文海来。阅陈立园、钱长美送来各种书籍。

二十六日 午后刘少卿、钱长美来。夜礼堂、益庵来谈。阅各种书籍。

二十七日 午后王锡生、汤治平来。钱彬士来，由伊经手与邱姓购旧钞《清河书画舫》，吴郡张丑著，少一卷。计洋柒拾元。又由益庵经手与王培荪购明天启刊《国朝当机录》，新安黄正宾编。计洋壹元。嘱醉愚作函致蒋孟苹，托伊将傅与砺、董若雨两种带京，并函赠与钱念劬。

二十八日 午后王锡生、刘少卿、汤治平、陈立园来,与立园购明钞蓝丝本《草堂诗馀别录》、明张綖著。明蓝丝钞《西清诗话》、无为子著。明正德刊《石林燕语》,宋叶梦得著。以上均天一阁藏书。明刊《梁溪漫志》、宋费衮著。旧钞《绿窗新语》、明刻《祝京兆野记》、明祝允明著。《濑园诗文集》、华容严首升著。白华堂刊《许青岩集》、新安许楚著。万历刊本《松石斋文集》、明赵用贤著,诗集缺。明嘉靖刊《漫堂文集》、宋刘宰著。《慎修堂集》,河汾亢思谦著。共十一种,计洋贰百元。

二十九日 午后朱文海来。王锡生、钱长美来,与锡生购《湖南辰州府志》、乾隆三十年诸重光等修。《湖南沅州府志》、乾隆五十年张官五等修。《湖南辰州府乾州直隶厅志》、同治十二年林书勋修。《湖南永顺县志》、同治十三年唐赓等修。《湖南武陵县志》、同治二年孙翘泽修。《续修湖南慈利县志》、同治八年魏湘纂。《湖南永顺县旧志》、乾隆五十八年黄德基修。《湖南醴陵县志》、同治九年徐淦等修。《湖南华容县志》、光绪八年孙炳煜修。《湖南靖州直隶州志》、光绪五年吴起凤修。《湖南保靖县志》、同治十年魏式曾修。《湖南安福县志》、道光二年何寅斗等修。《湖南平江县志》、同治十年张培仁等修。《湖南石门县志》、光绪十五年阎镇珩辑。《湖南宝庆府志》、道光廿八年邓显鹤纂。《湖南武冈州志》、同治潘清修邓绎纂。《湖南桃源县志》、同治八年罗行楷修。《湖南宁远县志》、嘉庆十七年锡龄修。《湖南辰溪县志》、道光二年徐会云等修。《湖南沅陵县志》、同治十二年六层撰修。《湖南茶陵州志》、同治九年蒙古福昌修。《湖南道州志》、光绪三年李镜蓉修。《湖北蕲水县志》、光绪六年多祺修。《湖北长乐县志》、咸丰二年李焕春修。《湖北蒲圻县志》、同治五年恩荣修。《湖北监利县志》、同治十一年陈树蓤修。《湖南衡州府志》、乾隆二十八年饶佺纂修。《湖南常德府志》、嘉庆十八年陈楷礼纂。《湖南永州府志》、同治六年翟声焕修。《湖南凤凰厅志》、道光四年黄应培修。《湖南黄州厅志》、道光五年俞克振纂。《湖南江华县志》、同治九年刘华邦修。《湖南东安县志》、光绪元年黄心菊纂修。《湖南湘乡县志》、同治十三年齐德五修。

《湖北随州志》、同治八年文龄等修。《续修湖南永定县志》、同治九年张序枝等纂修。《湖南蓝山县志》、同治六年胡鄂荐修。《湖南宁乡县志》、同治六年郭庆扬修。《湖南安乡县志》、光绪六年张绰重修。《湖南祁阳县志》、同治九年陈玉祥修。《湖南巴陵县志》、同治十一年严鸣珂修。《湖南芷江县志》、同治九年盛庆绂等修。《湖南常宁县志》、同治九年玉山修。《湖南黔阳县志》、同治十三年陈鸿作等修。《湖南会同县志》、光绪元年孙炳煜修。《湖南溆浦县志》、同治十二年齐德五修。《湖南麻阳县志》、同治十二年姜钟琇等修。《湖南新化县志》、同治十一年关培钧修。《湖南来阳县志》、同治十一年于学琴修。《湖北竹山县志》、同治四年周士桢修。《湖北兴国州志》、陈光亨纂修。《湖北江夏县志》、同治八年汪庭桢修。《湖北施南府志》、续编，光绪十年汪庭桢等修。《黔南识略》、长白爱必达著。《黔南职方纪略》、安化罗绕典辑。《湖北南漳县志》、同治四年胡正楷纂。《云南备征志》、道光十一年王崧编纂。石印《湖南永绥厅志》、宣统元年董鸿勋纂。明嘉靖刊《诚意伯文集》，明刘基著。共五十九种，计洋三百元。与长美购明万历刊《唐诗所》、明弘治刊《于忠肃公全集》、明于谦著。《西涧草堂全集》、昌乐阎循观著。明万历刊《丰考功遗集》、明四明丰坊著。覆宋本桃花纸印《易经》、初印《朱子年谱》、宝应王懋竑纂订。明万历刊《沈太史郊居遗稿》、明沈懋学著。食旧堂刊本《梦楼诗集》、丹徒王文治著。《甬上耆旧诗》、胡文学辑选。《河工器具图说》、勤有书堂刊本《孟晋斋诗集》、钱塘陈章著。《金石屑》、明万历刊《万文恭公摘集》、明万士和著。《巢林集》、富溪汪士慎著。《阙里孔氏诗钞》、《曲阜诗钞》、均孔宪彝纂辑。《理堂文集》、潍县韩梦周著。明崇祯刊《沈无回先生雪堂集》、明沈守正著。《四松堂集》、宗室敦诚著。《二续表忠记》、四明卢宜汇辑。精刻《陶人心语》、沈阳唐英著。《朱止泉先生文集》、宝应朱泽澐著。精刻《湖北东湖县志》、乾隆二十八年林有席修。明嘉靖刊《宋丞相文山先生全集》、宋文天祥著。《江苏南汇县志》，光绪五年张文虎纂。共二十七种，计洋二百二十元。惟其中有《山东通志》系已经购备，《曲礼全经》系不全，均退还，计洋三十二元，暂行记出，约入后卖书扣还，故此二种不志也。

三十日 陆汉卿携书求售。

十一月初一日 午后朱甸卿、陆汉卿来,与汉卿购《马文庄公文集选》、关中马自强著。《公忠堂文集》、古燕张自德著。钞配本《力本文集》、江都马荣祖著。《云隐堂全集》、相州张镜心著。《安序堂文钞》、遂安毛际可著。初印《几亭全书》,明嘉善陈龙正著。共六种,计洋六十八元。夜阅甸卿携来各种书籍。

初二日 王锡生来,所云宋椠前后《汉书》已取到数本,共计一百六十册,《前汉》系覆刊两册配入,索价三千元。嘱醉愚作函致缪筱珊。

初三日 王锡生来。

初四日 傍晚以消寒第一集出至道达里周梦坡处,到者为缪筱珊、戴子开、吴仓硕、钱听邠、汪渊若、刘语石、潘兰史、吕幼舲、恽瑾叔、钱履樛、杨芷姓、陶拙存、沈醉愚共十五人,招而未至者为李艺渊、吴子修、恽季申、张石铭四人,梦坡出示董文敏公手迹,即以为题。《雪桥诗话》已经印订,是夕消寒会同人各赠一帙。是日长尾雨山招饮于六三园,盖长尾闰五月间将归日本,先赴各处游历,乃从齐鲁而至燕魏,今始旋沪,是日在六三园遍招夙好,置酒为别,闻席间女妓弹筝侑酒,颇足尽欢。余以近来夜不安寐,而伊设宴正在午刻,为时太早,故未往云。

初五日 午后朱甸卿、王锡生来,与锡生购《湖南凤凰厅续志》,光绪十八年黄河清纂辑。计洋三元。出至谦吉里访缪筱珊,长谈而出。嘱醉愚作函致缪筱珊。

初六日 朱甸卿来,与购留香书屋刊《怡亭文诗集》、建宁张绅著。《宝韦斋类稿》、湘阴李桓著。精刻《广文字会宝》、明嘉靖刊《刘雪湖梅谱》、《天后圣母圣迹图志》、《自镜斋集》、吴县潘曾玮著。《易斋集》、明青田刘璟著。《雪蕉斋诗钞》、永嘉王德馨著。明万历刊《心斋先生全集》、明王艮著。明万历刊《东崖先生遗集》、明王襞著。明万历刊《一庵先生遗集》、明王栋著。灵蕤馆刊《天愚山人诗文集》、镇海谢泰宗著。《啸古堂文集》、宝山蒋敦复著。《双云堂传集》、甬上范从律、永澄、震蔚著。《本堂文集》、宋陈著著。精刻《卷勺园集》、海上刘茂榕著。《与梅堂遗集》、辽阳佟世思著。明刊绵纸印《倥侗集》、明李梦阳著。康熙刊本《勉斋先生遗稿》、明慈溪郑满著。明正德刊《经济文衡》、《天益山堂遗集》、慈溪冯元仲著。紫蟾山房刊《寒村诗文选》、郑风著。《西域考古录》、海盐俞浩著。支那本《六道集》、《复斋文诗全集》、泰顺曾镛著。敬义堂胡刊《删后诗文存》、陈梓著。钞本《祝由科正续集》、《云松巢诗集》、元朱希晦著。《浙江定海厅志》、光绪廿八年陈重威等修。《浙江庆元县志》、光绪三年杜步瀛修。《浙江永嘉县志》、光绪八年张宝琳修。《文肃公集》、明何乔新著。殿板《御制历象考成》、《历代名人年谱》、南海吴荣光著。《载酒园诗话》、《金华诗录》、听松阁刊《陈岩野先生全集》、明陈邦彦著。《尺云轩文集》、六合朱实发著。《东台县志》、嘉庆廿二年周右纂。明万历刊《华夷花木考》、明慎懋官选集。明万历刊《唐文粹》、宋吴兴姚铉纂。明天启刊《宋文鉴》、宋吕祖谦诠次。修德堂刊《元文类》、元苏天爵编次。康熙刊小字本《明文在》、薛熙何絜纂集。弘治刊本《后山先生集》、宋陈师道著。明嘉靖重刻宋景定本《孟东野集》，唐孟郊著。共四十九种，计洋五百廿八元。

初七日 午后出至山海关路访冯梦华，长谈良久而出。王锡生来，与购定《汉书》，先付定洋叁百元，此书郭氏珍重异常，不肯派人送来，必须此间派人往取，而余处无人可派，锡生素不知其浅深，亦未便径将巨款付之。再四磋商，乃倩俞子青持洋前往，遂与约定于明晚动身，同赴长沙也。嘱醉愚作函致盛杏荪、又致缪筱珊。

初八日 午后以刘聚卿之侄女于归陈文恪公之孙，特至戈登路贺喜。

初十日 嘱醉愚作函致孙问清，还其抵件。郑长发来，与购精绘《御制耕织图》，计洋三十二元。

十二日 出至开封路访吴子修，与谈良久，据云陈诒重参议毅，湖南湘乡人,光绪甲辰进士,邮传部参议。于明日返湘,余所求王益吾祭酒为先严慈撰墓志,理应专函奉谢,子修嘱余速即备函,并将润洋陆百元托诒重带去,伊亦作函托诒重带交等云。嘱醉愚作函致缪筱珊,托伊亦备一函致益吾祭酒,以昭郑重。

十四日 午后蒋孟苹来谈,据云殿板《图书集成》已为买就,约共七千馀册,系礼王府中之物,有楠木盒五百馀个装之,计洋六千元,久坐而去。是夕以消寒第二集系缪筱珊先生主席,在望平街醉沤斋举行,到者为戴子开、吴子修、吴仓硕、钱听邠、恽季申、瑾叔、刘语石、陶拙存、曹揆一、杨芷姓、张石铭、沈醉愚、潘兰史及余与主人共十五人,渊若以中风不来,半身麻木,虽于大命无妨,亦可危也。馀如吕幼舲、周梦坡均未来,筱珊出示珂罗版照印汤贞愍公合家画册索题。嘱醉愚作函致林璞山,又致杨定敷,又致沈砚传,即还其书。

十五日 午后朱甸卿、钱长美来,与长美购明崇祯刊《杨忠烈公文集》、明杨琏著。新化邹氏《敩艺斋遗书》,新化邹汉勋著。计洋十一元,此洋未付,因前购《山东通志》、《曲礼全经》一系重复,一系不全退还,计洋三十一元,扣除此款,尚少余处二十元云。汤治平来。

十六日 汤治平来,朱甸卿来,与治平购《江西临川县志》、同治九年童范俨修。《江西广信府志》、同治十一年蒋继洙修。《江西新喻县志》、同治十二年文聚奎等修。《江西分宜县志》、同治十年李寅清等修。《江西新淦县志》、同治九年王肇赐等修。《江西馀赣县志》、同治十一年冯兰森修。《江西袁州府志》、同治十三年骆敏修等修。《江西宜黄县志》、同治十年张兴言等修。《江西新昌县志》、同治九年朱庆萼等修。《江西永新县志》、同治十三年萧玉春修。《江西安义县志》、同治十年杜林修。《江西新城县志》、同治九年刘昌岳等修。《江西万安县志》、同治十二年欧阳骏等纂修。《江西上高县志》、同治九年冯兰森纂修。《江西玉山县志》、同治十二年黄寿祺等修。《江西萍乡县志》、同治十一年王明璠修。《江西德兴县志》、同治十一年孟庆云修。《江西瑞州府志》、同治十二年黄廷金修。《江西高安县志》、同治九年夏燮等修。《江西峡江县志》、同治十年暴大儒等修。《江西万年县志》、同治十年项珂修。《江西安仁县志》、同治十一年徐彦楠等纂修。《江西贵溪县志》、同治十年杨长杰等修。《江西金溪县志》、道光五年胡钊等纂修。《江西东乡县志》、同治八年李士棻修。《江西泰和县志》、同治九年宋瑛等修。《江西南康县志》、同治十一年沈恩华修。《江西乐平县志》、同治十年董萼荣等修。《江西万载县志》、同治十年金第杜绍斌修。《青原山志略》、《广西贺县志》、光绪十六年金文炳修。《浙江缙云县志》，光绪二年何乃容纂修。共三十二种，计洋壹百柒拾陆元。

十七日 午后吴子修来，阅看余所购之宋椠前后《汉书》首本，长谈而去。朱甸卿来，与购明万历刊《讷溪先生全集》、明周怡著。《雕丘杂录》、真定梁清远著。明隆庆刊《昆山杂咏》、河间俞允文编次。《安徽池州府志》、康熙五十年马世永编纂。《四川什邡县志》、嘉庆十七年纪大奎纂修。《续增什邡县志》，同治四年傅华桂修。共六种，计洋一百零四元。因前买书籍《光武帝纪》不全退还，除扣退外，尚少余处二十元，今即扣除，实付洋捌拾肆元云。钱长美来。

十八日 城内希社招饮，由舒问梅、汝望屺主席，余未赴。午后朱文海来。章一山自宁海来。傍晚以杨芷姓招饮于望平街醉沤斋，同益庵、醉愚偕往，至则客已齐，遂入席，同坐者来铭甫、陈根汝、光淞，萧山人，江苏候补道员。陈子言、诗，安徽人。施再春、凤翔，萧山人，近年来上海之新富户也。益庵、醉愚及主人，酒半，陈仁先至。湖北蕲水人。晚朱甸卿来。

十九日 钱长美来，与购元刊明印《山谷刀笔》、宋黄庭坚著。翁覃溪批校本《天下金石志》、《灵芬馆全集》、吴江郭麐著。耕石斋《石田诗钞》、明沈周著。旧钞《复初斋诗集》、大兴翁方纲著。旧钞《复初斋文集》、大兴翁方纲著，《翁氏家书略记》附。原刻初印《陈确庵先生集》、明太仓陈瑚著。《五百四峰堂诗钞》、顺德黎简著。汲古阁刊初印《中州集》、金元好问集。古怀堂刊《鑫山集》、桐城方文著。遂初堂原刻初印本《亭林遗书十种》、明顾炎武著。武进赵氏刻本《斜川集》、宋苏过著。精刻初印《中州名贤文表》、姑苏刘昌编。经钼堂钞本《元朝名臣事略》、元苏天爵著。原刻初印《宋诗纪事》、钱塘厉鹗辑。《倪文贞公全集》、明倪元璐著。汲古阁刊初印《杨铁崖乐府》、元杨维桢著。吴孝则先生批校本《韩文考异》、唐韩愈著。《续表忠记》、赵吉士纂编卢宜汇辑。《功甫小集》、吴县潘曾沂著。原刻初印《赖古堂文选》、周亮工辑。明嘉靖刊白绵纸印《何大复先生集》、明何景明著。明刊绵纸印《三苏文粹》、宋苏洵、轼、辙著。明刊绵纸印《欧阳文遗粹》、宋欧阳修著。《徐巨源先生榆墩集选》、新建徐世溥著。精刻原印《带经堂全集》、新城王士祯著。剑光阁精刊本《元遗山先生文集》、金元好问著。原刻初印《杲堂诗钞》、甬上李邺嗣著。州钱吴氏刊本《宋诗钞初集》、精刻初印《南宋杂事诗》、沈嘉辙、吴焯、陈芝、符曾、赵昱、厉鹗、赵信著。精刻《渠亭山人全集》、安上张贞著。精刻《琴音记》、歙程瑶田著。明刊原印《贾浪仙长江集》、唐贾岛著。《意苕山馆诗稿》、元和陆嵩著。精刻《三李合集》、嘉兴李良、符、绳远著。明万历刊皮纸印《石埭县志》、明熊禋修。《滇云历年传》、《江苏淮安府志》、乾隆十三年卫哲治修。《江苏海州直隶州志》、唐仲冕修。《知止堂全集》,元和朱绶著。共书四十种,计洋六百七十八元。因前买《山东志》不全退还,尚少二十元,即以扣除,实付以洋六百五十八元云。

二十日 朱甸卿来,与购精刻《从政录》、甘泉王喜笋著。精刻《清芬堂存稿》、苕山胡会恩著。汲古阁刊《六十种曲》、《程书》、明翻世德堂本《六子》、明刻《了莽文集》、潭州王岱著。《直隶赞皇县志》、乾隆十六年黄岗竹修。《续修直隶赞皇县志》、光绪二年史赓云等修。《直隶玉田县志》、光绪十年夏子鎏修。《直隶稿城县志》、康熙三十七年赖于宣修。《续稿城县志》、光绪七年汪度等修。《直隶栾城县志》、同治十二年陈咏修。《直隶行唐县志》、乾隆二十八年吴高增修。《直隶河间县志》、乾隆二十五年吴山凤纂修。《直隶抚宁县志》、光绪三年张上龢等修。《直隶元氏县志》、光绪元年胡岳修。《直隶临榆县志》、光绪四年赵允祜修。《江苏上海县志》,同治十年俞樾等纂。共十八种,计洋贰百元。

二十一日 朱甸卿来。

二十二日 午后褚礼堂来。朱甸卿来。俞子青从湖南归,与郭筠仙侍郎家所购之前后《汉书》，已经携到，检阅之，的系宋椠鹭洲书院本，共计一百六十册，每十册函以木匣，其书除《前汉》补配明刊两本外，馀则仅钞配四叶耳。惟卷中有割去数字，并挖割图章数处，殆可恨恨。此书正价三千元，酬劳王锡生一成三百元，益以子青赴湘川资约三十馀元云。

二十三日 傍晚以消寒第三集由余主席，在惠中宴客，特偕醉愚前往，计到者为缪筱珊、吴子修、钱听邠、戴子开、刘语石、喻志韶、章一山、潘兰史、陶拙存、杨芷姓、恽季申、瑾叔、周梦坡、张石铭、沈醉愚，邀而未至者为汪渊若、吕幼舲以病，吴仓硕以妻病，均未至。题则以得宋椠《前》、《后汉书》征索题词也。夜阅《全谢山文钞》。

二十四日 朱甸卿来，与购明万历刊《万姓统谱》、原刻《渔洋山人著述》、三十八种，新城王士祯著。明嘉靖刊《王临川文集》、宋王安石著。六艺堂刊《颐志斋丛书》，山阳丁晏著。共四种，计洋一百元。余前与蓉村购《宋诗钞》一部，计洋一百元，后因商务印书馆现在排印此书，菊生来书告假，嗣又商余将书让售，交还洋百元，今甸卿书值适符此数，即以此洋与之。夜阅《全谢山文钞》。

二十五日 夜阅《雪桥诗话》，该书几经勘校，尚多讹谬，余为校出七十四字之多，洵如落叶纷披，挥扫不尽也。嘱醉愚作函致庞莱臣，又致张唯庭，又致陆纯伯，均以《雪桥诗话》媵之。

二十六日 蒋孟苹来谈，伊明日入都，托其带去《雪桥诗话》十二部，分送在京各友。

二十八日 前日金粟香郎伯豫自兰陵来，持到粟香致醉愚函，并翁覃溪手批《王渔洋精华录》求售，索价银百两，余以粟香虽未见过，而性耽风雅，生平搜刻丛书，亦复不少，今境甚窘，欲售其书，余甚悯之，还价八十元，然其书要不过四五十元而已。昨粟香来函以百元为请，醉愚劝余应酬，而请伊为先虞衡府君所辑《国朝诗萃》作序一篇，余允之。当由醉愚复函，并将书值百元交去。汤治平来，与购旧钞《通鉴纪事本末补后编》，仁和张星曜著。此书系统述释教源流，并无刊本，见莫子偲《经眼录》。计洋壹百零五元。是日柳蓉村自苏州来,携首本请看。

二十九日 俞恒农将赴通州,自湖州来此见访,昨作之函未寄,遂尔面交,赠以各种书籍。又去年恒农向李埙伯处借来《董若雨诗集》交余授刊,今已刊就,故亦赠以董书两部,以酬之,长谈而去。柳蓉村来。

十二月初一日 嘱醉愚作函致喻志韶,又致章一山。

初二日 午后葛词蔚来谈。柳蓉村、钱长美来。嘱醉愚作函致缪筱珊,并送去《雪桥诗话》四部。

初三日 柳蓉村来,与购《建康实录》、宋许嵩著。明万历刊《大明会典》、明成化刊《高漫士啸台集》、明弘治刊《陶学士先生文集》、陶安著。旧钞《三冈识略》、华亭董含著。《王艮斋集》、常熟王峻著。精刻《咏归亭诗钞》、长洲李果著。明刊《大泌山房诗文全集》、明李维桢著。明钞《蜀碧》、彭遵泗编述。旧钞《三异词录》、《残明纪事》、《难游录》、《幸存录》、《东村纪事》、《求野录》、《也是录》、《琐闻录》、《辖轩纪事》、《琐闻别录》、《宫庭睹记》、《绣江集》、《丙申日记》,共计十二种;旧钞《续宋中兴编年资治通鉴》、明万历刊《郁冈斋笔麈》、金坛王肯堂著。海昌羊氏刊《简庄文诗钞》,海昌陈鳣著。共十三种,计洋三百元。

初四日 午后屠辅清来,长谈而去,赠辅清新刻各种书籍。是夕由吴子修、戴子开主席举行消寒第四集,招饮于醉沤斋,余以杨信之亦招饮于别有天,先诣杨处应酬,同坐者为外舅、谢子楠、王欣甫、沈田莘、徐冠南、晓霞,及主人与其弟谱笙而已。席未散遂出,即至醉沤斋,到者为缪筱珊、吴仓硕、杨芷姓、刘语石、钱听邠、恽季申、瑾叔、潘兰史、陶拙存、周梦坡、张石铭、章一山、戴子开及余共十三人,吴子修因病未至,题为丹徒李氏三女殉孝诗。席间与筱珊订定明岁延请刘谦甫富曾,仪征人,光绪戊子举人。到余处专主勘校一席,月脩四十元。筱珊又荐一陈□□为余整理书籍,其人诚实可靠,伊可作保,月费洋八元，余亦允之。钱长美来。

初五日 钱长美来，与购旧钞《大元圣政国朝典章纲目》，又《大元圣典章新集至治条例纲目》，系知圣道斋抄本，旧为缪艺风所藏也。又武英殿聚珍本《春秋考》、《禹贡说断》、《诚斋易传》、《大戴礼记》、《文苑英华辨证》、《毛诗经筵讲义》、《吴园周易解》、《春秋经解》、《春秋集注》、《直斋书录解题》、《周易口诀义》、《续吕氏家塾读诗记》，共计十二种；明刊《费文宪/通公文集》、明费宏、费寀著。初印《淳化秘阁法帖考正》、王淑详定，汪玉球参正。《四川盐法志》、光绪七年丁宝桢纂。明刊《昭代王章》、明嘉靖刊《南滁会景编》、明万历刊《词林海错》、《俞宁世文集》，共二十种，计洋二百五十八元，付之而去。

初六日 午后阅《全谢山文钞》。柳蓉村来。是日由缪筱珊送来清史馆总裁赵次珊制军名尔巽，汉军籍，同治甲戌翰林，前官东三省总督。函，聘余为名誉纂修员，余念该馆所聘皆为当代名流，岂敢为伍，乃筱珊丈来书，亦复谆谆力劝勿辞，盖亦余为藏书家，欲假书籍为修书之助，然余学问疏荒，自觉愧赧，况史馆非寻常可比，奚可纯盗虚声耶。前此公债局总理梁燕生聘余为顾问官，置之未答，此次总须作函答之，以副拳拳之意耳。

初七日 柳蓉村来，与购武英殿聚珍板《郭氏传家易说》、《易象意言》、《易纬》、《禹贡指南》、《尚书详解》、《融堂书解》、《诗总闻》、《仪礼识误》、《仪礼集释》、《仪礼释宫》、《东观汉记》、《元朝名臣事略》、《邺中记》、《元和郡县志》、《元丰九域志》、《舆地广记》、《水经注》、《麟台故事》、《唐会要》、《五代会要》、《宋朝事实》、《建炎以来朝野杂记》、《东汉会要》、《帝范》、明本《释农书》、《农桑辑要》、《夏侯阳算经》、《猗觉寮杂记》、《能改斋漫录》、《云谷杂记》、《瓮牖闲评》、《考古质疑》、《朝野类要》、《涧泉日记》、《敬斋古今黈》、《涑水纪闻》、《归潜志》、《老子道德经注》、《张燕公集》、《文忠公集》、《南阳集》、《公是集》、《彭城集》、《忠肃集》、《柯山集》、《陶山集》、《毗陵集》、《浮溪集》、《茶山集》、《止堂集》、《拙轩集》、《牧庵集》、《诗伦》、《文苑英华辨证》、《钦定武英殿聚珍版程式》、《景文集》、《文恭集》、《春秋释例》,共五十九种,又《尚书详解》、《西汉会要》两种,均有缺,由蓉村担任补全。共六十一种,又《平湖县志》一种,计洋四百二十六元。

初八日 午后柳蓉村来,携去《雪桥诗话》二十部代为销售。王锡生来送来各种志书,系从湘中购来者。

初九日 出至进益里葛词蔚处,晤于晦若侍郎,名式枚,广西贺县人,光绪庚辰翰林,官至学部侍郎。长谈良久而出。

初十日 午后章一山来谈。杨诚之来谈,小坐而去。出至邓脱路谦吉里缪筱珊处长谈而出。

十一日 午后蒋孟苹来谈。褚礼堂来即去。王锡生来,与购《湖南直隶澧州志》、道光元年安佩莲纂。《直隶承德府志》、道光九年海忠纂修。《查办南洲善后事宜》、《湖北通山县志》、同治六年黄昌辅修。《湖北麻城县志》、光绪二年郑庆华修。《山东掖县志》、乾隆二十三年张思勉修。《浙江龙泉县志》、乾隆二十七年苏□□修。《河南归德府志》、乾隆十八年蒋炳修。《湖北应山县志》、同治九年周道源修。《浙江乌程县志》、光绪五年潘玉浚修。《山东滕县志》、道光二十六年王正修。《浙江孝丰县志》、光绪三年刘浚修。《湖南郴州总志》、嘉庆廿三年朱偓等修。《浙江宣平县志》、光绪四年皮树棠修。《湖北兴山县志》、光绪十年黄世崇修。《续修问津院志》、王会厘纂。《甘肃秦州直隶州新志》、光绪十五年余泽春等修。《湖南临漳县志》、光绪三十年周秉彝修。《山西绛县志》、光绪胡延纂。《湖北恩施县志》、同治七年朱三恪修。《山东莒州志》、嘉庆元年许绍锦修。《浙江衢州府志》、武进杨竞如于康熙年重修。《浙江江山县志》、乾隆四十一年宋成绥修。《湖北广济县志》、同治十一年朱荣实修。《湖北保康县志》、同治四年宋熙曾等修。《鼓山志》、《湖北永兴县志》、光绪九年吕凤藻修。《湖南安化县志》、同治十年邱育泉等修。《湖北荆门直隶州志》、同治七年恩荣修。《湖北宜都县志》、同治五年崔培元等修。《湖北郧阳府志》、同治九年吴葆仪修。《湖北江陵县续志》、《湖北长乐县志》、光绪元年李焕春等修。《湖北松滋县志》、同治七年吕缙云修。《湖北罗田县志》、光绪二年管贻葵修。《湖北郧西县志》、同治五年程光第修。《江苏崇明县志》、《甘肃皋兰县志》、乾隆三十九年吴鼎新修。《湖北崇阳县志》、同治五年高佐廷修。《四川长寿县志》、光绪元年张永熙修。《湖南桂东县志》、同治五年刘华邦修。《湖北沔阳州志》、光绪七年钟廷瑞等修。《湖北京山县志》、光绪八年戴昌言等修。《江西长宁县志》、光绪廿五年金福保等修。《四川蓬溪县志》、道光廿五年吴章祁等修。《湖北兴山县志》、同治四年伍继勋修。《湖北利川县志》、同治四年何蕙馨修。《山东邹县志》、乾隆五十五年娄一均修。《四川金堂县志》、嘉庆十五年谢惟杰修。《金堂县续志》、同治八年徐璞玉修。《陕西汧阳县志》、道光二十一年罗曰璧修。《浙江西安县志》、嘉庆十六年姚宝煃修、《湖南临武县志》、嘉庆二十二年邹景文等修。《陕西绥德直隶州志》、光绪三十一年孔繁朴等修。《江苏崇明县志》、光绪六年林达泉等修。殿板精刻桃花纸印《佩文斋书画谱》，共五十六种，计洋三百五十七元。

十二日　朱文海偕赵学南来见，携到陈确庵明人，名瑚，嘉定籍。所著日记、诗话两种，求刊入余所刻丛书。余以日记乃理学之书，与所刻各种不称，当即回却。惟诗话，则答以俟筱珊看过再作计较，小谈而去。余今夕在家宴筱珊及诸公，未几杨芷姓、章一山、褚礼堂陆续至，筱珊与叶鞠裳亦来，出宋椠《前》、《后汉书》，互相传观，良久始入席，益庵、醉愚亦在坐，邀而未至者则朱古微而已。

十四日　傍晚以在清和三爱楼宴客，遂往焉，至则客已有来者，则陶拙存、章一山、陈桂题也，须臾礼堂、醉愚偕至，梦坡、孟莘、让三、兰史亦陆续来，时已晏，甫入席，则听邠来，俄聚卿亦来，召妓征歌，极一时之兴。

十五日　傍晚偕醉愚出至爱文义路迁善里钱听邠家，应消寒第五集饮约，计到者为缪筱珊、戴子开、刘语石、潘兰史、恽季申、瑾叔、章一山、张石铭、周梦坡、杨芷姓、沈醉愚、陶拙存及余与听邠父子，外客二人为陆眉生、叶揆初。题为望雪，以谢惠连《雪赋》中“值物赋象，任地班形，素因遇立，污随染成”分韵，余得“染”字。

十六日 王培荪近又托益庵介绍送来书籍数种,与购《唐氏三易集》,嘉定唐时升著。计洋六元,即托益庵交去。嘱醉愚作函致杨定敷。梁节庵来访,未晤而去。

十七日 午后章一山来谈,携到翁覃溪所书《易经附记》稿本,其稿藏于于晦若侍郎处,忆自去岁向菊生购取覃溪《四库全书》手纂提要,后以出价四千元,一时盛传其事。既而筱珊述及晦老处亦有翁稿真迹,劝余广事收储,余恐索价过贵,未敢问津。今春一山至于处探其意旨,据云余此刻境地,尚可敷衍,未忍割爱,设或他日境益艰窘,乃肯脱售耳。前日一山往候,则晦若复提前议,未肯让售,惟所藏字数较去年得于张者为多,虽不名言索价几何,则其意可知矣。余观此种决系真迹,倘其索价过巨,只得不购,盖晦老本与本生父亲旧交,未便过于论价也。

十八日 午后嘱醉愚作函致蒋孟苹,又作函致杨定敷。阅《黄荛圃年谱》。嘱醉愚作函致喻志韶,又作函致董敬安,又作函致缪筱珊。

十九日 午后朱文海来,又携到《雪桥诗话》五十部、《龟溪集》一百部。是日为东坡生日,壬子、癸丑两年均举行寿苏雅集,今日淞社既不举行,而超社一般显宦若樊云门、周少朴、吴絅斋重复出山,则亦寂然落寞矣,社事之盛衰,追怀往昔,不禁感慨系之。

二十日 朱甸卿来,余前与购之渔洋山人著述,因是书首本在孙问清处,问清决欲售此,甸卿无可奈何,只得向余取回,将明万历刊《博古图》、《考古图》、《古玉图》三种携来抵换前书,估价尚近,只能允之。李紫东来。嘱醉愚作函再致杨定敷,并寄赠《龟溪集》一部。又作函致张让三,又作函致徐积馀,以明晚招饮于福祥里素娟家,余病未能赴,故作函辞之,并赠以六家年谱、《龟溪集》、《雪桥诗话》各种。

二十一日 朱甸卿、李紫东来,与紫东购听诗斋陈氏刊本《明诗纪事》,贵阳陈田辑。计洋四十五元。穆子美自苏州来,小坐而去。嘱醉愚作函致刘聚卿,并《南浔镇志》、《龟溪集》。又作函致杨谱笙并《龟溪集》,又作函致朱伯英,并致送干脩洋二百元。

二十二日　嘱醉愚作函致缪筱珊，承为我先考妣作家传各一篇，送伊洋二百元，又送年敬洋壹百元。

二十三日　午前穆子美来，余未晤，除结算刻资外，又预支洋叁百元。午后朱文海来。朱甸卿、钱长美来，与长美购殿板《世宗御选语录》、乾隆刊本《定山集》、明江浦庄杲著。旧钞《明季遗闻》、江左邹漪辑。聚珍本《学易集》、《耻堂存稿》、《絜斋集》、《易说》、《易原》、《华阳集》、《春秋辨疑》、《郑志》，共十一种，计洋八十七元。与甸卿购明刻《七大名家尺牍》、明刻《李卓吾文选》、明刻《古逸□□》，共三种，计洋廿七元。夜阅《钱竹汀年谱》。

二十四日　是晚消寒第六集由刘语石、杨芷姓、陶拙存、章一山、沈醉愚主席，题为醉沤斋坐雪即事，限雪字韵，余以身子欠适未赴。嘱醉愚作函致吴仓硕，并致送食物四种。

连日吴印臣自京托巩伯寄余仿宋《花间集》，刊刻甚精。徐积馀赠余《闺秀百家词》。孟苹以余将欲移居，赠余陆廉夫绘花卉五尺屏条八幅。特书于此，以志嘉惠。

二十五日　朱文海来，除将本年刊资算给外，又预借洋四百五十元。

二十六日　嘱醉愚作函致于晦若，并赠以新刻书十种。又作函致冯梦华并赠以新刻书十种。本生父亲赠以《皇朝续文献通考》，亦即随函一并交去。又作函致缪筱珊，并赠以《龟溪集》十部。又致杨芷姓，并本生父亲所撰《皇朝续通考》，盖前奉赏匾额，托伊代缮谢恩折子，以此酬其劳也。

二十七日　午后整理书籍入箱收藏。

二十八日　午前阅《孙征君年谱》。孙征君名奇峰，号夏峰，明季遗老也。

二十九日　午前阅《孙征君年谱》。午后冯梦华来。晚阅《孙征君年谱》。

1915 年(乙卯,民国四年)

乙卯年正月初一日　夜阅《钱竹汀年谱》。

初二日　夜阅《钱竹汀年谱》。

初七日　是日希社第廿四集由李瘦兰主席,招饮于二马路华庆园,申刻潘兰史招饮于四马路杏花楼,均未赴。

初八日　是日午刻刘聚卿招饮于戈登路寓中,未赴。

初十日　是晚消寒第七集由吴仓硕、汪渊若、吕幼舲、恽季申、瑾叔、潘兰史主席,招饮于四马路式式轩,余以身子欠适,未赴。夜阅《新盦笔记》。

十二日　午后得仓硕书,知消寒第七集题为酸梅蜜枣。是晚葛词蔚招饮于西福致里花素娟家,余未赴,作书谢之。

十三日　是晚出至福泽里停云馆应刘聚卿之招,同坐者为刘襄孙、许南仲、徐植甫毓臣昆季、宋汉章、现为中国银行行长,绍兴人。陶兰泉、庞莱臣、蒋孟苹。

十四日　午后章一山来谈。晚至牛庄路应庞莱臣之招,到门则悬有"普天同庆"之红灯,因皇上十岁万寿圣节,江湖魏阙,尚有故君之思焉,可佩可敬。同坐者为邢毬轩、聚之、蒋孟苹、沈联芳、金仲廉及主人而已。

十五日　午后褚礼堂来谈。四句钟出至谦吉里访缪筱珊,谈良久而出。

十七日　嘱醉愚作函致朱丙君,并交去恤助闵阊如家洋五十元,并书二部。

十八日　孙益庵同俞子青自苏州来,余至书斋略谈。金守梅来,与购原刊《乍浦志》,《乍浦文献》附。计洋三元。嘱醉愚作函致白也诗,并交以《雪桥诗话》五部,又《龟溪集》二部,盖《诗话》为其同志索赠,而余以《雪桥》、《龟溪》各一部,赠其兄石农也。

十九日 午后偕益庵出至麦根路舢板厂隔壁沈子培方伯家贺慈护合卺。系子培弟子林之子,嗣以子培者也。小坐片时,见林诒书上楼,乃知主人在楼上,随即登楼,而培老仍复旧时衣冠,新郎亦然,故国不忘,可敬也。其时沈爱苍亦在座,爱苍名瑜庆,侯官人,文肃公之子,曾官贵州巡抚。培老出节庵札相示,谈良久而出。是日许子颂来,未晤而去。

二十日 朱甸卿来。缪筱珊来谈。傍晚以淞社第二十一集朱念陶招饮于家中,特偕醉愚、益庵同往车袋角,到者为戴子开、恽季申、瑾叔、汪渊若、潘兰史、钱履樛、孙益庵、刘语石、章一山、钱听邠、杨芷姓、周梦坡、刘聚卿、徐仲可、沈醉愚及主人而已。念陶出天山归猎图索题,盖在伊犁时作也。

二十一日 午后刘谦甫来,名富曾,仪征人,为文淇之第三子。光绪戊子举人,年已六十九岁,去岁筱珊子修介绍于余,为勘校书籍者也。小坐而去。朱甸卿、王锡生均携书来求售。章一山偕郭复初来访。复初名立山,湘阴人,光绪癸卯翰林,有文名,余素知之。余因王考家传前为汤蛰仙年丈所撰,本生父亲及余均嫌其文不甚佳,因托复初重撰,其节略已于日昨托一山交去,今复当面谈定。索观宋椠《史记》、宋刊《三国志》及覃溪《四库提要》手稿,长谈而去。嘱醉愚作函致金巩伯,又杨定敷。甸卿复来,与购《湖北襄阳府志》、乾隆廿五年陈锷修。《四川嘉定府志》、同治二年朱庆镛等修。《浙江严州府志》、光绪九年吴世荣修。《贵州犁平府志》、道光十三年刘宇昌等修。《河南开封府志》、同治二年管竭忠纂修。《甘肃西宁府新志》、乾隆十二年杨应琚纂。《陕西西安府志》、乾隆四十四年舒其绅等修。《直隶正定府志》、乾隆廿七年郑大进修。《湖北施南府志》、同治十年周庆榕修。《安徽颖州府志》、乾隆十七年王敛福修。《山西朔平府志》、雍正十一年刘士铭修。《直隶永平府志》、光绪五年游智开修。《四川夹江县志》、嘉庆十八年王佐修。《四川江津县志》、光绪元年王煌修。《四川名山县志》、光绪十八年赵懿纂辑。《陕西固城县志》、康熙五十六年王穆修。《河南内乡县志》、康熙三十二年宝鼎望修。《四川洪雅县志》、嘉庆十八年王好音修。《四川洪雅县续志》、光绪十年郭世棻修。《山西沁州直隶州志》、乾隆六年雷畅等修。《直隶南宫县志》、道光十一年周栻修。《河南通许县志》、乾隆三十五年阮龙光修。《山西浮山县志》、乾隆九年贾酉修。《四川威远县志》、光绪三年吴曾辉修。《陕西宁羌州志》、光绪十四年马毓华修。《陕西紫阳县志》、光绪八年吴世泽修。《湖北郧县志》、同治五年周瑞修。《湖北襄阳县志》、同治十三年吴耀斗修。《四川雷波厅志》、光绪十九年秦云龙修。《河南永城县志》、康熙三十年周正纪修。《河南嵩县志》、乾隆三十二年康基渊修。《四川祺县志》、乾隆三十六年王聿修修。《山东蒲台县志》、乾隆二十八年严文典修。《四川奉节县志》、光绪十九年曾秀翘修。《直隶南乐县志》、康熙五十年王培宗修。《直隶井陉县志》、雍正八年钟文英修。《山东蓬莱县志》、道光十九年王文焘修。《江苏砀山县志》、乾隆三十二年王瑗修。《湖北罗田县志》、光绪二年管贻葵修。《浙江松阳县志》、光绪元年支恒椿修。《直隶滦州志》、光绪廿四年杨文鼎修。《陕西武功县志》、明康海著。《浙江永嘉县志》、乾隆廿六年崔锡等修。《河南济源县志》、乾隆廿六年萧应植修。《河南续济源县志》、嘉庆十八年何荇芳修。《山东鱼台县志》、乾隆廿九年冯振鸿修。《黄鹄山志》,永康胡凤丹著。共四十七种,计洋二百十五元。

二十二日 午后五时,题襟馆为西泠印社事提议扩充,余曾因梦坡来劝,助洋五十元,是日邀饮于宝善街顺源楼,余以事未赴。出至福祥里林素馨家宴客,到后醉愚、礼堂已在,小坐则孙问清、周湘云、陶拙存、何书农、钱听邠履樛乔梓、葛词蔚、刘聚卿陆续来,遂入席,邀而未至者为庞莱臣、袁巽初、仲龙、徐积馀、潘兰史而已。

二十三日 午后出门至温州路合兴里访刘谦甫,未晤而出。至山海关路访冯梦华,长谈而出。又至开封路吴子修处长谈归。

二十四日 午后陈步云持筱珊函来见,步云扬州江都人,年约五十馀，盖今岁筱珊介绍在余处管理书籍者也。余告以此刻屋庐狭隘，无处安顿，姑在他处暂住，再行安排，小谈而去。徐晓霞偕其西席林卓如来，欲观宋椠《前》、《后汉书》，因出示之，小坐而去。嘱醉愚作函致章一山。

二十五日　王锡生来。管振之来，赠以《雪桥诗话》、《龟溪集》各一部，又托带去《诗话》一部赠俞语霜。嘱醉愚作函致缪筱珊。

二十六日　午刻偕笃初弟至乾记弄祝徐冠南五十寿。午饭后阅沈韵沧过批《前》、《后汉书》。

二十七日　嘱醉愚作函致梁节庵。

二十八日　朱文海来。王锡生来，与购《浙江长兴县志》、光绪元年赵定邦等修。《四川巴州志》、道光十三年朱锡谷修。《浙江平阳县志》、乾隆廿三年徐恕修。《江苏嘉定县志》，光绪七年程其珏修。共四种，计洋十五元。

二十九日　钱长美来。夜益庵、礼堂来，均长谈而去。是日早上刘谦甫来，未晤而去，因嘱醉愚作函致之，并交去《覃溪集外诗》稿本，并已刊诗集托其互相考证，删其重复而勘存焉。

三十日　于晦若侍郎来，略谈而去。钱长美来，与购《西台集》、宋毕仲游著。《南涧甲乙稿》、宋韩元吉著。《五代史纂误》、宋吴缜著。《唐语林》、宋王谠著。《后山诗注》、宋任渊注。《魏郑公谏续录》、元翟思忠著。《孙子算经》、《五经算术》、北周甄鸾著。《海岛算经》、晋刘征著。《傅子》、晋傅玄著。《碧溪诗话》、宋黄彻著。《浩然斋雅谈》、宋周密著。《元宪集》、宋宋庠著。《浮沚集》、宋周行己著。《简斋集》、宋陈与义著。《乾道稿》、《淳熙稿》、《章泉稿》、宋赵蕃著。《两汉勘误补遗》、宋吴仁杰著。《文子缵义》、宋林道坚著。《宝真斋法书赞》、宋岳珂著。《易学滥觞》、元黄泽著。《岭表录异》、唐刘恂著。《万寿衢歌乐章》，国朝彭元瑞著。以上均武英殿聚珍版本，九十八册，缘去年所购之《易说》重复，即将此中之《元宪集》对换，故以九十册核算，计洋壹百拾柒元。又购明崇祯刊《豹陵集》、明梁云构著。《纷欣阁丛书》、《亦快阁出疆诗集》、钱塘许田著。《晚香堂小品》、明陈继儒著。《圣庙祀典图考》、长洲顾沅辑。顺治刊本《雁楼集》、西湖徐士俊著。《陕西解州安邑县志》、乾隆廿八年吕湓修,附《安邑运城志》。又《续志》、光绪六年赵辅堂修。《山西校补洪洞县志》、雍正八年余世堂修。《陕西朝邑志》、乾隆四十三年钱坫纂。《陕西续华州志》、王琛汝等修。《山西介休县志》、嘉庆十九年叶汝芝修。《山西夏县志》、光绪六年黄缙荣修。《浙江钱塘县志》、康熙五十七年魏嵊纂。《浙江馀杭县志》、嘉庆十三年张吉安修。《浙江仁和县志》、康熙二十五年赵汝安纂。《直隶永清县志》、乾隆四十四年周震荣修,《文征》附。活字本《安徽庐江县志》,光绪十一年钱鑅修。共十八种,计洋九十八元,两共洋二百十五元。是日与长美所购之书,因磋商价值稍加数元,伊又加《虎阜志》一部,乾隆辛亥钱大昕著。不取值,因附志之。

二月初一日 午后钱长美来。是夕消寒第八集由梦坡主席,余因病未赴,其题为征题贝叶经,盖梦坡得此而助于灵峰寺者也。

初二日 金守梅携书来看。嘱醉愚作函致程平园。又作函致冯梦华,并解去淮徐赈款洋壹万元。又作函致于晦若,并假去翁覃溪手纂《四库提要》真迹四箱,计二十四册,前日晦若与余言定,俟阅竣再来换借也。又赠以《说文段注订补》两部。又作函致章一山。夜翻阅新购各种志书。

初三日 午后陶拙存来谈,坐良久而去。余阅《清朝全史》,此书系近时新出者也。

初四日 嘱醉愚作函致章一山,并赠以六家年谱、《龟溪集》、《说文段注订补》三种。夜阅《清朝全史》。

初五日 午后张小樵来。

初七日 午刻以本生父亲赴苏祝叶翰甫七十寿,偕雨苹伯父同赴。特至老宅送行。俞瘦石来,未晤,赠以《雪桥诗话》而去。吴蔚若姻丈来谈良久而去。

初八日 午后出至白克路久兴里祝张定甫五十有九寿诞,略谈而归。适刘谦甫至，谈良久而去。阅《清朝全史》。金守梅来，携书求售。前由益庵交来王培孙书籍，余应酬两种，系活字本《西原草堂文集》、长洲蒋恭棐著。扬州程氏刊《存素堂文集》，蒙古法式善著。计洋九元。

初九日 午后朱文海来。黄瑞卿自同里来，持有金砚君荐保函来见，与谈片刻，即留在此间。出至北京路清远里西合益祥粮食号内答林璞山，晤谈良久而出。至邓脱路谦吉里访缪筱珊，谈良久而出。

初十日 午后林璞山来谈，送来化州橘红四枚、红茶饼二枚、高州缅茄二枚、缅茄苞壳一盒，余答以新刻各种书籍。金守梅来，与购云豫堂精刊本《孝经传说图解》、卍蕉园刊《宝前两溪志略》、归安吴玉树编辑。《乌程长兴二邑溇港记》、《关帝年谱》、《河南镇平县志》、光绪二年吴联元修。《河南内黄县志》、乾隆四年李浈修。《河南信阳州志》、乾隆十四年张钺修。《河南光州直隶州志》、乾隆廿七年李讱修。《河南辉县志》，道光十五年周际华修纂。共九种，计洋十二元。褚礼堂来即去。嘱醉愚作函致章一山。又致张菊生，盖谢其惠赠石印《宋诗钞》也。

十一日 午后吴仓硕来，长谈而去。

十二日 午后林璞山来，小谈而去。钱长美来。嘱醉愚作函致林璞山。又致章一山。又致缪筱珊。又致吴子修。又致刘聚卿。

十三日 午后钱长美来，与购《孱守斋遗稿》、吴兴姚世钰著。《读雪斋诗集》、上元孙文川著。《墨林今话》、昭文蒋宝龄著。味庆堂刊《台岑集》、初刊《缓堂文钞》、长洲顾禄百著，诗话附。《筠斋诗录》、海州吴振勃著。《诗筒遗草》、《家塾绪言》、明刘永澄著。原刻《岭南集》，仁和杭世骏著。共八种，计洋二十八元。又购《袁督师集》、明袁崇焕著。《张文烈公集》、明张家玉著。石印《清朝全史》共三种，计洋六元，两共洋三十四元。是晚约林璞山在清和坊爰楼小饮，遂偕醉愚至则璞山、子颂、益庵已来，未几一山来，遂入席，邀而不至者为潘兰史。

十四日 嘱醉愚作函致陆纯伯，并还其《湘烟录》。陈步云来，前嘱伊钞翁覃溪《四库提要》手纂目录，已钞就交来。复交以《有学集补遗》令钞之。褚礼堂来谈。昨购之《墨林今话》,晓霞见索,特以赠之。

十五日 午后朱文海来。余以刘谦甫年丈来申已久,未经邀饮,特于是日假座小华园别有天宴之。约四句钟入席,遂往焉,则谦甫已至,徐积馀、洪幼琴均已到,须臾筱珊、礼堂来,醉愚亦在,遂入席,邀而未至者为吴子修、刘聚卿而已。是日朱甸卿来,与购乾隆己巳殿板《净土津梁》,计洋二十四元。

十六日 午后缪筱珊来,小谈而去。

十七日 午后孟苹来长谈。钱长美来。

十八日 午后刘谦甫来谈,并言明日返扬葬妇,约三月初到申,小坐而去。陶拙存来谈。是日由余主席举行消寒末集,假座于小华园别有天,并约诸君于四时集齐摄影,其时已届,余即偕拙存同往,到时人尚寥寥,未几陆续至,待听邠乔梓良久始至,先摄影而后入席,计到者为缪筱珊、吴仓硕、戴子开、钱听邠、刘语石、恽季申、瑾叔、吴子修、章一山、陶拙存、周梦坡、杨芷姓、钱履樛、张石铭、沈醉愚及余而已。未到者为汪渊若、吕幼舲、潘兰史三人。题为春日会饮,即题雅集小影。席散即归,以谦甫将归,特往诣谈,至则谦甫已就寝,立谈数语,将绋敬四元并束脩两月计洋八十元交伊。

十九日 午后陈步云来。程朗岩、衡石师、陶承柏来,醉愚出见,赠朗岩、承柏《雪桥诗话》各一部,盖衡石师处前已托许子廉带赠矣。

二十日 嘱醉愚作函致缪筱珊,盖孟苹托询苏州汪柳门少宰家宋椠本也。陶拙存为益庵借款事来谈,益庵将欲嫁女,伊所为美国公使作文,由陈重远介绍,将来蒇事以千元酬劳,指定该款取到即还余款,现由拙存介绍借洋四百元,余谓宾主之间,既不便写据,惟恐拙存而已经其允可,即将洋四百元交之。

二十一日 午后金谔轩来函,送余钞本《王静学文集》、明王元彩著。《鹤泉文钞》、《鹤泉文钞续编》、太平戚学标著。《今樵诗存》、太平黄治著。《写经堂诗文钞》、黄岩蔡篪著。《然藜阁诗钞》、黄岩蔡涛著。《赘言录》、太平戚豪著。《知我轩近说正志稿》、太平林贵兆著。余因作函谢之，亦赠以新刻五种。朱古微来谈即去。

二十二日　午后林璞山来，小谈而去。

二十三日　至虹口西华德路访朱古微，略谈而归。

二十五日　午后王锡生来。出至图南里许绶丞处，又至商务印书馆张菊生处，均长谈而出。又至顺兴里叶鞠裳处，未晤。

二十六日　叶鞠裳来谈。翁印若来，名绶祺，吴江人，辛卯举人，广西候补知府。小坐而去。王锡生来，与购《四川江安县志》、道光九年高学濂修。《四川犍为县志》、嘉庆十九年吕朝恩等修。《四川顺庆府志》、康熙廿五年李成林修。《炎陵志》、道光八年王云樵辑。《四川乐至县志》、道光二十年裴显忠修。《湖南酃县志》、乾隆三十年林愈蕃修。《四川威远县志》、嘉庆十八年陈汝秋修。《四川荣昌县志》、乾隆十一年许元基修。《四川珙县志》、乾隆三十五年王聿修纂修。《四川庆符县志》、嘉庆十九年昔光祖修。《四川中江县新志》、道光十九年杨霈修。《陕西陇州志》、康熙五十二年罗彰彝修。《陇州续志》、乾隆三十一年吴炳修。《四川阆中县志》、咸丰元年徐继镛修。《广东高州府志》、道光七年黄安涛等修。《四川保宁府志》、道光元年黎学锦修。《四川双流县志》、光绪二年江怀廷等修。《四川渠县志》、嘉庆十七年王来遴等修。《陕西耀州志》、嘉庆七年山阴陈仕林修。《四川新都县志》，道光二十四年张奉书修。共二十种，计洋四十三元。

二十九日　午后孙问清来谈，伊因急需，特将宋元椠本《鹤山大全集》、《武侯传》、《范文正集》、《刘后村集》、《杜工部集》、《秦淮海集》、《春秋注疏》、《观澜文集》、《荀子》、游明本《史记》，又旧钞本《王秋涧大全集》、《弘明集》、《巴西集》、《夷白斋集》、《雪碗集》、《古遗民集》，共十六种，向余抵银壹千叁百两，定期一月，余允之，今日先付银三百两，其壹千两于明日付之，该书即于是晚送来，特倩醉愚点检之。王锡生来，与购元刊《新编排韵增广事类氏族大全》，残本计五册。洋八十元。嘱醉愚作函致缪筱珊、孙问清、冯梦华。

是月二十六日阳历五月九号为中日条约签字之日，为我中华受日人强迫最巨之耻辱,故时人号是日为国耻纪念之辰也。

三月初二日　金守梅来,与购精刻《大愚稿》,嘉兴褚凤翔著。计洋六元。出至四马路胡家宅振华旅馆应周梦坡之招,首座为庞臞庵中丞,名鸿书,常熟人,庚辰翰林,官至湖南巡抚。馀则缪筱珊、吴子修、钱听邠、庞莱臣、朱古微、陶拙存。

初三日　夜阅李紫东送来书籍。

初四日　傍晚出至迎春坊四弄情钟家应钱听邠之招,同坐者为庞臞庵、许子颂、张石铭、陶拙存、周梦坡、陆眉五及主人乔梓而已。阅穆子美寄来新刻之谈钥《吴兴志》,修补之《闻过斋集》。是日吴仓硕、朱古微来,均未晤。

初五日　是日王锡生、李紫东、金守梅均以书求售,夜为检阅之。

初六日　刘谦甫来,余未晤,由醉愚见之,伊以《覃溪诗稿》前次草率从事,特将稿本并旧钞本携去重勘之。王锡生、金守梅来。出至西华德路访朱古微,长谈而出。至谦吉里访缪筱珊,因病早睡,未晤而归。

初七日　王锡生、李紫东来,与紫东购《直隶无极县志》、乾隆二十二年黄可润修。《山东商河县志》、道光十五年龚廷煌修。《直隶新城县志》、道光十七年李廷棨修。《直隶临城县志》、康熙三十年杨宽修。《山东齐河县志》、乾隆二年上官有仪修。《直隶安肃县志》、乾隆四十三年张钝修。《山东胶州直隶州志》、道光二十五年张同声修。《直隶景州志》、乾隆十年屈成霖纂辑。《河南阳武县志》、乾隆十年谈諟曾修。《直隶满城县志》、乾隆十六年贾永宗修。《直隶清河县志》、康熙五十七年钱启文修。《直隶献县志》、乾隆廿六年万廷兰修。《直隶宁晋县志》、康熙十八年万任修。《山东齐河县志》、康熙廿四年余为霖辑。《山东临清直隶州志》、乾隆五十年张度修。《江西崇仁县志》、同治十二年盛铨等修。《山东宁阳县志》、咸丰二年陈纪勋修。《直隶武清县志》、乾隆七年吴翀修。《河南邓州志》、乾隆二十年蒋光祖修。《广东海康县志》、嘉庆十六年刘邦炳修。《河南淯川县志》、嘉庆廿三年何文明修。《直隶武强县新志》、道光十一年翟慎行修。《直隶巨鹿县志》、康熙五十一年王鼒修。《山东历城县志》、乾隆三十七年胡德琳修。《直隶获鹿县志》、乾隆元年陈浩修。《直隶任丘县志》、乾隆廿七年刘统修。《直隶祁州志》、乾隆二十年罗以桂修。《直隶定州直隶州续志》、咸丰十年王榕吉修。《陕西白泉县志》、乾隆二十年梁善长修。《山东长清县志》、道光十三年舒化民修。《山东平原县志》、乾隆十三年黄怀祖修。《山东武定府志》、乾隆廿四年赫达色修。《陕西同州府续志》、光绪七年饶应祺纂修。《山东招远县志》、顺治十七年张作砺修。《山东招远县续志》、道光廿五年陈国器修。《直隶清苑县志》、康熙十六年朱敏修。《山东博兴县志》、道光二十年周壬福修。《直隶肃宁县志》、乾隆十九年尹侃修。《甘肃伏羌县志》、乾隆三十五年周铣修。《陕西麟游县志》、光绪九年彭洵修。《陕西米脂县志》、铅字印，光绪三十三年沈松修。《陕西石泉县志》、道光九年舒钧修。《山东莱州府志》、乾隆五年严有禧等修。《四川夔州府志》、乾隆十一年崔邑俊修。《直隶大名府志》、咸丰三年毛永柏修，续志附。铅字印《东三省政要》，共四十六种，计洋一百三十元。出至邓脱路谦吉里访缪筱珊，长谈而出。至鸿仁里梯青叔处谈通海垦牧事宜，并以崇陵种树经费劝其报效，可以援例奏请，赏给御书匾额，当经梯青叔允助洋壹千元。嘱醉愚作函致梁节庵。前此消寒末集，摄影纪盛，前已印出七张，分赠筱珊、子修、仓硕、芷姓、一山、醉愚及自己矣，今又续印七张，分赠子开、拙存、听邠、季申、瑾叔、梦坡，各备函致之，尚有一张，留以赠语石也。夜阅《历代史略》。

初八日 午后嘱醉愚作函致蒋孟苹，又作函致章一山，又作函致林璞山。褚礼堂来长谈去。

初九日 是日书籍已自南浔装出，特饬仆人将书箱携来，装入各种书籍共计二十箱，即雇小车运往新宅安置。笃初弟来，遂与偕出至斜桥吊袁观海制军之丧，初七午刻故。时正在大殓，晤李梅庵略谈，其陪客则顾晴川也。出至商务印书馆访张菊生，略谈而出。是日由钱长美经手,与王仁权购宋椠《吕东莱诗律武库》,宋吕祖谦著,共六册。计洋三百四十元。

初十日 午后陈步云来,支薪水两月而去。夏炳泉、王锡生来。金守梅来,与购《陶庐杂录》、法式善著。精刻《畏垒山人诗集》,长洲徐昂发著。共二种,计洋六元。晚嘱醉愚作函致李梅庵,并送去新刻书七种。又作函致屠辅清,并寄去《雪桥诗话》三部,盖辅清来函索赠友人也。张祉蕃姑丈于酉时病殁。

十一日 午后李紫东来。钱履樛来,适余将出门,由醉愚见之,前由履樛经手之《宋会要》稿本,其书本系王雪澄所藏,去岁曾托缪筱珊来谈,索价二千元,余以太昂却之。今雪澄欠洪鹭汀款项,洪境甚窘,迫王归款,而雪澄无款可还,将《宋会要》抵款,洪乃托履樛来说,已谈定洋壹千贰百元,嗣以《会要》少刑法一门,索之不得,而此书辑自《永乐大典》,今《大典》本散佚,无从补辑,然此书本系徐星伯未定之稿,门类本属不全,筱珊以洪、王两家甚窘,劝余成全,而鹭汀又托古微来说,因以壹千壹百元成交,今日履樛到此,其洋即打一庄票与之。蔡紫黻屡以所著《葩谷十签》索跋,意在求助印资,纠缠不已,今乃赠以洋五十元而去。伏思紫黻与余并无交情,不过在希社相见数次而已,去岁邹翰飞印稿,今紫黻继之,均以刊印之资多方索助,无怪同人视希社为畏途也。

十二日 章一山来谈。

十三日 嘱醉愚作函致缪筱珊,又作函致于晦若。

十五日 午前朱文海来,未见而去。刘谦甫来谈。孙益庵自苏州来,偕同戈植甫祖培来见,戈为益庵故人之孙,元和人,由伊荐在余典中学业,兹则派补珠家角和济典内学生末缺也。其荐保均益庵一人任之。

十六日 午后周楚江来,余未见,由醉愚见之,携来新刻《吴兴诗话》二册,付去工资洋壹百元。夏炳泉来。钱长美、李紫东来。

十七日 李紫东来,与购《枫江草堂诗稿》、长兴朱紫贵著。高丽本《箕由考》，韩百谦著。计洋三元。钱长美来，与购《龙井见闻录》、万木草堂刊《新学伪经考》、南海康祖诒著。《啸剑山房诗钞》、萍乡文星瑞著。《憺园草》、钱塘王铮著。《无止境初存稿》、鸳湖王相著。《文安堤工录》、刘宝楠著。《弇榆山房诗略》、海州许乔林著。《清河六先生诗选》、朱为弼选录。《好深湛思室诗存》、孙义钧著。《冷吟仙馆诗稿》、女史阳湖左锡嘉著。橘阴轩刊《补勤诗存》、山阴陈锦著；《绿云山房诗草》附，女史劳蓉著。《蕉影斋诗集》、山阴谢照著。《慈云阁诗钞》、《龙冈山人诗钞》、黄良品著。《瑞芍轩诗钞》、仁和许乃谷著。活字本《竹林寺志》、释越伊编订。《杉阴桥边旧草堂诗钞》、湘潭翁寿麐著。《遵化诗存》、孙赞元著。《继雅堂诗集》、鄞陈仅著。《元宁乡土志》、江宁陈作霖著。《敦艮吉斋诗文存》、合肥徐子苓著。《絜香吟馆小草》、长白女史龄文著。《陶斋志异》，香山郑观应著。共廿三种，计洋三十六元。夏炳泉来谈汪柳门侍郎家书籍事，小坐而去。

十八日 金守梅来，与购精刻《篑山堂诗钞》，东武王赓言著。计洋六元。朱文海来，支刊资洋壹百元而去。嘱醉愚作函致梁节庵。出至精勤坊花月楼应史叔起之招，同坐者为许子颂、恽季申、陈莘伯，余均不识。

十九日 午后缪筱珊遣夏炳泉陪陶子麟及饶君号星舫，善写景宋体字。来看宋椠四史，盖余欲影刻宋椠四史，海上诸巨公亦极意怂恿。现能影刻宋史者寥寥其人，筱珊因荐湖北陶子麟能胜其任，故今日特来先看书籍，然后议价。是时余将出门，即嘱醉愚一一出视之。钱长美来。章一山来长谈，是晚余在清和坊爱楼处宴客，一山本亦在坐，遂即偕行，醉愚亦往，至则吴仓硕、褚礼堂、恽季申、陶拙存、史叔起已在，未几许子颂、张让三、周梦坡陆续来，遂入席，甫入座，孙问清来，邀而未至者为陆纯伯、林璞山而已。

二十日 午后钱长美来。同醉愚出至邓脱路谦吉里应缪筱珊之招，同坐者为钱念劬、罗叔韫、振玉，上虞人，学部参事。徐积馀、莫楚生、刘谦甫、殷翼庵、沈醉愚及主人而已。席散后复小坐，筱珊谈苏州汪柳门家之书,来谈者不下十馀人,先前索价两万金,余坚持不购,今则由夏炳泉谈定,筱珊竭力怂恿,余即托筱珊出名,谓京友托办者,计正价洋壹万伍千元,使费酬劳又洋贰千元,今日备叁千元之庄票一纸,该票即交筱珊作为定洋矣。

二十一日 是晚淞社第廿二集,至四马路胡家宅振华旅馆应周梦坡之招,到者为缪筱珊、钱听邠、戴子开、吴仓硕、洪鹭汀、汪符生、张让三、杨芷姓、章一山、刘语石、陶拙存、潘兰史、钱履樛、孙益庵、褚礼堂、朱念陶、胡幼嘉、恽季申、瑾叔、费景韩、沈醉愚、白也诗、余及梦坡而已,共二十四人,题为饯春,不拘体韵。作函致缪筱珊。

二十二日 嘱醉愚作函致杨诚之。

二十三日 午后刘谦甫来谈,小坐而去。

二十四日 午后朱寿门来,寿门湖州人,向在浙路公司,今在浙路清算处及沪杭甬局,以钱念劬欲借余西湖留馀别墅暂住,特倩伊来地道也,小坐而去。钱长美来,与购明万历刊《百川学海》、此书计钞配七卷。武英殿聚珍版《钦定诗经乐谱》、明刊《袁中郎诗集》、明公安袁宏道著。康熙刊《明书》、傅维鳞纂。精刻《古今韵略》、《南园诗存》、昆明钱沣著。《三砚斋诗剩》、丹徒赵彦修著。结一庼刊本《蒙兀儿史记》、武进屠寄纂。《江宁府志》、嘉庆十六年吕燕昭修。《江西诗征》、南城曾燠辑。《春雨诗钞》、钱塘黄大龄著。《荆溪县志》,嘉庆二年唐仲冕等修。共十二种,计洋三百元。又汤治平来,与购旧钞本《天府广记》,计洋四十元。又前由益庵经手所购明刊本黄荛圃有跋语。《浯溪集》、精刻《石柱记》、唐颜真卿著。《三迁志》,共三种,计洋五十元,其洋于今日交益庵。傍晚以刘谦甫将返扬州,特至海宁路徐宅送行,并致送本月分脩敬四十元,略谈而归。

二十五日 夜阅各种书籍。

二十六日 出至福兴栈访钱念劬,略谈而出。乃至谦泰栈访俞恒农,未晤而归。嘱醉愚作函致梁节庵。

二十七日 是夕余在老宅宴客,钱念劬、杨芷姓已至,益庵亦来,既而叶鞠裳、缪筱珊、俞恒农偕至，醉愚因病不来。

二十八日 俞恒农来访，未晤。王锡生来，与购钞本《爝火录》、江阴李天根著。明万历刊《博古图》、宋王黼等奉敕撰。共两种，计洋壹佰肆拾陆元。

二十九日 朱文海来。作函致叶鞠裳。

三十日 返浔。到家后先至书斋，三年不至，几案生尘，殊令人有去国离乡之感。理各种物件及书籍。

四月初一日 夜偕醉愚振声至新开河求恕斋内，商量取物，巡视书籍及各种器具。

初二日 午后收拾书籍及各种器具。

初三日 至求恕斋理物。

初四日 午后督仆人将楼上各种器具迁入葭洲书屋前埭楼厅内，盖余此次归来，不独检理带申物件，兼迁移卧房于前楼也。

初五日 一句钟时与陈姬醉愚登利涉船，由轮舟拖带赴苏。

初六日 午后一句半钟抵苏，与醉愚至阊门外新太和午饭，饭后即至车站登车，六句半钟抵沪。柳蓉村已在，看其送来各种书籍。

初七日 午后郑长发、柳蓉村来，与长发购原刊本内钞配五本。《借月山房丛钞》、昭文张海鹏编。《浙江富阳县志》，光绪三十二年汪文炳等修。共二种，计洋二百五十四元。与蓉村购精刻《玲珑帘词》、钱塘吴焯著。明刊《避园拟存诗集》、明王思任著。精刻《苇间诗集》、慈溪姜宸英著。明嘉靖刊《谷庵诗选》、明嘉兴姚绶著。明万历刊《凤池吟稿》、明汪广洋著。明宣德本《诚意伯刘先生文集》、明刘基著。明正德本《容春堂前集》、明邵宝著。元椠本《悟真编三注》、张伯端著，薛道光、陆墅、陈致虚注。元椠本《清庵先生中和集》，李道纯著。共九种，计洋贰佰陆拾贰元。

初十日 午后至新宅布置一切，诸已就绪矣。王一亭、吴仓硕误谓今日进宅，偕来道贺，导至各处观览，谈良久而去。

十一日 晨刻六句钟起身,七句钟半偕同内子、徐、陈两姬,炽、煦两儿坐马车进新宅。既至,即在嘉业堂中拜利市。程平园来贺,略谈而去。九句钟后诸客陆续至,为徐积馀、刘谦甫、李艺渊、许子颂、冯梦华、钱履樛、季小坡、徐桂堂、蒋孟苹、陈桂题、朱蕴人、张弁群、石铭、邢颂声、鸣盛、徐冠南、褚礼堂、徐晓霞硕椒父子、朱伯英衡石父子、金楚珩、沈醉愚、吴鹤清、沈韵笙、许子廉、骆揆若、金淇舟、钱彬士、叶山涛厥生、丁少眉、吴伯如、钱博庵叔岳、雨苹伯父、颂驺叔、冰盟哥、俨廷弟均来,皆在此间中饭。孙益庵自苏州来,亦与焉。其未饭而去者为戴子开、缪筱珊、庞莱臣、洪幼琴、刘光珊、周湘云、朱念陶、严祝三、徐麟石、朱五楼、徐冠云、王颂墀、幼笙、沈禄宜、季璜而已。午后在中堂设飨祀先。客犹陆续至,为杨芷姓、林璞山、陶拙存、章一山、周梦坡,即在此间夜饭。是日虽不举动,来宾纷纷,亦极一时之盛。惟至戚中若邱氏,若金氏,又谢子楠表母舅家,均无一人至焉,亦出乎意外矣。是日周金箴七十寿辰,并有堂会演戏,特往祝贺。

十五日 午后李梅庵偕胡漱唐来,出宋椠《前》、《后汉书》示之,瞻览良久乃去。施涵香来,长谈而去。

十七日 傍晚出至清和坊三弄春宵楼应梦坡之招,同坐者为庞臞庵、钱听邠、洪鹭汀、戴子开、张让三、章一山、陶拙存、刘语石、潘兰史、钱履樛、白也诗及主人而已。

十九日 是日郑叔问来,余嘱醉愚见之。

二十日 午刻谦甫自积馀处迁来,下榻余斋为余任校勘事。设席宴之,陪者为孙益庵、褚礼堂、俞子青、陈步云,尚有饶星舫者,湖北黄冈人,为影写宋字好手。其人为陶子麟之伙,向住筱珊处,今为余影写《史记》,故亦近日迁来,同宴之。席散后庞臞庵来,小坐而去。出至车袋角朱念陶、刘光珊处谢步,未见而出。至四马路振华旅馆答臞庵,茗谈良久。出至田金凤处宴客,庞臞庵、朱古微、郑叔问、洪鹭汀、许子颂、戴子开、吴仓硕、章一山、钱听邠、履樛、陶拙存、庞莱臣陆续至,遂即入席,邀而未至者为周梦坡、林璞山而已。

二十三日 午后邱绍周来。出至诚意里杨芷姓处谢步，略谈而出。至全福里答李梅庵、胡漱唐，李已出门，胡游西湖未归，废然而出。

二十四日 汤治平、邱绍周来，与治平购《丹徒县志》、康熙三十二年鲍天钟修。《河南通志》，康熙三十四年顾汧等修。计洋三十元。嘱醉愚作函致朱古微。

二十五日 缪筱珊来，略谈而去。

二十六日 出至清远里林璞山处谢步，略谈而别。嘱醉愚作函致李梅庵、胡漱唐。

二十七日 午后朱甸卿、钱长美、金守梅来，与长美购明嘉靖刊《浙江通志》、薛方山辑。明万历刊《邓定宇先生文集》、明邓以讃著。明万历刊《倪云林先生诗集》、元倪迂著。明嘉靖刊《横山遗集》、明徐爱著。天顺刊《宜闲文集》、明杨璇著。精刻《西江志》、康熙五十九年白潢辑。《国朝历科题名碑录初集》、明洪武至崇祯附。明刊本《容台全集》、明董其昌著。《洞庭湖志》，道光八年陶澍修。共九种，计洋壹百捌拾元。与守梅购赐福堂刊《甘庄恪公集》，奉新甘汝来著。计洋四元。林璞山同其友二人来认房屋，小坐而去。

二十八日 余是日宴刘幼云、胡漱唐两年丈于家中，程平园、章一山、杨芷姓、吴子修先后至，陶拙存、李梅庵及两年丈亦来，出宋椠四史及覃溪《四库全书提要》手稿，互相评证，良久乃入席，席散后又小坐逾时而去。孙益庵、朱伯英来谈，看邱绍周、钱长美各种书籍。嘱醉愚作函致杨定敷。

二十九日 午后邱绍周来，与购初印《问经堂丛书》、旧钞精本《永嘉集》、明张著著。《游道堂文集》、宝应朱彬著。《觉生诗钞》、歙鲍桂星著。《富春山馆诗钞》、江都严京治著。《荷塘诗集》、泾阳张五典著。《湖北诗征》、孝感丁宿章辑。《蒲圻但氏铁板湖南苗防屯政考》、但湘良纂。《驳吕留良四书讲义》、《周礼经注节钞献疑》、仪征许珩著。《大清一统志表》、半亩园刊《悔馀庵集》、江阴何栻著。精刻《沙河逸老小稿》、祁门马曰琯著。明刊《宛丘先生文粹》、宋张耒著。《白下愚园集》,胡光国编辑。共十六种,计洋壹百念元。

三十日 午后朱文海来,杨诚之内姑丈以约文海接洽刻书事,特自苏州来,当晚即拟返苏,长谈而去。夜阅平园所赠《左文襄公别集》。

五月初一日 阅《左文襄公别集》,其书盖程平园所赠者也。是日唐元素来谈良久而去。

初二日 朱甸卿送书来看。邱绍周来,携到宋椠《鸿庆尺牍》,系十六卷者,书则只有四册,而索价至二千五百元,亦可谓奇货可居。余答以无意,再四怂恿,乃以姑待评价而已。钱长美来,与购《江西崇义县志》、同治六年汪宝树等修。钞本《广东东安县志》、道光三年汪兆柯修。《河南磁州志》、康熙三十九年蒋棹修。《福建厦门志》、道光十九年周凯修。《江西兴安县志》、同治十年李宾旸修。《广东琼州府志》、道光二十一年长白明谊修。《广东肇庆府志》、光绪二年屠英等修。《江西奉新县志》、同治十一年吕懋先修。《江苏重修桃源县志》、乾隆三年眭文焕修。《江西兴国县志》、同治十一年崔国榜等修。《江西金溪县志》、同治九年程芳等修。《直隶元氏县志》、乾隆廿三年王人雄修。《江西临川县志》、同治九年童范俨修。《江西上饶县志》、同治九年王恩溥等修。《江西丰城县志》、同治十二年王家杰等修。《广东德庆州志》、乾隆十九年宋锦修。《江西安福县志》、乾隆四十七年邓步云等修。《江西龙南县志》、道光六年石家铭等修。《江西弋阳县志》、同治十年俞致中修。《浙江昌化县志》、乾隆十三年甘文蔚等修。明嘉靖刊《江西抚州府志》、陈九川等纂。《江苏吴江县志》、乾隆十二年陈莫纕等纂修。书院本《怀玉山志》、海客朱承煦辑。《南岳志》、乾隆十八年高自位修。明嘉靖刊《赐闲堂稿》、明夏言著。木犀香馆刊《退思存稿》、武昌范世熙著。《龙壁山房庚申集》、马平王拯著。《间莒草堂遗草》、大兴王柘著。《梅庄诗钞》、天津华长卿著。康熙刊本《郑忠肃公遗集》、明郑兴裔著。明刊《延赏编》,共三十一种,计洋壹百四十二元。

穆子美来，余虽未见，乃嫌其刻书迟缓，由醉愚告以将已发出者刊竣，即行停止，伊仍欲预支叁百元，坚持不允，仅预支壹百元而去。嘱醉愚作函致缪筱珊。罗叔韫学部介杨芷姓来索余新刻，因以近刻七种加以《结一庐丛书》赠之，因作函致芷姓。

初三日　午后朱文海来，将帐目算楚，仍预支洋四百五十元而去。邱绍周、朱甸卿、钱长美来。

初四日　午后蒋孟苹来，长谈而去。邱绍周、朱甸卿、钱长美来，与长美购《河南祥符县志》、乾隆四年张淑载修。《江西都昌县志》、同治十一年狄学耕修。《广东广州府志》、光绪五年戴肇辰等修。《江西临江府志》、同治十年德馨等修。《直隶昌黎县志》、同治五年何崧泰修。《广东罗定直隶州志》、雍正八年王植修。《梅花阁集》、鄱阳程直仞著。香草堂刊《悟雪楼诗存》、广丰徐谦著。《北溪诗文集》、吴江王元文著。《东山草堂文集》、闽上杭邱嘉穗著。钞补本《诚斋诗集》、宋杨万里著。《海雅堂集》、番禺凌扬藻著。《湘帆集》、临川傅占衡著。明嘉靖刊《郁洲遗稿》，明梁储著。共十四种，计洋六十四元。又购殿板白纸印《通考》、宋马端临著。《通典》、唐杜佑著。《通志》，宋郑樵著。计洋壹百三十元。以前购之《史纂》，其书至今未来，而洋已付去，即于《史纂》上除退洋五十元，故找以洋八十元，作为清讫，两共付洋壹百四十四元。嘱醉愚作函致缪筱珊，又作函致章一山，又作函致陆云僧。

初五日　午后谦甫来贺节，未见。朱甸卿来，与购明正德本《诗经疏义》、明嘉靖本《殿阁词林记》、明廖道南著。明刊本《孤树裒谈》、明崇祯刊《宰相守令合宙》、明嘉靖刊《南宫奏议》、明严嵩著。秋水阁刊《留春草堂诗钞》，宁化伊秉绶著。共六种，计洋壹百柒拾陆元。

初六日　午后邱绍周来，赠以新刻各种书籍，伊亦以钞本《明宫词》为赠，小坐而去。夜阅《闲渔闲闲录》。嘱醉愚作函致梁节庵。

初七日　午后邱绍周来，小谈而去。章一山偕谢庆宇来，庆宇为其门下士，自芷姓处邹屺怀自行告辞之后，一山乃荐庆宇供其钞胥，于日昨自台来，特偕到此略谈而去。余嘱醉愚偕庆宇往见芷姓。

初八日 出至愚园应洪鹭汀之招,同坐者为左子异、名孝同,文襄公季子,前江苏按察使。崔盘石、名永安,广东驻防,庚辰翰林,官直隶布政使,曾官吾浙多年。李菊农、传元,昆山人,丙戌翰林,前浙江按察使。任毓华、名之骅,宜兴人,筱沅中丞之子,直隶道员。吴子修、戴子开及主人而已。当入席时,主人推余首座,余以诸公齿尊,不肯就座,乃推子异,子异亦不坐,余乃虚其首席而就其次焉。复至大雅楼应邱绍周之招,同坐者为杨芷姓、徐积馀及绍周之侄而已。

初九日 嘱醉愚作函致杨芷姓。又作函致朱谦甫并和诗。

初十日 钱长美来,与购宋椠明修《附音释尚书注疏》,计十册,洋壹百五十元。又购江宁藩库刊本《玉海》、宋王应麟著,《诗考》等附。原印《赖古堂诗文集》、浚水周亮工著。《关中两朝诗文钞》、李元春汇选。明刊本《全蜀艺文志》、明周复浚编。《续补全蜀艺文志》、明杜应芳、胡承诏编。明万历刊《浙江金华府志》、明王懋德修。《浙江处州府志》、雍正十一年曹抡彬修。《浙江浦江县志》、康熙十二年毛文埜修。《江西南丰县志》、同治十年柏春修。《广东惠州府志》,康熙二十六年吕应奎修。共九种,计洋一百十五元,两共洋贰百陆拾伍元。出至永德里唐元素处报谒,未晤而出。至重庆路庆馀里访左子廙,长谈而出。

十一日 午后缪筱珊来,刘谦甫亦至,长谈良久而去。聂松涛来,与购明刊《上天竺山志》,天目山三学学人广宾纂。计洋两元。

十三日 是日为淞社第二十三集,由余举行即在宅中宴客,约四句钟入席,计到者为缪筱珊、洪鹭汀、戴子开、钱听邠、吴子修、许子颂、刘语石、汪符生、郑叔问、恽季申、杨芷姓、恽瑾叔、朱念陶、潘兰史、钱履樛、陶拙存、章一山、周梦坡、白也诗、张石铭、孙益庵、褚礼堂、沈醉愚,又新入社者二人为刘谦甫、林璞山而已。入席已晚,缘此间距市稍远,而肴膳系麦家圈惠中承办,计三席,待至傍晚始至,余甚为懊恨,此后在家宴客,只能借庖人自制,否则殊不便耳。幸而房屋稍宽,诸君或散步花阶,或聚观书画,徘徊至晚,尚足消遣。语石以余新宅落成,即以是题索同人和之,殊不敢当也。席散后复邀子颂、叔问、季申、瑾叔、拙存、梦坡、也诗、履椤、礼堂、益庵、醉愚至清和三爱楼家，到时史叔起已待良久矣，遂即入席，邀而未至者为鹭汀、子开、听邠、语石、念陶、兰史、一山、石铭。是日三句钟梁节庵来访，长谈良久，余以社集邀其在此夜饭，以事即辞去。

十四日　出至周湘云处茗谈片刻，因其报效崇陵种树经费，日昨节庵来，云及此项，早经出奏，已于初四日奉旨允准，交来恭录谕旨一件，嘱余交阅，用特送至此间面交也。再至庞莱臣处，未晤而出。

十五日　庞莱臣来，送来洋壹千元托交梁节庵京卿，盖即为其父报效崇陵种树经费，请赏御书匾额者也。四句钟出至愚园应崔盘石方伯之招，同坐者为李菊农、姚菊坡、戴子开、任毓华、洪鹭汀、吴子修、赵伟卿及主人而已。

十六日　午后朱文海来。邱绍周来谈。阅《闲渔闲闲录》。嘱醉愚作函致章一山。

十七日　午后邱绍周来，与购旧钞本《望云楼稿》，明徐如珂著。计洋六十元。伊明日返扬，特来作别，余赠以《结一庐丛书》，伊亦以《翠筠馆诗存》、长白魁玉著。《熊鱼山先生文集》、明熊开元著。《汪容甫先生遗诗》江都汪中著。为酬焉。出至三马路通运公司张弁群处，请其看赵伟卿携来之汉玉手镯，坐谈良久，遇周佩箴、颂西、梁重海。出至鸿仁里梯青叔处谈，并将梁节庵恭录之谕旨交阅，又将汉玉手镯请其估看，良久乃出。

十八日　午后至高照里答梁节庵，已赴广东扫墓，未晤而出。

二十日　午后至山海关路玉佛寺吊汪渊若之丧，淞社同人有公祭，时已祭过，坚邀午饭，遂入席，同坐者为戴子开、刘语石、曹恂卿、汪符生、章一山，散后即归。

二十一日　午后缪筱珊补祝黄荛圃生辰，招饮于小华园古渝轩，同坐者为蒋孟苹、宗子戴、舜年，上元籍，寓居常熟，戊子举人，前浙江候补道。王子展、陶兰泉、湘，江苏常州人，前京汉铁路参赞，道员，入民国为全国漕运会办沪款清理处总理，中国银行监督。王雪澄、张石铭，各人均携有黄荛圃题跋各书,互相传观,孟苹新购汪氏各宋本亦携来看。再者:陶兰泉向在盛杏荪处办事,得保道员。

二十二日　至四马路振华旅馆答钱念劬,长谈而归。

二十三日　朱文海来,《四库全书表文笺释》四卷已经刊竣,余即以梁节庵所题封面与之。

二十五日　是日为淞社廿四集,洪鹭汀、戴子开、钱听邠招饮于愚园,余以形寒未赴。阅《古今笔记精华》。

二十六日　是日遇王贯三。苏州人,在盛杏荪图书馆中管理书籍者。

二十七日　午后以周金箴六十九寿辰,至其家祝焉。

二十九日　午后朱甸卿来。由范福携来宋椠藏经残本,名曰《经律异相》。共十册,计洋一百十元。

六月初一日　午后朱甸卿携书来看。出至麦根路福源里访程平园,长谈而出。至广仁堂访冯梦华,又长谈而归。嘱醉愚作函致钱念劬,又作函致杨诚之。以孟苹明日入都,致念劬一缄,并还《吴兴诗话》稿本四册,即托伊带去,因作一缄与之。

初二日　缪筱珊遣人送书来,并还《冬青馆甲乙集》、《炎徼纪闻》、《吴兴掌故录》三种,因作函答复,并将上月脩羊送去。钱长美来。

初四日　午后朱甸卿、钱长美、金守梅来,与长美购明隆庆刊白绵纸《吾学编》、明郑晓著。精刻《一鹤庵诗》、吴郡邓明玑著。明万历刊《崖山志》、明黄淯纂修。康熙精刊《禹峡山志》、沈阳孙绳祖修。《豫章十代文献略》、金溪王谟著。殖学堂刊《甓湖草堂诗文集》、高沙吴世杰著。《冰壶山馆诗钞》、金华王梦庚著。《盛京典制备考》、光绪四年特忍庵著,崇厚编辑。明万历刊《陋巷志》、明海盐吕兆祥修。《山东昌乐县志》、嘉庆十四年魏礼焯等修。《山东乐陵县志》、乾隆廿七年王谦一修。《山东汶上县志》、明万历任丘栗可仕修。《续修山东汶上县志》、康熙五十六年闻元炅修。《江西德安县志》、同治十年沈建勋修。《山东青州府志》、咸丰九年方用仪修。《山东兖州府志》、乾隆觉罗普尔泰等修。《山东曹州府志》、乾隆廿一年周尚质修。《江西德化县志》、同治十一年陈鼐修。《山东菏泽县志》、光绪六年凌寿柏修。《山东东阿县志》、光绪十九年李贤书修。《山东昌邑县志》、乾隆七年周来邰修。《山东泰安府志》、乾隆廿五年颜希深等修。《广东饶平县志》、光绪九年惠登甲修。《浙江开化县志》、光绪十四年徐名立等修。《山东泰安县志》、道光八年徐宗幹修。《山东茌平县志》、康熙四十九年王世臣修。《江西庐陵县志》、同治十二年陈汝桢等修。《山东肥城县志》、光绪十七年邵承照修。《山东益都县志》、康熙十一年陈食花修。《山东东昌府志》、嘉庆十三年嵩山修。《山东利津县志》、光绪九年盛赞熙修。《广东南雄直隶州志》、嘉庆廿四年余保纯等修。《江苏青浦县志》、光绪五年陈其元等修。《山东夏津县志》、乾隆六年方学成修。《新续陕西渭南县志》、光绪十八年严书麐修。《山东德平县志》、光绪十九年凌锡祺修。《山东潍县志》、乾隆廿五年张耀璧修。明万历刊《陕西华阴县志》、明王九畴修。《山东武定府志》、咸丰九年李锡龄修。《广东钦州直隶州志》、道光十四年朱椿年修。《陕西蓝田县志》、道光十八年胡元煐修,《辋川志》附,《文征》附。《山东沂州志》、康熙十三年邵士修。《陕西咸阳县志》、乾隆十六年臧应桐修。《广东海阳县志》、雍正八年张士琏修。《山东平原县志》、乾隆十四年黄怀祖修。《陕西岐山县志》,乾隆四十四年平世增修。共四十六种,计洋一百九十元。

初五日 午后朱甸卿来。林璞山所著《四库全书表文笺释》,余为授梓,现已刊竣,将返粤东,特来辞行。

初六日 午后邱绍周、朱甸卿、金守梅、钱长美来,与绍周购《谁园诗存》、新安鲍宗轼著。《湖东诗集》,甘泉范凌霙著。共二种,计洋三元。以明日返扬所托消《雪桥诗话》,前已携去拾部,今日又携去拾部,共计贰拾部矣。与甸卿购知圣道斋钞本《寇忠愍公诗集》、宋寇准著。明刊本《长物志》、明雁门文震亨编。《沚亭文集》、益都孙廷铨著。精刻《澄园堂三世诗存》、嘉兴李应征、士标、寅著。《沈文忠公集》、钱塘沈兆霖著。《鄢署杂钞》、紫山汪为熹辑。明正德刊《匏翁家藏集》、明吴宽著。

精刻《东江诗钞》、太仓唐孙华著。《藤华亭十种》、顺德梁廷枬纂。精刻《畏垒笔记》、长洲徐昂发著。精刻《若庵集》、江南程庭著。精刻《一一斋诗》、长洲沈德潜著。精刻《宋东京考》、嘉兴周城辑。明天启刊《妙远堂全集》、明马之骏著。《四照堂诗集》、楚蕲卢纮著。稿本《汉武梁祠石刻画象考》、嘉定瞿中溶著。《沈果堂遗书三种》、吴江沈彤著。《江西吉水县志》,道光五年周树槐修。共十八种,计洋二百三十三元。又前购之明刊《宰相守令合宙》不全,乃与换明万历刊《宋元诗集》,其价两相抵云。又与金守梅购《海康陈清端公诗集》、海康陈瑸著。《朱文端公文集》,高安朱轼著。共二种,计洋叁元。出至清远里合益祥访林璞山兼送其行,谈良久而归。归后以璞山来时曾惠嘉贶,因亦送以火腿饼干茶笋四种并《结一庐丛书》一部,遣人送去,以赆其行。嘱醉愚作函致刘聚卿。傍晚出至普庆里怜侬家应金西林之招,同坐者为乐萍初、陶菉庄、廖樾衢,名世荫,嘉定人,谷似中丞之子,前浙江候补道也。馀均不识。

初七日 出至邓脱路谦吉里访缪筱珊,长谈良久,以是夕在迎春坊田金凤家宴客,其时已晚,即径至田家,则金西林、陶菉庄、乐萍初已至,须臾廖樾衢来,遂入席,邀而未至者为钟伯荃。

初八日 午后周自达来,未晤,留函一缄而去,余阅之,知乃翁馨芝已于上月廿四日弃世,特来告帮也。嘱醉愚作函致程平园,赠以粤刻《佩文韵府》、原刻《袁文笺正》二部。钱长美来,前日携来之《明纪》稿本,其书不佳,特以还之,伊云订洋已付,书则归伊,购买无力垫应,向余暂借洋五十元,允之。午后冯梦华来长谈,募去镇江旗民生计常年捐洋二百元。

初九日 嘱醉愚作函致章一山。傍晚柳蓉村来。

初十日 午后朱甸卿携书来售。

十一日 午后钱长美、朱甸卿来。

十二日 孙益庵将于明日返苏,前余欲托顾君鹤逸补绘双清别墅禊集手卷,益庵曾与鹤逸述及,送润百元,顾亦允许,今益庵提及,并嘱将润资先交，因以百元交之。夜阅《历代史略》。

十三日　午后朱文海来。郑长发来，带到廖樾衢惠赠《求可堂三世遗书》、永定廖冀亨、鸿章、文锦著。《路史节读》两种。钱长美、柳蓉村、金守梅来，与守梅购明嘉靖刊《鸟鼠山人全集》、明胡缵宗著。同治元和祝氏刊《野记》、明祝允明著。《枝山文集》，明祝允明著。共三种，计洋三十三元。以杨德六诚之内姑丈幼弟。神回，出诣北浙江路吊焉。前诚之内姑丈以所著算学，须与梓人当面接洽，特地来函言其弟今日神回，由苏来沪，便道过访，约到此间叙晤。余归时而诚之已在多时矣，长谈而去。是夕在小华园林素馨家宴客，醉愚先行，余亦随往，至则许子颂、章一山、陶拙存均在，又不速之客一人为张丈让三也，须臾潘兰史来，遂入席。邀而未至者为钟伯荃、周梦坡。

十四日　午后至富源里访程平园，长谈良久而出。夜阅《历代史略》。

十五日　钱长美来，与购明万历刊初印本《东坡先生全集》、宋苏轼著。明弘治王溥刊本《淮南鸿烈解》、明万历刊《榖山笔麈》、明东阿于慎行著。明刊《皇明书》、明邓元锡录。明刊本《击壤集》、宋邵雍著。《孺庐全集》、南昌万承苍著。《丁戊之间行卷》、汉寿易顺鼎著。康熙刊本《词苑丛谈》、宋陵徐釚编辑。康熙刊本《四照堂文诗集》、明南昌王猷定著。遵义黎氏刊《髯仙诗舫遗稿》、中江李鸿裔著。《山东沂州府志》、乾隆二十五年李希贤修。《江西雩都县志》、同治十三年王颖修。《江苏长洲县志》，乾隆三十一年许治修。共十三种，计洋壹百肆拾壹元。出至广仁堂访冯梦华，长谈而出。至来远公司访蒋孟苹长谈，晤蒋抑卮、莫叔舋，名章达，癸卯举人，前为浙路公司文牍，今为免保知事。抑卮赠余《南菁书院丛书》而归。是日郑长发、朱甸卿来，与长发购元椠《增刊校正王状元集注分类东坡先生诗》，计二十四册，洋壹百柒拾元。又购明嘉靖刊本《西川诗稿》、支那本《百城集》、释道忞著。明万历刊《樵馀笔记》、明王大韶著。精刻《佩湘诗草初集》、古鄂王成璐著。明万历刊《观楞伽阿跋多罗宝经记》、宋沙门求那跋陀罗译。《陕西汉阴厅志》、嘉庆廿二年钱鹤年重修。《山东长清县志》、道光十四年舒化民修。《陕西留坝厅志》、善化贺仲瑊修道光廿二年刊。《陕西白河县志》、光绪十九年顾騄修。《山西榆社县志》,光绪七年王家坊等修。共十种,计洋叁拾陆元,两共洋贰百零陆元。与甸卿购《娄东诗派》、镇洋汪学金录。家刻本《松石斋诗集》、明赵用贤著。旧钞《粤东金石略》、北平翁方纲录。三峰禅寺刊本《山庵杂录》、天台沙门无愠述。精刊《栎堂诗钞》、丹徒万涵著。精刻《澹虑堂遗稿》、休宁汪栋著。《此木轩杂著》,云间焦袁熹著。共七种,计洋叁拾叁元。

十七日 午后理旧时所读古文。

十八日 午后嘱醉愚检理各种诗集,定以某人系某朝,以为将来编书地步。阅《读史论略》,因有误字,再查各书改正之。

十九日 午后钱长美来。新设蟫隐庐书肆主人罗子敬遣人携书来售,与购《春郊诗集》、桐乡徐畿著。春晖堂刊《独善堂文集》、明东台王大经著。精刻《东望望阁诗钞》、嘉善查奕照著。精刻《介石堂诗文集》、古闽郭起元著。畬经堂刊《春桥草堂诗集》、桐乡朱方蔼著。《宝砚斋诗集》、德清戚芸生著。《白华堂文集》、嘉兴王焯著。春草堂刊《荻滩诗稿》、云间谢鸿著。《慎独轩文集》、襄城刘青霞著。精刻《心知堂诗稿》、成都汪仲洋著。《强恕堂文稿》,李道融著。共十一种,计洋二十二元四角。嘱醉愚作函致缪筱珊。阅《读史论略》,仍查讹字。嘱醉愚作函致日本长尾雨山,因是日有日本友永传次郎来访,云是雨山友人,特托伊向余索《金石录》一部,余因备函并赠以《结一庐丛书》四种及余新刻七种。

二十日 午后钱长美来,携到宋元椠本两种,其书系盱眙吴勤惠公家所藏,现抵在金陵某家,特向余先借三百元,约三日取到,再行找讫,盖已讲定四百元云。

二十一日 连日晒书,颠倒错乱,督率清理,自己亦复翻撷焉。夜阅《清代轶闻》。

二十二日 午后钱长美来,与购元椠十二行本《仪礼集说》、敖继公集说。宋椠十行元明修补本《附释音春秋左传注疏》，孔颖达著，陆德明释文。共两种，计洋四百元。费景韩来谈，前由缪筱珊送来旧钞《罪惟录》，系查继佐著，据云此书系属孤本。初则索价千元，后闻系景韩购以待售，特托筱珊说项，今景韩来此，出示筱珊所撰跋语，并托词他人托售等云，索值尚巨，然闻其原价只有二百元云。是日扬州梓人周楚江来，余未见，交以《渚山堂词话》稿本一册。

二十三日　午后查检书籍。

二十四日　午后检查志书。出至新重庆路庆馀里访左子异，不晤而出。

二十五日　午后嘱醉愚作函致左子异。又作函致戴子开。费景韩来，余未晤，其旧钞稿本《罪惟录》，海昌查继佐著。昨由醉愚与彼谈定，计壹百册，价洋五百八十元。此书伊出二百馀元购来，论理五百元亦已可矣，乃竟至五百八十元之巨，未免太多，然素与熟识，亦只得如此也。

二十六日　午后二句钟在家宴客，杨芷姓、程平园先至，平园乃邀刘谦甫来谈，少顷，冯梦华、左子异来，坐谈良久，将坐席则戴子开、吴子修来，遂入座，首为子异，次梦华，余则以次坐焉。席既散一山始至，业已不及入坐矣。邀而未至者为缪筱珊。诸宾先行，子修复在此阅《罪惟录》，及晚而去。与一山谈，留夜饭，饭后复与一山谈至十句钟而去。

二十七日　午后阅钱长美携来各种首本。夜阅新刻张秋水著《冬青馆甲乙集》。

二十八日　午后得章一山来书，送来《校经室文集》，系荣城孙佩南京卿葆田所著，京卿同治庚午举人，甲戌进士，桐城派古文作家，当时任合肥令，素性强项，不屈于李氏，乃弃官，本省大吏争聘为书院山长通志局总纂，后经奏保品学渊粹，赏五品卿衔，于宣统二年弃世。其遗文为毛稚云观察、承霖，光绪戊子举人，湖北候补知府。黄石荪太守曾源，汉军，光绪庚寅进士，前山东济南府知府。荟萃成编，石荪在青岛，与本生父亲同年,时相过从,知余刊刻书籍,介一山请余将京卿遗著刻入《求恕斋丛书》,余允之,其文集于今日交到,阅之。

二十九日 午后钱长美来。嘱醉愚作函致缪筱珊。又作函致冯梦华。夜至四马路大观楼应周庆云之招,是集约有百馀客,九房合并,甚形热闹,其客自公卿以及商贾不等。夜阅孙佩南文集。

七月初一日 午后钱长美来,与购《国朝诗人征略初二编》、番禺张卫平辑。《李氏蒙求》、《六艺纲目》、坊刻《纲鉴易知录》、《三才略》、《疏兰馆诗首二三集》、镇洋朱锡绶著。旧钞《云麓漫钞》、宋赵彦卫著。《柏山全集》、桐城姚柬之著。《春晖阁诗文钞》、固始蒋湘南著。《无近名斋文钞》、长洲彭翊著。《诵芬诗略》、馀姚黄炳垕著。《自怡轩稿》、华亭朱清[著],镇、彦臣著《知止轩》、《片玉山庄》附。《西凫残草》、山阴王星诚著。《远村吟稿》、钱塘陈鉴著。《古春轩诗钞》、钱塘梁德绳女史著。《刻楮刻旅逸小稿》、嘉兴钱仪吉著。《青藜阁诗钞》、会稽刘鸿庚著。《含青阁诗草》、临海屈蕙纕女史著。《莲因室诗词集》、钱塘郑兰荪女史著。海上庐刊本《迂斋学古编》、胶州法坤宏著。《狷斋遗稿》、钱塘邹志路著。《知非斋诗钞》、衡山陈钟英著。《海宁念汛大口门二限三限石塘图说》、《虚白山房诗集》、《骈体文》、义乌朱凤毛著。《戴涧邻遗稿》、丹徒戴盘著。《小琅玕山馆诗钞》、桐乡严廷珏著,《写韵楼》附。《岳庙志略》、嘉庆八年元和冯培著。《如舟吟馆诗钞》、芝生氏著。《狱镫小稿》、太平赵光祖著。《慊斋诗钞》、吴县刘廷枚著。《问奇堂诗集》、阳湖蒋曰豫著。《(马)〔冯〕太仆奏疏》、明(马)〔冯〕梦祯著。《敦夙堂文集》、上海张承颐著。《损宊诗钞》、定远凌焕著。《周文忠公尺牍》、东阿周天爵著。《随吟小草》、归安沈铉著。《广东封川县志》、道光十四年温恭修。《江苏嘉定县志》、康熙十二年赵昕修。《四川涪州志》、同治九年吕绍衣等修。《浙江仙居县志》、光绪二十年王寿颐等修。《曹江孝女庙志》,仁和金廷栋编辑。尚有书籍八种,因不全退还,共四十一种,计洋八十元,而退还之书计作洋十七元,暂行记出,且俟他日掉换别种耳。朱文海来。钱味辛自南浔来,先由宋谷宜来函，谓味辛之母病笃，特来介绍将味辛乃翁瑑初所遗碑拓壹千馀种，向余抵洋，以济其急。由醉愚出见，味辛云母病垂危，故有是举，恳余周全，余因其事已迫，慨然允之。醉愚向伊谈定共押洋贰百元，定期八个月，于是日起至明岁二月底止，息则随便，并声明该件押在余处，设有不测，各听天命，此间不担责任，并由谷宜作保，味辛均允定乃去。其件即晚送来。夜翻阅味辛交来碑拓目录。又阅孙佩南京卿《校经室文集》。前日长美借去之五十元，即于今日扣除特志之。

初二日 阅《校经室文集》。嘱醉愚作函致程平园、缪筱珊。

初三日 日前杨芷姓劝余将集部诗统行取出，次其时代，钤以某朝小印，庶阅者一目了然，而先后亦不致紊乱。余然其言，遂将集部统行检出，放置一处，由醉愚与余考核辨别时代，今检出三百六十六种。是日备函先将顺治朝各家送芷姓阅看，计共二十种，俟其阅毕，陆续更换耳。午后汤治平来，与购明嘉靖翻宋黑口本《吕氏家塾读诗记》、宋吕祖谦著。汲古阁刊《绍兴内府古器评》，张抡著。共二种，计洋六十元。

初四日 是日益庵自苏州来，带到祝心渊所赠家刻《枝山文集》及《野记》。明祝允明著。

初五日 午后钱长美携来元刻《资治通鉴》一部，索价八百元，向余求售。余本欲至筱珊处，乃即出门诣谦吉里访焉，长谈良久，蒙赠《定庐集》，嘉兴钱仪吉著。系昆山李橘农廉访新刻者也。夜阅《校经室文集》。

初六日 午后刘聚卿来，赠余景宋《李翰林集》。唐李白著。又程平园来函，赠余《国朝耆献类征初编》，均志其惠。嘱醉愚作函致刘聚卿，并借去宋椠《宋书》全部，计五十四册，此书余得自费氏，而聚卿拟向余借刻者也。

初七日 傍晚以是日为淞社廿五集，由梦坡主席，在白克路张石铭别业中雅集，特与益庵、醉愚同往，到即入席，计三桌，到者为许子颂、戴子开、吴仓硕、钱听邠、洪鹭汀、吴子修、刘光珊、刘聚卿、杨芷姓、陶拙存、章一山、李审言、潘兰史、吕幼舲、恽季申、瑾叔、张石铭、费景韩、白也诗、孙益庵、沈醉愚、汪符生、余及梦坡而已,共二十四人,以前贤七夕诗分题和之,余得七古一篇,系拟沈佺期《曝衣篇》也。

十一日 嘱醉愚作函致刘聚卿,聚卿拟将垦牧公司所分之田由益庵介绍让于余处,顾现今该公司股票时价每百两加银二三十两,而聚卿索价至三百廿五两之多,相去天渊,余踌躇至再,至此始决绝回复也。

十二日 午后阅《校经室文集》。夜仍阅《校经室文集》。按佩南京卿学问渊茂,固已堪钦,而其立品清高,尤在学问之上,盖亦人杰矣哉。

十三日 午后阅《校经室文集》。

十四日 夜阅《校经室文集》,是晚已蒇事。佩南京卿本属桐城派古文家,而兼讲理学者,故砥砺廉禺,品行端谨,诚近世读书有道君子也。其集拟与筱珊斟酌后,即为梓之。

十五日 午后郑长发来,与购浙刻白纸初印《九通》全部,计九箱,共洋壹百陆拾元。

十六日 午后阅《方存之事略》。

十七日 午后钱长美来,以余将刻翁覃溪《复初斋诗集续编》,并藏有《四库全书提要》手稿,伊现欲石印翁之诗集,特来求余作序,余允之。阅新刻样本《闲渔闲闲录》。华亭蔡显著。

十八日 午后汤治平来,与购信学斋刊本《周易玩辞述》,计洋六元。至宝山路义品里访章一山,长谈而出。朱古微来,未见而去。

十九日 午后得缪筱珊书,索观瞿木夫《武梁祠石刻画象考》,又孙佩南《校经室文集》,即交其仆带去。

二十日 午后朱甸卿来,未见而去。

二十一日 午后蒋孟苹来,长谈而去。傍晚曹旅生来谈,赠伊新刻二种良久乃去。嘱醉愚作函致缪筱珊。

二十二日 午后吴仓硕来谈,坐良久而去。钱长美来以旧钞《神农本草经》，吴普述孙星衍学，二册。向余换新刻《周易正义》五部，余复赠以新刻两种而去。柳蓉村来，与购明嘉靖本《何氏集》、明何大复著。康熙丙申精刻《古今词选》、吴江沈时栋选。赐书堂刊《唐宋元六名家集》、唐郑谷，宋与裔、准、思肖，元元佑，又允端女史著。《孱守斋遗稿》、吴兴姚世钰著。《赐书堂诗钞》、会稽周长发著。《思古堂集》、钱塘毛先舒著。《绀寒亭诗集》，嘉定赵俞著。共七种，计洋壹百贰拾元。夜与蓉村谈。

二十三日　午后阅《闲渔闲闲录》。

二十四日　吴子修来，以程平园及余等欲为撰文祝其夫妇七十寿，伊再四坚辞，昨诣平园，今来余处，语颇真挚，只得听之，长谈而去。夜翻阅各种文集，因余近辑《明史义例》，特将康乾朝各家文集采掇，故连日翻撷，以冀有所补录也。嘱醉愚作函致陶拙存。

二十五日　午后嘱醉愚作函致陶拙存。汤治平来，与购精刻《周官禄田考》、吴江沈彤著。明成化刊《新编纂图增类群书类要事林广记》、明崇祯刊《宰相守令合宙》、明江东吴伯与纂辑。《朱子晚年全论》、临川李绂编。《周易会通》，缪昌期等订辑。共五种，计洋五十五元。夜章一山、刘谦甫、孙益庵来谈，至十一句钟而去。

二十六日　余近辑《明史义例》，行将授刊，其康雍乾三朝文学家集中有关于明史者则录入之，现将各种文集检齐，暇即查明录出，冀无遗漏。夜仍查阅各家文集。

二十七日　嘱醉愚作函致缪筱珊。夜仍阅各家文集。

二十八日　午后章一山来，余所辑之《明史义例》，考查质证，一山与有力焉，今书告成，特以洋二百元以酬其劳，谈良久而去。嘱醉愚作函致叶鞠裳。夜仍查阅各家文集。

二十九日　段镜轩伙张璘卿来谈。夜仍阅各家文集。

八月初一日　午后张让三、陶拙存、章一山来长谈而去。夜翻阅各家文集。

初二日　钱长美、金守梅来。长美前月朔所售之书中有不全者数部,作洋十五元,言明换书,今与换明万历刊《初学记》、《葆淳阁集》韩城王杰著。两册,将前书销讫。又与守梅购明刊皮纸印《古园集》、明卢雍著。旧钞《刘槎翁先生诗选》,明刘崧著。共两种,计洋十七元。嘱醉愚作函致王均卿,并赠以新刻八种。

初三日 午后汤治平来,与购《菊隐吟稿》、醉啸斋刊《功园诗钞》、长洲施鸿勋著。《吾友诗钞》,共三种,计洋三元。钱长美来,与购《陈安道先生年谱》、镇洋缪朝荃补纂。精刻《生香书屋文集》、昌平陈浩著。《南园前五先生诗》、赵介、孙蕡、王佐、李德、黄哲著。《南园后五先生诗》、欧大任、梁有誉、李民表、吴旦、李时行著。《京口山水志》、丹徒杨棨著。明德藩最乐轩本《前汉书》、汉班固著。《安徽寿州志》、道光九年朱士达修。《历代名人年谱》、南海吴荣光著。《广东图》、《诗娱室诗集》、嘉善黄安涛著。《二十七松堂集》、曲江廖燕著。《雀砚斋诗文集》、沔阳张锡谷著。精刻《白溇集》、太仓沈受宏著。《榆溪逸稿》、新建徐世溥著。《诵芬堂诗钞初二集》、永丰郭仪霄著。《培远堂偶存稿》、桂林陈宏谋著。《张文端/和公杂著》、桐城张英/廷玉著。《洪刻五种》、《皇清诗选盛集初编》、云间孙鋐选。《淇竹山房集》、新安吴应莲著。《熊钟陵无何集》、汉阳熊伯龙著。《大观楼集》,乾隆刊本,明邹维琏著。共二十一种,计洋壹百零玖元。

初四日 午后张璘卿来,与购《梅村家藏稿》,太仓吴伟业著。又景宋残本《五代平话》,此二种均系武进董授经刊于都中者,书只十册,不甚精,定价约近二十元,余以十八元购之。是晚余宴陈重远于家,一山最先至,长谈良久,重远来,复须臾,拙存、兰史亦至,遂邀同谦甫、益庵坐席,邀而未至者为姚菊坡、张让三。重远以明日入都,告辞而去。复与一山、拙存、谦甫、益庵长谈。嘱醉愚作函致于孝初。孝初为晦若侍郎嗣子,侍郎有旧藏翁覃溪学士手著《易经附记》、《尚书附记》、《诗经附记》、《春秋附记》、《周礼附记》五种,颇自珍贵,今春二月间由一山来谈,如得善价,可以归并于余,盖侍郎知余藏有覃溪《四库提要》手稿,故劝余收藏而冀得善价也。《周易》一种曾经借余阅看，其意论叶计资，约洋六七千元，余嫌太巨，因以极多视菊生所脱售之《提要》肆千为止，侍郎不欲遽售，遂相搁不提。今侍郎弃世，由一山重伸前议，劝余加增其价，否则侍郎在日此价未允，今乃允之，是无以对侍郎于地下，语尚近情，余乃加四百元，外赏于仆壹百元。惟《周礼》一种，遍觅无著，盖侍郎殁于昆山至申道中，或已散佚，亦未可知。然言其书或以为真系失去，或以为有意藏匿，二说未知孰是，但既曰无之，亦只得如此而已。因恐侍郎道卒，书为仆人窃售，其书今已送来，计十九册，该洋四千四百元，未便交于来纪，故作一函由蔡咏和明日至平江公所面交，盖孝初在平江公所守孝也。

初五日　傍晚出至四马路式式轩应淞社之招，主席者为缪筱珊、吴仓硕、恽季申、瑾叔、胡幼嘉五人，到者为洪鹭汀、刘语石、刘聚卿、章一山、杨芷夝、陶拙存、潘兰史、周梦坡、朱念陶、钱履樛、白也诗、沈醉愚、褚礼堂、孙益庵、曹恂卿、余及主人而已。题为乙卯八月上丁释奠礼成恭纪，不拘体韵。是日咏和持函访于孝初，将款面交，诸已接洽，特志之。

初六日　午后钱履樛来谈，借去三百元。柳蓉村携莫氏首本来看。嘱醉愚作函致梁节庵，又致梁佩九，节庵子。并送去外舅及陶拙存助修顾墓洋捌拾元，又因节庵来函附有两缄，嘱为分致周湘云、梯青叔父，均备函送去。

初七日　午前黄瑞卿回同里，托其带赠金砚君新刻八种，并《结一庐丛书》一部。周梦坡来谈，赠以《结一庐丛书》一部而去。是日刘谦甫回扬州。

初八日　夜翻阅各家文集。

初九日　午后柳蓉村来，与购元椠蓝山书院本《战国策校注》、缙云鲍彪校注。元椠《新编事文类聚翰墨全书》、存乙、己、庚三集，又戊集一册。明嘉靖秦刻《孟东野诗集》、唐孟郊著。明初刊本《潜溪集》、明宋濂著。旧钞本《元遗山诗集》、金元好问著。明刊本《道藏目录》、旧钞《元秘书志》、旧钞《楝亭书目》、旧钞《乐通》、明江都郝氏刊本《太玄经范注》、汉扬雄著。明万历刊《授经图》、元大德刊本《吴越春秋》、后汉赵晔著,元徐天佑注记,此书恐系明刊。宋椠《山谷外集》,宋黄庭坚著,此书恐亦是明刊。共十三种,均系出自独山莫友芝家,大半为《经眼录》中所载者,计洋六百八十元,本系十四种,内有明人书目二册,系不全,因托蓉村将来另换别书,先已交还矣。又与购《空明子全集》,华亭张荣著。计洋二十元。夜翻查各家文集。

初十日 午后钱长美来,携到桃花纸印殿板《图书集成》首册,云其书共五千馀册,已与前途订定,连用费共洋柒千元,外需运费,派人前往点验费约二百馀元等语,余颔之。夜仍查阅各家文集。

十一日 午前早起,以培馀弟文定平湖葛词蔚次女,特至老宅送冰人陈槜麓、沈醉愚上车。

十二日 午后钱长美来,与购旧钞精本《毛诗稽古编》、活字本《南疆绎史勘本》、《东潜文稿》、仁和赵一清著。《匏瓜录》、濑北芮长恤著。《紫石泉山房文诗集》、歙吴定著。信芳斋刊《王昆绳文初/次刻》、北平王源著。《烟霞万古楼诗选》、秀水王昙著。《娵隅集》、上海赵文哲著。《舍是集》、仪征王翼凤著。三长物斋刊本《大沩山房遗稿》、长沙黄湘南著。《荣惟堂诗集》、吴县吴俊著。支那本《禅林宝训笔说》、释智祥著。《竹窗随笔》、释袾宏著。《诗观初集》、东吴邓汉仪评选。《七颂堂文诗集》、颍川刘体仁著。明冯梦祯刊精批本《三国志》、晋陈寿著,国朝蒋皋过何义门批。明初刊黑口本《梦观集》、明梦观禅师守仁著。合肥张氏刊本《悔翁诗词钞》、江宁汪士铎著。《玉井山馆集》、《陶园诗文集》、湘潭张九钺著。《今白华堂诗录》、鄞童槐著。《扶雅堂诗初集》、杨炳春著。《止巢诗词》、宝应乔载繇著。《江泠阁诗集》、京江冷士嵋著。《海云堂诗文钞》、丹徒严学淦著。《敬学堂诗钞》、《勖斋诗钞》、《道华堂诗略》、冯廷丞宬焯著。桐城刘氏刊本《海隅诗钞》、东海朱孝纯著。《伏敔堂诗录》、长洲江湜著。《海日堂集》、南海程科则著。《黛方山庄诗集》,湘潭黎吉云著。共三十种,计洋二百五十三元。嘱醉愚作函致叶鞠裳。又作函致杨诚之,并将稿本写样附去,是二函因明日益庵解塾返苏,均托伊带去也。

十三日　午后朱文海来，仍借以洋四百五十元，声明按月扣退。穆子美来，以彼出字甚少，仍旧迟滞，仍亦借以百元而已。嘱醉愚作函致杨诚之，盖今日文海又将杨著算草写样交来，特托子美带苏，故备函与之。朱甸卿、邱绍周来，与甸卿购明嘉靖刊本《谢海门集》、明上虞谢谠著。桃花纸印《读书纪数略》、宫梦仁奉敕辑。明刊《三才图会》，云间王圻纂辑。共三种，计洋壹百元。缪筱珊来长谈而去。得程平园讣音，平园于昨日寅时弃世，年七十三岁。频年交契，时相过从，今则相距较近，方拟长此追随，不意泉路苍茫，遽隔永诀，浮生若梦，竟至于斯，然时局益危，牖下考终，亦已幸矣，追怀平昔，逝者不作，能无慨然，为怆怆者久之。

十四日　午后张璘卿、朱甸卿、邱绍周来，与甸卿购康熙四年刊本《真西山文集》、宋真德秀著。明万历刊本《鹤林玉露》、宋罗大经著。《产鹤亭诗稿》、嘉善曹庭栋著。明正德刊黑口本《全唐诗话》，共四种，计洋壹百拾元。刘聚卿来长谈，至傍晚而去。嘱醉愚作函致章一山，又作函致邢植之，并附去新刻九种。

十六日　午后陶拙存来，带到浙江通志分纂聘书，书由沈子培方伯出名，每月薪水一百元，余虽承任而薪水决拟不受也。邱绍周、张璘卿来。

十七日　午后阅朱甸卿、邱绍周、钱长美送来各种书籍。与绍周购《报春园诗集》、泾上吴葆孙/筠/台著。鹤江草堂活字本《南村诗稿》、金坛潘高著。《戏鸥居诗钞》、宝山毛大瀛著，《香雪阁诗钞》附。《嘉庆扬州府图经事志》、《扬州东园题咏》、临汾贺君召编录。《簳山草堂小稿》、青浦何其伟著。《茜云楼诗文集》、海宁蔡逸著。《漱六山房全集》、清河吴昆田著。《天台山全志》、楚郢张联元辑。《贵州广顺州志》、道光廿八年金台修。《陕西西陵县志》、明吕柟纂。《陕西高陵县续志》、光绪十年程维雍修。明刊《西岳华山志》、嘉庆刊本《钦定洞麓堂集》、明嘉禾尹台著。《广东钦州直隶州志》、道光十四年朱椿年修。《兰韵堂诗集》、平湖沈初著。《柘坡居士集》、秀水万光泰著。《续金陵诗征》、《柳堂师友诗录初编》、南海李长荣辑。《唐宋旧经楼诗稿》、女史孔璐华著。《江上万峰楼诗钞》、高要何元著。精刻本《味经书屋诗稿》、琴川张燮著。《重订厉诗》、仪征厉同勋著。《彝寿轩诗钞》、钱塘张应昌著。《藕颐类稿》、潜山熊宝泰著。《夕阳书屋诗稿初编》、海阳程盛修著。《祖砚堂诗词集》、钱塘朱人凤著。《听雨斋诗集》、南城吴照著。《颐斋仅存草》、《逃禅阁集》、丹徒张自坤/崟著。《八松庵诗集》、丹徒李御著。《柏香书屋诗钞》、高要莫元伯著。《小言集》、高邮王敬之著。《燹馀吟草》、武冈张经赞著。《独慎斋诗钞》、江都梁承诰著。《旧言堂集》、乌程孙梅著。《琴轩诗词钞》、高邮杨绍炯著。介石堂刊本《寒石诗钞》、钱塘沈绍姬著。《随俟书屋诗集》、介休刘锡五著。《修凝斋集》、山阳阮钟瑗著。《雨春轩诗草》、泰和姚颐著。《研北诗存》、东皋吴宗著。《笏山诗集》、江都申甫著。《雪青阁诗集》、巴陵谢维藩著。《诗义堂集》、高要彭辂著。《诗义堂后集》、《昨梦斋文集》、高要彭泰来著。扬州阮氏刊《玉山阁诗文选》、金匮徐鍱庆著。《怡志堂诗初编》、桂林朱琦著。《萝藦亭遗诗》、徐沟乔松年著。《乐潜堂诗词全集》、震泽赵函著。《翠岩室诗钞》、丹徒韩弼元著。《退补斋诗存》、永康胡凤丹著。《苏庵诗稿》、震泽任昌诗著。《小维摩诗稿》、吴县江珠女史著。《笠山诗钞》,丹徒袁幹著。共五十二种,计洋壹百二十元。张璘卿来,其宋椠乾道壬辰本《通鉴纲目》,宋朱熹著。系薄绵纸印,钞配二册,其零纸钞补者又六十馀叶,此书三年前段镜轩购自粤东丁中丞家,中丞名日昌。《持静斋书目》曾载之,共六十册,畴曾索价千六百元,余曾还千金。今璘卿到此,余偶问及,璘卿告以尚未售去,即向镜轩取来,屡次磋商,现以壹千贰百元购成。然据《持静斋书目》所载并无钞配,今既有配有补,虽与购就,却未十分满意耳。至乐馀里超群家应陶拙存之招,同坐者为许公若、陈桂题、许子颂、钱听邠履樛乔梓、周梦坡及主人而已。

十八日 是晚周梦坡招饮于精勤坊素娥楼,未赴。

十九日 傍晚偕醉愚至小花园林素馨家宴客,许子颂、章一山、陈桂题已先至，既而陶拙存、周梦坡亦至，遂入席。

二十日 邱绍周来，持宋椠《四书》求售。曹君直自苏州来，略谈而去。至谦吉里访缪筱珊，谈良久而出。君直、益庵今日自苏偕来，君直即寓益庵书斋中。灯下来谈。君直今甫出都，谈都中近状及筹安会事，并看余所藏宋元板各书，至十二句钟始别。明日伊即拟赴松江也。

二十一日 午后张东荪持其兄孟劬书来见，欲托介绍存银于银行，坐谈良久，嘱咏和同去，将银柒千两存于江苏银行，期三月，息三厘。阅汤治平送来各种书籍首本。

二十二日 午后邱绍周来，其宋椠《四书》系赝本，检出还之。

二十三日 钱长美来，为《图书集成》事，已得回电，尚无缺少，特来先支书价，计付去洋壹千五百元。阅穆子美新刻之《吴兴备志》，字迹草率，半未修洁，而歪斜不整者亦复不少，须嘱其剜改耳。是日与钱长美购明嘉靖刊殿本皮纸印《大明集礼》，明太祖高皇帝御制，共四十册。计洋贰百元。

二十四日 午后有一文姓名浚字雪吟者来见，系湖南长沙澧陵人，年约六旬，携旧钞《周礼疑义》、《仪礼疑义》，吴廷华著。稿本两种求售，据云是书系张月霄所藏，海内孤行，未经梓行，余告以须请人看过佳否，然后再议，书则暂存此间。据此人云，尚有宋椠《百川学海》及各种书籍，皆欲待贾而沽。余告以宋本书籍，必须评阅后方可议价，其馀各种书本既甚繁多，可先开一目录看后再定。文君颔之而去。朱甸卿、汤治平来，均携头本来看。查《爱日精庐藏书志》，此《周礼》、《仪礼疑义》两种皆载入志中，只云钞本，并未言及海内孤本耳。阅子美所刻《吴兴备志》，有未修光者，有笔画缺少者，有大小不匀而歪斜不整者，较日昨所阅，劣字尤多，因以墨笔点出，须饬其重改重挖重修方好。凡事总须自己过目，若徒托人，必有忽略之处，然所刻各书，必一一自己阅过，安得有此工夫，此其刻书之所以为难也，噫。

二十六日 午后陆志伟来，伊从前为余家咨送苏州东吴大学肄业,盖该学创办时,余家曾助壹千元,故特设额一人,由余家咨送,不取学费,其膳资及纸墨费用,每年由余家津贴,人颇勤恳,治学不怠,毕业后各教习刮目相看,升为帮教,月脩六十元,亦甚惬意,盖已三年矣。现明岁拟留学美国,据伊程度,学习师范,约两年即可毕业,每年学费等项本需千金,而伊拟肄业之暇,兼为做工,岁可得五百元,则每年只需五百元矣,其意欲向余借洋五百元,向本生父亲借洋五百元,该洋俟毕业回国后筹还,至于盘川一项亦需千金,由其同学二三人贴助,其二三人中最有力者为薛叔耘副宪之孙,贴助亦最多云,小谈而去。褚礼堂来谈。夜嘱醉愚作函致吴子修,又作函致潘兰史,又作函致张石铭,并借去《珊瑚网》一部,计二十册。余翻阅道光朝文集。

二十七日 出至开封路吴子修处长谈,晤魏梅荪、陈蓉曙,名遹声,诸暨人,丙戌翰林,前四川川东道。又谈良久出。嘱醉愚作函致沈子培,盖得浙江通志局聘书,驰言为谢,并声请不受薪脩也。与朱甸卿购明万历刊《芝园文稿》、明赵世显著。明刊本《刘大司成集》、明刘应秋著。明刊小字皮纸印《甫田集》、明文徵明著。铅字印《丛书举要》、宜都杨守敬编,南城李之鼎补。《东山楼诗正续集》、海宁曹宗载著。有容堂刊《洽园诗稿》、吴县范来宗著。旧钞《四明文献集》、宋王应麟著。旧钞《甲申朝事小纪》,之江抱阳生辑。共八种,计洋壹百拾肆元。前兰史为余向甘翰臣代借宋椠《史记》,于今日借到,计一箱共十六册,翻阅数过,其字迹固不同,而所印之纸亦非罗纹,较余所藏《史记》,其精神亦远不逮也,特志之。

二十八日 嘱醉愚作函致蒋孟苹。钱长美来,邱绍周、汤治平来,与长美购长沙彭氏刊本《居士传》、明刊本《元次山集》、唐元结著。明万历刊《李卓吾先生遗书》、明李(载)贽著。明万历刊《徐文长文集》、《逸稿》、明徐渭著。《临野堂文集》、吴江钮琇著。精刻本《畏垒山人全集》、长洲徐昂发著。殿板桃花纸印《大清通礼》、旧钞稿本《查浦辑闻》、海宁查嗣瑮辑。《江西湖口县志》、同治十三年殷礼修。明刊《梓吴》,此本系不全,拟与换书。共十种,计洋壹百拾元。傍晚至南成都路裕盛里谒外舅，小谈片刻，同至极司非而路张菊生家赴宴，系西餐，同坐者为外舅、徐积馀、许南仲、张石铭及主人而已。夜阅《甲申朝野小纪》。

二十九日 午后朱甸卿、钱长美、汤治平、邱绍周来，与绍周购《江氏丛书》、甘泉江藩著。《改堂先生文钞》、唐绍祖著。《京江鲍氏三女史诗钞合刻》、《富春山馆遗集》、江都严京治著。明大来堂刊批本《史记》，汉司马迁著，明钟惺评。共五种，计洋十六元。饶星舫交来子麟所刊景宋《史记》红样，出甘翰臣所藏《史记》示之，互相评看。夜饭后至书斋与刘谦甫、孙益庵谈。归阅《甲申朝事小纪》。

三十日 午后邱绍周、朱甸卿来。嘱醉愚作函致魏梅荪，并赠以新刻九种，又《结一庐丛书》一部。

九月初一日 午后至沈子培方伯处，长谈二时之久。晚出至一品香应葛词蔚之招，同坐者为张菊生、陶拙存、周梦坡、张石铭、张绍莲、徐冠南、徐植甫及主人而已。席散同拙存至小普庆里柳春家应陈桂题之招，同坐者为周梦坡、徐冠南、陶拙存、许公若、陈子庄及二杨姓而已。夜翻阅国朝人名文集。嘱醉愚作函致魏梅荪，又作函致陈蓉曙，均赠以新刻九种、《结一庐丛书》一部。又作函致张孟劬。是日与朱甸卿购陈仲鱼批校本《昭德先生读书志》，计洋八十元。

初三日 午后傅沅叔名增湘，四川人，戊子举人，戊戌翰林，前直隶提学司，现为肃政史。来，由菊生介绍来看书籍，出《史记》、前后《汉书》、《三国》各宋板书，及各种宋元刻本视之，伊且阅且录，其于目录之学，可谓勤矣。看至晚而去。夜嘱醉愚作函致杨诚之，又作函致傅沅叔，赠以新刻九种，并《结一庐丛书》一部。

初五日 午刻至一品香应张石铭、蒋孟苹之招，同坐者傅沅叔、缪筱珊、陶兰泉、徐积馀、叶揆初、张菊生、朱古微及二主人。席散至德馨里谦裕绸庄访陈蓉曙，已今日返诸暨矣。归寓未久，洪鹭汀、褚礼堂已来，久坐无聊，同至张园闲步，进桐古斋古董店观良久而归。徐积馀、孟苹、小珊、刘聚卿、傅沅叔先后至，晚六时遂宴沅叔于嘉业堂,其馀诸君作陪也。邀而未至者为张菊生、张石铭。夜阅新刻之《南唐书补注》。

初六日 张孟劬来谈,伊新自北京清史馆假归,谈馆中近事良久而别。夜将本生父亲所纂《皇朝续文献通考》中《经籍考》之错误者改正,盖余现担任修浙江通志分纂,认定《经籍考》一门,与此颇有关系,故细阅之。是日晚郑叔问来,未晤。冯梦华来,亦未晤。嘱醉愚作函致刘聚卿。

初七日 午后至仁济堂访冯梦华,长谈良久,朱绍伊名学程,宝应人,前安徽知县,曾在梦华幕中多年。亦出见,同谈至晚而出。夜仍阅《皇朝续文献通考》。

今日承张石铭赠新刻《适园丛书四集》,计四十八本,费景韩惠赠钞本《张杨园履祥年谱》一册,海盐崔德华以学所编,共四卷,向未刻过者。冯梦华惠赠《徐州诗征》、《徐州二遗民集》、秀水王氏所刻《家藏集》、《友声集》四种,特记于此,以志感荷。又张孟劬惠《杨仁山居士传》四册,亦附志之。

初八日 夜阅《张杨园年谱》。

初九日 书估以头本书来看。晚以淞社第二十七集由张石铭司社,在伊之白克路新宅内举行,题为咏适园八景,共三席,到者为小珊、听邠、子勤、聚卿、砚涛、湘舲、子修、符生、兰史、幼嘉、瑾叔、履樛、益庵、礼堂、鹭汀、昌硕、也诗、景韩、醉愚、光珊。是日上午朱古微来,未接见。

初十日 至庆祥里答孙星如,名毓修,在商务印书馆办事,月前曾与一山来过,未见。晤谈之下,知其研究目录板本之学甚深,颇为钦佩,长谈二小时而别。夜阅《张杨园年谱》。嘱醉愚作函致缪筱珊。

十二日 午后阅《张杨园年谱》。

十三日 夜阅《张杨园年谱》。

十四日 今日与朱甸卿买书六种,计洋四十七元,其书为武英殿聚珍本《鹖冠子》,三册。又《涧泉日记》,一册。精刻桃花纸印《前汉纪》，汉荀悦著。八册。又《后汉纪》，汉袁宏著。十册。又《韩文类谱》，附《柳子厚年谱》，汲郡吕大防著。两册。《赐砚斋诗钞》。宁化伊朝栋著。四册。

十五日 与罗叔韫购《王雅宜年谱》，洋二百五十元，此系翁覃溪手墨，由筱珊经手送来。夜阅《张杨园年谱》。

十六日 午后以吴子修之夫人花氏七十寿辰，真生辰十月初八日，以家有忌辰，故改是日。子修六十八岁，夫人是花烛元配。至正修里寓中恭祝。与高欣木、张孟劬、姚菊坡谈。尚有他客为左子异、杨子勤、刘襄荪、张篁楼。出至高照里访章一山，长谈良久而返。新从义品里迁至此，楼上为一山家眷居住，楼下为浙江通志局申办事处。夜翻阅张石铭所赠之《适园丛书四集》。

十七日 是日孙星如来看书，并长谈。付钱长美洋壹千五百元，为买《图书集成》之定洋，前日已付过三百元，合一千八百元矣。

二十日 夜间校《明史例案》。嘱醉愚作函致梁节庵，又致魏梅荪，又致沈子培。

二十一日 至吴子修处，絅斋出见，长谈良久而别。夜校《明史例案》。嘱醉愚作函致唐元素、高欣木，均赠以近刻各书及《结一庐丛书》。

二十二日 至谦吉里访缪小珊，赴江宁，不晤。至朱古微处，长谈良久而别。夜作函复章一山。翻阅新买之《说库》。

二十三日 出至诚意里杨芷姓处，不晤。

二十四日 九时至麦根花园程雨亭寓，送其出殡，至则灵柩已在门外，余送至江宁公所丙舍，遇魏梅荪、吴子修、冯梦华、朱古微、朱绍伊、朱仲屏。萧山人，朱文端公凤标之孙，前福建藩司少桐名其煊之子。程星甫来，同至戈登路刘聚卿处，因伊有垦牧公司之田欲托我家代管，由星甫保荐一人为之收租，故必须同往一见，以资接洽，不晤而返。聚卿当分田之时，愿得丙区一块，其意以此区与我家所得乙丁两区相连，欲为将来归并与我之地步，否则甲乙丙丁四区，以丙区地为最下，伊不嫌其下，反欲得此区,与乙丁区相连者,其心已显然。及既分之后,必欲托我家代管,亦即此意。余为其所夥,既不受其田,而再不肯代管,未免伤情。故只得允许,虽明知其居心不良,然亦无可如何也。至杨芷姓处谈良久而归。

二十五日　章一山与孙星如来,晚吴絅斋、张孟劬、朱古微、杨芷姓、张让三先后来,谈良久,宴絅斋于嘉业堂,其馀诸公作陪。甫入座,张菊生至,纵谈近事,至九时半而散。夜阅《啸亭杂录》。

二十六日　嘱醉愚作函致金粟香,名武祥,江阴人,广东候补运同。赠以近刻各种并《结一庐丛书》一部,伊答赠石印《粟香随笔》十五本、钞本《蜕石文钞》,德清蔡寿昌著。向无刻本,知予近刻《湖州丛书》,故尔赠来,劝予刻入者也。

二十七日　午后晓霞来,赠予王石谷山水立轴一帧,盖答予上次赠伊物也。予以石谷乃著名画家,近来销洋,装后画之大而精者非千金不可,即寻常小者亦非数百金不可,故不肯受,推让再三,伊谓诚恐予不受,故自己送来,坚欲予受,无可如何,只得拜领。此画闻伊于去年年底所买,价洋百六十元,经庞莱臣、褚礼堂诸君品定,确是真迹,此价尚算便宜云云。是日买翁覃溪手迹稿本《礼记附记》一册,价洋五百元,罗叔韫在日本见之,托缪小珊来询者也。前月有十馀册,罗叔韫托小珊送来,索价一千五百元。予视之,覃溪亲笔只一册,馀皆钞手所写,故嫌贵不买。告以如亲笔之一册肯卖,即稍贵亦当买之。现送来者即此一册,因前有此说,故未还价,即以此数买之。

二十八日　午后往谒林诒书。名开謩,福建长乐人,乙未翰林,前江西提学司。答张唯庭,未晤。又答席子佩、郑叔问,皆茗谈片时而别。

二十九日　午后至缪小珊处长谈。

本月初七日与汤治平购《浙江永康县志》、光绪十八年李汝为等修。《沧浪亭志》、道光丁亥章钜纂。明万历刊《嘉靖大政编年记》、《阙里文献考》、曲阜孔昭焕纂。《浙江临海县志》、康熙二十二年洪若皋纂。明万历周氏大有堂刊《皇明宝训》,共六种,计洋四十二元。廿二日与朱甸卿购精刻本《横云山人诗集》、云间王鸿绪著。《竹书纪年集证》、江都陈逢衡学。《湖南宝庆府志》、乾隆廿八年郑之侨纂。《江西铅山县志》、同治十年毓斌修。《四川酉阳直隶州志》，同治二年王鳞飞等修。共五种，计洋六十七元。廿八日与钱长美购《春雨楼丛书》、宝应朱士端著。会稽董氏刊《学古斋金石丛书》、殿本开化纸印《圣祖仁皇帝御制诗集》、《施忠愍公遗集》、明施邦曜著。《李文襄公全集》，武定李之芳著。共五种，计洋三十三元。廿九日与朱甸卿购明天顺刊内府本《大明一统志》、明李贤等奉敕著。旧钞《郡国利病书》、明顾炎武辑。《石隐园藏稿》、明毕自严著。《石村文诗集》，楚湘潭郭金台著。共四种，计洋二百三十元。

十月初一日 赴杭州。车中阅《啸亭杂录》。

初二日 阅《粟香随笔》。

初三日 阅《粟香随笔》。

初四日 阅《粟香随笔》。嘱醉愚作函致章一山、杨芷姓。

初五日 阅《粟香随笔》。

初六日 阅《粟香随笔》告竣。共五笔，近于诗话体裁，阅之无甚意味。

初七日 阅《啸亭杂录》。

初八日 阅《啸亭杂录》。嘱醉愚作函致梁节庵。

初九日 阅《历代史略》。午刻戴子开与其戚龚佑之来，谈良久而去。

初十日 阅《啸亭杂录》。夜阅《历代史略》。

十一日 阅《啸亭杂录》、《历代史略》。作函致章一山、陶拙存、吴絅斋。

十二日 午后与朱、陈二姬至浙军昭忠祠以圣因寺改。及公园以旧行宫改。游玩，至晚而归。

十三日 夜校《明史例案》，朱文海寄来写样也。

十五日 夜阅《玉堂荟记》，皆记明末朝政，近来新刻成者也。

十六日 校《明史例案》。嘱醉愚作函致章一山。

十七日 校《明史例案》。

十八日 校《中书典故》。

十九日 下午与朱、陈两姬至秋瑾坟墓及秋社一观,社本系宁乡刘果敏公典祠所改,以百战之勋臣而易以淫秽之女子,已属愤愤不平。又至陶焕卿、杨哲商、沈由智三人坟墓一观,焕卿名成章,浙江绍兴人,系一日本留学生,毫无事功可言,徒以力倡革命,见忌同党,在上海广慈医院为孙文之徒所刺,事在辛亥之冬。目为烈士,已属不伦,乃其同列之沈、杨均不知谁何之人,冒滥烈士之名,污此西泠抔土,而其后墙尤大书特书曰"民受其赐"。不知所受何赐。况此三人者均无丝毫之功于吾浙,而锡以诸大之美名,真不知人间有羞耻事者。其工程亦甚劣,墓石已裂,盖当日经手者,藉造坟为名而私肥其囊,闻用银曾至六万两之巨。以予观之,不过三千工程。又至陶社,亦复徒事铺张,虽入其门,转懊恨而出。继而思之,此皆褚慧僧辅成,嘉兴秀才,向为乡党所不齿。任浙江政治部长之馀毒也。夜校《中书典故》。

二十日 夜校《中书典故》。

二十一日 夜阅《埋忧集》。清归安朱梅叔名朔清所著,同治、光绪时人也。

二十二日 夜阅《埋忧集》。

二十三日 夜阅《埋忧集》告竣,是书共十二卷,笔记小说也。

二十八日 下午校《明史例案》。

十一月初二日 钱长美自上海至,知南市已安静,惟兵弁搜检尚严,西门斜桥而南无车可雇,伊约步行六七里始至车站耳。夜与长美略谈。

初四日 返沪。车中晤朱志侯,名兴沂,光绪戊子举人,前广东雷州府知府,为桂卿学士之长子,现为硖石统捐局长。谈良久。

初五日 余前购之殿板桃花纸印《图书集成》,钞配八十七卷,共五千零三册。由钱长美经手,计洋柒千元,连运费在内。书已运到,连日嘱步云点检，尚未检齐也。

初六日 至虹口长源里祝李松筠八秩寿辰，与其子伯勤谈片时而别。至谦吉里访缪筱珊，谈良久而出。至新闸路高照里访梁节庵长谈，遇王叔用观察名式，福建同安人，前江苏候补直隶州。及章一山，谈至傍晚回。

初七日 午前梁节庵来谈。朱文海来。

初八日 午刻梁节庵送来御赐匾额，盖以梯青叔报效崇陵种树经费洋壹千元而蒙恩赏者也，谈良久去。出至高照里章一山处谈。又诣庆馀里访左子异，未晤。复至全福里李梅庵处，谈良久而别。

初九日 柳蓉村、钱长美来。

初十日 午后出至七浦路访陶拙存，谈良久，以今夜宴梁节庵于家，邀其作陪。傍晚梁节庵、杨芷姓、章一山、拙存陆续至。以人少邀益庵来陪，邀而未至者为李梅庵、陈诒重、左子异、庞莱臣。至九时始散。

十一日 晚出至牛庄路应庞莱臣之招，同坐者为梁节庵、王雪澄、郑苏堪、陆廉夫、张唯庭、张石铭。

十二日 至别有天应杨芷姓之招，以其子明日文定曹君直之女，媒人为孙益庵、章一山，今日请媒人故也，陪客为郑苏堪、唐元素及二李姓，为芷姓之妻弟。尚有不相识者二人及余。

十三日 晚出至小有天应张石铭之招，以宴梁节庵也，同坐者为钱听邠、章一山、陶拙存、刘聚卿、庞莱臣、蒋孟苹。是日唐元素来，未晤而去，赠余所著《天咫偶闻》、《国朝书人辑略》二种。

十四日 午后朱文海来。钱长美来，与购元刊《汉制考》、宋王应麟著。旧钞本《安南使事纪要》、李仙根、杨兆杰著。旧钞《鹿樵纪闻》、旧钞《禹贡山川郡邑考》、锡山王鉴著。《愿学斋文钞》，嘉兴李集著。共五种，计洋六十二元。又日昨长美至贻德里曾与余借洋壹千元，今日前往宁波购抱经楼书籍，特志之。是日朱古微来，未见而去。

十六日 午后陶拙存来谈。金守梅来。是日购元椠《困学纪闻》,宋王应麟著。书品尚好,计洋二百元。其书本不值此数,以朱竹君校过,且系李梅庵介绍,故出至二百元耳。是日刘聚卿招饮,未赴。

十七日 午后至梁节庵处,以赴昆山,未晤而出。至章一山处略谈出。至谦吉里访缪筱珊,未晤。

十九日 午后柳蓉村来,与蓉村略谈,并阅新购之书。

二十日 午后柳蓉村来。傍晚出至福利公访郑叔问,拟请其诊脉也,不值。

二十一日 嘱醉愚作函致梁节庵。王培荪托益庵以石经斋刊《龙眠风雅》木崖潘江辑。求售,购之,计洋三十元。傍晚郑叔问来诊,长谈良久而去。予以《中书典故》之题名误者甚多,以《熙朝宰辅录》校正之,校未多,业已觉形寒目酸,极为疲倦,遂为停止。

二十二日 午后朱文海来。梁节庵为焦山僧售志书,特送十部到此,余即备函交价洋二十元。傍晚郑叔问来诊。吾湖严浚宣名庸,骥村人,辛亥革命曾为吴兴县知事。以张让三书来见,为甬江卢氏抱经楼之书谈良久而去。

二十三日 午后梁节庵来,长谈良久而去。嘱醉愚作函致缪筱珊。又作函致左子异。

二十四日 出至福利公访郑叔问,本拟就诊,以叔问约自至,乃回吉祥里,未几叔问来,为朱姬开一方,长谈良久而去。夜阅《熙朝宰辅录》。

二十五日 午后李紫东来,与购《虎溪渔叟集》、临川刘命清著。《陈同甫集》、宋陈亮著。《王泸溪文集》、宋王廷圭著。旧钞知不足斋藏本《巴西文集》,元邓文原著。计洋三十八元。嘱醉愚作函致叶鞠裳,又作函致吴子修。

二十六日阳历元旦为洪宪元年 午后朱文海来。是日消寒第二集由余主席,四句钟陶拙存、许子颂、刘光珊来,未几钱听邠履樛乔梓、恽瑾叔、徐积馀、宗子戴、刘聚卿、缪筱珊、周梦坡、白也诗、潘兰史、杨芷姓陆续至,醉愚亦在,共十五人,题为梁节庵京卿倡修亭林祠墓余亦助成云。席散与芷姓、拙存、履樛谈。

二十九日 午后嘱醉愚作函致缪筱珊。是日钱长美来，与购明钞《太祖高皇帝实录》、少三十九至四十二卷。淮南局刻《隋书》、唐魏征著。配入廿四史者。《续修湖南慈利县志》、同治八年嵇有庆等修。《九疑山志》、《重修江苏宝应县志》、道光廿一年孟毓兰修。《说嵩》、康熙五十五年景日昣修。《湖南衡山县志》、同治十年李惟丙等修。《安徽宣城县志》、光绪十四年李应泰等修。《福建漳州府志》、光绪三年沈定均修。《山西太平县志》、道光五年李炳彦修。《安徽太和县志》、同治十一年符兆鹏修。《直隶重修天津府志》、光绪廿五年沈家本等修。《江西建昌府志》、乾隆廿一年姚文光辑。《直隶祁州旧志》、乾隆廿一年王述献修。《祁州续志》、光绪元年李培祜等修。《山西太谷县志》，共十六种，计洋一百六十九元二角。

十二月朔日 下午以蒋孟苹新买洋房，住宅在西摩路十四号。今日进宅，往贺焉。晚至戈登路廿三号刘聚卿家中应其招宴，同坐者梁节庵、杨芷姓、张石铭、郑佶人尧臣叔侄，郑为广东潮州人，在上海营土业，甚发达。故近来延唐元素为教读，收买书籍，兼刻丛书，甚学风雅。闻尧臣自从元素授读以来，甫及一年，进步甚速。席间纵谈时事，感愤交际。夜翻阅钱长美送来头本书籍。

初二日 翻阅盛杏荪尚书宣怀所刻之《常州先哲遗书二集》，钱长美赠者也。长美于上月曾向借洋乙千元，故赠予《常州先哲遗书二集》作为利息，盖市价亦须二十馀元也。

初三日 午后至梁节庵处长谈，遇张篁楼。又至章一山处，略谈片刻而归。柳蓉村来，与之买成独山莫子偲征君家所藏之书十八种，计洋柒百五十元。内有宋本《名臣碑传琬琰》、十册，共一百零七卷，现只存五十卷。元至正刻九行本《通鉴续编》，陈烇著。二十四册。其馀为旧钞明本不细录，间有细种为子偲批交过，故价值较昂。又有《愧轩诗集》、《健松斋集》二种亦在内。又《指海》十二集乙部，少八册。计洋二百四十元。嘱醉愚作函致潘兰史、甘翰臣,并赠以新刻各书。予为《明史例案》翻阅本朝人各集部。又作函致陶子麟、章一山。

初六日 至杨芷姓处,与之同往吟桂路访陈仁先侍御,名曾寿,湖北蕲水人,癸卯进士,前御史。纵谈良久。前日梁节庵函约定者,谓其安贫乐道,品学兼优,昔在两湖肄业,为伊弟子。国变后读书养亲,闭户不出,节庵称其品行为当今湖北第一人。晚与芷姓同至四马路一枝香应钱听邠之招,是为消寒第三集,同坐者为许子颂、吴昌硕、恽季申、瑾叔、潘兰史、杨芷姓、陶拙存、章一山、宗子戴、周湘舲、刘聚卿、张石铭、刘光珊、朱念陶、张让三、醉愚、履樛共十九人,诗题为太仓七老图。嘱醉愚作函复王子展、李审言。

初九日 魏梅荪来谈良久而去。名家骅,江宁人,戊子优贡,辛卯举人,戊戌翰林,云南迤东道。夜校,《明史例案》。

初十日 夏炳泉来,与购旧钞徐星伯批校《登科记考》、六本。旧钞《尚书今古文释》,四本。计洋壹百元。校《明史例案》。

十一日 钱长美送书来看。

十四日 出至西华德路答朱古微,未遇。至谦吉里访缪筱珊长谈而出。回家看郑长发送来书籍首本。

十五日 午后督陈步云理书。至跑马厅一品香应张石铭之招,为消寒第四集,到者为洪鹭汀、钱听邠、履樛、缪筱珊、杨芷姓、章一山、陶拙存、潘兰史、刘语石、徐积馀、恽季申、瑾叔、朱念陶、周湘舲、沈醉愚、费景韩、刘聚卿,题为题宋本《苏东坡集》。

十六日 嘱醉愚作函致费景韩,并赠伊新刻十一种,又赠单不厂十一种,张仲棓一种,均托景韩代交也。又作函致金谔轩。

十八日 是夜宴孙益庵于家,古微、拙存、叔问、孟劬先后至,邀同子青,遂入席。益庵明日解塾返苏也。

十九日 至阿拉白司脱路钧和里吊沈赓笙之丧。夜柳蓉村来谈,携书籍数种求售,余为翻阅之。

二十日 夜柳蓉村来谈,至十二句钟乃去。

二十一日 午后李紫东来。郑长发来，与购晓山草堂精刊本《邱簃村诗全集》、长宁邱上峰著。精刻初印本《白石山房集》，吉水李振裕著。计洋廿三元。柳蓉村来，与购康熙刊本《四本堂座右编》、邗水朱潮远辑。《博学汇书初二编》、萧山来集之纂辑。康熙刊本《林屋民风》、洞庭王维德编辑。活字本《洽隐园文钞》、元和韩是升著。钞本《元和县志》，乾隆廿六年许治修。共五种，计洋五十二元。

二十二日 嘱醉愚作函致严湲宣，又作函致章一山。是日李紫东来，与购明弘治刊《杨文懿公文集》、明杨守阵著。明万历刊《先进遗风》、明耿定向著。明万历刊《张文定公觐光楼集》、明张邦奇著。《虎丘志》、太仓顾湄著，《山志》附。《五公山人集》，明王余佑著。共五种，计洋五十五元。

二十三日 夜至四马路科学仪器馆答顾辅卿鼎梅乔梓，并赠以新刻十三种。嘱醉愚作函致左子异。

二十四日 午后钱长美来，与购旧钞校本《延祐四明志》、元袁桷著。旧钞《四明郡志》、明杨寔纂修。旧精钞本《唐会要》、宋王溥纂。精刻《摄山志》、《宫闱小名录》、长洲尤侗纂。《浙江平湖县志》、康熙廿八年朱维熊修。《梦园全集》、豫州刘曾騄著。康熙刊本《武夷山志》、晋江倪炜、男可大编次。《鹤麓山房诗稿》、慈溪叶炜著。《山东兖州府志》、康熙廿五年张鹏翮修。《兖州府志续编》、康熙五十八年金一凤修。道光活字本《四明谈助》、徐兆昺辑。《蜀水经》、京山李元著。浙局刻本《读书堂全集》、河阳赵士麟著。《鸥堂诗》、会稽马赓良著。《镜虹吟室诗集》、阙里孔昭虔著。日本刊《米利坚志》、日本冈千仞、河野通之同著。《对岳楼诗续录》、曲阜孔宪彝著。《涵村诗集》、麓山秦文超著。《横山诗文钞》、慈溪裘琏著。《普陀全胜》、钱塘祝德风著。《宝晋书院志》、贵中孚等辑。《山东定陶县志》、顺治十二年赵国琳修。《湖北石首县志》、同治五年徐兆英等修。《浙江义乌县志》、康熙三十一年王廷曾修。《山东鱼台县志》、康熙三十年绵上马得祯纂辑。《浙江馀杭县志》、康熙间张思齐纂修。《浙江馀杭县新志》、康熙廿二年龚嵘修。《浙江宁海县志》、康熙十七年崔秉镜修。

《浙江临海县志》、康熙廿二年洪若皋修。《浙江桐乡县志》、嘉庆四年李廷辉修。《广东高州府志》、康熙十一年黄云史修。《山东宁阳县志》、康熙四十一年李温皋辑。《浙江德清县志》、康熙十二年侯之棐修。《浙江处州府志》、康熙廿九年刘廷玑修。《浙江长兴县志》、康熙十二年韩应恒修。《浙江江山县志》、康熙五十二年汪浩修辑。《山东阳信县志》、乾隆廿四年王允深修。活字本《招宝山志》、蛟川陈景沛著。《安徽泗州直隶州志》、康熙二十七年莫之翰修。《云南腾越州志》、乾隆五十五年屠述濂修。《河南开封府志》、康熙三十四年管竭忠修。《浙江安吉州志》、康熙十年曹封祖修。《浙江嘉兴府志》、康熙六十年吴永芳修。《浙江西安县志》、康熙三十九年陈□□修。《浙江湖州府志》、顺治六年程量纂。《浙江湖州府志》、乾隆四年胡承谋修。《浙江归安县志》、康熙十二年姚时亮等修。精刻本《秋水斋诗集》、乌程张映斗著。《西泠酬唱初二集》、明天启刊《东天目山志》、《湖北襄阳府志》、顺治九年赵兆麟纂。《广东韶州府志》、康熙二十六年唐宗尧修。《天童寺志》、《山东曹州志》、康熙十三年佟企圣纂。明万历刊《华岳全集》、明张维新纂。《浙江于潜县志》、康熙十二年赵之珩修。《湖北汉阳府志》、康熙八年陈国儒修。《平闽记》、三韩杨捷著。《榆西仙馆初稿》、仁和蒋诗著。明万历刊《浙江严州府志》、□□修。明天启刊《浙江慈溪县志》、明姚宗文纂修。精刻《韦斋集》,宋朱松著。共六十四种,计洋三百三十五元。又《浙江嘉善县志》,康熙十六年杨廉修,廿三年崔维华修。漏写,特补于此。夜至四马路万家春应缪筱珊、徐积馀消寒五集之招,到者为洪鹭汀、钱听邠、吴仓硕、杨芷姓、刘语石、刘聚卿、朱念陶、章一山、陶拙存、宗子戴、潘兰史、周梦坡、钱履樛、沈醉愚、张石铭、恽瑾叔及余并主人共十九人,题为题顾亭林遗像,不拘体韵。

二十五日 午后王顺源来,与购精刻《道贵堂类稿》、徐倬著。明嘉靖刊《(何)〔吴〕文定公文集》、明吴瑭著。明万历刊《三馀馆集》、明赵重道著。明嘉靖刊《半江集》,明赵宽著。共四种,计洋五十二元。

二十六日 柳蓉村来。

二十七日 午后朱文海来，阅其新刻之书。夜柳蓉村来，携莫子偲之书来售，与之谈良久。

二十八日 午后阅《甲行日注》。陈仁先来谈。嘱醉愚作函致缪筱珊，送去年敬洋百元，又给仆人洋十元，旧例也。又作函致梁节庵。

二十九日 午后翻阅新刻各种书籍。钱听邠招饮于寿康里高翠玉家，未赴。

本月初三日与蟫隐庐购旧钞稿本《古今文字假借考》，嘉定钱庆曾学。计洋五十二元。又李紫东来，与购明刊本《西塘先生文集》、宋郑侠著。精刻本《画舫斋诗集》，云间王项龄著。共二种，计洋三十二元，因漏写于前，特补志之。

通计今岁所购书籍共洋贰万肆千柒百捌拾叁元陆角，特志之，以备查核。

周梦坡即湘舲，刘语石即光珊，程平园即雨亭，朱念陶即砚涛，杨芷姓即子勤，葛荫梧即咏莪，曹揆一即君直，徐硕椒即懋斋之初字，张望徵即芹伯之初字，以上诸人异名，恐后人不知，故记明于此。

1916年(丙辰,民国五年)

去年十一月廿五日即阳历十二月三十一号除夕颁布改元,以今年为洪宪元年,而列强各国以未曾承认帝国,故往来公牍用洪宪者概退回不受,是以现与各国交涉,仍署中华民国五年,国内统用洪宪元年,一国之中而内外不同,亦千古未有之奇局也。

正月初一日　夜阅《少年进德录》。时人丁仲祜名福保无锡人所辑也。

初二日　上午阅《少年进德录》。

初三日　夜阅《人心能力论》,德人康德著,德人尉礼贤及华人周暹合译。俞凤斌赠予者也。

初四日　上午阅报纸,今年第一纸也,知云南、绥远两处叛徒尚不猖獗,私心稍慰,盖吾辈当此时局,但求国泰民安,年丰物阜而已,他非所知也。四时至刘聚卿家消寒第六集,到者为小珊、昌硕、光珊、朱砚涛、石铭、醉愚、积馀、鹭汀、子戴、芷姓、季申、瑾叔、兰史、湘舲、拙存、听邠、履樛、元素,题为题赵忠毅公铁如意,尚有成亲王写赵忠毅铁如意歌手卷传观各客。酒数巡,聚卿出示其文郎公鲁名之泗,年十五岁。所绘小幅及手卷等,花卉人物山水皆有,年只十四,各画皆去年所绘,只是十四岁。并无师授而能如此,真是绝顶聪明,坐客咸啧啧称羡不已,各乞其所绘者,予亦乞得数纸而归。

初七日　夜阅《阎古古年谱》。

初八日　午后至来远公司与蒋孟苹同至缪筱珊家,到即坐席,同坐者为周湘舲、张石铭、徐积馀、褚礼堂、稼轩。礼堂之堂弟,伯雅观察成博之子。

初十日 嘱醉愚作函致陶子麟、章一山。

十三日 是日消寒七集朱念陶招饮于寓中，未赴。

十六日 午后陶拙存与金殿丞名镜蓉，嘉兴人，戊子举人，己丑进士，前湖南永顺府知府，近充浙江通志局纂修。来，长谈佛学良久，金近颇研究释典故也。

十七日 嘱醉愚作函致左子异。

十九日 午后缪筱珊来谈，费子怡亦至，共谈良久细述山右陆文烈公辛亥殉难情形，盖尔时子怡为府院文案也。而去。钟伯荃来谈即去。孙益庵、俞子青自苏州来。张砚孙亦已到此。以是日黄道吉辰，即命杞儿入学。是晚消寒第八集，由吴昌硕、宗子戴、恽季申、瑾叔、潘兰史主席，在小有天举行，到者为缪筱珊、洪鹭汀、钱听邠、刘语石、章一山、杨芷姓、朱念陶、刘聚卿、张石铭、白也诗、周梦坡、沈醉愚、钱履樛、徐积馀、陶拙存及主人而已，题为祝白傅生辰，分韵得"九"字。

二十一日 午后以陆纯伯招饮，出至公益里访焉，坐良久始入席，同坐者为李梅庵、吴仓硕、褚礼堂、周梦坡、蒋孟苹、张淡如。席未散，以是夕在小花园林素馨家宴张砚孙，与孟苹偕行，至则客未到，谈良久，张砚孙、沈醉愚、张弁群、颜冠三先后至，遂入席，张石铭亦来，招而未至者为张孟劬、蒋抑卮、周梦坡而已。作函致杨诚之。

二十二日 午后于孝先遣仆送来翁覃溪墨迹《书经附记》九册、《诗境笔记》四册，索价三千元，以一千五百七十元购成。顾《书经附记》与余畴昔所购配成全帙，据说尚有十四册，他日如归于余，则《附记》斯全耳。

二十五日 午后偕益庵至大通路青云里访况夔笙，名周颐，广西临桂人，光绪己卯举人，内阁中书，浙江候补知府。未晤而出。又至麦根路访沈子培，长谈良久而归。

二十六日 午后在家宴客杨芷姓来，未几左子异至谈良久，刘语石、洪鹭汀、宗子戴、朱古微、况夔笙、汪符生、张让三、缪筱珊、章一山、曹揆一、刘聚卿、张孟劬、潘兰史、蒋孟苹、钱听邠、徐积馀先后至,并孙益庵、张砚孙、沈醉愚遂入座,计三席,邀而未至者为吴仓硕、许子颂、周梦坡、吕幼舲、朱念陶、李梅庵、唐元素、钱履樛、沈子培、陈仁先、洪幼琴、恽季申、瑾叔、陶拙存而已。

二十九日 出至四马路一家春应张菊生、李拔可名宣龚,福建闽县人,甲午举人,前江苏知县,今在商务印书馆。之招,到时客主均未至,小坐,拔可来谈良久,而菊生来,客已陆续至,遂入席,同坐者为王聘三、郑苏堪稚辛名孝柽,闽县人,辛卯举人,今为安徽政务厅厅长。昆弟、徐积馀、刘聚卿、张石铭、俞恪士、名明震,庚寅翰林,籍绍兴而入大兴,前甘肃提学使,现为肃政使,特派浙江塘工督办。俞寿丞、名明颐,恪士之弟,前江西吉赣南道。朱古微及主人而已。出至三马路花桂香家应蒋孟苹之招,同坐者为吴仓硕、朱古微、刘聚卿、徐积馀、陶拙存、张让三及主人而已。

三十日 午后张砚荪来谈,嘱伊作函致曹根荪。名允源,吴县人,光绪丙戌进士,湖北襄阳府知府,现为江苏图书馆馆长。

是月十一日柳蓉村来,与购莫子偲所藏之《续古篆均》、鲁郡吾衍编集。元至正刊《说文字原》、鄱阳周伯琦编注。宋椠明修本《附释音周礼注疏》、明刊《梦溪补笔谈》、宋沈括著。明景宋钞本《司马太师温国文正公传家集》、内配补夏县刊本一册。明景宋钞本《回溪史韵》、回溪钱讽编。明成化刊配补弘治本《文选》、梁昭明太子选,唐李善注。明兰雪堂刊本《孙子集注》、明嘉靖刊《翰苑集》、唐陆贽著。《辛稼轩全集》、宋辛弃疾著。旧钞本《述古堂藏书目》、钱曾考藏,朱邦衡校录。明嘉靖刊《张南湖诗集》、明张世文著。初印《具区志》、吴县翁澍著。《吾野诗集》、明黄克晦著。《蛾术堂全集》、萧山沈预著。莫郘亭批校本《唐五代词》,共十六种,计洋六百八十元,漏写于前,特志之。

二月初一日 以刘语石七十寿在华庆园称觞,遂往焉,同坐者为周梦坡、钱履樛、曹恂卿、朱念陶、赵养矫及主人乔梓而已。

初三日 午后许子颂来即去。柳蓉村来。嘱醉愚作函致沈子培。至小华园都益处应让三、一山、芷姓、拙存、景韩、也诗、醉愚消寒九集之招。是日到者除主人外，则洪鹭汀、钱听邠、吴昌硕、宗子戴、刘聚卿、徐积馀、恽季申、瑾叔、周梦坡、刘语石、张石铭、潘兰史、钱履樛及余共二十一人，又语石邀来一友为钱礼南，宝山人，己酉拔贡。余则未晤也。嘱醉愚作函致孙星如，并赠伊新刻数种。

初五日 作函致黄介寿赠以书十五种，又致俞寰澄，并赠以书十馀种。

初七日 午后柳蓉村来。以是晚况夔笙招饮于小华园都益处，不赴，作函谢之。晚蓉村复来，以宋椠淳熙闽本《春秋集解》求售，嬲之不已，乃与购之，计洋五百五十元。

初八日 午后柳蓉村来。

初九日 是晚徐积馀招饮于福祥里素娟家，未赴。

十八日 章一山来谈良久而去。夜嘱醉愚作函致陶子麟。

十九日 阅《明史例案》印样。

二十一日 午后朱甸卿来，与购秋柯草堂仿宋本《屏山全集》、宋刘子翚著。明嘉靖刊《宁波府志》、明张时彻修。明万历刊《京学志》、明张履正等纂辑。明万历刊《南中集》、明豫章邓渼著。明刊本《余德甫先生集》、明南昌余曰德著。精刊《青立轩诗集》，共六种，计洋一百五十三元。

二十二日 午后钱味辛来，伊去腊托宋谷宜介绍，因母病危急，将家藏碑拓向余抵洋二百元，言明至今岁二月杪为期。该碑拓并不精妙，余本不欲，乃念同乡之谊，并母病垂危，怜其窘而应之。今来函求售于余，并欲找洋数百元，余决以无意回绝，而一再来嬲，卒卒不休，甚至以借为名，动谓营母窆穴，不得已而出此举，无可奈何，乃付以百元，告以限二个月内，必须另售还款，又借去五十元，言明二月归还，必欲见余为谢，余以难却见之。然既经说定而所写借券，其抵件似有即行作没之意，此事仍必惟余是售也。方今人心不古，未成时则必指天誓日以证其心,事成而后即置脑后,比比皆是,不独味辛已也,可叹可叹。

二十三日　午后朱甸卿携书求售即去。夜阅各种书籍。

二十四日　午后朱甸卿来,与购明嘉靖刊《灼艾集》,明九沙山人万表著。计洋三十元。前日李艺渊病殁于三马路宝安里寓次,是日午刻大殓,余以病未往吊,回忆识荆以来,倏已二载,今则老成凋谢,日益零落,追忆旧游,曷胜怅惘。

二十七日　阅《明史例案》,勘其讹字焉。

二十八日　午后朱文海来。傍晚张菊生招饮于四马路一家春,未赴。

三月初三日　午后王君九、名季烈,苏州人,壬寅举人,甲辰进士,学部郎中,入民国不仕。章一山偕来,因君九之父讳颂蔚号芾卿者,庚辰翰林,记名御史户部郎中。颇有文名,著有《明史考证攟逸》三十馀卷,未经刊布,今春聚卿曾劝余授梓,是以君九特来过访耳,与谈良久而去。午后三时淞社二十八集由梦坡主席,在愚园修禊,余因病未赴。

初四日　嘱醉愚作函致金谔轩。又作函致左子异,赠以湖颖六支。

初五日　午后朱甸卿来,与购书十七种,共洋四百九十元。夜张砚孙来,嘱伊作函致赵次珊,并寄去《明史例案》十部。又作函致叶鞠裳。

初六日　午后朱文海来。

初七日　夜翻阅各种书籍。

初九日　午后汤怀之来,与购《福建噶玛兰厅志》、咸丰二年董正官修。《福建淡水厅志》、同治十年陈培桂纂。《江苏常州府志》、康熙三十三年于琨修。《江苏无锡县志》、乾隆十八年王镐修。《福建长乐县志》、同治八年彭光藻修。《福建南安县志》、康熙十一年刘佑辑。《江苏江都县志》、乾隆八年五格等修。《湖南武冈州志》、嘉庆廿二年许绍宗修。《南澳志》、乾隆四十八年婺源齐翀编。《敕修两浙海塘通志》、喀尔吉善等奉敕修。《江苏沭阳县志》、康熙十三年张奇抱修。《江苏奉贤县志》、乾隆廿一年陈祖范修。《安徽怀宁县志》，道光四年王毓芳修。共十三种，计洋三十五元。

十二日　午后钱长美来。

十五日　午后邱绍周来，携各种书籍求售。

十六日　午后邱绍周又来。

十九日　出至虹口谦吉里访缪筱珊，谈良久乃归。

二十日　阅绍周送来各种首本。

二十二日　午后钱长美、邱绍周来，与长美购《季汉五志》、钱塘王复礼撰。《粤西诗载》、汪森编辑。明万历刊《焦氏澹园集》、明焦竑著。钞稿本《沈畏堂未定稿》、归安沈树德著。明万历刊《袁文荣公集》、明袁炜著。《水云集》、馀杭王舟瑶著。旧钞《春秋集传》、宋张洽著。《朱文懿公集》、明朱赓著。《竹窗集》、释语峰著。明天启刊《图书编》、明张潢著。《山居稿》、诸暨郭毓著。精刻本《黄仪逋诗》、山阴黄逵著。《集虚斋学古文》、还淳方桑如著。《宝制堂录》、明刘节著。《程巽隐先生全集》、明程本立著。寿山堂刊《香草诗》、渠阳何鼎著。《尊小学斋集》、无锡余治著。《自镜斋集》、吴县潘曾玮著。《鸣鹤堂文集》，阳羡任源祥著。共十九种，计洋二百零四元。穆子美所刻《迟鸿轩诗文》，已经汪符生校过，而讹字尚多，余自校阅之。

二十三日　朱文海来。出至老闸唐家弄吊樊时勋，因其家是日设奠，特往一拜。

二十四日　午后邱绍周来。嘱醉愚作函致张幼舟，并赠以书籍，其函即托绍周带去。是日上午杨芷姓偕胡漱唐来，未晤而去。

二十五日　出至贻德里老宅，在账房与邹紫东长谈，紫东名嘉来，光绪丙戌进士，前官外务部尚书。时紫东因吴江独立，苏垣濒危，特至沪上避乱，偕其子聿文同寓此耳。阅《沈畏堂文稿》。

二十六日　出至全福里李梅庵处答胡漱唐，时刘幼云亦在，与漱唐、幼云、梅庵共谈良久而出。

二十七日　邱绍周来,与购精刻《曲谱》、思补庐小字刊《资治通鉴补》、宋司马光著,吴郡严衍补。彝叙堂刊《雒闽源流录》、无锡张夏纂。始言堂刊《怀小编》、秀水沈濂著。《纪载汇编》、初印《水经注笺勘误》、东潜赵一清著。旧钞稿本《吴石渠填词四种》、马话山改订。新安程氏刊《松风阁琴谱》、三山庄臻凤谱。初印本《平山堂小志》、江都程梦星编纂。殿板开化纸印《钦定词谱》、康熙五十四年王奕清等奉敕撰。江苏局刻《百将图传》、丰顺丁日昌著。《多识录》、连平练恕著。《礼经宫室答问》、临海洪颐煊著。批校本《说文辨字正俗》、嘉兴李富孙学。精刻《影园瑶华集》、广陵郑元勋辑。明刊《南北宫词纪》、明陈所闻邦泰选辑。明精刻小字本《甫田集》、明文徵明著。《庭立纪闻》、钱唐梁玉绳著。旧钞《枣林艺箦》、明海宁谈迁著。影元新钞《张小山北曲联乐府》、元张可久著。汲古阁刊《史记索隐》、唐司马贞著。初印《频罗庵遗集》、钱唐梁同书著。乾隆刊初印校本《宋百家诗存》、嘉善曹庭栋选。康熙精刻《中州名贤文表》、姑苏刘昌辑。道光刊本《四元释例》、元朱世杰著。《味梨集》、临桂王鹏运著。《焦山鼎铭考》、大兴翁方纲编。《种蕉馆诗集》、丹徒郭堃著。明嘉靖刊《静谷志》、明彭簪编纂。明刻《古今词统》、明卓人月汇选,徐士俊参评。明万历刊《鹤林寺志》,明释明贤诠次。共三十一种,计洋五百八十元。出至静安寺路吊盛杏孙之丧。廿五日巳时故,是日未时大殓。又至老宅与邹紫东谈,并赠以所刻各种书籍。夜读《沈畏堂文稿》。

二十八日　邹紫东来谈良久而去。嘱醉愚作函致杨芷姓。又作函致陶子麟。

四月初五日　出至高照里梁节庵处报谒,长谈而出。

初八日　出至异乐旅馆访钟伯荃,并赠以《明史例案》,谈良久而出。至虹口谦吉里访缪筱珊,云已出门矣。嘱醉愚作函致杨诚之。又作函致杨诵庄,并赠以书十五种,又附《明史例案》六十部,托其分送史馆诸君及他友之同好者。又作函致金巩伯，亦赠以书十五种。是日梁节庵、徐冠南、孙星如来访，均未晤而去。

初十日 午后朱文海来。

十一日 金粟香名武祥，江阴人，前官广东运同。来申，去年所托为先府君所辑《国朝诗萃》作序，其文于今日交来，闻伊即欲返常，因拟明晚宴之，特具柬招焉。

十二日 是夜宴金粟香于家中，邀钟伯荃、吴仓硕、曹揆一及益庵、醉愚作陪。席未半，许子颂、钱听邠偕来，终席而去，邀而未至者为周梦坡而已。

十四日 午后朱文海来。嘱醉愚作函致梁节庵，又作函致钟伯荃。

十五日 夜阅李紫东交来各种书籍。

十六日 朱文海偕边砥斋来。刘谦甫来，略谈即去。柳蓉村携书来售，小坐而去。

十七日 午后阅李紫东携来各种书籍。夜章一山以明日将偕刘幼云赴青岛，特来话别，追余下楼，则一山以收拾行李不及待而去矣。

十八日 午后嘱醉愚作函致梁节庵。夜以廿一日宴节庵于小有天，特邀朱古微、陈仁先作陪，均作函致之。夜嘱醉愚作函致杨诚之。

十九日 午后接节庵来书，廿一日之约以有他局，须更改期。李紫东来。

二十日 午后李紫东来，与购明嘉靖刊《交黎剿平事略》、明万历刊《管子権》、明精刻本《老子或问》，明晋陵默居士著。共三种，计洋三十二元。罗子经名振常，上虞人，叔韫参事之弟，为蟫隐庐主人。来访，略谈而去。夜校阅《明史例案》。

二十一日 夜阅罗子经送来各种书籍。

二十三日 阅《明史例案》。

二十四日 夜阅《明史例案》。

二十五日 午后作函致张菊生。又作函致吴渔川，名永，归安人，前官兖沂曹济道,今为胶东道尹。因伊介菊生来索新刻也。柳蓉村来。出至小华园都益处应钱听邠之招,同坐者为叶作舟、济,钱塘人,光绪丙子举人,前官河南州县,现官开封道尹,此次南京会议充巡按使代表。余寿平、诚格,安徽望江人,光绪己丑翰林,前官湖南巡抚。许子颂、朱峻甫、洪鹭汀及主人而已。夜校勘《明史例案》。

二十六日 柳蓉村来,与购《宝菌堂遗诗》、博山赵执端著。《敬恕堂诗存》、定远方积著。《坤史》、发髡幹一箬。稿本《甲乙事案》、竺坞遗民文秉纂。《拜经楼诗词集》、海宁吴骞著。《四川绵竹县志》、嘉庆十八年归安沈壤修。《师经堂集》、甬江徐文驹著。《古香楼遗稿》、归安沈长春著。明成化刊大字黑口本《重编改并五音篇韵》、韩道升编。明正统刊黑口本《事物纪原集类》、宋高丞著。明嘉靖刊《中峰先生文选》、明会稽董玘著。《铜梁山人诗词》、王汝璧著;《芸帘偶存》、《楼山诗集》附,王恕著。明嘉靖刊小字本《朱文公大全集》、宋朱熹著。明万历刊本《汉魏丛书》、明何允中编。明刊《师律》、《愿学堂诗集》、王宗耀著。莫郘亭批校《元遗山诗集笺注》、金元好问著,乌程施国祁笺。精刻本郘亭校《元次山集》、唐元结著。《佛藏目录》、精刻《初白庵诗评》、海盐张载华辑。明万历刊《邹子愿学集》、明邹元标著。元刊本《六书正讹》,鄱阳周伯琦编注。共二十二种,计洋四百九十元。夜阅《明史例案》。

二十七日 夜阅《明史例案》。

二十八日 夜圈《明史例案》。

二十九日 夜圈《明史例案》。

三十日 午后郑子兰来。嘱醉愚作函致张孟劬。魏照明来,与购明万历刊《由拳集》、明东海屠隆著。《月满楼全集》,元和顾宗泰著。共二种,计洋五十元。夜圈《明史例案》。

五月初一日 夜圈《明史例案》。又阅《野史大观》。

初二日 午后钱履樛来,同看太仓缪氏书籍。嘱醉愚作函致梁节庵。又作函致沈子培。又作函致陶子麟。是日与蟫隐庐购旧钞

《塔影轩笔谈》、三十三山寓人吴士坚纂。稿本《回澜纪要》、德清徐端著。陈仲鱼批校《北海经学七录》、孔广林录。高丽刊本《五伦行实图》、殿板《黄箓科仪》、龙虎山娄近垣增删。明万历刊《舌华录》、明新都曹臣纂。精刊《亦爱堂诗集》、新安程用昌著。精刊《嗜泉诗存》、明李璋著。明绿君亭刊《本草经疏》、明东吴缪希雍著。康熙刊《受祺堂诗集》、荆东李因笃著。明万历刊《名山记》、吴兴归安山泉慎蒙增选。明嘉靖刊《皇明进士登科考》、明无锡俞宪辑订。明精刊本《慈湖先生遗书》、宋慈溪杨简著。精刻《玩玉堂诗集》、释元璟著。《易拇》、华容万年淳著。明嘉靖刊《竹庐诗集》、明南海吴琏著。明刊蓝印《南明纪游诗》、精刊《德星堂诗集》、海宁许汝霖著。《黄杨集》，元华幼武著。共十九种，计洋三百七元六角。

初三日 午后钱长美来。嘱醉愚作函致金谔轩。夜圈《明史例案》。是日穆子美自苏来，携到各种红样，谛视之，仍不精而且迟缓，深堪痛恨，伊求加刊资，余告以若能力改前愆，精选匠工精刻，则当每字一万加洋两元，若不精径须重刻，伊满口允诺，然疲顽性成，未必遽能改也。

初四日 午后钱长美来，与购旧钞稿本《四库全书总目韵编》，此书据云王雪岑廉访拟授梓而未果，共五本，计洋五十元。长美节间甚不舒齐，甫将缪氏书籍携到，前此借款未清，又欲启齿，嬲之不已，借以五十元而去。嘱醉愚作函致冯梦华。夜圈《明史例案》。是日午后至哈同路吴子修家谈芷姓事。

初五日 午后冯梦华偕朱绍伊名学程，江苏宝应人，安徽知县。来谈良久而去。

初十日 午后吴子修来谈芷姓事良久而去。嘱醉愚作函致金谔轩，又作函致杨诚之，又作函致高伯蘅。

十三日 午后嘱张砚孙作函致龚未生。名宝铨，杭州人，为章太炎之婿，现在管理浙江图书馆。

十四日 闻曹揆一在益庵处，往谈焉，良久而返。

十六日 叶鞠裳自苏州至,外舅亦往书斋访之,同谈良久。夜与菊裳长谈。

十七日 夜宴菊裳于嘉业堂,同坐者为梁节庵、吴子修、沈子培、杨芷姓、曹揆一而已,尽兴而散。

十八日 午后阅长美携来书籍。

十九日 嘱醉愚作函致张菊生、缪筱珊、金砚君。夜阅长美携来太仓缪氏书籍。

二十日 作函致缪筱珊。

二十一日 午后朱甸卿来,与购精刻开化纸印批校本《施注苏诗》,宋苏轼著,施元之注。计洋四十五元。又笃初弟送来旧钞稿本《周易集解增释》,槜李张仁浃学。系高伯蘅之亲戚托为转售者,计洋二百五十元。钱长美来。钱履樛来观蘅甫之书籍,小坐而去。嘱醉愚作函致沈子培。

二十二日 午后缪筱珊来,长谈而去。是日王子展来访菊裳并访余,未晤而去。

二十三日 朱文海、钱长美、朱甸卿来。

二十四日 午后朱甸卿来,细看其书良久。出至广仁堂答朱绍伊,长谈至晚而出。

二十五日 午后与菊裳略谈。出至戈登路曹揆一处谢步,因其前日枉祝先考六十冥寿也。

二十六日 夜饭后将长美携来缪蘅甫各书,阅定之,共计二十三种,计洋五百五十元。

二十七日 午后朱甸卿来,与购书十四种,计洋三百元,后阅该书《青萝馆诗集》及《冯时可集》均不全,价值无多,且俟他日换别书也。嘱醉愚作函致缪筱珊。

二十八日 午后至叶鞠裳处谈。夜嘱醉愚作函致梁节庵。

六月初一日 午后钱长美、柳蓉村来。

初二日　夜柳蓉村来谈，至一句钟去。

初三日　晚与叶鞠裳长谈。翻阅各种书籍。

初四日　柳蓉村来，与购殿板开化纸印《西清古鉴》、明嘉靖刊《西斋日录》、明云间周思兼辑。《多识录》、连平练恕著。《玉笥山房要集》、会稽顾廷纶著。嘉庆刊《许氏巾箱集》、古吴许察著。《心止居诗文集》、山阴杨梦符著。明万历刊《古逸书》、旧钞本《广阳诗集》、宛平刘献廷著。《兰绮堂诗钞》、华亭王鼎著。《揞黑豆集》、心圆居士著。《国朝海上诗钞》、原刻本《还读斋诗稿》、元和韩崶著。精刻初印本《粤东金石略》、北平翁方纲录。仿宋活字本《鹤林玉露》、宋罗大经著。《道古楼诗选》，马思赞著。又送俞凤宾《群芳谱》一种，共十六种，计洋三百五十元。钱履樛来看太仓缪氏书籍。嘱醉愚作函致缪筱珊，又作函致杨芷姓。钱长美来，与购缪氏书籍系明刊钟人杰本《史记》、汉司马迁著。明陈仁锡本《三国志》、晋陈寿著。殿本《御制诗馀集》、高宗纯皇帝制。殿本《御制诗三集》、高宗纯皇帝制。《小沧溟全集》、高安朱瀚著。明景泰刊《叶水心全集》、宋叶适著。《愈愚集》、乌程孙燮著。《衣谻山房诗集》、侯官林昌彝著。精刻《稼轩诗稿》、琅玡王良谷著。《董氏丛书》、明刊本《范氏二十种奇书》、明范钦辑，配《虎钤经》一种。《奇偶典汇》，石门梅自馨著。共十二种，计洋一百六十八元。又购明刻程迓亭批本《评注空同诗集》、明李梦阳著。《示朴斋骈体文》、归安钱振伦著。明万历刊《缑山先生集》、明太仓王衡辰著。明万历刊《思玄集》、明海虞桑悦著。明刊本《七录斋集》、明张溥著。《敬亭诗文稿》、太仓沈起元著；年谱附，沈宗约补纂。《蕴素阁诗文集》、镇洋盛大士著；《箫雨草堂》附，盛征玙著。精刻《洗桐轩文集》、镇洋顾陈垿著。乾隆精刻《练川十二家诗》、《国朝练音初集》嘉定王辅铭采。季菘耘度各家批《震川先生全集》、明归有光著。《烟舫集》、太仓张衍懿著。康熙刊《知畏堂集》、明南郭张采著。精刊《愚畦诗钞》、太仓吕琳著。精刻《芸稼诗稿》、琅玡王缉修著。精刻《西斋集》、太仓吴暻著。《沙溪诗存》、原刻《词律》、阳羡万树编。《五是堂诗集》、镇洋顾王霖著。《易堂问目》、吴鼎辑。明天启刊《即山集》、娄东沈承著。康熙精刊《白溇集》、太仓沈受宏著。《敉庵奏疏》、张王治著。雍正精刻《青杨山人稿》、会稽童华著。康熙精刊《查浦诗钞》、海宁查嗣瑮著。《求古精舍金石图》、黄丕烈著。《靖逆记》、兰簃外史纂。支那本《馀学集》、虞山释黄蒿庵著。乾隆刊小字本《康对山武功县志》、孙景烈评注汲古阁刊《才调集》、唐韦縠著。明刊《泾林诗文集》、明周复俊著。《米对山人诗文钞》、嘉定张揆方著。明崇祯刊《唐刘拾遗孙职方集》、唐刘蜕、孙樵著。中州彭氏刊《人物志》、魏刘邵著。明万历刊《吕氏春秋》、活字本《吴越所见书画录》、听松山人著。《训纂堂丛书》、《湖州词征》、归安朱祖谋辑。《江苏太仓州志》、康熙十七年甬上钱肃乐修。《娄江志》、三韩白登明修。《农政全书》、明上海徐光启著。《江苏重修扬州府志》、嘉庆十五年张世浣修。《江苏续纂扬州府志》、同治十三年英杰修。《冯仲廉文钞》、娄东冯伟著。《娄水文征》、王宝仁编辑。《娄东诗派》、镇洋汪学金录。《娄水琴人集》、太仓周煜辑。《且饮楼诗选》、太仓顾晞元著。《蓼虫吟草》、太仓苏维晋著。寿峰书屋刊《诗经叶音辨讹》、云间刘维谦编次。《哀生阁集》、平湖王大经著。《蜕学翁遗集》、太仓徐元润著。《水南先生遗集》、安东程嗣立著。《青溪草堂文》、宜兴薛锡震著。《袖海楼杂著》、嘉定黄汝成著。《方学博全集》、平湖方坰著。《菘耘文钞》、太仓季锡畴著。《西亭文钞》、青浦王原著。《凤蕉山房诗草》、太仓黄虎文著。《西郊诗存》、钱唐汪隆耀著。《云间诗钞》、《醉月西庐吟稿》、嘉定诸玉衡著。《留读斋诗集》、嘉定宣昌绪著。《题蕉馆集》、镇洋周赓盛著。《鲁游小草》、镇洋汪培基著。《詅痴小草》、太仓张焜扬著。《石船居剩稿》、合江李超琼著。《虞阳科名录》、王元钟辑。《躬厚堂诗文集》、平湖张金镛著。《东冈诗文钞》、太仓周肇著。《石梁诗钞》、太仓胡隽年著。《广堪斋诗》、镇洋毕耀曾著。《青浦续诗传》、何其超辑。《岭上白云集》、元和陆懋修著。《许松滨先生全集》、青浦许锡祺著。《旧香居续稿》、太仓王宝仁著。《徐石渠文钞》、太仓徐校著。《浣云庐诗稿》、太仓张槨著。《枕琴山馆诗稿》、镇洋陆模著。《沮江随笔》、耷山朱锡绶著。《墨寿阁诗词集》、镇洋汪承庆著。《碧霞山馆续》又《续集》、镇洋黄镎著。《孙柳州遗集》、太仓孙寿祺著。《潭影轩诗稿》、镇洋沈宗约著。《经史管窥》、太仓萧昙著。《锦峰诗稿》、太仓闻益著。康熙刊《凝翠楼集》、太原女史王慧著。《冬荣草堂诗集》、钱塘王隆耀著。《友莲诗稿》、镇洋黄景濂著。《礼耕草堂诗稿》、娄东汪杏南著。《西城四君子词钞》、金鳌阳、顾翰、王嘉莲、王谦著。《蕴真居诗集》、太仓陆学钦著。《琴东野屋集》、昭文蒋宝龄著。《江苏嘉定县志》、乾隆七年程国栋修。《王文肃年谱》,又送梁节庵京卿《遂初堂全集》,送叶鞠裳侍讲原刊《牧斋初学集》,送沈子培方伯《留溪外传》、《凤台县志》、《邳州志》,梁书廿三元,叶书五十元,沈书四元。共一百种,计洋五百零八元。又购《浙江湖州府志》、同治十三年宗源瀚等修。《江苏直隶太仓州志》、嘉庆七年鳌图修。《江苏同治徐州府志》、同治十三年山阴朱忻修。活字本《江苏重修常昭合志》、光绪三十年郑钟祥等修。《江苏苏州府志》、光绪七年李铭皖等修。《江苏海门厅图志》、光绪廿六年俞麟年等修。《江苏江阴县志》、光绪四年卢思诚等修。《江苏高淳县志》、光绪七年杨福鼎修。《江苏增修甘泉县志》、光绪七年徐成敷等修。《江苏高邮州志》、嘉庆十八年冯馨修。《江苏续增高邮州志》、道光廿三年左辉春修。《江苏泰州新志》、道光十年修。《广东番禺县志》、同治十年李福泰修。活字本《江苏罗店镇志》,光绪十三年王树棻修。共十四种,计洋八十四元。又购各种钞本稿本,系旧钞《王氏说删》、旧钞《迓亭先生家帚集》、镇洋程穆衡著。新钞《箕城杂缀》、镇洋程穆衡著。旧钞稿本《硕园诗稿》、琅邪王昊著。旧钞《高常侍集》、唐高适著,长洲顾沅校。旧钞《陆氏伯仲集》、明陆之箕/之裘著。旧钞稿本《愿学斋文集》、娄东黄与坚著。旧钞稿本《娄东耆旧传》、太仓程穆衡著。钞稿本《沧州诗集》、明太仓张泰著。稿本《考定檀弓》、镇洋程穆衡著。稿本《夏小正注疏》、镇洋程穆衡学。新钞《八琼室金石补正节录》、新钞《金石残本录》、旧钞稿本《当恕轩偶笔》、琅玡王昊著。旧钞《苏淞浮粮考》、明太仓陆世仪著。旧钞《朴学斋笔记》、镇洋盛大士著。旧钞《琅玡凤麟两公年谱合编》、王瑞国编次。钞稿本《蕴愫阁诗后集》、镇洋盛大士著,附新钞清本一册。旧钞《确庵尺牍》、明陈瑚著。旧钞《安道公年谱》、钞本《聊存钞》、娄东王兆森著。钞本《杏花楼遗稿》、太仓缪文溶著。钞本《静斋诗草》、新钞《适适吟草》、太仓陆宗泰著。钞本《建元类聚考》、嘉定钱东垣著。旧钞新补本《舄吟集》、镇洋程穆衡辑。旧钞《唐诗评林》、太仓赵兆熊辑。旧钞《古诗评林》、太仓赵兆熊辑。钞本《三吴水利集说》、钞稿本《樊村草堂诗选》、太仓萧抡著。新钞《无益之言》、镇洋顾陈垿著。钞稿本《宾昜子年谱》、顾师轼补纂。新钞稿本《三家诗考笺证》、镇洋叶裕仁学。旧钞《弇园杂著》、明琅玡王世贞著。钞稿本《滓虚词》、竹汀散人王辂著。钞本《砚云书屋诗钞》、娄东陆蕙绸著。新钞《燕程日记》、镇洋程穆衡著。旧钞稿本《江苏宝山县志稿》,宝山陈升著。共三十八种,计洋七百十二元。又代购金陵局刻四史二部、《李氏五种》、李兆洛著。《史记札记》、张文虎著。《庸盦全集》、无锡薛福成著。四川成都局刻《三国志》,晋陈寿著。共六部,计洋四十八元。统共洋壹千伍百贰拾元。书已检齐,即以付讫。

初五日 午前早起阅《校经室文集》。是日赴苏州,察视苦儿院。出至娄门混堂巷访费韦斋,名树蔚,河南知府,与袁总统有姻,去年特放肃政使。初次相见,与谈甚洽,此次由金砚君介绍向其借《樊榭诗》笺本,董兆熊著号梦兰。盖余正刻《樊榭年谱》,知乃翁芸舫中允藏有此书,特借此以补考证之不足,蒙即检交,计十六册,余即辞出。返沪。

初六日 午后嘱醉愚作函致缪筱珊。

初七日 午后朱文海来。朱甸卿来,携书求售。夜与叶鞠裳长谈。

初八日 午后嘱醉愚作函致缪筱珊。

初九日 午后饶星舫将返黄冈,嘱醉愚作函致陶子麟。钱长美来,与购明震川王氏刊《史记》、汉司马迁著。明万历刊叶涵斋裕仁,太仓人。度各家批本《归震川残集》、名归有光著,缺四卷至八卷。《眭东荪先生文集》,明眭石著。共三种,计洋一百五十元。

初十日 午后朱甸卿来,与购明嘉靖刊白皮纸印《两汉博闻》、不著撰人名氏。原刻《张文端公全集》,桐城张英著。共二种,计洋五十元。

是日晚张孟劬招饮于小华园都益处，未赴。

十一日　午后嘱醉愚作函致缪筱珊。是日得扬州张幼丹书，赠余《大明三藏圣教目录》四册，盖答余赠新刻各书也。

十二日　午后嘱醉愚作函致蒋孟苹，并送去所扎抱经楼书帐。前日罗子经送来书籍，余检留钞本《附滕录》、玉海子刘琳著。《灌园未定稿》、山阴傅怀祖著。《存愚诗文存》、忠州刘福培著。《驾云螭室诗录》，嘉定周文禾著。共四种，计洋八元九角，特备函送去。

十五日　嘱醉愚作函致王子展，并赠新刻七种，盖答其见赠石印《四明文献集》也。又作函致唐元素。

十七日　本生先妣于是日卯时弃养。

二十一日　午后邱绍周来，与购内府巾箱本《味馀书屋全集》、仁宗睿皇帝御制。《广济耆旧诗集》、汲古阁刊《乐府诗集》、宋郭茂倩著。《正谊堂丛书》、仪封张伯行辑订。明嘉靖安刻《初学记》、《八纮逸史》，共六种，计洋一百三十元。

二十二日　是晚张菊生招陪法人伯西河，其人能通中国语言文字，颇极博雅，当菊生赴欧游历时，在巴黎与西河订交，考古搜残，颇资借助，西河在我国西北一带游历殆遍，炖煌石室古迹为伊购去，此次到申，欲与海内学人相晤，菊生因遍约名士酌之于家，余惜在苫块中，未赴，菊裳赴约前往，余即托伊致谢。

二十三日　钱长美来，与购明刻本《前汉书》、汉班固著，明陈仁锡评。明刻《后汉书》、宋范晔著，明陈祖苞订。明刻《仙愚馆杂帖》、明黄元会著。明初本《程氏遗/外书分类》、宋程颢/颐著，明杨廉编。道光五柳堂刊《宋左丞相陆公全书》、宋陆秀夫著。乾隆精刻《宝闲堂诗词集》、临潼张世科著。明万历刊《九经考异》、明四明周应宾学。明嘉靖刊《古言》、《今言》、明海盐郑晓著。江苏局刻《吾学录》、吴荣光著。《守经堂诗集》、平湖沈筠著。《花隐盦遗稿》、吴县潘希甫著。《吟红馆诗草》、南汇女士姚其庆著。《笠东草堂遗稿》、震泽俞岳著。《退结庐诗稿》、青浦蒋清瑞著。《艾庐遗稿》、宝山邵曾鉴著。《卅六芙蓉仙馆诗存》、太仓张曾望著。

《秋涛阁吟草》、宝山朱诒泰著。精刻《长安宫词》、胡廷著。《塔印楼诗存》、娄县章士珠女史著。《亭林馀集》,昆山顾炎武著。共二十种,计洋一百二十八元。夜阅朱甸卿送来首本。

二十四日 午后阅所购长美书籍。

二十五日 午后观所购长美书籍。朱甸卿来。

二十六日 午后朱甸卿来,与购元刊本《韵府群玉》、元阴时夫/中夫编辑/注。明嘉靖刊《巽川祁先生文集》,明祁顺著。共二种,计洋壹百元。

二十七日 午后钱长美来送各种首本求售。

二十八日 午后阅长美各种书籍。

二十九日 午后钱长美来,与购明嘉靖游氏刊本《韩文》、唐韩愈著。《柳文》、唐柳宗元著。原刻《资治通鉴》、宋司马光著;《辨误》,元胡三省著。元刊本《增入诸儒议论杜氏通典详节》、《唐音戊签》、《湖南文征》、湘潭罗汝怀编。明万历刊《方氏墨谱》、乾隆精刻本《龙虎山志》、妙正真人娄近垣重辑。覆宋本《春秋四传》、《常山贞石志》、嘉兴沈涛著。殿本开化纸《钦定春秋传说汇纂》、精刻《通鉴校勘记》、常熟张瑛著。留髡堂刊《邛竹杖》、吉水施南著。《汤阴精忠庙志》,共十四种,计洋四百四十二元。

三十日 柳蓉村来,与购康熙刊本《百名家诗选》、乾隆精刻《怡庵文集》、明庐山陈继嗣著。《指海》,零种,共五种。共三种,计洋六十四元。又朱甸卿来,与购雍正精刻《自知集》、华亭姚廷谦著。明万历刊《哤言》、新安范涞著。明嘉靖刊《缶鸣集》、明高启著,周立校编。明嘉靖刊《泾野先生集》、明吕柟著。明嘉靖刊《郑端简公征吾录》、明海盐郑晓著。明万历写刊《南华真经副墨》、明方壶外史陆长庚述。《慎斋遗书》、江东周之幹著。精刻本《鲲溟诗集》、明郭谏臣著。《山居续稿》、诸暨郭毓著。《荷亭文集》、明东阳卢格著。《欧庵诗钞》、乌程胡世巽著。乾隆精刊《矢音集》,钱塘梁诗正著。共十二种,计洋叁百元。

七月初一日 午后阅《校经室》写样。荣城孙葆田著。

初三日 夜与叶鞠裳谈。

初四日 午后郑长发来，携书求售。阅各种书籍。

初五日 午后钱长美朱甸卿来，均携书求售。

初六日 午后朱甸卿来，钱长美来，与购《金盖心灯》、精刻开化纸印《心知堂诗稿》、成都汪仲洋著。元至元刊本《俞石涧易外别传》、精刻本《崇川诗钞汇存》、《补遗》、王藻辑《阮刻十三经校勘记》、仪征阮元著。明嘉靖刊皮纸印《山海经补注》、孙宗吾编辑。明刻《策衡》、明万历刊《像抄》、明毗陵钱一本著。明刊《艳异编》、《诗慰》、镇海邵氏刊《望三益斋丛书》、明万历刊《孟志》，明潘榛编次。共十二种，计洋一百五十四元。

初七日 朱古微来，略谈而去。朱甸卿来，与购明嘉靖刊《一峰先生文集》、明罗伦著。明刊本《皮子文薮》、唐皮日休著。明嘉靖刊《椒丘文集》、明何乔新著。明洪武小字本《春秋属辞》、《左氏传补注》、《春秋师说》、元赵汸著。元刊明嘉靖丙午修补本《临川先生文集》、宋王安石著。明天顺刊嘉靖修补本《居士集》，宋欧阳修著。共六种，计洋五百五十元。夜阅抱经楼书籍。是日叶鞠裳返苏，以旬日为约。

初八日 午后阅抱经楼书籍。

初九日 午后阅《校经室文集》样本，又翻阅蟫隐庐送来各种书籍。

初十日 午后蒋孟苹来阅抱经楼书籍。朱甸卿来，携首本求售。

十一日 午后沈问梅来，余与问梅别有十年，相逢话旧，各为惘然，伊近就中华书局洋文编辑副主任，距此甚近，前托史藜青来说，以午饭回横滨桥家中不便，欲寄食余处，余重其交好允之，伊今日始到此午饭也。朱文海来。朱甸卿来，与购明隆庆刊皮纸印《唐龙江集》、明唐锦著。明正统刊黑口本皮纸印《梅溪先生集》、宋王十朋著。明成化刊皮纸印《琼台汇稿》、明丘浚著。明晋藩刊内抄配一册。《唐文粹》、宋姚铉编。明嘉靖刊皮纸印《野客丛书》、宋王楙著。明成化刊皮纸印

《重修毗陵志》、明王㑬著。明正德本皮纸印《常州府志续集》、明张恺著。明嘉靖郭云鹏刊皮纸印《分类补注李太白诗》、唐李白著,宋杨齐贤集注,元萧士赟删补。明嘉靖刊皮纸印《集千家注杜工部诗集》、唐杜甫著,元高楚芳编。明刊皮纸印《阳明文录外集》《别录》、明王守仁著。明成化刊黑口本皮纸印《元丰类稿》、宋曾巩著。明正德刊《李忠定公奏议》,宋李纲著。共十二种,计洋七百元。

十二日 复阅抱经楼书,宋元椠本共六种,索价壹万,太觉昂贵,故决计不购,此外旧钞及明本共留九十二种,外加明清实录十馀种,实录共五百馀册,索价七千元,明本、旧钞本索价每本十元。其书虽好,其价贵亦异乎寻常,故弃取之间,除请菊裳看过外,又一再斟酌也。作函致陶拙存。

十三日 午后郑长发来,与购《巴塘诗钞》、临洮李苞著。《浅山园诗集》、钱塘李芝著。明崇祯刊《丛青轩集》,明许獬著。共三种,计洋十二元。夜阅《校经室文集》。

十四日 钱长美来,与购殿板开化纸印《全唐诗》、康熙四十六年奉敕编。明刻绵纸印《宋元资治通鉴》、《苏斋丛书》、缺数种。《廿二史考异》,嘉定钱大昕著。共四种,计洋三百六十一元。夜阅《校经室文集》。

十五日 午后穆子美自苏寄到《嘉泰吴兴志》、《吴兴掌故录》、《闻过斋集》、《冬青馆集》四种,余将《掌故录》先阅数卷,仍有误字,顾筱珊处已校过三遍,每叶校资洋一角,而亥豕乌焉,尚多讹讹,可见托人之难,盖天下无论何事,托人办,总须自己过目,否则必有误,可见人之为人办事,万不肯认真出全力以作也,岂独此校书而已哉。夜章一山来,长谈而去。

十六日 午后与蟫隐庐购《廉泉诗钞》、保山范仕义著。明万历刊皮纸印《义溪陈氏诗稿》、明东雅堂刊皮纸印《昌黎先生集》、唐韩愈著。《丁峰乐府》、江阴沙张白著。明万历刊《皇明词林人物考》、明王兆云辑著。《罔极录》,海昌许楹著。共六种,计洋一百十三元。夜阅《吴兴掌故录》。

十七日 午后阅《吴兴掌故录》。

二十日 午后朱甸卿携书求售。陈立园来谈及抱经楼书籍，前途本索实录柒千元，其馀明刻旧钞均须每本十元，予于二百种中选九十二种约九百三十本，初允许除实录外打八折，予尚嫌其贵，磋商至今，坚不肯减，甚至孟苹与沈子芳冲突，予欲尽行退还，故唤伊来此，嘱将书携去。立园一再迁就，谓此事既已龃龉，其价只能不减，伊当另以他书加入，以补报前讲之价值，与谈良久而去。

二十一日 朱甸卿来，与购明正德刊绵纸印《资治通鉴纲目》、宋朱熹著，顾嗣立跋并批校。康熙精刻初印本《托素斋诗文集》、长汀黎士弘著。《李氏遗书》、元和李锐著。《畲香草存》，华亭倪元坦著。共四种，计洋壹百念元。

二十五日 柳蓉村来。

二十六日 午后钱长美来，与购明嘉靖刊《文章辨体外集》，明海虞吴讷编。计洋六十五元。柳蓉村来，与购莫郘亭批校本《寰宇访碑录》、孙星衍、邢澍著。莫郘亭批校本《补寰宇访碑录》、会稽赵之谦纂集。旧钞本《樊川集》、唐杜牧著。澄鉴堂刊本《铁网珊瑚》、明朱存理著。乾隆精刻《莺脰湖庄集》、吴江王藻著。旧钞《徐霞客游记》、明徐宏祖著。明秦藩本《史记集解》、《越中金石记》、山阴杜春生编录。玉渊堂精刻开化纸印《隶辨》、顾南原撰集。明嘉靖刊《鬳斋庄子口义》，宋林希逸注。又元翠岩精舍刊残本《国朝文类》，共十一种，计洋八百二十元。

二十六日 夜阅《归田琐记》。

二十七日 夜阅《暝庵杂识》，系兰皋朱克敬著。皆道咸同光四朝之遗闻轶事也。

二十八日 钱长美来，与购明弘治本《皇明开国功臣录》，明黄金著。计洋五十元。叶鞠裳与孙益庵自苏州来。杨诚之来谈，余与刻《须曼庐算学》，约朱文海在此接洽也。夜阅陈立炎送来抱经楼书籍。又阅《榆巢杂识》。为武陵赵文恪慎畛所著也。

二十九日 午后杨芷姓、孙益庵来,同谈良久而去。夜与菊裳、益庵谈。是日醉愚移家震泽,乞假焉。

八月朔日 午后阅《鹂砭轩质言》、光绪五年南通州戴莲芬所著,记载其所见所闻之事,亦随笔笔记之类也。四卷完。又阅《冷庐杂识》两卷。是书为桐乡县乌镇人陆敬安广文以湉所著,亦是随笔一类之书,书成于咸丰六年丙辰二月,时陆君在杭州作教官也。夜与菊裳丈谈。是日下午吴潜甫妹丈来,伊今夜赴青岛,由岛至北京,以《结一庐丛书》四种及《历代诗话》乙部赠与吴蔚若,托其带呈也。

初二日 阅《冷庐杂识》六卷完。

初三日 午后孟苹来谈良久而去。陈立园来为抱经楼卢氏书籍事,近来连日来与予磋商价值,大约可望成交矣。是日检查《湖州府志》中艺文志及各列传,为买四明卢氏抱经楼各书故也。

初四日 是日仍阅《湖州府志》各传。

初六日 阅《履园丛话》。道光时无锡钱梅溪名泳所著。晚陈立园来,付以庄家支票洋壹万叁千陆百元,前次所谈之书居然成交矣,其详细情形俟各书点检入书籍时再记。

初七日 午后葛稚威来谈,并看抱经楼卢氏新成交之书,良久而去。柳蓉村来。夜阅《履园丛话》。

初九日 夜与菊裳丈谈。阅王文简公《池北偶谈》。

初十日 柳蓉村来,与买明板书三部,计洋六十元。《瓯东文录》,永嘉项乔著;《王龙溪语录》,山阴王畿著;《泌园集》,乌程董份著,此即我浔之董浔阳宗伯之著作,原书诗文三十七卷,而此书已缺廿五卷,只前半部十九卷矣。朱甸卿来,与之买书三部,计洋四十元。旧钞《文泉子遗稿》,唐刘蜕著;旧钞《真山民诗集》,活字本《后乐集》,宋苏州卫文节公泾著。

十一日 午后蟫隐庐书估来,与之买成沈彩钞《尚书传受显晦终始考》、康熙时平湖陆煊著;沈彩字虹屏,系陆煊之妾也。毛斧季校明钞《麈史》、顾千里校旧钞《笠泽丛书》、元刊《素运入式运气论》四种,计洋四百八十七元。夜阅《池北偶谈》。

十二日　午后晓霞来，前日伊送来陈仲鱼校旧钞《玄珠密语》、明钞《神道大编历宗通议》二种，今与之讲定二百二十元，据云伊处西席林卓如所托伊也。卓如又赠予康熙时《戴剡源文钞》一本，系答予前所送自刻之书也。夜阅叶鞠裳所赠《藏书纪事诗》。

十三日　题近买各书之新装订者封面。

十四日　阅《南浔镇志》。

十五日　阅《南浔镇志》。

十六日　阅《南浔镇志》。

十七日　查所刻《危太朴集》误字，因吴蔚若有函来告也，缪筱珊处所经手校书之人，近来非常草率，往往校好复交与朱文海，文海遽尔上板，迨刻好后送予阅，常有大谬之处，多改未免伤板，不改则有关此书价值，岂非闷闷。然校资每页洋一角，前后共校三次而仍有误字，可见托人之难，凡事总非自己过眼不可，益见作事之难，可深长叹息痛恨者也。

二十日　柳蓉村来，与之买守山阁钱氏钞本《七国地理考》，六册，金山顾观光著，道光、咸丰时人。计洋五十元。以未曾刻过，算是稿本，故价稍昂也。

二十一日　圈《明史例案》。

二十五日　午后柳蓉村、朱甸卿来，各有书交易，以书多不细载。夜校孙佩南文集即《校经室》也。

二十七日　夜阅《校经室文集》。

二十九日　午后柳蓉村、陈立园来。

本月中浣又与古书流通处购乾隆四年刊《二十四史》，共二十三史，盖缺《旧五代》一种也。计洋陆百元；又购旧钞《旧五代史》一种，其书为邵二云学士从《大典》辑出而笺注之，曾上之总裁，未经刊行，故此书良可宝贵，计洋壹千元，两共壹千陆百元。

九月初三日　午前十一句钟,本生父亲陪邹紫东尚书到此,余出见陪谈良久。

初六日　以扶榇返浔。

二十四日　返沪。

二十九日　午后翻阅抱经楼各种书籍。嘱醉愚作函致徐积馀。

三十日　午后朱文海来。

十月初一日　嘱醉愚作函复梁节庵、徐积馀。谢其惠新刻仿宋《随庵丛书续编》。

初二日　午后翻阅陈立园送来古书流通处所买四明卢氏抱经楼各书首本。

初三日　校《权斋文存》。归安沈炳巽著,乾隆时人。

初五日　午后朱甸卿送书来看。接孙星如函,送来文澜阁残书数种,谓系别下斋后人蒋半槎所遗,现其夫人拟售此葬其夫,余恻然悯之,助以五十元而还其书。

初七日　夜柳蓉村送书来看。并选定古书流通处诸首本。

初八日　钱长美来,与购书五种,计洋一百四十七元。朱甸卿来,与购书十四种,计洋叁百元。近来时事益变,议员废孔,设非力争,将亡吾国之宗教,陈重远舍人自京来书,嘱余号召同志驰电力争。余思大道将沦,不敢漠视,遂由孟劬与姚子梁接洽,即用江浙孔教联合会名义,由姚文栋、姚丙勋及承幹出名,电致北京大总统、段总理、财政总长陈锦涛、内务总长孙洪伊、海军总长程璧光、交通总长许世英、教育总长范源濂、司法总长张耀曾、农商总长谷钟秀、平政院总长周树模、大理院长董康、审计院长庄韫宽、蒙藏院长贡桑诺布尔、参众两院、南京冯副总统国璋、齐省长耀琳、保定曹督军锟、天津朱省长家宝、徐州张督军勋、蚌埠倪省长嗣冲、南昌李督军纯、戚省长扬、武昌王督军占元、长沙谭督军延闿、杭州吕督军公望、济南张督军怀芝、太原阎督军锡山、孙省长绪发、奉天张督军作霖、吉林孟督军恩远、广州陆督军荣廷、朱省长应澜、黑龙江毕督军桂芳、西安陈督军树藩、迪化杨督军增新、兰州张督军建勋、开封赵督军倜、田省长文烈、南宁陈督军炳焜、福州李督军厚基、云南唐督军继尧、贵阳刘督军显世、成都罗护督佩金、戴省长戡、热河姜督统桂题、上海杨护军使善德及各省议会，尚有察哈尔田都统中玉、绥远蒋都统雁行两处电报不通未发，共发二十七分，计电费洋三百十四元七角九分八厘。电文录下：

国不可无教，议员废孔，人道沦亡，纵有尊孔法案，今日建议，异日即可取消，请诸公力争，并列入宪法，明定孔教为国教，以正人心而固邦本，无任盼祷。江浙孔教联合会姚文栋、姚炳勋、刘承幹等谨叩。

初九日　午后古书流通处陈立园来，与购书六十种，内旧钞三十种。计洋贰千叁百元。

初十日　夜阅《校经室》刻样。

十一日　钱长美送书来看。

十三日　夜阅《复初斋文集》。翁氏家事略。

十四日　金粟香来长谈，其子伯瑜继至，未几张孟劬、徐积馀、周梦坡来，复邀钱履樛及益庵、醉愚，遂入席，盖是夕宴粟香于家也，邀而未至者为缪筱珊、吴仓硕。朱甸卿来即去。是日与粟香购明嘉靖刊《世说新语》，计洋一百元，书本不值，亦应酬也。

十五日　朱甸卿来与买书五种，计洋七十二元。柳蓉村来。

十六日　醉愚前以宋刊朱文公校《昌黎先生集》，又宋刊《增广注释音辨唐先生集》，共洋六百元，伊频年支空余处洋约九百元有零，即将此书款划还旧帐也。尚有校宋寒山赵氏刻《玉台新咏》，俟评定价值，再行扣除。柳蓉村来，与购书十四种，计洋三百元。嘱醉愚作函致梁节庵，又作函致罗叔韫并赠其新刻书，又致罗子经。

十七日　午后因袁抱存观察今晚招饮，观察名克文，前奉天候补道，即第袁总统之次子也。特至自来水桥先行往拜,茗谈片刻而出。晚出至乾记弄姚慕莲宅中应抱存之招,以抱存借座慕莲家也,同坐者为沈仲礼、郑叔问、廉惠清、泉,无锡人,光绪甲午举人,户部郎中。蒋孟苹,又不识者三人。前缪筱珊丈以宋刊《东莱吕太史文集》、宋吕祖谦著。旧钞《西畇寓目编》、白堤花隐手集。精钞本《咸同两朝内阁部院督抚年表》、高丽刊本《大典会通》高丽同治四年赵斗淳等编。求售,余以交谊,未便却情,乃与购取,如价偿之,特备函并洋伍百玖拾元,于今日送去。

十八日 午后冯梦华来长谈而去。

二十日 午后翻阅各种书籍。培馀弟来为许博明索余新刻书籍,乃检十一种赠之。

二十二日 嘱醉愚作函致陶子麟,并付刻赀洋六百元。

二十五日 午后钱长美来,与购书八种,计洋壹百五十二元。

二十七日 午后柳蓉村来。

二十九日 午后朱文海来。

十一月初一日 午后朱甸卿来。谢庆馀同章友鹤来,余以病未见。友鹤一字立鹤,系一山族人,本为通志局钞胥,现因志局经费支绌,适余处陈步云病故,一山因荐于余处钞写书籍,兼理各书,月薪十元,盖友鹤带钞写,故较步云多两元也。刘聚卿来。

初二日 阅《吴兴备志》。嘱醉愚作函致缪筱珊。阅古书流通处送来各种首本。

初三日 午后蟫隐庐遣伙友来,与购书四种,计洋三十四元。又钱长美来,与购聚珍板《四库全书考证》,并配《说郛》零种。计洋壹百元。又李紫东来,与购书二十四种,计洋六百四十元,内有《热河通志》其价甚贵。

初四日 午后陈立园送来各种首本。朱甸卿来,与购武英殿聚珍本《山谷集注》、宋任渊著。《净德集》、宋吕陶著。《攻愧集》、宋楼钥著。《项氏家说》、宋项安世著。《金渊集》、元仇远著。《唐书直笔》,宋吕夏卿著。共六种,又明万历刊《宗藩训典》、《驻粤八旗志》,光绪五年长善等纂。共二种,计洋二百六十五元。

初五日 午后陈立园来。

初七日 钱长美来,与购殿板开化纸印《康熙字典》,计洋壹百元。前得赵学南募刻书资,其书由益庵交来,明日益庵返苏,因嘱醉愚作函复学南,并以四十元酬之,其函即托益庵带去。又作函致张菊生,又致杨芷姓。

初八日 阅朱甸卿首本书。

初十日 午后柳蓉村来,与购《道藏辑要》、二如亭刊本《群芳谱》、王象晋纂辑。莫郘亭校汲古刊《史记索隐》、唐司马贞著。《巢林集》、富溪汪士慎著。精刻《竹素园诗草》、嘉定王鸣盛著。《铁桥集》、罗浮张穆著。莫校古墨斋刊《通鉴注商》、泾县赵绍祖学。莫校精刻本《六朝事迹编类》、宋张敦颐著。校稿本《四部寓眼录》、海宁周广业著。明嘉靖刊《诗纪》,分四集,明北海冯维讷编。共十种,计洋陆百伍拾肆元。又前购《街南文集》、宣城吴肃公著。康熙刊《百城烟水》吴江徐崧、长洲张大纯辑。康熙精刻《绵津山人诗集》、商丘宋荦著。精刻《古玉图》、宋淳熙龙大渊等奉敕纂。精刻《沧浪小志》、商丘宋荦编。旧钞《澹然先生文集》、明陈敬宗著。旧钞稿本《三垣笔记》、昭阳李清著。康熙刊《大雅堂文集》、西吴孙在中著。《古香楼集》、古歙汪柯庭著。《三刘全集》,共十种,计洋一百九十元。

十一日 午后朱甸卿来,与购《姚江逸诗》黄宗羲、邬景臣选辑。《姚江诗存》、张廷枚辑。《绕竹山房诗集》、馀姚朱文治著。《寒村集》、郑风著。原刻《渔洋山人精华录》、新城王士祯著。明嘉靖刊《芝园定集》、明东沙张明徹著。明万历刊《二酉园全集》、明陈文烛著。《陈迦陵全集》、宜兴陈维崧著。《倚晴楼全集》、海盐黄燮清著。明崇祯刊《史记》、汉司马迁著,华亭须孚远、陈子龙测议。明崇祯刊《罗文肃公集》,明罗玘著。共十一种,计洋贰百伍拾元。

十三日 午后喻志韶、章一山来谈,坐良久出。傍晚与叶鞠裳谈。阅新刻《阎古古年谱》。

十四日 夜与菊裳长谈。阅陈立园送来各书之首本。

十七日 是日与古书流通处购书六十二种,计洋贰千壹百元。

十八日 是夕宴王君九于家中,首座君九,陪者则许子颂、费子怡、张让三、陶拙存、章一山、沈醉愚也。

十九日 是日与陈立园购稿本《两山墨谈》、稿本《宣靖备史》明吴兴陈霆著。共六册,计洋捌拾元。

二十日 午后出至文监师路访徐晓霞,谈良久,盖为刘诚甫年丈名显曾,江苏仪征人,光绪壬辰进士,前官河南道监察御史。荐教读也。

二十三日 午后邹翰飞之子敬初来访,伊著有《几何算草》,将付石印,特求余作序,允之而去。

二十六日 柳蓉村来,送伊《石室录》两部而去。嘱醉愚作函致罗叔韫。

二十七日 阅《权斋笔记》。

二十八日 是晚为淞社第三十一集,由余主席,傍晚缪筱珊、徐积馀、吕幼舲、汪符生、杨芷姓、刘聚卿、张让三、费景韩、恽瑾叔、曹揆一、陶拙存、潘兰史、周梦坡、李审言、吴仓硕、张孟劬、沈醉愚、孙益庵集燕嘉业堂,邀而未至者则刘语石、恽季申、章一山、朱念陶、钱听邠履樛父子、许子颂、张石铭也,题为云山入道图,盖出先虞衡府君遗像,乞同人题之。

二十九日 午后华宜孙来,与购明刊黑口本《易传义》,宋程颐、朱熹著。计洋四十元。出至小华园都益处应周梦坡消寒第一集之招,同坐者为缪筱珊、朱古微、徐积馀、章一山、喻志韶、刘语石、刘聚卿、陶拙存及主人而已。

十二月初一日 午后阅《权斋笔记》,夜仍阅之,未竟。

初二日 午后杜经侯名肇纶,松江人,存古学堂肄业生,菊裳之弟子也。来谈，余所刻宋本四史，菊裳侍讲允任校勘之事，乃既馆余斋，时复多病，同志中咸劝另聘一人助勷其事，由曹叔彦编修介绍荐经侯到此，好在杜系菊裳门下，师弟情亲，容易磋酌办理。经侯云岁将云暮，拟于明正到馆矣。喻志韶来谈，坐良久乃去。

初三日　午后柳蓉村来，携书籍数种求售。前李审言送来钞本两种，谓系稿本，重以情面，乃取《流铅集》一种，钱塘吴农祥著。文系骈体，只可藏，不必付梓，索价百元，余以书仅两册，未免过巨，还洋四十元，审言再四函恳，乃以六十元酬之。

初四日　周梦坡来谈，赠以新刻数种，及晚而去。

初五日　午后钱长美遣人来此，与购《续甬上耆旧诗》，鄞全祖望选。计洋四元。是晚宴喻志韶、潘明训、甘翰臣于家，盖志韶将归，而明训、翰臣均以假影宋椠《史记》，以酬其雅意也。傍晚志韶、一山、潘兰史来，为时已晚，明训在公共租界工部局，现因阳历岁杪，无暇分身，顷早间已有函谢，今复电话来谢。翰臣则待至良久不至，遂坐席，并邀砚孙、醉愚作陪，甫入座，张弁群亦至，遂入席。席半同弁群诣叶鞠裳处略谈，重复入座。夜阅《权斋笔记》，于今夕蒇事。

初七日　是日万松岑来，未晤，赠余铅印《南吴旧话录》一部，余亦赠以新刻。

初八日　晚阅《礼议》，曹揆一旧著。余新刻入《求恕斋丛书》者也，细视之，刻工尚好而装订有差误处，手工装订，往往颠倒失措，可恶也。

初九日　至四马路万家春应徐积馀消寒二集之招，同坐者为缪筱珊、朱古微、喻志韶、陶拙存、刘语石、张石铭、周梦坡及主人而已。醉愚之校宋《玉台新咏》，于今日托筱珊评定，合银百两，计洋一百三十九元。

十一日　午后朱文海来。叶鞠裳于明日返苏，特于今晚邀同刘谦甫设宴于嘉业堂，邀孟苹、礼堂作陪，馀则星舫、益庵、砚孙、醉愚而已。

十四日 柳蓉村来，与购《真松阁词》、金匮杨夔笙著。《绿畴吟草》、德清戴高著。乾隆精刻《定斋诗钞》、昭阳李光国著。《李石亭诗文集》、罗江李化楠著。《莲湖诗草》、西安徐崇焵著。《白鹄山房诗选》、《挂笠吟》、《骈体正续钞》、武康徐熊飞著。《来复堂集》《泻珠阁》附。南汇李培根著、女史唐静娴著。康熙刊《闲情集》、顾有孝编，陆世楷增辑。精刻《双树轩诗初稿》、荆水储麟趾著。乾隆刊《旭华堂文集》、平河王奂曾著。《东海半人诗钞》、海宁钟大源著。明刊《学圃萱苏》、明陈耀文纂。精刻《唐诗消夏录》、中吴顾安原本，嘉善何文焕重刊。精刻《乐圃馀稿》、宋朱长文著。明刊《于节闇集》、明于谦著。康熙刊《湖海集》、阙里孔尚任著。康熙刊《临野堂全集》、连《觚剩》，吴江钮琇著。乾隆精刊《诗存》、仁和金德英著。《石经补考》、嘉兴冯登府著。《云左山房诗钞》、侯官林则徐著。明嘉靖刊《何翰林集》、明华亭何良俊著。精刻本《墨麟诗卷》、海盐马维翰著。乾隆精刊《南屏山人集》，溧阳任端书著。共廿三种，计洋二百六十元。

十五日 午后朱甸卿来，与购明万历刊本《玉堂丛话》、明焦竑辑。《林卧遥集》、渐岸赵吉士著。明嘉靖刊《唐雅》、明张之象编。《春池文钞》、桐城许鲤跃著。项氏群玉堂刊《水经注》、汉桑钦著，后魏郦道元注。项氏群玉堂刊《山海经》、晋郭璞著。《玉山诗文钞》、射阳项樟著。精刻《寤砚斋集》、淮山戴晟著。《虞州集》、海宁陈奕禧著。明万历刊《来禽馆集》、明邢侗著。《治经堂诗文集》、海盐朱锦琮著。嘉庆刊《泰山志》、休宁金棨著。精刻《颐素堂诗钞》、吴县顾禄著。《己未词科录》、无锡秦瀛辑。春晖堂刊《广东文献》、顺德罗学鹏编。《小不其山房集》、乌程徐有珂著。康熙刊《南沙文集》，临海洪若皋著。共十七种，计洋一百六十元。夜作函致陶子麟，以明日星舫回鄂带去也。又作函致秦特臣并送以书籍数种。

十六日 午后朱文海来。

十八日 午后钱长美携首本来看。王君九自苏来访。

十九日 午后钱长美来，与购《赐馀堂集》、明武进吴仲行著。《啸古堂文集》、宝山蒋敦复著。乾隆刊本《鸣春小草》《茶山诗钞》、武进钱维城著。《木鸡书屋文集》、平湖黄金台著。《孟亭居士文诗稿》、桐乡冯浩著。精刻《谦谷集》、秀水汪筠著。精刻《一楼集》、云间黄达著。《浅山园诗集》、钱塘李芝著。《竹斋诗集》、诸暨王冕著。《药房诗集》《爱秋斋》、《晓白堂》附,新城邓裴/祺云/祺式著。《去来吟》,山阳李时震著。共十一种,计洋柒拾元。出至邓脱路谦吉里应缪筱珊消寒三集之招,到者朱古微、徐积馀、刘语石、陶拙存、周梦坡、张石铭共八人。夜校《一鸣集》。

二十日　嘱醉愚作函致潜甫,并交去新刻二十种,托带青岛呈蔚若丈也。又作函致黄石荪,又致章一山。

二十一日　嘱醉愚作函致叶鞠裳。

二十二日　午后阅《复绩金鉴》,系一山所辑,拟进呈御览者。夜嘱醉愚作函致沈子培,又作函致罗叔韫,均赠以近刻各书。叔韫近赠余珂罗版印书十种,皆伊新在日本所印者。又为余向日本竹里图书馆借得《左传》单疏三册,拟刻《嘉业堂丛书》者也。余本有单疏,只存十二卷,亦系杨星吾从日本文库抄来。尚有叔韫之弟子经,亦赠以新刻书六种。

二十三日　是日阅《厉樊榭文诗集》,为考正其年谱也。

二十四日　阅《孟亭居士文集》。桐乡冯浩著,乾隆时人,官御史。

二十五日　午后姬觉弥来,名佛陀,徐州人,哈同所办仓圣大学校长,颇得罗迦陵夫人信任。予亦素未往来,疑其有事,故嘱咏和代见,据云并无事,知予是藏书家,故来候候,意欲看看各书籍而已。

二十七日　得杨定敷函,惠我铅字印《周礼正义》一部十八册,系伊之内弟孙仲容比部诒让所著也。

二十八日　是日消寒四集,刘聚卿主席,予以疾未赴。